Das Hausbuch der Legenden

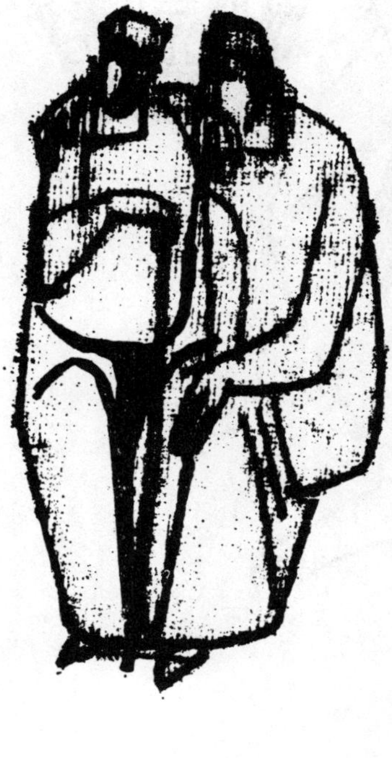

Georg Adolf Narcis

Das Hausbuch der Legenden

Legenden aus aller Welt

Vorwort von
Gertrud von Le Fort

Ehrenwirth

CIP-Titelaufnahme der Deutschen Bibliothek

Narciss, Georg A.:
Das Hausbuch der Legenden : Legenden aus aller Welt / Georg Adolf Narciss.
Vorw. von Gertrud von LeFort. – München : Ehrenwirth, 1990
Frühere Ausg. u. d. T.: Narciss, Georg A.: Äpfel aus dem Paradies
ISBN 3-431-03115-3

ISBN 3-431-03115-3

Einband: Bernd und Christel Kaselow, München
Gesamtherstellung: Hieronymus Mühlberger GmbH, Gersthofen
Printed in Germany 1990

Vorwort

LEGENDE, SAGE UND MÄRCHEN gleichen eigenmächtig gewachsenen Pflanzen, welche mit ihrem Blütenzauber die sorgsam gepflegten Gärten der historischen Wissenschaft überwuchern. Aber während die Wunderwelt des Märchens überhaupt keine Grenzen des Möglichen anerkennt und die Sage eine beglaubigte Wirklichkeit zum Denkmalhaften überhöht, entfaltet sich in der Legende eine transzendente Welt – fast alle Legenden tragen religiösen Charakter; viele verklären Geschicke der Heiligen und Märtyrer. Entstanden in jenen Zeiten, da es noch keine Buchdruckerkunst gab, hat die gläubige Phantasie der Völker ihre höhere Bedeutung erkannt und ihnen einen der nüchternen Welt verborgenen Glanz zugebilligt, das heißt, sie hat zum Ausdruck gebracht, was die sichtbare Begebenheit innerlich voraussetzt. Die Legende kann daher auch niemals in das Reich des Unwirklichen verwiesen werden, ihre Wirklichkeit stammt lediglich aus einer anderen Dimension.

Für unsere abendländische Welt steht natürlicherweise die christliche Legende im Vordergrund der Betrachtung. Schon bei der Geburt Christi zu Bethlehem begegnen uns die Magier aus dem Morgenland, welchen die Legende ein königliches Diadem aufsetzt. Der wunderbare Stern, der ihnen leuchtet, durchbricht die strenge Ordnung der Himmelskörper. Wie bei der Geburt des Heilands, so steht die Legende auch an seinem Weg zum Kreuz: dem Schweißtuch der Veronika, welche dem Dornengekrönten die Stirne kühlt, prägt sich dessen Bild für alle Zeiten ein.

Aus der Zeit der ersten verfolgten Christen stammt die erschütternde Legende, die sich an die kleine unscheinbare Kapelle »Domine quo vadis« knüpft. Hier begegnete der vor dem Martyrium flüchtende Petrus seinem Herrn und empfing von ihm die Worte: »Ich gehe nach Rom, um mich zum zweitenmal kreuzigen zu lassen.« Um den Nachvollzug der Kreuzigung des Erlösers ranken sich zahllose Märtyrerlegenden, welche das in irdischer Sicht blutige Geschehen in die Glorie eines himmlischen Lichtes tauchen. Aber zuweilen entzündet der jenseitige

Glanz sich schon im Diesseits. Da ist die Gestalt jenes mitleidigen Einsiedlers, der einst in der Wüste einen Löwen von den Schmerzen eines eingetretenen Dorns befreite und dem sich nun in der Arena das dankbare Tier, statt ihn zu zerreißen, zu Füßen schmiegt. Von der Wandlung im Diesseits berichtet auch die Legende von der Schlacht an der Milvischen Brücke, in welcher der Kaiser Konstantin den Sieg erfocht, nachdem er die römischen Adler von seinen Bannern entfernen und durch das Kreuz ersetzen ließ.

Aber auch die Kreatur wird in den Segenskreis der Legende einbezogen: St. Hubertus erblickt das Kreuzeszeichen über dem Geweih des Hirsches, auf den er eben anlegen will. St. Antonius predigt den aufmerksam lauschenden Fischen, St. Franziskus bändigt den Wolf von Gubio. Zum Sonnengesang des heiligen Franziskus gehört die Liebe zur gesamten Schöpfung. Unsere Kirchenglocken — so sagt die Legende — verdanken ihre Entstehung der Begegnung des Bischofs Paulinus mit der Glokkenblume.

Ebenso bemächtigt sich die Legende auch historischer Gestalten und Ereignisse: das Rosenwunder der heiligen Elisabeth bezeugt die tiefe Wahrheit ihrer von Gott gesegneten Barmherzigkeit. Die eiserne Krone von Monza erhebt sich mit ihrem schlichten Reif über die weit prächtigere Kaiserkrone, denn sie umschließt einen Nagel vom Kreuze Christi. Erschütternd fügt sich zu dem Untergang des christlichen Byzanz die Legende des in der Hagia Sophia immer wieder unter der Übermalung islamischer Hände durchbrechenden Kreuzes.

Die Legende beschränkt sich eben nicht nur auf den rein religiösen Raum, sie bezieht vielmehr in die jenseitige Bestrahlung auch das profane Leben ein. Das bedeutet: überall, wo im Staub und Strudel der rein weltlichen Geschehnisse ein letzter Sinn verwirklicht wird, da offenbart die Legende das Geheimnis des Jenseitigen, auf dem der tiefere, ja zuletzt der alleinige Sinn und Wert unserer irdischen Belange ruht. Der gläubige Anruf der Heiligen, das Vertrauen auf die tiefe Wahrheit der Legende enthebt uns der Relativität unseres irdischen Seins und überstrahlt uns durch die Gewißheit einer ewigen Heimat.

Die jüdische Legende, die uns schon durch das Alte Testament vertraut ist, lebt ebenfalls aus dem Licht des Glaubens, wie uns die von Martin Buber nacherzählten Legenden des Baalschem und der Chassidim und andere jüdische Legenden beweisen. Auch bei den Juden wird die Kreatur und das ganze menschliche Leben von der Legende überstrahlt.

Ebenso kennt der Islam die Legende. In seiner frommen Verehrung stehen Moses, Christus und Muhammed beieinander. Jescha, wie Jesus bei den Orientalen heißt, bringt Verschmachtenden in der Wüste Kühlung und Wasser. Zahlreiche Legenden schmiegen sich um seine milde Gestalt, Zeugnis ablegend dafür, daß der irdische Sinn nicht der letzte ist.

Wo immer um das Mysterium des Seins gerungen wird — sei es auch in dem uns geheimnisvoll fremden Buddhismus —, da wird die Legende eine Heimat haben, als Zeichen dafür, daß unserer irdischen Wirklichkeit noch eine andere zugeordnet ist. — Die Wunder der Legende recht verstanden bedeuten unsere ewige Verheißung. —

Gertrud von le Fort

Legenden
aus dem
außerchristlichen
Bereich

Alte Kultlegenden

Ischtars Fahrt in das Land ohne Wiederkehr

ISCHTAR, DIE Herrin der Götter, die große Töpferin, die alle Menschen schuf, Göttin der Fruchtbarkeit und der Liebe, machte sich auf zu einer schweren Reise. Die helle Tochter des Mondes stieg hinab in die finstere Welt der Toten, in das Land ohne Wiederkehr. Lehm war die einzige Nahrung der toten Geister. Dicker Staub lag auf den Türen und Riegeln, die den finsteren und trotslosen Ort gegen alle Eindringlinge sicherten. Als sie an das äußerste Tor kam, rief sie mit lauter Stimme dem Pförtner zu! »He! Öffne dein Tor, damit ich eintreten kann. Ich bin Ischtar, die Herrin der Götter. Verweigerst du mir den Eintritt, dann hebe ich die Torflügel aus den Angeln, dann zerbreche ich die Riegel, dann hole ich die Toten wieder ans Licht und lasse sie die Erde bevölkern und die Lebenden quälen, bis nur noch Tote sind!«

Namtar, der Pförtner des Totenreiches, aber antwortete ihr: »Halt ein mit deinem Zorn, Herrin! Schone unser Tor! Laß mich erst zu meiner Herrin gehen, zu deiner dunklen Schwester Ereschkigal, um ihr deine Ankunft zu melden!« Und Namtar trat vor Ereschkigal und brachte ihr die Nachricht mit den Worten: »Deine lichte Schwester Ischtar steht vor dem Tor und begehrt Einlaß; sie, die nur ausgelassene Feste der Freude kennt und die Fluten des Meeres aufwühlt.« Ereschkigal verfärbte sich, als sie die Botschaft hörte; ihr Gesicht wurde fahl und welk, ihre Lippen wurden schwarz. Mit Mühe unterdrückte sie ihren Zorn und rief: »Namtar, was will sie in diesem Land der Tiefe? Trübes Wasser trinke ich hier mit den Toten, Lehm esse ich mit ihnen, und meine Trauer über alle, die hierher kommen, findet kein Ende. Hier gibt es nichts, was ein lebendiges Herz erfreuen könnte. Geh und öffne der Schwester das Tor! Aber auch sie muß sich an die alten Gesetze dieser unteren Welt halten!«

Da kehrte der Pförtner zurück zu seinem Tor, schloß es auf und begrüßte Ischtar mit den Worten: »Tritt ein Herrin! Die Unterwelt freut sich über dein Kommen.« Weit öffnete er die verstaubten Flügel des Tores und ließ sie ein. Dann nahm er ihr das Kopftuch ab, mit dem sie ihr Haupt verhüllt hatte. Ischtar erschrak und fragte: »Was tust du da? Warum nimmst du mir mein Kopftuch?« Namtar aber sagte nur: »Komm weiter, ohne zu fragen, Herrin! Meine Gebieterin hat es so befohlen.« Am zweiten Tor aber nahm er Ischtar die goldenen Ohrgehänge ab, am dritten die bunten Halsketten, am vierten das Geschmeide von ihrem Busen, am fünften den Gürtel mit den magischen Steinen, der die Geburten erleichtert, am sechsten die silbernen Spangen an ihren Händen und Füßen, am siebten aber das Schamtuch, das ihre letzte Nacktheit bedeckte. Mit jedem Male erschrak Ischtar mehr, und ein jedes Mal fragte sie wieder nach dem Warum, und ein jedes Mal erhielt sie die gleiche Antwort: »Komm weiter, ohne zu fragen, Herrin! Meine Gebieterin hat es so befohlen.« Ischtar kannte die Gesetze des Totenreiches nicht. Sie wußte nicht, daß man es nur nackt betreten durfte. Endlich stand Ischtar vor ihrer dunklen Schwester Ereschkigal, die sie finster und tückisch anblickte. Nackt stand die Herrin der Götter vor ihrer Feindin und bedachte, was sie auf dem Weg durch die sieben Tore erlebt hatte. Da packte sie ein wilder Zorn, und sie fiel wütend über die Schwester her. Ereschkigal rief den Pförtner zu Hilfe. Er mußte die himmlische Schwester bändigen und hinter Schloß und Riegel bringen. Dann mußte Namtar sie mit den sechzig Qualen schlagen, mit allen Krankheiten der Augen, der Arme und Füße, der Eingeweide und des Kopfes. Der ganz Leib war ein Schmerz. Ischtar war nun die Gefangene der dunklen Mächte. Sie saß in der düsteren Tiefe, fern von allen Himmeln, fern von der Erde.
Auf der Erde aber war inzwischen alle Fruchtbarkeit erloschen. Kein Stier besprang mehr eine Kuh, kein Esel fand mehr zur Eselin, Mann und Weib blieben für sich und schliefen allein, die Felder trugen keine Frucht, die Freudenfeste waren vergessen. Papsukkal, der himmlische Bote, zog in Trauergewändern über die Erde, er zog von Gott zu Gott und klagte: »Seit Isch-

tar in das Land ohne Wiederkehr stieg, ist alles Leben auf der Erde erstarrt! Was soll geschehen?«

Ea, der Gott des Guten, der Herr über die Meere, schuf einen Spielmann, der Ereschkigal mit seinem magischen Spiel und mit heiteren Weisen betören sollte. Er sollte ihre Unlust in Lust verkehren und sich einen Wunsch erbitten, sobald sie freudig gestimmt wäre. Einen Krug mit Lebenswasser sollte er sich wünschen. Der Spielmann drang bis zu Ereschkigal vor, und sein Spiel machte ihr Freude. Sie wurde wider Erwarten mild und gewährte ihm einen Wunsch. Als er aber das Lebenswasser verlangte, fuhr sie zornig auf und schrie: »Du begehrst, was keiner begehren darf! Verlasse mein Reich! Sei verflucht! In den Gossen der Städte sollst du dir deine Nahrung suchen! Keiner darf dich in sein Haus nehmen! Wer immer dich sieht, soll dir ins Gesicht schlagen!« So verfluchte die Göttin der Totenwelt den Spielmann.

Unverrichteterdinge kam er zu den Göttern zurück. Da schickten sie Tammuz, Eas Sohn, den Gott des Frühlings, den Geliebten der Ischtar, den Bruder der lichten und der dunklen Göttin. Er zog in all seiner Pracht in die Welt der Toten und spielte vor seiner Schwester Ereschkigal. Sie war gerade dabei, ihre Schätze zu ordnen, die goldenen Spangen und die bunten Edelsteine. Der Bruder stand vor ihr in einer Wolke von Mädchen und spielte auf seiner Flöte, aber er spielte keine heiteren Weisen. Er klagte um Ischtar. Das rührte die harte Gebieterin so, daß sie Namtar befahl, Ischtar zu holen. Er mußte sie mit dem Wasser des Lebens besprengen, damit Tod und Siechtum von ihr wichen.

Dann führte er sie durch die sieben Tore zurück und gab ihr am ersten das Schamtuch, am zweiten die klirrenden Spangen, am dritten den Gürtel mit den magischen Steinen, am vierten das Geschmeide für ihren Busen, am fünften die bunten Halsketten, am sechsten die goldenen Ohrgehänge, am siebten aber das große Kopftuch, mit dem Ischtar wieder ihr Haupt verhüllte. Sobald sie mit Tammuz durch das äußerste Tor der Totenwelt trat, nahm das Leben auf der Erde wieder seinen geordneten Lauf. Liebe und Fruchtbarkeit kehrten zurück.

Isis und Osiris

RE, DER URGOTT, der Allherr sprach: »Ich bin es, der als Chepra, als Urgott entstand. Als ich entstanden war, entstanden die Entstandenen. Alle Entstandenen entstanden, nachdem ich entstanden war. ... Ich erfand Zauber in meinem Herzen, ich erfand Neues in meinem eigenen Herzen. Ich bildete alle Gestalten, als ich allein war, als ich nichts wie den Schow ausgespien hatte, als ich noch nichts wie die Tefenet ausgespuckt hatte ...« Schow und Tefenet brachten den Götterkönig Geb hervor und Nut, die Götterkönigin, die Mutter der Sonne. Nut und Geb aber liebten sich heimlich. Als Re, der Götterkönig, merkte, daß Nut schwanger war, verwünschte er seine eigenen Kinder. Er bestimmte, daß sie nicht in einem Monat und nicht in einem Jahr gebären solle. Aber da war noch Thot, der Gehilfe des Re, der Bote der Götter: auch er liebte Nut. Er spielte ein Brettspiel mit Jah, der Göttin des Mondes. Sie verlor an ihn ein Siebzigstel von jedem Tag des Jahres. Toth bildete daraus fünf neue Tage, die Geburtstage der Götter, die Schalttage. Am ersten dieser fünf Tage kam Osiris zur Welt, der Sohn des Re, am vierten Tage Isis, die Tochter des Toth. Schon im Mutterleib hatten Isis und Osiris sich in Liebe verbunden. Aus dieser Vereinigung stammt Horus, der Sonnengott, der Rächer des Osiris. Als Osiris König in Ägypten war und mit seiner Gemahlin Isis regierte, unterrichtete er seine Untertanen im Ackerbau, gab ihnen Gesetze und lehrte sie, die Götter zu verehren. Er führte die Menschen mit milder Hand aus einem wilden, ungeordneten, ärmlichen Nomadendasein zu Seßhaftigkeit und Wohlstand. Er übte mit ihnen Gesang und Musik, er redete zu ihnen und lehrte sie alle sieben Künste. Auch als er später durchs Land zog, überwältigte er das Volk mit seinen überzeugenden Worten und mit dem Zauber seiner Künste, nicht mit dem Schwert. Das weckte den Neid seines Bruders Set. Vergeblich erhob sich dieser Feind der Sonne gegen den König, als Osiris durch sein Reich zog. Isis verteidigte die Rechte des geliebten Mannes mit Umsicht und Härte. Da griff Set zu einer List. Er verschaffte sich heimlich die genauen Körpermaße des Osiris und ließ eine

prächtige Truhe bauen, die genau nach diesen Maßen gearbeitet war. Zweiundsiebzig Männer und die Königin Aso von Äthiopien zog er ins Vertrauen. Als sie Osiris nach der Heimkehr von einer langen Fahrt feierlich begrüßten, ließ er nach dem Festmahl den Schrein in die Halle bringen. Alle bewunderten das Kunstwerk. Da sagte Set wie im Scherz: »Ich schenke den Kasten dem, der genau hineinpaßt.« Da legten sich alle Gäste in den Kasten, einer nach dem anderen; aber keiner hatte das rechte Maß. Schließlich stieg auch der König in die Truhe und streckte sich aus. Da gab Set den Verschworenen ein Zeichen. Sie stürzten sich auf den Schrein, schlossen den Deckel, vernagelten ihn und versiegelten ihn mit Blei. Sie machten das Kunstwerk zum Sarg, warfen ihn mitten in den Nil und ließen ihn ins Meer treiben. Das geschah am siebzehnten Tag des Monats Hathor, in dem die Sonne den Skorpion durchläuft, im achtundzwanzigsten Jahr der Regierung des Osiris.

Satyrn und Pane hörten zuerst von der Untat und verbreiteten die schreckliche Nachricht. Isis war untröstlich. Sie schnitt sich einen ihrer Zöpfe ab und legte Trauerkleider an. Dann irrte sie durch das Land, um Osiris zu suchen. Sie fragte jeden, der ihr begegnete, nach dem Schrein. Kinder erzählten ihr, daß der Nil den Schrein ins Meer getragen habe. Viel später erst hörte Isis, daß der Sarg von den Wellen bei Byblos wieder an den Strand gespült worden sei. Eine Zeder verbarg den Schrein unter ihren Wurzeln. Sie wuchs schnell in die Höhe zu einem mächtigen Baum, dessen Schönheit und Größe der König des Landes bewunderte. Er ließ den Stamm fällen. Er wollte ihn das Dach des königlichen Palastes tragen lassen. Der Schrein blieb ihm verborgen. Auf wunderbare Weise hörte Isis von diesen Vorgängen. Sie ging nach Byblos und setzte sich an die Quelle, aus der das Wasser für den Palast geholt wurde. Stumm, armselig und verhärmt saß sie an dem Brunnen. Nur zu den Dienerinnen der Königin war sie freundlich; sie flocht ihnen das Haar und hauchte sie mit dem wunderbaren Wohlgeruch an, der sie ständig umgab. Dieser Duft fiel der Königin auf. Sie ließ die fremde Frau zu sich rufen, die diesen einzigartigen Duft verbreitete. So kam es, daß Isis als Amme angestellt wurde.

Sie aber gab dem königlichen Kind nicht die Brust. Sie ließ es nur an ihrem Finger saugen. In der Nacht verbrannte sie die sterblichen Teile des Kindes, verwandelte sich selbst in eine Schwalbe und flog klagend um die Säule. Als die Königin den Säugling brennen sah, schrie sie laut auf und raubte ihm auf diese Weise die Unsterblichkeit. Nun gab sich die Göttin zu erkennen. Sie bat um die Säule und zerhackte die Zeder so lange, bis der Schrein mit den Überresten des Osiris zum Vorschein kam. Jammernd warf sie sich über den Sarg. Sie klagte und weinte so sehr, daß der jüngste Sohn des Königs ohnmächtig wurde. Den ältesten Sohn nahm sie mit. Sie lud den Schrein auf ein Schiff und segelte davon. Als der Fluß bei Tagesanbruch einen Sturm entfesselte, geriet sie in Zorn und ließ den Fluß versiegen.

Als Isis endlich allein war, öffnete sie den Schrein. Sie küßte das Gesicht des Osiris, sie schmiegte ihre Wange an die des Toten und weinte sehr. Der Knabe Anubis kam lautlos von hinten und sah die Tränen der Göttin. Erzürnt drehte Isis sich um und warf ihm einen schrecklichen, einen vernichtenden Blick zu, der ihre ganze Angst trug. Das Kind konnte diesen Blick nicht aushalten und starb.

Nun machte Isis sich auf, um ihren Sohn Horus zu suchen. Sie ließ den Schrein mit der Leiche des Osiris zurück. Set fand den sorgsam versteckten Sarg, ohne ihn zu suchen, als er nachts im Mondschein jagte. Er zerriß die Leiche seines Bruders in vierzehn Teile und verstreute sie über das ganze Land. In einem Papyrusnachen fuhr Isis durch die Sümpfe, um die vierzehn Teile wieder zu finden. Aus Ehrfurcht vor der Göttin griffen die Krokodile den Papyruskahn nicht an. Isis fand alle Teile des Leichnams und begrub sie jeweils an Ort und Stelle. Aus diesem Grund gibt es in Ägypten so viele Osirisgräber. Isis ließ auch Nachbildungen der Leiche anfertigen und in verschiedene Städte bringen, um Set auf der Suche nach dem wirklichen Grab in die Irre zu führen, und um auf diese Weise den Osiriskult an vielen Orten zu begründen.

Als Horus über die Mutterjahre hinausgewachsen war, kam Osiris aus der Unterwelt, um ihn im Kampf zu üben. Er fragte den Sohn, welche Lebensaufgabe er sich stelle. Horus antwortete: »Das Unrecht rächen, das meiner Mutter und meinem Vater widerfahren ist.« Daraufhin fragte Osiris weiter, welches Tier sich für diesen Kampf am besten eigne. Zu seinem Erstaunen nannte Horus das Pferd. Osiris wollte wissen, warum er nicht den Löwen wähle. Da erwiderte Horus: »Der Löwe mag für den Menschen nützlich sein, wenn er einen Feind abwehren muß. Wer den Feind verfolgen will, nimmt besser ein Pferd.« Nun wußte Osiris, daß sein Sohn für den Kampf gerüstet war. Mit der Zeit schlugen sich immer mehr Leute auf die Seite des Horus.

Der Kampf zwischen Set und Horus dauerte viele Tage. Zuletzt siegte Horus. Er ließ Set fesseln und seiner königlichen Mutter Isis ausliefern. Sie tötete ihn aber nicht. Sie ließ ihm vielmehr die Fesseln abnehmen und schickte ihn fort. Da konnte sich Horus nicht mehr beherrschen. Er legte Hand an seine Mutter und riß ihr die Krone vom Kopf. Toth setzte ihr dafür einen Helm mit einem Rinderkopf auf. Set zog die Sache vor Gericht und warf Horus vor, daß er unehelich geboren sei. Toth setzte aber einen Spruch der Götter durch, nach welchem sie ihn als legitimen Sohn des Osiris anerkannten. In zwei weiteren Kämpfen wurde Set von Horus endgültig geschlagen.

Der Herr über Geburt und Tod

ES WAR vor langer Zeit. Alles sah anders aus als heute. Doch die Erde war rund, und die Sonne schien, und der Mond und die Sterne schienen. Auch die Menschen waren da, sie wurden geboren und starben. Aber alles war anders als heute, und zwar deshalb, weil ein Jüngling über die Erde ging, dem alle gehorchen mußten. Sogar die Könige. Denn der junge Herr duldete keinen Widerspruch. Sein Stolz war so groß wie seine Schönheit, und seine Augen leuchteten wie Diamanten und waren so hart wie sie. Er sprach nur wenig, und auch seine Worte waren wie Diamanten. Jeden Menschen besuchte er, jeder mußte ihm wenigstens zweimal begegnen. Die Erde war eine ebenso große Kugel wie heute, aber für ihn schien es keine Entfernungen zu geben. Niemand wußte, wie er es machte. Und niemand fragte, wie es geschehen konnte, daß er gleichzeitig Tausende von Menschen in tausend verschiedenen Gegenden aufsuchen konnte.

Er trat in die Häuser der jungen Eheleute und sagte zu ihnen: »Bald werdet ihr ein Kind bekommen. Haltet euch bereit und macht eine Wiege fertig. Wenn es an der Zeit ist, werde ich eine Seele bringen.«

Keiner wunderte sich darüber, daß man nie sah, wann er die Seele brachte, denn die Seele kann man nicht sehen.

Und er trat in die Häuser der alten Menschen und sagte zu ihnen: »Bald werdet ihr sterben. Haltet euch bereit und macht den Sarg fertig. Wenn es an der Zeit ist, werde ich eure Seelen holen.«

Keiner sah, wie er die Seele holte, denn die Seele kann man nicht sehen.

Man nannte ihn den Herrn über Geburt und Tod. Er war jung und schön und tat so, als ob die Erde nur ihm gehöre. Immer kam er allein. Einige Menschen aber erzählten, daß ihm zuweilen eine andere Gestalt, einem Schatten ähnlich, von weitem folge. Niemand wagte, ihn anzusprechen, denn er war so stolz, daß er nur auf seine eigenen Worte zu hören schien; und was hätten die Menschen auch dem Herrn über Geburt und Tod sagen können?

Und doch geschah eines Tages etwas, das die ganze Welt veränderte und zu dem machte, was sie heute ist. Hoch oben im Norden lebte ein Lappe. Er war so weise, daß sogar Könige von weit her kamen, um sich Rat von ihm zu holen. Er selber war arm und wohnte allein in einer Hütte am Rande der großen Tundra. Nun wurde erzählt, daß er krank geworden sei und den Besuch des Jünglings erwarte, da er glaube, bald sterben zu müssen. Eines Tages wurde an seine Tür geklopft. Er öffnete, und vor ihm stand jene Gestalt, die einem Schatten glich und die zuweilen dem Herrn über Geburt und Tod in großem Abstand folgte.

»Morgen wird der junge Herr zu dir kommen«, sagte die Schattengestalt und verneigte sich. »Kurz danach wird die Welt die weiseste Seele verloren haben. Die Könige werden ihren eigenen Entscheidungen folgen müssen, und das wird ihren Untertanen wenig Freude bringen.«

»Ich bin sehr alt«, sagte der Lappe, »und kann dem Tod nicht entgehen.«

»Du kannst«, sagte die schattengleiche Gestalt und lächelte. Es war ein schreckliches Lächeln, die Zähne sahen schärfer und grimmiger aus als die eines hungrigen Wolfes.

»Ich glaube, ich weiß, wer du bist«, sagte der alte Lappe, »obwohl ich dich noch nie gesehen habe. Ich glaube, ich weiß, wie du heißt. Du hast einen Namen, vor dem sich nur die bösen Menschen beugen.«

»Wie ich heiße«, sagte der Schatten, »hat wenig Bedeutung für dich. Viel wichtiger ist, was ich für dich tun kann.«

»Und was kannst du für mich tun?«

»Ich habe es dir schon gesagt: ich kann dich für immer vom Tode befreien.«

Der Lappe, der das Leben liebte, schwieg eine Weile. Das war ermutigend für den Schatten. Er näherte sich dem Alten und flüsterte ihm beschwörend ins Ohr. »Und nun«, sagte er dann lauter, »werde ich dir helfen, deinen Sarg zu bauen. Wir müssen uns beeilen, damit er fertig ist, wenn der junge Herr morgen zu dir kommt. Bist du einverstanden?«

»Ja«, sagte der Lappe zögernd, »aber ich fürchte, mein Gewissen wird nicht einverstanden sein.«

»Man braucht kein Gewissen«, sagte der Schatten, »wenn man unsterblich ist. Auch ich habe keines nötig«, fügte er hinzu, und seine Zähne blitzten hart und scharf, »denn seit Tausenden von Jahren besitze ich das ewige Leben.«

Am nächsten Morgen klopfte es nicht an die Tür, bevor der schöne junge Herr eintrat. Er verbeugte sich nicht vor dem alten Lappen. Er sah ihm gerade in die Augen und sagte: »In zwei Wochen werde ich kommen und deine Seele vom Körper lösen. Halte dich bereit und mache deinen Sarg fertig.«

Lächelnd sagte der alte Mann: »Der Sarg ist schon fertig.« Der

Herr über Geburt und Tod war sehr erstaunt. Nie hatte je ein Mensch gewagt, zu ihm zu sprechen, und nie hatte je ein Mensch gelächelt, wenn er kam, ihm den Tod anzukündigen. Aber der Ruhm des alten Lappen war dem Jüngling bekannt. Da er also wußte, daß der Greis in dem Rufe großer Weisheit stand, ließ sich der junge Herr – der nur scheinbar jung war, denn niemand hätte je seine Jahre zählen können – zu einem Gespräch herab.

»Du scheinst keine Angst vor dem Tode zu haben«, sagte er.

»Warum sollte ich Angst vor dem Tode haben?« erwiderte der Alte. »Ich habe lange genug gelebt. Meine Seele sehnt sich danach, neue Länder kennenzulernen. Erlaube mir, dir meinen Sarg zu zeigen. Ich finde ihn sehr schön, aber ich möchte wissen, ob er dir auch gefällt.«

›Der Alte ist recht eingebildet‹, dachte der Herr über Geburt und Tod, ›aber warum soll ich ihm nicht den Gefallen tun?‹

»Gut, zeig ihn mir!« sagte er deshalb.

Der alte Mann brachte den Sarg herbei und stellte ihn zu Füßen des edlen Besuchers nieder. Der junge Herr hatte viel schönere Särge gesehen, aber er sagte: »Der scheint mir ganz recht zu sein.«

»Das freut mich«, sagte der Alte, »aber ich wäre sehr dankbar, wenn du mir noch einen Gefallen tun würdest. Ich möchte wissen, ob er bequem genug ist. Du bist genauso groß wie ich. Wenn du dich in den Sarg legen würdest, könntest du mir sagen, ob ich ihn schön und wohl bereitet habe.«

Der junge Herr war eitel, und so war ihm die Eitelkeit der anderen weder fremd noch abstoßend.

»Warum nicht?« sagte er und streckte sich in dem Sarg aus. Schneller als man es denken konnte, war der Deckel zugeworfen und waren Nägel hineingeschlagen, die ihn so fest verschlossen, daß keine Macht ihn öffnen konnte.

»Das hast du gut gemacht«, sagte eine Stimme. Die schattenähnliche Gestalt stand plötzlich neben dem Alten. »Nun wollen wir beide den Sarg weit hinaus in die Tundra tragen.«

Der Herr über Geburt und Tod war zu stolz, um zu schreien und um Hilfe zu rufen. Er schwieg und ließ es geschehen, daß

er weit draußen in der Tundra, dort, wo es nur wilde Tiere und Raubvögel gibt, begraben wurde.
»Hier wird kein Mensch ihn finden«, sagte der düstere Geselle und rieb sich vor Vergnügen die Hände. »Ich hatte Streit mit Gott, und er gab mir die Hölle zur Wohnung. Manchmal komme ich auf die Erde und versuche, Seelen für mich zu erobern, damit ich Gesellschaft habe. Immer war es bisher vergeblich. Jetzt aber wird auch Gott keine Seelen mehr von der Erde bekommen und ebenso keine zur Erde schicken können.«
Der alte Mann kehrte zu seiner Hütte zurück und lächelte zum Mond hinauf, aber der Mond antwortete nicht. Der Alte blickte in den Spiegel und dachte: ›Wie werde ich wohl in dreihundert Jahren aussehen?‹ Da wurde ihm angst, und sein Gewissen begann sich zu regen.
Es verging eine lange Zeit. Auf der Erde wurde kein Mensch geboren, und kein Mensch starb. Im Himmel wurde eine große Versammlung berufen. Die hohen Herren kamen herbei, und der Höchste von allen sprach:
»Gott hat mich gebeten, euch alle zusammenzurufen, denn er ist unzufrieden mit dem, was auf der Erde geschieht. Über die anderen Planeten haben wir uns nicht zu beklagen. Es geht dort alles seinen rechten Gang. Es wird geboren und gestorben in guter Ordnung. Ganz anders aber ist es auf dem Planeten Erde. Es wird keine Seele mehr dorthin gebracht und keine mehr von dort zu uns geschickt. Und das alles, weil der Herr über Geburt und Tod nirgends zu sehen ist. Er, der sich wegen seiner großen Schönheit so gern überall zeigte, geht nicht mehr über die Erde. Er vernachlässigt seine Pflicht. Es ist, als ob es ihn überhaupt nicht mehr gäbe. Deshalb müssen wir einen von uns auf diese merkwürdige Kugel niedersenden mit dem Auftrag, den unfolgsamen jungen Herrn zu suchen und ihn hierherzubringen.«
So wurde einer von ihnen auf die Erde geschickt, einer, dessen Namen niemand weiß, weil die Herren des Himmels gewohnt sind, sich in Geheimnis zu hüllen. Was der hohe Herr auf der Erde fand, war sehr traurig: Die Ehepaare waren verzweifelt, denn sie bekamen keine Kinder und warteten vergeblich darauf,

daß der Herr der Geburt sie besuche. Die Alten waren fast noch verzweifelter, denn sie lagen matt und krank im Bett. Ihre Stimme hatte den Klang verloren, weil sie viel zu lange gesprochen hatte. Ihre Augen sahen nichts mehr, weil sie viel zu lange gesehen hatten. Sie hungerten nach der Befreiung ihrer Seele und warteten vergeblich darauf, daß der Herr des Todes sie besuche. Es herrschte eine große Unordnung und dazu viel Furcht, weil die Angst vor der Unsterblichkeit viel größer war als die Angst vor dem Tode.

Endlich fand der hohe Herr den alten Lappen, von dem man ihm erzählt hatte, daß er der letzte gewesen sei, den der schöne junge Herr besucht hatte. Der Greis war vom Alter zerfressen, und sein Gewissen hatte viel schärfere Nägel als jene, mit denen er den Sarg verschlossen hatte. Aber er konnte seinem Gewissen nicht nachgeben, denn die dunkle Schattengestalt war immer um ihn, damit er niemandem verriet, wo der Sarg mit dem schönen jungen Herrn begraben lag. Als aber der düstere Geselle den hohen Herrn des Himmels sich nähern sah, floh er mit einem Geheul des Entsetzens aus der Hütte.

Der alte Lappe, dessen Stimme keinen Klang mehr hatte, der nur noch flüstern konnte, erzählte nun alles, was geschehen war, und der hohe Herr ging hinaus in die Tundra, fand den Sarg und öffnete ihn. Der junge Herr hatte nichts von seiner Schönheit verloren und blickte seinen Befreier mit strahlenden Augen an. Aber er wurde keines Wortes gewürdigt. Nur eine Hand legte der andere auf seine Schulter, und dann erhoben sich beide und stiegen von der Erde in den Himmel hinauf, wo die große Versammlung auf sie wartete.

Und der Höchste von allen sprach: »Du, Herr über Geburt und Tod, Gott hat mir auferlegt, dir zu sagen, daß du sogleich zur Erde zurückkehren und dort deine Aufgabe weiterführen sollst, so wie du sie getan hast vor deinem unschicklichen Begräbnis. Doch wirst du von nun an nur einmal zu den Menschen kommen, nur, wenn du die Seele bringst oder von ihnen nimmst. Ankündigen darfst du Geburt oder Tod nicht mehr. Dies wird zur Folge haben, daß du von niemandem mehr gesehen oder gehört wirst: es sei eine Strafe für deinen Stolz. Geh nun und befreie die Alten, die auf dich warten, den greisen Lappen aber als letzten, denn er hat sehr unrecht getan.«

Seitdem ist die Erde wie sie heute ist. Kein Mensch weiß im voraus, wann er ein Kind bekommen oder wann seine Seele von ihm genommen wird. Aber immer noch und wahrscheinlich in alle Ewigkeit, geht der schöne Jüngling, der Herr über Geburt und Tod, von niemandem gesehen, über die Erde.

Lumimuut geht um die Welt

DIE ERDE war noch weich, eine große zähe Masse aus Schlamm, als sie zwei Weiber hervorbrachte: das eine war alt, es war sehr alt, eine Schamanin. Sie hieß Karemah. Das andere Weib war noch in der Blüte seiner Jugend. Es hieß Lumimuut. Karemah befahl ihrer jungen Gefährtin, sich gegen den Wind zu stellen; und dann beschwor die Schamanin den Wind, gegen Lumimuut zu blasen, damit sie schwanger werde. Und Lumimuut stellte sich gegen den Südwind, sie stellte sich gegen den Ostwind, sie stellte sich gegen den Nordwind, aber sie wurde nicht schwanger. Erst als sie sich gegen den Westwind stellte, wurde sie wirklich schwanger. Und als ihre Zeit erfüllt war, gebar sie einen Sohn. Sie nannte ihn Toar.

Nach vielen Tagen und Nächten war Toar zum Jüngling herangewachsen, da rief Karemah ihn und Lumimuut und sagte: »Dreht einander den Rücken zu, und dann geht immer geradeaus, rings um die Erde; Toar, du gehst nach rechts, Lumimuut, du gehst nach links!« Karemah nahm zwei gleich lange Stäbe und gab Toar einen und Lumimuut einen; Toar gab sie ein Kano-kano-Rohr, Lumimuut aber einen großen Durianstengel. Sie sagte dazu: »Toar, merk dir diese meine Worte: Wenn du auf deinem Weg einer Frau begegnest, dann sieh zu, ob eure Stäbe gleich lang sind. Ist dies der Fall, dann bist du Lumimuut begegnet. Sind die Stäbe nicht gleich lang, dann ist es eine andere Frau. Die sollst du als deine Gattin zu dir nehmen.« Dann unterrichtete Karemah Lumimuut im gleichen Sinne.

Und Toar und Lumimuut wandten einander den Rücken zu und gingen rings um die Erde. Sie waren lange gegangen, da begegneten sie einander am Ende der Welt. Da sagte Toar: »Du siehst aus wie meine Mutter, laß uns unsere Stäbe vergleichen!« Dabei stellte sich heraus, daß die Stäbe nicht gleich lang waren. Der Stab der Frau war länger. Da sagte Toar: »Du bist doch nicht meine Mutter. Ich nehme dich zur Frau.« Und sie heirateten. Und nach vielen Tagen und Nächten bekamen sie Kinder: zweimal neun, dreimal sieben, neunmal drei. Und ihre Nachkommen zerstreuten sich über die ganze Erde, bis in unser Land, bis nach Celebes.

Legenden aus dem Fernen Osten

Buddha und der Elefant

BUDDHA HATTE an die fünfhundert Jünger. Sechzehn oder achtzehn gehörten zum engsten Kreis. Sein Vetter Devadatta war unter ihnen. Er wollte die Nachfolge des Erhabenen antreten. Dem Meister aber enthüllte sich alles Verborgene. Er bestimmte einen anderen. Da sann Devadatta auf Mord. Er wollte sich nicht selbst mit dem Blut des Asketen Gotama beflecken. Er bat den Sohn des Königs, den Mordbefehl zu geben. Er bezichtigte den Buddha, eine falsche Lehre zu verbreiten. Der Prinz gab den Befehl. Aber die zwei, die vier, die acht, die sechzehn Männer, denen die Tat aufgetragen wurde, befiel Angst, Zittern und Erstarrung, sobald sie den Erhabenen von Angesicht zu Angesicht sahen. Gotama redete zu einem jeden von ihnen. Er verkündete ihnen die Lehre der Buddhas, und sie erkannten und bekannten ihre Schuld. Sie suchten Zuflucht beim Erhabenen, bei der Lehre, in der Gemeinde der Mönche. Da sagte Devadatta: »Ich selbst werde den Asketen Gotama ums Leben bringen«. Der Erhabene ging gerade im Schatten des Berges Giyhakuta (Geierspitze) spazieren. Devadatta bestieg den Gipfel der Geierspitze und warf einen mächtigen Felsblock auf den Weg des Buddha. Da neigten sich zwei Bergspitzen zueinander und fingen den Felsblock auf. Nur ein Splitter sprang ab und traf den Fuß des Erhabenen, so daß Blut floß. Der Buddha hob seinen Blick und sagte zu Devadatta: »O du Tor! Große Schuld hast du auf dich geladen; denn du hast mit Mordgedanken das Blut des Vollendeten fließen lassen!« Dann sagte er zu seinen Mönchen: »Dies ist die erste schwere Sünde, die Devadatta auf sich geladen hat und die er sofort büßen muß, weil sie nicht erst in einer künftigen Existenz gebüßt werden kann. Er hat mit schlimmen Hintergedanken, mit Mordgedanken das Blut des Vollendeten vergossen.«

Zu dieser Zeit lebte in Rajagaha ein wilder Elefant, ein Elefant, der Menschen tötete. Devadatta und der Prinz gingen in den Elefantenstall und sagten zu den Elefantenwärtern: »Hört, ihr Männer! Ihr wißt, daß wir gute Freunde des Königs sind. Wir können bei ihm erreichen, daß einer von einer niederen Stellung in eine hohe gehoben wird. Seine Verpflegung wird dann besser, die Goldstücke in seiner Hand vermehren sich. Darum hört uns gut zu! Wenn der Asket Gotama die Straße betritt, die hier an eurem Stall vorbeiführt, dann laßt den wilden Elefanten los, laßt den Elefanten auf diese Straße laufen!« Die Elefantenwärter hörten den Befehl des Devadatta und sagten: »Ja, Herr!«

An einem Morgen kleidete der Erhabene sich an, nahm die Almosenschale und warf sein Obergewand über die Schulter. Er ging mit vielen Mönchen nach Rajagaha hinein, um Almosen zu sammeln. So betrat der Erhabene die Straße, die am Elefantenstall vorbeiführte. Als die Elefantenwärter sahen, wie der Asket Gotama und seine Mönche die Straße entlanggingen, da dachten sie an den Befehl des Devadatta. Sie ließen den wilden Elefanten los, sie ließen ihn durch jene Straße laufen. Der Elefant aber sah den Erhabenen, wie er von ferne auf ihn zukam. Sobald er ihn sah, hob er seinen Rüssel, seine Ohren richteten sich auf, er fuhr mit dem Schwanz hoch hinaus. Der Elefant setzte sich in Trab; er lief auf den Erhabenen zu. Als die Mönche sahen, wie der Elefant auf sie zukam, überfiel sie große Angst. Sie fürchteten sich sehr und sagten zu dem Asketen Gotama: »Herr, da läuft der wilde Elefant, der Menschen tötet; er läuft durch die Straße! Möge der Erhabene umkehren! Möge der Wohlwandelnde umkehren!« Der Vollendete aber erwiderte: »O, ihr Mönche! Fürchtet euch nicht! Fremde Gewalt bringt den Vollendeten nicht ums Leben. Das ist unmöglich, das ist ausgeschlossen! Die Vollendeten, ihr Mönche, gehen unberührt von jeder Gewalt ins Nirvana ein!« Die Mönche nahmen diese Rede nicht an. Ihre Angst wuchs. Sie redeten den Erhabenen ein zweites Mal an, und der Erhabene gab ein zweites Mal diesselbe Antwort. Aber die Mönche glaubten immer noch nicht. Sie baten den Vollendeten ein drittes Mal. Aber sie erhielten zum dritten Mal dieselbe Antwort.

Die anderen Menschen, die in der Straße gingen, die Menschen, die in den Häusern wohnten, stiegen in die Obergeschosse der Paläste oder auf die Dächer. Diese ungläubigen, diese unbekehrten, diese unerleuchteten Menschen sahen von oben, wie der Elefant auf den Erhabenen zulief. Sie sagten: »Der schöne Asket wird durch den Elefanten zu Schaden kommen. Der Elefant wird ihn in die Luft werfen, er wird ihn auf die Erde werfen, er wird ihn zertrampeln und töten.« Die wenigen gläubigen, die klugen, die bekehrten und erleuchteten Menschen aber erwiderten den ungläubigen: »Ihr werdet lange warten, ihr Guten, ihr werdet nicht erleben, daß der Elefant mit dem Elefanten kämpft!« Der Erhabene aber sandte dem wilden Elefanten die Kraft seiner freundlichen Gedanken entgegen. Der wilde Elefant wurde von der Kraft dieser freundlichen Gedanken getroffen. Er senkte seinen Rüssel und mäßigte seinen Lauf. Er trat vor den Erhabenen hin und blieb ruhig vor ihm stehen. Da berührte der Erhabene mit seiner rechten Hand die Erhöhung auf der Stirn des wilden Elefanten und sagte folgende Sprüche:
Greife nicht den Elefanten an, mein Elefant!

Den Elefanten anzugreifen, mein Elefant, bringt dir nur Leid!
Denn wer den Elefanten schlägt, mein Elefant,
für den gibt es kein Heil im Jenseits.
Sei auf der Hut vor wilder Brunst, sei auf der Hut vor Lässigkeit!
Wer sich in Lässigkeit verliert, verliert das Heil!
Deine Taten aber werden Taten sein,
die dich auf den Weg des Heils bringen werden.

Da hob der wilde Elefant mit seinem Rüssel den Staub vor den Füßen des Erhabenen auf und streute ihn sich über sein Haupt. Er beugte sich vor dem Vollendeten und ging rückwärts, er entfernte sich rückwärts gehend auf dem Weg, den er gekommen war, solange er den Erhabenen sah. Dann ging der wilde Elefant in den Elefantenstall und stellte sich an seinen Platz. Der wilde Elefant war fortan zahm.

Die Tugendverdienste der fünfhundert Gänse

ALS DER Vollendete durch das Land der Waranasse wandelte, trug er auf einer Waldwiese den Göttern, den Menschen und seiner vierfachen Umgebung die erhabene Lehre vor. Da zog hoch oben am Himmel ein Schwarm von fünfhundert Gänsen über die Köpfe der Andächtigen. Als sie die wohllautenden Worte des Erhabenen hörten, hemmten sie ihren Flug und hielten sich lange schwebend in der Luft. Als sie sich dann in der Nähe des Vollendeten niederlassen wollten, gerieten sie in die Netze eines Vogelstellers, der alle fünfhundert Gänse fing und tötete. Sie wurden im Himmel der dreiunddreißig Götter wiedergeboren. Dort saßen sie als achtjährige Knaben auf den Schößen ihrer Väter und Mütter, überaus wohlgebildet, schön, reizend, einem leuchtenden Goldberg ähnlich, der mit seinen hellen Strahlen einen klaren und lauteren Glanz verbreitet. Diese Götterkinder fragten sich: »Wie ist es gekommen, daß wir als Götter wiedergeboren wurden?« Sie dachten lange nach und erinnerten sich dann, daß sie durch das Anhören der erhabenen Lehre die Wiedergeburt als Götter erlangt hatten. Da nahmen sie Zeichen des Götterreiches, Blumen, Spezereien und viele andere Gegenstände und kamen vom Himmel herab in das Land der Waranasse, in dem der Vollendete gerade seinen Sitz hatte. Ihr Götterlicht leuchtete über dem ganzen Ort. Sie verbeugten sich alle zur gleichen Zeit voll Ehrerbietung vor dem Vollendeten, sie legten ihre Handflächen zusammen und sprachen: »Kaum hörten wir die wohllautenden Worte des Vollendeten, mit denen er die erhabene Lehre vortrug, da wurden wir schon wiedergeboren und in die himmlischen Wohnungen der Götter versetzt. Wir bitten dich nun, Gnade und Barmherzigkeit gegen uns zu üben und auch uns die Lehre zu zeigen.« Da trug der Erhabene die Lehre von den vier Wahrheiten vor. Die Götterkinder verstanden sie und erwarben damit die Frucht der dauernden Einkehr. Sie waren nun der Geburt in den drei verworfenen Geburten enthoben. Zudem waren sie nach ihrer Rückkehr in den Himmel der dreiunddreißig Götter für sieben Generationen von allen Sündenfolgen befreit.

Da fragte Kungawo, einer der Jünger des Asketen Gotama: »Geruhe mich zu belehren! Woher sind die Götter gekommen, die in der verwichenen Nacht alles mit göttlichem Licht erleuchteten, die herkamen, um sich vor den Füßen des Vollendeten zu verbeugen?« Hierauf erwiderte der Erhabene: »Höre aufmerksam zu und fasse es in dein Gedächtnis! Ich werde es dir anzeigen. Als ich vor einigen Tagen den Göttern und der vierfachen Umgebung die Lehre vortrug, da weckte die wohllautende Stimme der Lehre Glauben in fünfhundert Gänsen, die mit Gedanken der Freude zu mir kommen wollten. Sie gelangten aber nicht bis zu mir. Sie wurden alle von einem Vogelsteller gefangen und getötet. Sie sind ihres Glaubens wegen im Himmel der dreiunddreißig Götter wiedergeboren worden. Dort erinnerten sie sich ihres früheren körperlichen Wohnortes und kamen zu mir, um die erhabene Lehre zu hören.«

Da rief Kungawo voll Freude: »Wie wundervoll, wie merkwürdig! Höchst wundervoll und merkwürdig ist die Erscheinung des Vollendeten in der Welt! Es gibt niemand, den der Regen der Lehre nicht erfrischt und erhebt. Wenn sogar kleine, zum Tierreich gehörende Wesen nur durch das Hören der Lehre Verdienst erwerben, wieviel größer, wieviel hundertmal, wieviel tausendmal größer müssen die Verdienste der Menschen sein, welche die erhabene Lehre mit Gedanken des Glaubens aufnehmen.« Hierauf erwiderte der Vollendete dem Kungawo: »Vortrefflich! Vortrefflich, wie du das gesagt hast. So ist es: Die Erscheinung des Vollendeten dient allen zum Heil und zu ihrer Beglückung. Über alle fällt der Regen des Lebenstrankes und erfrischt und erhebt sie. Darum richte deine Gedanken auf einen Punkt und bemühe dich mit Ernst um die Lehren Buddhas!«

... und wenn der Durst gelöscht ist?

BEI DEN MALLAS, in deren Land der Buddha später gestorben ist, erzählt man sich: Einst wanderte Buddha mit einer großen Schar von Mönchen durch das Land der Mallas. Auf diesem Weg kam er auch nach Thuna, einem Brahmanendorf. Die Brahmanen und die Bauern von Thuna hörten: »Der Asket Gotama wandert mit einer großen Schar von Mönchen durch das Land der Mallas. Er ist jetzt nach Thuna gekommen.« Daraufhin füllten sie ihren Brunnen bis oben hin mit Gras und Spreu und flüsterten einander zu: »Dieses kahlköpfige Pack, diese Mönche, sollen nichts zu trinken finden!«

Da verließ der Erhabene den Weg und setzte sich unter einen Baum, denn dort hatten ihm die Mönche einen Sitz aufgebaut. Sobald er saß, bat er den ehrwürdigen Ananda, seinen Lieblingsjünger: »Ich bitte dich, Ananda, hole mir aus dem Brunnen Wasser. Ich habe Durst und will trinken.« Da erwiderte der ehrwürdige Ananda seinem Meister: »O Herr, die Brahmanen und Bauern von Thuna haben diesen Brunnen soeben bis oben hin mit Gras und Spreu vollgestopft. Sie haben dabei einander zugeflüstert: ›Dieses kahlköpfige Pack, diese Mönche, sollen nichts zu trinken finden!‹« Der Buddha antwortete nicht auf diese Einwendung. Er gab zum zweiten Mal denselben Befehl und er erhielt von Ananda zum zweiten Mal dieselbe Antwort. Da gab der Vollendete den Befehl zum dritten Mal. Nun antwortete Ananda nur: »Ja, Herr!«, nahm seine Schale und ging zum Brunnen. Wie der ehrwürdige Ananda auf den Brunnen zuging, spie dieser alles Gras und alle Spreu aus. Ananda fand ihn bis oben hin mit reinem, ungetrübtem, klarem Wasser gefüllt. Es war so viel Wasser da, daß der Brunnen gleich überlaufen mußte. Da dachte der ehrwürdige Ananda bei sich: »Fürwahr, es ist wunderbar, es ist staunenswert, wie mächtig, wie gewaltig die Wunderkräfte des Erhabenen sind! Wie ich eben vorbeikam, war doch der Brunnen bis obenhin mit Gras und Spreu verstopft. Und ...« Er schöpfte mit seiner Schale Wasser, brachte es dem Erhabenen und sagte: »Wunderbar fürwahr ... Möge der Erhabene das Wasser trinken! Möge der Wohlwandelnde sich an dem Wasser erquicken!«

Der Vollendete aber antwortete ihm mit dem Ausruf:

»Fände ich überall Wasser,
wozu wäre der Brunnen gut?
Was bleibt noch zu suchen,
wenn die Wurzel des Durstes vertilgt ist?«

Der Spaßvogel und seine Bekehrung

VOR ZEITEN war der Bodhisattva, der Heilige, der inskünftige Buddha, Herr über die dreiunddreißig Götter des Königs Shakra; denn auch die Götterkönige sind der Wiedergeburt unterworfen. Sein Palast stand auf dem Gipfel eines hohen Berges. In Benares aber, am heiligen Ganges, regierte damals König Brahmadatta. In einer späteren Verwandlung gehörte er zu den achtzig bedeutendsten Schülern Buddhas. Er trug den Namen Lakuntaka, und die Mönche nannten ihn nur den ehrwürdigen, den glücklichen Lakuntaka; denn er verkündete die Lehre mit einer schönen, eindringlichen Stimme, er kannte den »Korb der Lehrreden« und er hatte alle Leidenschaften getilgt. Aber er war sehr klein von Gestalt, er war ein Zwerg, und als die Mönche ihn zum ersten Mal sahen, erkannten sie ihn nicht. Sie hielten ihn für einen armen Wicht und trieben ihre Kurzweil mit ihm.

Als sie den Meister fragten, warum der heilige Mann so unansehnlich geworden sei, erzählte er ihnen diese Geschichte: »Ihr wißt, daß der bußfertige Beter Lakuntaka in einem früheren Dasein König in Benares war. Dieser König Brahmadatta war in jungen Jahren ein böser Spaßvogel. Er hatte es vor allem auf die Alten abgesehen. Man konnte ihm keinen betagten Elefanten zeigen, kein altes Rind, keinen alten Klepper, er ließ sie sofort jagen und hatte seinen Spaß an ihrer Hilflosigkeit. Sogar alte Gewänder ließ er zerreißen. Wenn er alte Weiber sah, ließ er sie vor sich bringen, ließ sie auf den nackten Bauch schlagen und sie zu Boden werfen, und sie durften erst aufgehoben und hinausgetragen werden, wenn sie den höchsten Grad der Angst erreicht hatten; denn er wollte ihnen Furcht einjagen. Die alten Männer aber mußten vor ihm wie die Gaukler auf dem Boden turnen und miteinander balgen. Und wenn er die Uralten nicht selber fand, sondern nur hörte, daß da und dort einer sei, dann ließ er sie vor sich holen und trieb seine bösen Späße mit ihnen.

Die Untertanen des Königs schämten sich vor ihren Eltern und schickten sie weit über die Grenzen des Reiches, um sie vor den

Späßen des Königs zu bewahren. Und weil die Eltern außer Landes waren, konnte niemand mehr im Königreich des Brahmadatta die Mutter oder den Vater ehren. Die guten Werke blieben ungetan, niemand wurde in einer der Götterwelten wiedergeboren. Die Diener des Königs aber folgten dem Beispiel ihres Herrn; sie waren seine Handlanger und selber böse Spaßvögel. Wenn sie starben, füllten sie einen der vier Straforte, je nach der Größe ihrer Untaten eine der Höllen oder die Tierwelt oder die Welt der büßenden Geister oder die Dämonenwelt.

Als Shakra sah, daß keine neuen Göttersöhne mehr zu ihm kamen, forschte er nach der Ursache. Und als er dabei die üblen Taten des Brahmadatta beobachtete, beschloß er, ihn zu zähmen. Zu diesem Zweck verwandelte sich der Götterkönig in einen uralten Mann. Dann ließ er auf einen alten Wagen zwei große Töpfe mit Molke stellen und zwei alte Ochsen davor spannen.

Als nun an einem hohen Feiertag der König Brahmadatta auf einem prunkvoll aufgeputzten Elefanten von rechts um die festlich geschmückte Stadt ritt, führte der in alte Lumpen gekleidete Shakra seinen Wagen auf denselben Weg und kam vor die Augen des Königs. Als Brahmadatta den alten Wagen sah, befahl er: »Bringt diesen Wagen weg!« Seine Diener und die Einwohner aber fragten ihn: »Welchen Wagen, Herr? Wir sehen keinen!« Shakra hatte es mit Hilfe seiner Wunderkraft nämlich so eingerichtet, daß nur der König ihn sehen konnte. Darum konnten die Diener nichts gegen ihn unternehmen. Als er nahe genug an den König herangekommen war, richtete er sich hoch auf und zerschlug über dem Haupt des Brahmadatta erst den einen und dann den zweiten Topf, so daß der König von oben bis unten besudelt war. Die Molke tropfte ihm von den Haaren, verklebte ihm die Augen, beschmutzte ihm die Hände, sie belästigte ihn überall, sie ekelte ihn an.

Als Shakra merkte, wie der Zorn des Königs langsam wuchs, ließ er seinen Wagen verschwinden und nahm wieder die Gestalt des Götterkönigs an. Plötzlich stand er mit seinem Donnerkeil in der Hand hoch in der Luft vor Brahmadatta und rief:

»Du bist ein böser, ein ungerechter König! Du treibst deinen Spott mit den alten Leuten. Glaubst du denn, daß du selbst niemals alt wirst? Auch dein Körper wird eines Tages müde und häßlich werden! Du hast deine Diener zu zahllosen Untaten verführt, sie müssen deshalb nach ihrem Tod die Straforte aufsuchen, statt in einer der Götterwelten wiedergeboren zu werden. Die jungen Menschen müssen deinetwegen ihre Eltern über die Grenzen schicken und kommen nicht mehr zu ihren guten Werken. Wenn du deine bösen Späße nicht sofort aufgibst, dann werde ich dir mit meinem Donnerkeil das Haupt zerschmettern!«

Der mit Molke übergossene König stand bleich und zitternd vor dem Gott. Shakra aber zählte ihm alle Vorteile und alles Glück auf, die nur durch die Eltern über uns kommen können, und er sprach von den guten Werken, die nur einer sammeln könne, der die Alten ehrt. Dann kehrte er auf den Gipfel seines Berges zurück. Der König aber ließ von diesem Tage an seine Untaten, ja, er mied jeden Gedanken an seine früheren bösen Späße.«

Und der Meister, der völlig Erleuchtete, schloß die Erzählung dieser alten Begebenheit mit den Worten: »Der König von damals ist heute der glückliche Lakuntaka. Seine Spottsucht ist der Grund, warum er nun selbst zum Spott der anderen geworden ist. Der Shakra von damals aber bin ich selbst.«

Der Mann, der den Donner fing

CHIHISA-KO-BE NO SUGARU war der Leibkämmerer des Yuryaku Tenno, eines japanischen Kaisers, der in alten Tagen durch dreiundzwanzig Jahrzeiten die Welt regierte. Pünktlich betrat er jeden Morgen die Große Ruhehalle, um dem Tenno zu dienen. Eines Tages aber hielt sich der Kaiser nicht an die Regeln der rituellen Enthaltsamkeit, und sein Leibkämmerer traf ihn unversehens dabei an, wie er mit der Kaiserin Umgang pflog. Im selben Augenblick schlug dröhnend der Donner ein. Der

Kaiser war beschämt, verängstigt und wütend. Er befahl dem Sugaru in scharfem Ton: »Ich lasse den Donnergott höflichst bitten, sofort vor mir zu erscheinen!« Der Leibkämmerer antwortete: »Ich will ihn bitten zu kommen.«

Sugaru nahm die Zeichen seiner Würde als hoher kaiserlicher Beamter, er wand die scharlachfarbene Kadsura um seine Stirn, ergriff den Speer mit dem roten Banner und bestieg sein schnellstes Roß. Er ritt eine der alten Straßen entlang, welche die Paläste des Tenno und die Tempel miteinander verbinden. An einer Wegkreuzung hielt er an, betete kurz und rief dann so laut er konnte: »Der Tenno läßt den am Himmel dröhnenden Donnergott höflichst zu sich bitten!« Dann änderte er die Richtung, ritt auf einen anderen Tempel zu, verhielt sein Roß mitten im vollen Lauf und rief wieder. So sprengte er lange Zeit hin und her und versuchte vergeblich Gehör zu finden. Schließlich wurde er ungeduldig, weil sich nichts ereignete, und rief drohend: »Wenn du auch der Donnergott bist, warum willst du nicht hören, wenn der Tenno dich bittet!« Da schlug der Donner plötzlich dicht vor ihm ein und blieb liegen. Als Sugaru ihn sah, setzte er den Donner mit Hilfe himmlischer Dienstleute in eine Sänfte, ließ ihn in den Großpalast des Kaisers bringen und meldete dem Tenno: »Der Donnergott ist, wie du befohlen hast, vor dir erschienen.« Da leuchtete und blitzte der Donnergott, seine Augäpfel glühten, sein funkelndes Licht blendete alle. Der Tenno erschrak sehr, brachte dem Gott üppige Opfer und entließ ihn wieder an den Ort, von dem er gekommen war. Dieser Ort wurde von nun an auf Befehl des Kaisers Donnerhügel genannt.

Als Sugaru starb, wurde er vom Tenno hoch geehrt. Der Leichnam wurde sieben Tage und sieben Nächte aufgebahrt, und der Kaiser ließ seine Treue besingen. Er wurde auf dem Donnerhügel begraben, und der Kaiser ließ dort eine Säule errichten mit der Inschrift: »Grab Sugarus, der den Donner fing.« Das erboste den Donnergott; er fuhr dröhnend herab und zertanzte und zerstampfte das Grab. Dabei zersplitterte die Säule, der Donner wurde eingeklemmt und war zum zweiten Mal gefangen. Der Tenno ließ ihn wieder befreien. Nun blieb der Donner sieben Tage und sieben Nächte bei dem Grab, ohne zu sterben. Der Kaiser aber befahl, eine neue Grabsäule zu errichten mit der Inschrift: »Grab des Sugaru, der im Leben und im Tod den Donner fängt.«

Keine Schuld ohne Sühne

IM FERNEN JAPAN, im Lande Yamato, im Gau Sofu no kami, in einem Weiler hoch im Gebirge, lebte ein Bauer, der Herr eines Hofes. Es war im zwölften Monat des Jahres. Darum stützte er sich auf eine Hokwo-Sutra, meditierte und tat Buße für seine Sünden. Dann rief er einen seiner Dienstleute und befahl ihm, einen Zen-Meister zu holen. Der Mann fragte: »Aus welchem Tempel soll ich einen Meister zu dir bitten?« Der Herr antwortete: »Es ist nicht notwendig, daß du bis zu einem Tempel läufst. Bitte den ersten, dem du begegnest!« Der Bote ging, fand einen Asketen bei seinen strengen Übungen und brachte ihn nach Hause. Der gutgläubige Herr brachte dem Priester Speisen und was er sonst nötig hatte, und als sie ihre Sutralesung tief in der Nacht beendet hatten, brachte er eine Decke und legte sie sorgsam auf den Meister.

Der Priester aber dachte bei sich: »Ich weiß nicht, was ich morgen für ein Almosen bekomme. Sicher ist es besser, jetzt die Decke zu nehmen und heimlich zu verschwinden.« Da hörte er plötzlich eine Stimme: »Stiehl die Decke nicht!« Er erschrak sehr und sah sich argwöhnisch im ganzen Hause um, ohne einen Menschen zu sehen. Nur in der Scheuer stand ein Ochse. Als der Priester zu ihm hinging, fing der Ochse plötzlich an zu reden: »Ich bin der Vater des Hausherrn. Ich habe in einem früheren Leben meinem Sohn heimlich zehn Bündel Reis genommen, die ich verschenken wollte. Darum trage ich jetzt als Ochse meine Schuld ab. Du hast Haus und Hof verlassen, um als Mönch zu leben. Gerade du solltest nicht leichtfertig sein und stehlen! Wenn du mir nicht glaubst, dann mache mir einen Sitz zurecht. Ich werde dann hinaufsteigen, und jeder mag wissen, daß ich der Vater des Hausherrn bin.«

Da schämte sich der Priester sehr, ging wieder an seinen Schlafplatz zurück und begab sich zur Ruhe. Als am nächsten Morgen die geistlichen Übungen beendet waren, bat er den Hausherrn, alle Dienstleute wegzuschicken. Dann erzählte er den nächsten Angehörigen, was er in der Nacht erlebt hatte. Der Patron war erschüttert. Er ging gleich zu dem Ochsen, machte einen bequemen Hochsitz aus Stroh und sagte: »Wenn du wirklich mein Vater bist, dann komm und setze dich!« Da fiel der Ochse auf die Knie und ließ sich auf dem Sitz nieder. Den Angehörigen aber kamen die Tränen, sie schluchzten laut auf und sagten: »Er ist wirklich unser Vater!« Und alle zeigten ihm ihre Ehrerbietung und sagten zu dem Ochsen: »Wir wollen dir gern verzeihen, daß du den Reis genommen hast. Wir erlassen dir diese Schuld.« Als der Ochse das hörte, kamen ihm die Tränen, er seufzte tief auf und verschied noch am selben Tag um die Stunde des Affen. Der Mönch aber erhielt die Decke, Geld und viele andere Geschenke. Dann sammelten sie alle Verdienst und Tugend für den Vater, damit er einst in einer besseren Wiederverkörperung in die Welt kommen könne. – Wer sollte da nicht an die Ingwa-Wahrheit glauben, an das Gesetz von Ursache und Wirkung, daran, daß böse Taten Sühne verlangen, Verdienste aber Untaten aufwiegen können?

Kobo, der Heilige

IN URALTEN ZEITEN wanderte Kobo, der Heilige, durch das ganze weite Reich. Er trug die Kleider eines Wanderpriesters. Auf seinem Weg kam er auch in das Land Musashi. Es war ein sehr heißer Sommertag, als er das Land betrat. In einem der ersten Dörfer bat er um Wasser. Aber die Bäuerin gab ihm kein Wasser, sondern sagte: »Wir haben hier nur sehr wenig Wasser. Wir müssen jeden Tropfen mühsam vom Fluß ins Dorf heraufschaffen. Geh doch selber an den Fluß, dort findest du mehr Wasser, als du brauchst!« Kobo sagte kein Wort. Schweigend drehte er sich um und ging hinunter an den Fluß. Dort trank

er sich satt. Als er fertig war, stieß er seinen Stab in die Erde und ging dann erst weiter. Seitdem gibt es rings um das Haus keinen Tropfen Wasser mehr, und man muß einen weiten und mühsamen Weg zurücklegen, wenn man Durst hat oder Wasser für den Haushalt holen will. Der Fluß Minasegawa fließt nahe am Haus vorbei. Aber er verschwindet siebenhundert Meter vorher in der Erde, und er fließt erst viele hundert Meter weiter unterhalb wieder offen in seinem Bett.

Aber das war nicht das einzige Mal, daß Kobo abgewiesen wurde. In der Nähe von Aizu kam er einmal hungrig in ein kleines Dorf. Vor einem der ersten Häuser saß ein Bauer auf dem Boden und kochte frisch geerntete Kartoffeln. Kobo blieb vor ihm stehen und bat ihn um einige. Der Bauer wies ihn schroff ab, ja verspottete ihn und sagte: »Das sind keine Kartoffeln, wie man sie alle Tage bekommt. Das sind Steinkartoffeln. Die sind nichts für deine alten Zähne!« Wieder sagte Kobo, der Heilige, kein Wort. Er wandte sich ab und ging weiter. Seit der Zeit gibt es in der Gegend keine Kartoffeln, die man essen kann, denn sie sind alle steinhart.

Der Guten und der Bösen Lohn

HIROKUNI WAR Unterpräfekt des Gaues Miyako in dem japanischen Lande Buzen. Es war im zweiten Jahr der Freudenwolken (705 nach Christus), die Himmlische Majestät regierte damals die Welt vom Fujiwarapalast aus. Da starb Hirokuni plötzlich. Aber nach drei Tagen, am Tag des Hundes, zur Stunde des Affen, erwachte er wieder und erzählte: Zwei Boten kamen zu mir; der eine hatte die Haare hoch gebunden, der andere war nur ein kleiner Diener. Sie nahmen mich in die Mitte. Wir hatten nur zweimal gerastet, da standen wir vor einem mächtigen Strom, über den nur ein schmaler, vergoldeter Steg führte. Wir gingen hinüber und waren dort in einem merkwürdigen Reich. Ich fragte die Boten: »Was ist das für ein Reich?« Sie antworteten: »Das ist das Reich Tonan, das Reich, das im Süden liegt, das Reich der Toten.« Wir zogen weiter und kamen in die Hauptstadt. Acht schwerbewaffnete Amtsleute nahmen uns in Empfang. Sie führten uns in einen goldenen Palast, in dem ein König auf einem goldenen Thron saß. Er eröffnete mir: »Du bist hierher befohlen worden, weil deine Frau Gram redet.« Und sie brachten meine verstorbene Gattin. Acht Leute trieben sie vor sich her. In Ketten kam sie, schwer gefesselt, und in ihren Schädel waren von allen Seiten Eisennägel geschlagen, deren Spitzen auf der Gegenseite wieder herauskamen. Der König fragte: »Kennst du das Weib?« Ich antwortete: »Ja, sie war meine Frau.« Da fragte der König weiter: »Bist du dir einer Schuld bewußt? Weißt du, warum du verhört wirst?« Ich erwiderte: »Ich weiß von keiner Schuld.« Daraufhin fragte er die Frau, und sie sagte: »Ich kenne die Schuld; ich kenne sie in der Tat. Als ich im Sterben lag, schickte er mich weg, da trieb er mich aus dem Hause; darum bin ich so vergrämt und mißmutig, darum grolle ich ihm, darum hasse ich ihn.« Da fällte der König sein Urteil und sagte zu mir: »Du bist ohne Schuld. Kehre nach Hause zurück! Aber hüte dich, etwas von dem zu erzählen, was du hier an der gelben Quelle gesehen hast! Wenn du noch deinen Vater sehen willst, dann geh weiter nach Süden!«

Und ich ging weiter, meinen Vater zu sehen. Er schlang seine Arme eng um eine glühende Kupfersäule, und siebenunddreißig Eisennägel waren in seinen Leib geschlagen. Er wurde dreimal am Tag mit einer eisernen Keule geschlagen und gemartert. Dreihundert Schläge erhielt er bei jedem Mal, also neunhundert an einem Tag. Als ich das sah, war ich sehr betrübt. Ich fragte ihn: »Was hast du denn verbrochen, daß du solche Martern leiden mußt?« Da redete der Vater offen mit seinem Sohn: »Weißt du wirklich nicht, warum ich diese Martern erleide? Zahllose Lebewesen habe ich getötet, um Weib und Kind zu ernähren; wenn ich einem acht Ryö Florettseide lieh, dann trieb ich mit Gewalt zehn Ryö ein, verlieh ich aber ein kleines Pfund Reis, dann verlangte ich ein großes zurück; ich habe die Leute beraubt und habe mit fremden Frauen Unzucht getrieben; ich habe die kindliche Liebe zu meinen Eltern vergessen und Vater und Mutter hungern lassen; ich hatte keine Achtung vor unserem Herrn und Meister; ich habe die Dienerschaft geschmäht und mißhandelt. Dieser Sünden wegen stecken in meinem kleinen Körper siebenunddreißig eiserne Nägel, und darum muß er täglich neunhundert Keulenhiebe ertragen. O, diese Schmerzen! O, diese Pein! Wann werde ich endlich meine Schuld abgebüßt haben? Wann werde ich meinen Leib wieder in Frieden betten können? Beeile dich, mein Sohn! Lasse Buddhastatuen machen, laß die Sutren abschreiben und bezahle auf diese Weise für meine Schuld! Nimm dir zu Herzen, was du gesehen hast und vergiß mich nicht! Am siebenten Tage des siebenten Monats habe ich mich in eine Schlange verwandelt. Ich kam hungrig vor dein Haus. Als ich zur Tür hineinwollte, hob man mich mit einem Stecken auf und warf mich hinaus. Daraufhin kam ich am fünften Tage des fünften Monats als roter Hund. Aber du hast deinen großen Hund auf mich gehetzt; er biß mich, und du triebst mich mit Schlägen weg. Ich mußte hungrig und sterbensmatt umkehren. Da kam ich am ersten Tag des ersten Monats als Katze in dein Haus. Du gabst mir von dem Reis und von dem Fleisch, das du den Totengeistern geopfert hattest. So wurde ich satt. Auf diese Weise fristete ich drei Jahre lang mein Leben. Alle meine Brüder, die älteren und die jüngeren, sind Hunde geworden, weil sie ihr Leben lang das Wichtigste vernachlässigt und Schuld auf sich geladen haben. Sie lecken jetzt den Saft auf, den sie selbst erzeugen. Und ich? Ich werde gewiß in einen roten Hund verwandelt!«

Die Rede des Vaters erschütterte mich sehr und jagte mir Angst ein. Ich versuchte zu erfahren, wie gute Tat belohnt wird. Ich hörte: Wer ein Maß Reis spendet, der erhält dafür dreißig Tage Lohn, wer ein Gewand spendet aber ein Jahr. Wer Sutren lesen läßt, wohnt zur Belohnung im Goldpalast des Ostens. Er wird in dem Himmel wiedergeboren, um den er in seinen Gebeten bittet. Wer aber Buddhas und Bodhisattvas schafft, wird in dem unermeßlichen und reinen Land des Westens wiedergeboren; wer lebende Wesen freiläßt, in dem unermeßlichen reinen Land des Nordens. Wer sich nur einen Tag im Fasten übt, gewinnt dafür zehn Jahre.

Als ich gesehen hatte, was jeder für einen Lohn empfängt, für das Gute und für das Böse, da fürchtete ich mich noch mehr und kehrte um und ging den gleichen Weg zurück. Am Tor vor dem großen Steg standen aber Männer, die den Weg sperrten. Sie sagten: »Wer in das Reich Tonan geht, kommt nicht zurück.« Da ging ich eine Weile auf und ab und überlegte, was ich nun tun sollte. Plötzlich erschien eine ganz kleine Gestalt. Als die Torwächter sie sahen, fielen sie auf die Knie und machten ihre Reverenz. Der Kleine aber rief mich zu sich, stieß ein Seitentor auf und sagte: »Geh unverzüglich hinaus!« Ich wollte aber wissen, mit wem ich es zu tun hatte, und fragte: »Wessen Sohn bist du?« Da antwortete die kleine Gestalt: »Willst du wirklich wissen, wer ich bin? Die du in jungen Jahren abschriebst, die Kwannon-Sutra, die bin ich.« So sagte der Kleine und war im selben Augenblick verschwunden. Und als ich mich umsah, lag ich hier und lebte wieder.

Älter als der Himmel

EIGENTLICH IST Laotse älter als Himmel und Erde. Er hat die Welt mitgeschaffen. Er hat sich zu allen Zeiten auf dieser Erde gezeigt. Aber er trug jedesmal einen anderen Namen. Alle aber kennen ihn als Laotse, das »alte Kind«, das den Namen Li führt, und das heißt einfach »Pflaume«. Zweiundsiebzig lange Jahre, ein ganzes Leben lang, trug ihn seine Mutter. Sie empfing ihn auf übernatürliche Weise. Er wurde aus ihrer linken Achselhöhle geboren und hatte schon damals weißes Haar. Darum nannte man ihn das alte Kind. Er konnte vom ersten Tag an sprechen, und weil er keinen menschlichen Vater hatte, mußte er ein lebendiges Wesen finden, das ihm den Namen gab. Er deutete auf den Pflaumenbaum, unter dem er zur Welt gekommen war und sagte: »Li – die Pflaume – soll mein Name sein!«

Laotse beherrschte viele Zauberkünste, darunter auch die, sein Leben zu verlängern. Er nahm einen Knecht in seinen Dienst und vereinbarte mit ihm, daß er täglich hundert Kupferstücke bekommen sollte. Aber er zahlte ihn nie aus. Schließlich war er ihm sieben Millionen zweihunderttausend Kupferstücke schuldig. Zu dieser Zeit bestieg er einen schwarzen Stier, um nach Westen zu reiten. Er wollte den Knecht mitnehmen. Als sie aber an den Han Gu Paß kamen, weigerte sich der Knecht, weiter mitzugehen. Er verlangte sein Geld. Laotse aber gab ihm nichts.

Als sie sich dem Haus des Paßwächters näherten, standen rote Wolken am Himmel. Der Paßwächter verstand das himmlische Zeichen. Er wußte nun, daß ein Heiliger auf dem Weg zu ihm war. Darum ging er dem Laotse entgegen und nahm ihn freundlich in seinem Haus auf. Als er seinen Gast nach geheimen Erkenntnissen der Weisheit ausfragen wollte, streckte ihm Laotse die Zunge weit heraus und sagte kein Wort. Trotzdem benahm sich der Paßwächter auch weiterhin ehrerbietig gegenüber dem Heiligen.

Der Knecht Laotses aber erzählte dem Diener des Paßwächters, wieviel Geld ihm der Weise noch schuldig sei. Er bat ihn, ein gutes Wort für ihn einzulegen. Als der Diener des Paßwächters die große Summe hörte, stieg seine Achtung vor dem Knecht des Laotse, denn er hielt ihn nun für einen reichen Mann. Er gab ihm seine Tochter zur Frau und freute sich über den wohlhabenden Schwiegersohn. Als der Paßwächter von der Sache hörte, war er sehr erstaunt und überrascht. Er ging mit dem Knecht zusammen zu Laotse und bat den Heiligen, alles in Ordnung zu bringen.

Laotse aber sagte zu seinem Knecht: »Du Schalksnarr! Weißt du nicht, daß du eigentlich schon lange tot wärest? Ich habe dich in meinen Dienst genommen; weil ich aber arm war und kein Geld hatte, habe ich dir einen Zauber des Lebens gegeben. Nur darum bist du heute noch am Leben. Ich sagte dir damals: ›Wenn du mir nach Westen, in das Reich der seligen Ruhe nachfolgst, dann werde ich dir deinen Lohn in gelbem Gold auszahlen.‹ Du aber hast nicht gewollt!« Bei diesen Worten klopfte er dem Knecht auf den Nacken. Da öffnete der Geschlagene den Mund und spie den Zauber des Lebens auf die Erde. Das mit Zinnober geschriebene Geheimzeichen war noch gut zu sehen,

es war wie neu. Der Knecht aber brach zusammen. Man sah von ihm nur noch einen Haufen alter, ausgedörrter Gebeine.
Da warf sich der Paßwächter vor dem Heiligen auf den Boden und bat für den Knecht. Er versprach, ihn voll auszuzahlen. Laotse solle ihn nur wieder lebendig machen. Laotse warf daraufhin den Zauber unter die Knochen, und augenblicklich war der Knecht wieder lebendig. Der Paßwächter entlohnte ihn und ließ ihn gehen.
Der Paßwächter verehrte den Heiligen von nun als seinen Meister. Laotse lehrte ihn die Kunst des ewigen Lebens. Er hinterließ ihm seine Gedanken in fünftausend Worten. Der Paßwächter schrieb sie nieder. So entstand das Buch »Vom Sinn und Leben«, und nur so sind uns des Meisters Gedanken über das Tao und die Tugend erhalten geblieben. Laotse entschwand kurz darauf den Blicken der Menschen. Der Paßwächter aber befolgte seine Lehre und gab sie weiter. Dafür wurde er unter die Unsterblichen versetzt.

Die Himmelskönigin aus Fukien

DIE HIMMELSKÖNIGIN wird in China auch die heilige Mutter genannt. Sie war zu ihren Lebzeiten eine Jungfrau aus Fukien und hieß Lin. Sie war rein, ehrfürchtig und fromm. Sie starb mit siebzehn Jahren, ohne geheiratet zu haben. Ihre Macht zeigt sie auf dem Meer. Darum wird sie von allen Schiffern hoch verehrt. Wenn sie unerwartet von Wind und Wogen überfallen werden, rufen sie die Himmelskönigin an, die immer bereit ist, sie zu erhören. Trotzdem kommen von den zahlreichen Seefahrern in Fukien jedes Jahr viele um.
Auf allen Schiffen, die über das Meer fahren, hängt in den Kajüten ein Bild der Himmelskönigin. Außerdem hat jeder Kapitän drei Talismane aus Papier bei sich. Auf dem ersten ist sie mit Krone und Szepter abgebildet, auf dem zweiten erscheint sie als Jungfrau in einem alltäglichen Gewand, auf dem dritten steht sie mit offenem Haar, barfuß, ein Schwert in der Hand.

Kommt das Schiff in Gefahr, dann wird der erste Talisman verbrannt. Kommt daraufhin keine ausreichende Hilfe, dann verbrennt man den zweiten, und wenn es dringend notwendig wird, auch noch den dritten Talisman. Bringt das alles keine entscheidende Änderung, dann ist alles verloren, dann ist nichts mehr zu machen.

Haben die Schiffer in Wind und Wogen und Wolkendunkel die Richtung verloren, dann rufen sie die Himmelskönigin an. Sie setzt eine rote Lampe über den Wassern aus. Wer dieser Lampe folgt, kommt sicher ans Ziel. Oft steht sie auch mitten in den Gewitterwolken und zerteilt die Winde. Vor dem Bild der Himmelskönigin in der Kajüte ist immer ein hölzerner Stab. Wenn die großen Fischdrachen auf dem Meer spielen und die Wasser gegeneinander in die Höhe blasen, so daß der Himmel finster wird und das bewegte Meer in ihrem dunklen Schatten liegt, dann sieht man oft aus der Ferne eine lichte Öffnung in diesem Dunkel. Wer mit seinem Schiff gerade darauf zu hält, kommt durch und ist plötzlich wieder in einer Windstille. Wer zurückblickt, sieht, wie die beiden Drachen weiter Wasser speien. Das Schiff ist durch ihre geöffneten Mäuler gesegelt.

Wenn die Fischdrachen schwimmen, ist immer ein Sturm in der Nähe. Man verbrennt dann Schafwolle oder Papier, damit die Drachen das Schiff nicht in die Tiefe ziehen; oder man läßt den Stabmeister im Schiff vor dem Stab in der Kajüte Weihrauch verbrennen. Er schwingt dann den Stab über den Wassern einmal im Kreise. Dann ziehen die Drachen den Schwanz ein und verschwinden.

Vor vielen hundert Jahren wurde ein großes Heer ausgerüstet, das Formosa unterwerfen sollte. Die Fahne des Heerführers wurde mit dem Blut eines weißen Pferdes geweiht. Da erschien plötzlich die Himmelskönigin auf der Spitze der Fahne, sie war nur einen Augenblick lang zu sehen, aber der Kriegszug hatte Erfolg.

Zu Zeiten des erhabenen Kaisers Kienlung erhielt der Minister Dschou Ling den Befehl, auf den Liu-Kiu-Inseln einen neuen König einzusetzen. Als das Schiff südlich an Korea vorbeisegelte, erhob sich ein Sturm, und es wurde verschlagen.

Das Wasser war schwarz wie Tinte; Sonne und Mond hatten ihr Licht verloren. Alle redeten davon, daß ihr Schiff in den Schwarzen Wirbel geraten sei, der noch keinen Menschen lebend herausgegeben hat. Kapitän, Mannschaften und Reisende warteten auf ihr Ende.
Plötzlich sahen sie unzählige rote Lichter über dem Wasser. Da wurden die Schiffer wieder zuversichtlich, beteten in der Kajüte und sagten: »Die heilige Mutter ist gekommen, wir werden leben!« Da erschien wirklich eine schöne Jungfrau mit goldenen Ohrringen. Sie strich mit der Hand durch die Luft, und der Wind legte sich, die Wogen wurden still. Ein jeder hatte das Gefühl, das Schiff werde von einer mächtigen Hand gezogen. Beschwingt glitt es durch die Wellen und plötzlich war es außerhalb des schwarzen Wirbels. Dschou Ling kam zurück, berichtete ausführlich über das, was sie erlebt hatten, und bat den Kaiser, die Himmelskönigin in die Liste der Götter aufzunehmen und ihr Tempel zu errichten. Der Erhabene erfüllte diese Bitte. Seitdem stehen in allen Hafenorten Tempel der Himmelskönigin. Am Achten des vierten Monats aber wird ihr Geburtstag mit Schauspielen und Opfern gefeiert.

Die Macht des Asketen

DER HEILIGE VASHISTA hatte eine wunderbare Kuh, die ihm jeden Wunsch erfüllte. König Visvamitra wollte diese Kuh erwerben, aber der Heilige gab sie nicht her. Da brauchte Visvamitra Gewalt. Er ließ seine hundert Söhne gegen den Brahmanen antreten. Aber sie stürmten vergeblich, sie verbrannten in der Glut der Andacht, die aus dem Mund des Heiligen wehte. Da sah der König keinen Weg mehr, auf dem er mit roher Gewalt zu seinem Ziel kommen konnte. Er wollte durch außerordentliche, durch ungewöhnliche Bußübungen magische Kräfte sammeln, mit denen er Vasistha überwinden konnte. Darum ging er hundert Jahre in die Einsamkeit, stand auf den Zehen und hatte keine andere Nahrung als die Luft. Dann fühlte er sich stark und mächtig genug, den Gegner wieder anzugreifen. Aber der

Heilige wehrte ihn ohne Mühe ab. Visvamitra war wohl König auf dieser Erde, Vasistha aber war ihm als Brahmane – auch dem Range nach – weit überlegen. Visvamitra unterwarf sich nun den härtesten Kasteiungen, um sich den Rang eines Brahmanen zu erdienen. Nach tausend Jahren verlieh ihm Brahma den Rang eines königlichen Weisen. Aber das konnte dem König nicht genügen, er wollte, er mußte Brahmane werden. Er büßte weiter. Er sammelte wunderbare Kräfte. Er prüfte, was er schon vermochte: Da war Trisanku, der bei lebendigem Leibe in den Himmel aufsteigen wollte. Er hob ihn empor, und als Indra ihm den Eintritt in den Himmel verwehrte, schuf König Visvamitra im Süden einen neuen Himmel und neue Götter. Schließlich fühlten sich die alten Götter überwunden und nahmen Trisanku zu sich. Es vergingen weitere tausend Jahre. Brahma begrüßte den Büßer jetzt als Weisen, aber immer noch nicht als Brahmanen. Der König büßte weiter. Die Götter schickten ihm eine ihrer lieblichsten Apsaras, eine Elfe, die ihn verführte. Er büßte doppelt. Nach weiteren tausend Jahren begrüßte Brahma ihn als großen Weisen. Aber das genügte dem königlichen Büßer immer noch nicht. Tausend Jahre stand er auf einem Bein wie ein Pfahl, die Arme zum Himmel erhoben; er sprach kein Wort; er atmete nicht. Alle Anfechtungen prallten an seinem starken Büßerwillen ab. Rauch brach aus seinem Haupt, die Welten bebten, die Sonne verschwand hinter einem dichten Schleier und drohte zu erlöschen. Da flehten die Götter zu Brahma, er möge Visvamitras Wunsch erfüllen; denn die Kraft seiner Buße bedrohe die ganze Welt. Nun erst gab Brahma nach. Er erhob den König in den Rang eines Brahmanen. Der Streit um die Kuh wurde beigelegt.

Der Born der Verjüngung

CYAVANA, der Sohn des Bhrigu, war allein zurückgeblieben, während sein Vater in die Welt der Himmlischen einging. Er war sehr alt; er sah fast gespenstisch aus. Er stand an einem Teich, unbeweglich wie ein Pfosten; er machte gewaltige Bußübungen. Er stand schon so lange, daß die Ameisen über ihn einen Erdhügel gebaut hatten. Nur die beiden Augen des Asketen leuchteten wie Glühwürmchen aus dem Bau. Um diese Zeit kam König Sharyata Manava mit seinem ganzen Clan in die Nähe des Teiches. Seine Tochter war noch jung. Sie tollte mit ihren Gespielinnen durch den Wald und stieß bei dieser Gelegenheit auf den Ameisenhaufen. Sie erkannte die Augen nicht als Augen eines Lebewesens. Sie war übermütig und vor allem neugierig; sie bohrte mit einem Dorn in den leuchtenden Kugeln und stach dabei dem Asketen die Augen aus. Der Heilige wurde sehr zornig. Er schlug das Heer des Königs mit Harnverhaltung und Stuhlverstopfung. Der König forschte lange vergeblich nach der Ursache dieses Unglücks. Als sich endlich herausstellte, daß der große Heilige beleidigt worden war, ließ der König den Wagen anspannen, nahm seine Tochter zu sich und fuhr zu dem Büßer. Er eilte auf dem kürzesten Weg zu ihm, fiel auf sein Angesicht vor ihm und sagte: »O Rishi! Verneigung dir! Weil sie's nicht wußte, hat sie dich verletzt! Hier ist Sukanya (die schöne Maid), meine Tochter! Durch sie bitten wir dich alle um Vergebung!« Der Büßer aber war erst versöhnt, als der König ihm seine Tochter zur Frau gab. So wurde das junge Mädchen die Gattin des gebrechlichen Greises. Eines Tages kamen die zwei unzertrennlichen Gottheiten vorbei, die Ashvins, die himmlischen Nothelfer, die Ärzte, die Seelentröster, die den alternden Jungfrauen Männer und den Greisen neue Jugend verschaffen. Sie kamen in der Morgenfrühe in ihrem schnellen Wagen, als die junge Frau gerade aus dem Bade stieg. Da riefen sie ihr zu: »Komm zu uns beiden, Sukanya! Wie kannst du nur bei diesem gespenstischen Alten liegen!« Sie erwiderte: »So lange ich lebe, werde ich den nicht verlassen, dem mich mein Vater gab.« Da kam der Rishi dazu und wollte wissen, was es gebe. Seine Frau berichtete ihm, und er sagte: »Wenn sie dich wieder fragen, dann sage ihnen: ›Ihr seid ja beide selbst nicht ganz vollkommen, in keiner Weise vollkommen, und da wagt ihr es, meinen Gatten zu tadeln!‹ Wenn sie dich dann fragen, warum, ja warum denn? Dann antworte: ›Macht mir meinen Gatten wieder jung, dann will ich es euch sagen!‹« Die beiden Götter gingen auf den Vorschlag ein. Sie versprachen ihr, Cyavana wieder jung zu machen, und wollten, daß sie dann einen der drei zum Mann wähle. Cyavana war damit einverstanden. Die drei Männer stiegen in den Teich und kamen alle in blendender Jugendfrische wieder heraus. Sukanya überlegte lange und wählte schließlich ihren Mann. Nun fragten die beiden Ashvins: »Sage uns nun, Sukanya, warum sind wir nicht vollkommen?« Da antwortete ihnen der Rishi selber: »Seht ihr nicht, wie die Götter feiern? Seht ihr nicht, wie die Himmlischen euch ausschließen und euch um den Genuß des Soma bringen, um den berauschenden Saft, der Indra zu seinen Taten begeistert? Deswegen seid ihr nicht vollkommen! Aber ich werde euch zu Somatrinkern machen!« Und als der Heilige im Namen des Königs ein großes Opfer vollzog, brachte er den göttlichen Ärzten Soma dar. Der Götterkönig tadelte ihn deswegen. Er konnte nicht zugeben, daß die Ashvins, die sich immer unter Menschen bewegten, des Göttertrankes würdig seien. Aber Cyavana hielt sich nicht an dieses Gebot. Da wollte der erzürnte Indra den Donnerkeil nach ihm werfen. Der Heilige aber lähmte mit der in tausendjährigem Büßerdasein erworbenen magischen Kraft den Arm des Gottes; ja, er versuchte, den Gott zu demütigen und erschuf ein fürchterliches Ungeheuer – Mada, den Rausch. Sein Unterkiefer lag auf der Erde, der Oberkiefer reichte bis zum Himmel. Mada ging auf Indra los und wollte ihn verschlingen. Zitternd vor Angst bat der Götterfürst den Heiligen um Gnade. Cyavana war nun befriedigt. Er ließ Mada wieder verschwinden und teilte ihn auf. Seitdem wirkt er durch den Wein, die Weiber, die Würfel und die Jagd.

Das verschwundene Lendentuch

EINES TAGES kam Shiva, der oberste Gott, in der Verkleidung eines brahmanischen Vedaschülers in das Rasthaus des Amarnitinayanar, um mit ihm zu feiern. Er trug einen Stab in der Hand, an dem zwei Lendentücher und ein Beutel für die heilige

Asche hingen. Der Hausherr ging ihm hocherfreut entgegen und begrüßte ihn mit den Worten: »O Herr, welch gutes Werk habe ich in einer meiner früheren Geburten getan, daß du heute zu mir kommst?« Der Brahmanenschüler antwortete, er habe gehört, daß Amarnitinayanar die Shivaanbeter speise und sie mit Kleidern, Gürteln und Lendentüchern beschenke. Er sei gekommen, um ihn kennenzulernen. Der Hausherr lud ihn daraufhin zum Essen ein und versicherte seinem Gast, daß er auch brahmanische Köche habe, daß also auch Brahmanen bei ihm ohne Bedenken essen könnten. Der Schüler nahm die Einladung an, erklärte aber, daß er erst im Fluß baden wolle. Um zu vermeiden, daß alle Lendentücher im Regen naß wurden, bat er den Hausherrn, ihm eines seiner Tücher an einem trockenen Ort aufzubewahren. Er betonte, daß es sich um ein besonders wertvolles Lendentuch handle, das sorgsam aufbewahrt werden müsse. Dann ging er zum Baden. Der Hausherr aber legte das Lendentuch an einen passenden Ort.

Beim Baden bewirkte der Gott, der ja nur die Gestalt eines Schülers angenommen hatte, daß das Tuch verschwand. Er kam ganz durchnäßt ins Rasthaus zurück. Amarnitinayanar ging ihm entgegen und meldete ihm, daß die Tafel gedeckt sei. Der Brahmanenschüler antwortete, er müsse zuerst die Kleider wechseln. Alles, was er zum Baden mitgenommen habe, sei naß geworden, und er bitte deshalb um das trockene Lendentuch. Der Hausherr lief schnell ins Haus, suchte lange vergeblich und kam schließlich zitternd mit einem anderen Tuch wieder. Er sagte: »Herr, ich kann das Lendentuch, das du mir gegeben hast, nicht finden. Es ist nicht mehr an dem Platz, auf den ich es gelegt habe. Es ist spurlos verschwunden. Bitte nimm dieses Lendentuch. Es ist ein besonders wertvolles Tuch mit gewebten Borten ringsherum. Bitte nimm es an und lege deine nassen Sachen ab. Ich bitte dich, mir diesen unangenehmen Vorfall zu verzeihen!« Der Brahmanenschüler aber fuhr ihn zornig an: »Was soll das? Heute habe ich dir mein Lendentuch gegeben, nicht vor langen Tagen! Und da soll es verschwunden sein? Ohne jede Spur? Unauffindbar? Du hast es gestohlen! Was soll ich mit deinem Lendentuch? Hast du deshalb verbreiten lassen, daß du an die

Shivamönche Lendentücher verteilst, um das meine in die Hand zu bekommen? Du gefällst mir nicht!« Der Hausherr wurde immer bleicher und antwortete zitternd: »O Herr, glaubt es mir doch, ich habe mich nicht wissentlich vergangen! Verzeiht mir! Ich will gern noch Gold, ich will seidene Gewänder und Edelsteine geben. Nehmt sie bitte als Entschädigung an.« Jetzt antwortete ihm der Brahmanenschüler ruhig: »Was soll ich mit deinen seidenen Gewändern, mit Gold und Edelsteinen? Mir genügt ein Lendentuch, das mir paßt. Es muß nur das gleiche Gewicht haben wie das meine.« Da wurde das Gesicht des Hausherrn wieder hell. Er fragte, wie schwer das Tuch sein müsse. Daraufhin löste der Brahmanenschüler das Lendentuch, das noch an seinem Stab hing und sagte: »Es hat dasselbe Gewicht wie das verlorene. Wiege mir ein gleich schweres auf!« Der Hausherr holte schnell eine Waage. Er legte in die eine Schale das Lendentuch des Brahmanenschülers, in die andere aber das schöne Tuch, das er schon einmal zum Austausch angeboten hatte. Die Schale schnellte in die Höhe. Da holte er alle Lendentücher, die er hatte, und legte eines nach dem anderen in die Waagschale. Sie blieb hoch oben. Alle wunderten sich sehr. Er legte einige Gewänder und seidene Kleider darauf, aber seine Schale hob sich immer mehr, anstatt sich zu senken. Da erschrak Amarnitinayanar sehr und sagte: »Ich habe auf die Lendentücher ungezählte Kleiderbündel gehäuft, und die Schale hebt sich immer mehr, statt zu sinken. Ich weiß nicht, was ich dazu sagen soll. Gestatte, daß ich nun andere Schätze bringe und die Waage damit beschwere.« Der Brahmanenschüler antwortete: »Auch ich kann dazu nichts sagen. Hole nur andere Schätze! Auf jeden Fall muß das Gewicht meines Lendentuches aufgewogen werden.« Aber es nützte nichts, daß der Hausherr lastenweise Edelsteine, Gold, Silber und andere Juwelen anschleppte, seine Waagschale blieb oben stehen. Da verneigte er sich vor dem Brahmanenschüler und sagte: »Ich habe nun alle meine Schätze in die Waagschale gelegt. Nun sind nur noch mein Weib, ich und mein Sohn übrig. Wenn du es wünschst und wenn es dir gefällt, dann steigen auch wir in die Waagschale.« Der Brahmanenschüler gab seine Zustimmung.

Amarnitinayanar war darüber sehr erfreut, verneigte sich vor seinem Gegner, ging mit seiner Frau und mit seinem Sohn einmal um die Waagschale herum und sagte: »Wenn wir den Dienern Shivas rechtschaffen gedient haben, dann möge diese Waagschale ins Gleichgewicht kommen mit der anderen, sobald wir sie bestiegen haben!« Dann betete er zu dem höchsten der Götter, zu Shiva, rezitierte die fünf heiligen Buchstaben und bestieg mit den beiden anderen fröhlich und zuversichtlich die Waagschale. Sofort pendelten die beiden Schalen ins Gleichgewicht, das Lendentuch des Götterfürsten und die untadelige Dienstbereitschaft des Hausherrn waren einander wert. Alle, die das Wunder gesehen hatten, brachten dem Armarnitinayanar ihre Verehrung zum Ausdruck. Der Herr des Himmels aber legte seine Verkleidung ab und erschien mit Parvati (seiner Frau) vor aller Augen auf dem Stier Nandi. Alle beteten ihn an. Er aber richtete sein Gnadenauge auf den Hausherrn, seine Gattin und seinen Sohn und sagte: »Ihr drei sollt meine Arul (Gnade) erlangen! Ihr sollt mich von Angesicht zu Angesicht verehren!« Dann verschwand er. Die drei in der Waagschale aber stiegen wie auf einer Wolke oder wie in einem Götterwagen auf in den Himmel Shivas.

Öl für die Lampen des Tempels

IN EINEM der zahlreichen Länder Indiens lebte ein reicher Mann, der Shiva hoch verehrte. Er nahm sein ganzes Hab und Gut, Landbesitz, Paläste, Gold, Silber und Edelsteine, kaufte dafür Öl für die heiligen Lampen des großen Shivatempels und zündete sie an. Eines Tages hatte er nichts mehr. Da ging er nach Chidambaram, betete zu den dortigen Göttern, verkaufte seine Hausgeräte und zündete mit dem Erlös die Lampen des dortigen Tempels an.

Aber auch das Hausgerät war eines Tages verkauft, und er hatte alles Geld verausgabt. Da schnitt er Gras und kaufte von dem Geld, das er dafür erhielt, Öl für die Lampen des Tempels. Als er eines Tages das Gras nicht absetzen konnte, drehte er aus dem Gras eine große Fackel und zündete sie an. Sie reichte aber nicht aus, um bis Mitternacht zu brennen. Da füllte er die Lampen mit seinem Haar. Nun endlich erwies ihm Shiva seine Gnade, schenkte ihm die Erleuchtung und ließ ihn in seinen Himmel eingehen.

Legenden aus Übersee

Maui hebt den Himmel

DAS WELTALL ist nicht anders wie eine unausmeßbar große Kokosnuß. Im Inneren ist Avaiki mit dem Totenreich, der Unterwelt und den Dämonen. Aber auch mächtige Götter leben dort, unter ihnen Ru, der Stützer des Himmels, und sein Weib Buataranga, die den Weg zur unsichtbaren Welt überwacht. Ru und Buataranga hatten einen mächtigen Sohn, halb Gott, halb Dämon. Sie nannten ihn Maui, und er wurde die rechte Hand des obersten Gottes, des Weltenschöpfers, ja, er handelte und wirkte oft an seiner Stelle. Die Leute aus Tonga erzählen, daß er die Erde auf dem Rücken trägt und die Erdbeben erzeugt. Schon in jungen Jahren wurde er damit beauftragt, über die Sterblichen zu wachen, die auf der Oberwelt leben.

Nur eine schmale Öffnung in der Spitze der Kokosnuß verbindet Avaiki mit dieser Oberwelt. Darüber spannt sich das Himmelsgewölbe. Es ist ohne Mörtel aus harten, sauber behauenen blauen Steinen gefügt. Wie Hände streckt der sechs Fuß hohe Teve seine mächtigen Blätter nach oben, Millionen Stützen, die das ungeheure Gewicht des Gewölbes tragen. Dazwischen stehen Pfeilwurz, mit schlanken, aber zähen Stämmen, und tragen mit. In den niederen Raum zwischen Himmel und Erdoberfläche waren vor Zeiten die Menschen eingeschlossen. Da kam Ru einmal aus Avaiki in diese lichte, aber enge Oberwelt. Ihn dauerten die Sterblichen. Er fällte die ältesten Bäume, machte daraus starke Pfähle und pflanzte sie in der Mitte der Welt in den Boden. Nun erst konnten die Menschen aufrecht gehen. Ru aber wird seither der »Himmelsstützer« genannt.

Ru war schon sehr alt, als er sich sein Werk wieder einmal wohlgefällig ansah. Da kam sein Sohn Maui dazu und fragte ihn hochmütig, was er denn hier in der Oberwelt zu schaffen habe. Ru antwortete zornig: »Wer hat dir erlaubt, freche Reden zu führen, du patschnasser Bursche? Noch ein mutwilliges

Wort und du hast gelebt!« Maui erwiderte höhnisch: »Dann versuche doch einmal, mit mir fertigzuwerden!« Da packte Ru den zierlichen Maui und schleuderte ihn hoch in den Himmel. Im Fallen aber nahm Maui die Gestalt eines Vogels an und landete unversehrt. Er war rot vor Wut und dürstete nach Rache. Darum verwandelte er sich in einen Riesen, einen fürchterlichen Riesen, lief seinem Vater nach und rief: »Nun Ru, du Träger aller Himmel! Fahre auf zum Himmel! Fahre zum dritten, fahre zum siebenten, fahre zum höchsten!« Dazu steckte Maui seinen mächtigen Schädel zwischen die Beine des alten Mannes, nahm alle seine Kräfte zusammen und schleuderte Ru mit solcher Wucht hinauf, daß er das ganze Himmelsgewölbe mit sich riß. Er flog mitsamt dem Himmel so hoch, daß sie nicht mehr zurückfallen konnten. Auf diese Weise wurde das Himmelsgewölbe in seine jetzige Lage gehoben. Ru aber hatte sich mit Haupt und Schultern in den Sternen verfangen. Er war in einer qualvollen Lage. Sein Körper vermoderte allmählich. Nach und nach fielen seine riesigen Gebeine auf die Erde. Die grauen Bimssteine sind über alle Täler und Hügel der Insel verstreut und heißen heute noch »die Gebeine des Ru«.

Wie der Tod in die Welt kam

DIE MENSCHEN waren zahlreich wie die Drosseln. Keiner starb. Es gab keinen Tod durch Zauberei, und niemand wußte, was Weinen ist. Die Menschen wurden zwar alt, aber sie starben nicht, die Männer starben nicht, und die Frauen starben auch nicht. Da regnete es, und alle Menschen gingen zusammen ins Schwitzhaus. Dann kam der Schnee.

Der Koyote, der einen Sohn hatte, sprach zu den drei Männern, die auf der Südseite des Schwitzhauses saßen: »Wir wollen die Menschen sterben lassen.« Die Eidechse ließ den Kopf hängen; bei ihr saßen das Waldkaninchen und das Graueichhörnchen, und alle drei waren traurig, als der Koyote weiter sagte: »Es ist gut, wenn die Menschen sterben.«

»Die Menschen sollen nicht sterben«, sagte die Eidechse, »wir wollen nicht weinen, wenn die Menschen sterben, aber sie sollen wieder zum Leben erwachen. Wir wollen sie, wenn sie tot sind, in der Erde begraben, aber sie sollen wieder auferstehen, und deshalb wollen wir sie auch nicht zu tief begraben.«

»Warum sollen denn die Menschen wieder zum Leben zurückkehren?« fragte der Koyote. »Laßt sie nur wirklich tot sein, wenn sie sterben; wenn einer stirbt, wollen wir weinen: Hu-u-u! Und so sollen es die Menschen in Zukunft auch machen. Und dann sollen sie sich Pech auf die Augen schmieren und weiße Tonerde auflegen und dadurch ihre Trauer zeigen!« Dagegen hatten die Eidechsen nichts vorzubringen. Sie waren geschlagen. Es schneite; die Bäume waren ganz mit Schnee bedeckt. Die Eidechse, das Graueichhörnchen und das Waldkaninchen flüsterten miteinander. Die Menschen gingen nicht aus dem Haus, weil sie sich vor dem Schnee fürchteten. Sie drängten sich lieber im Schwitzhaus zusammen. Da wurde ein Mann krank. Die Eidechse hatte es bewirkt. Er starb. Der Koyote sagte nichts, niemand weinte um den Toten. Da fragte das Waldkaninchen: »Was sollen wir mit dem Leichnam anfangen?« – »Wir wollen ihn begraben.« – »Wo sollen wir ihn denn begraben? Draußen liegt zu viel Schnee!« – »Begrabt ihn hier im Schwitzhaus, auf der Südseite!« Sie gruben ein Loch und legten ihn hinein, aber nicht sehr tief. Dann deckten sie ihn mit Erde zu. Draußen fiel noch immer Schnee. Bald begann sich die Erde über dem Grab leicht zu bewegen. Der Koyote saß da und schaute hin. Der Tote rührte sich in seinem Grab. Er versuchte, wieder ins Leben zurückzukehren. Der Koyote ließ das Grab nicht aus den Augen. Als der Tote sich halb aufrichtete, sprang der Koyote auf, stürzte sich auf ihn, stieß ihn mit aller Kraft zurück und schrie: »Stirb!« Er trampelte mit den Füßen auf dem Toten herum und schrie: »Warum willst du zurück ins Leben? Stirb! Stirb!«

Niemand sagte ein Wort. Der Koyote setzte sich wieder. Er behielt das Grab auch jetzt noch im Auge. Aber es regte sich nichts mehr. Der Mann war nun wirklich tot. Da rief der Koyote allen zu: »Auf! Weint und schreit! Der Mann ist tot!

Wir werden ihn nie wiedersehen. Vorwärts! Her mit dem Trauerpech! Vorwärts! Schmiert euch Pech ins Gesicht!«

Alle gehorchten ihm. Als die Menschen die Totentrauer beendet hatten, sagten sie: »Jetzt wollen wir Hirsche jagen.« Des Koyoten Sohn, ein sehr junger Mann, ging mit auf die Jagd. Da sagten die anderen Jäger: »Wir wollen den Koyoten auch einmal zum Weinen bringen! Was fangen wir dazu an?« Sie gingen auf einem Pfad, der nach Osten führte. Da sahen sie in der Ferne eine Gelbfichte. Die Spur der Jäger führte unmittelbar an ihr vorbei. Sie beschlossen, eine Klapperschlange zu machen. Das geschah auch. Die Klapperschlange ringelte sich um einen Baum. Sie nahmen sie ab, legten sie neben die Gelbfichte und schärften ihr genau ein, was sie tun sollte.

Da kam der junge Koyote auch schon auf dem Pfad von Westen her. Sobald er in der Nähe der Klapperschlange war, sprang sie auf ihn und ringelte sich um seine Beine. Er schrie, aber die Schlange zog ihn nieder und biß ihn, daß er starb. Als sie den alten Koyoten wiedersahen, sagten die Menschen zu ihm: »Dein Sohn ist tot.« – »Wo?« – »Er liegt im Osten, eine Klapperschlange hat ihn gebissen und getötet.« Der Koyote brach in Tränen aus und rief: »Das kann nicht sein!« Er sprang hin und her, streute sich Staub auf sein Gesicht und benahm sich wie ein Wahnsinniger. Die Menschen brachten inzwischen den toten jungen Koyoten nach Hause.

Der Koyote tanzte seinen Trauertanz und sagte dabei zur Eidechse: »Wehe, wehe! Wolltest du nicht die Menschen wieder auferstehen lassen, wenn sie gestorben sind? Nun gib meinem Sohn das Leben wieder! Ich mag nicht soviel weinen! Gib ihm das Leben zurück!« Das Waldkaninchen machte nur: »Hm! Hm!« Die Eidechse aber erwiderte: »Weine nur weine! Prahltest du nicht einmal damit, daß du gerne weinen möchtest? Laß deine Tränen fließen! Schmiere dir weiße Tonerde ins Gesicht! Sagtest du nicht einmal, du würdest weinen, wenn dein Bruder stirbt? Weine nur, weine!«

Die Wiedergeburten des Winnebego-Schamanen

SCHAMANEN SIND Zauberer. Wenn sie es wollen, dann verläßt die Seele den Körper und steigt in höhere Welten auf, oder sie macht den Leib frei für einen Geist, der ihn besessen macht. In der Ekstase dienen ihnen viele kleine Geister, sie sehen in die Zukunft, sie finden seltsame Heilmittel. Wilde Gesänge und harte Trommelschläge geben den Rhythmus an für ihre magischen Tänze. Am Westufer des Michigansees sitzen die Winnebego, ein Stamm der Siouxindianer. Einer ihrer Schamanen erzählt:

Vor mehreren Menschenaltern lebte mein Stamm an einem großen See. Wir waren nicht viele. Ich zählte nur zwanzig Lager. Ich war schon ein großer Junge, aber noch zu klein, um eine Flinte zu handhaben. Da griff uns eines Tages eine fremde Horde an, die auf dem Kriegspfad war. Sie machte uns alle nieder. Ich wußte nicht, daß ich tot war. Ich lief hin und her wie immer. Dabei fand ich die Leichen unserer Leute auf dem Boden liegen. Auch meine Leiche war darunter. Und niemand kam, uns zu beerdigen. Da lagen wir und verwesten.

Mein Geist wurde weit weggetragen, an den Ort, an dem die Sonne untergeht. Ich lebte dort zusammen mit einem alten Ehepaar. Es ist ein sehr schöner, ein außergewöhnlich schöner Ort. Alle, die dort wohnen, haben es sehr gut. Will man von dort aus irgendwohin gehen, dann muß man sich nur dorthin wünschen, und schon ist man da. Das ist alles, was man in diesem Falle tun muß. So dachte ich eines Tages daran, daß ich wieder auf die Erde zurück möchte. Da sprach der alte Mann zu mir: »Sagtest du nicht, daß du wieder auf die Erde zurückkehren willst?« Dabei hatte ich kein Wort gesprochen. Aber er kannte meinen Wunsch. Er sagte zu mir: »Du kannst gehen, aber du mußt zuerst den Häuptling fragen.« Ich ging also zum Häuptling des Dorfes und teilte ihm mit, was ich wollte. Er sagte zu mir: »Geh nur und räche dich an den Leuten, die dich und die Deinen getötet haben.«

So wurde ich denn auf die Erde gebracht. Ich ging nicht in den Leib einer Frau ein; ich fand mich vielmehr in einem mir unbekannten Raum wieder. Eines Tages hörte ich von draußen das Geschrei kleiner Kinder, Stimmen und andere Geräusche. Ich wollte diesen Tönen nachgehen und lief durch eine Tür. In Wirklichkeit aber wurde ich aus dem Leibe einer Frau wiedergeboren. Ich war noch nicht recht draußen, da wurde ich plötzlich von einem kalten Luftzug getroffen. Ich begann zu schreien. Ich wurde aufgezogen und lernte vor allem fasten. Als ich groß war, zog ich in den Kampf. Sicherlich habe ich meinen Tod und den Tod meiner Verwandten gerächt; denn zu diesem Zweck bin ich ja wieder auf die Erde gekommen. Ich lebte sehr lange, bis ich an Altersschwäche starb. Meine Knochen lösten sich in den Gelenken, meine Rippen fielen ein. Der Schmerz war nicht größer als bei meinem ersten Tod. Dieses Mal wurde ich ordentlich begraben. Man hüllte mich in eine Decke und legte mich ins Grab. Wie es damals üblich war, legte man Stöcke unter mich. Ich beobachtete die Leute, die mich beerdigten. Dann verweste ich.

Während ich so lag, sagte jemand zu mir: »Komm, laß uns fortgehen!« Wir gingen wieder an den Ort, an dem die Sonne untergeht. In einem Dorf trafen wir alle anderen Toten. Ich sollte vier Nächte dort bleiben; in Wirklichkeit blieb ich aber vier Jahre. Es war ein sehr vergnüglicher Ort. Wir tanzten die ganze Zeit. Dann kamen wir in das Dorf, in dem der Erdmacher lebt, der große Geist. Ich sah ihn und sprach mit ihm so, wie ich jetzt mit dir spreche. Ich sah auch die Geister, und ich war selber einer der Geister. Von dort kam ich eines Tages zum dritten Mal auf die Erde. Hier bin ich. Alles, was ich hier erlebe, kenne ich schon von früher her.

Die blutige Hand

AUF DEN WÄNDEN der alten Tempel des Mayab, in den toten Städten, findet sich oft der Abdruck einer blutigen Hand. Wenn du sie noch nie zuvor gesehen hast, dann wird beim Anblick der Hand das kalte Wasser des Entsetzens deinen Körper feuchten.

Und wenn du sie schon kennst, dann wirst du nicht unterlassen, schweigend und nachdenklich vor ihr stehen zu bleiben.
Rot ist die Menschenhand, die in der Höhe des erhobenen Armes eines stehenden Mannes auf die Wand gemalt ist, sei es auf feinen Stuck, sei es auf geglätteten Stein. Es ist so, als hätte ein Mann seine Hand in Blut getaucht und sie dann mit der Innenfläche gegen die Mauer gepreßt. Es ist etwas, das erzittern macht.
Du betrittst, mit dir allein, den Tempel und gehst langsam weiter, bis du zur blutigen Hand kommst. Da ist sie, und du siehst sie ganz rot im Schatten des Saales – geheimnisvoll wie ein Zeichen auf dem Grunde der Zeit und voll Majestät wie das Bild eines Gottes.
Was denkst du?
Es ist ein seltsames Rätsel, das dich aus der Tiefe und dem Dunkel befragt, und du antwortest mit Fragen. Sonst nichts.
Du denkst daran, daß man dir erzählt hat, es sei das Zeichen eines Prinzen, der seinen Bruder tötete und dann durch alle Städte ging, herumirrend und traurig, und der, wo immer er sich aufstützte, den Abdruck seiner blutigen Hand zurückließ.
Du denkst daran, daß man dir sagte, diese Hand sei das Siegel der Herrschaft der siegreichen Krieger über die besiegten Städte, als der große Mayab seinem Ende zuging.
Du denkst all das, was einem einfällt, der vor einem seltsamen und uralten Dinge steht, das er nicht begreift.
Die alten Indios, die du fragst, schweigen und senken das Haupt und sagen nichts. Vielleicht wissen sie es, aber sie sagen es nicht. Wenn einer darüber spräche, so würde er dir sagen, daß diese Menschenhand von keinem Menschen dort aufgedrückt wurde. Und vielleicht würde der, welcher so redet, etwas Wahres sagen.
Viele Hände gibt es von diesen, die als rote Sinnbilder die alten, verlassenen Tempel in der ganzen Breite und Höhe ihrer Mauern aus schweigendem Stein kennzeichnen. In den leeren, dunklen Sälen gibt es nichts Redendes als diese Hände, die zu leben scheinen und ohne Stimme sprechen. Du hörst sie, aber du verstehst sie nicht.

Dort erschienen sie vor mehrmals tausend Jahren und zeigten sich plötzlich und sprachen zu jenen, die sie verstehen konnten. Ihr blutiges Zeichen ist nicht nur auf der Oberfläche, sondern dringt durch den Kalkbewurf und den dicken Stein und kommt manchmal sogar auf der anderen Seite heraus, als ob die Mauer das Blut des roten Zeichens aufgesaugt hätte und man im ganzen breiten Körper der Wand innen in gleicher Weise gemalt hätte. Wenn du Mut hast, zerbrich einen dieser alten heiligen Steine, auf denen das Zeichen der Hand sich befindet, und wo immer du ihn zerteilst, wirst du die Form der Hand finden. Wenn du dieses Wunder siehst – glaubst du, daß Menschen es bewirkt haben?

In den Zeiten, in denen Mani kam, was bedeutet, daß »alles verging«, war dies sein Zeichen und seine Ankündigung.

Als die Menschen es erscheinen sahen, flohen sie aus den heiligen Städten, und diese blieben entvölkert zurück.

Damals geschah es, daß die Köpfe gewisser Figuren der Götter verschwanden, die nicht mehr gesehen werden sollten.

Damals geschah es, daß die Geheimnisse der hellen Weisheit in den tiefen Brunnen verborgen wurden und man überall die Tore des alten Heiligtums zumauerte.

Damals geschah es, daß alles verging!

Aber die rote Hand bleibt auf den Wänden, und nach Zeiten, die niemand ermessen kann, sehen die Menschen sie nun und erbleichen, und sie spricht ohne Stimme, und wer sie hört, der versteht sie nicht, aber er zittert.

Kinder der Kinder des Mayab, Kinder der blinden und tauben Kinder der großen Weisheit, die ihr an dem Tage, der sich nähert, kommen werdet, ihr werdet geboren werden mit Augen, um zu sehen, und mit Ohren, um zu hören, und mit Licht in euch, um zu verstehen.

Ihr, die ihr aus der Tiefe der Zeiten zurückkehren werdet, um auf dem heiligen Boden der Mayab zu wandeln, ihr werdet all seine Rätsel hören und sehen und der Welt erklären.

Bis dahin bleibt uns nichts übrig, als bleichen Gesichts zu schweigen.

Wie Gott den Massai das Vieh gab

DIE ALTEN sagten uns: Als Gott die Welt schuf, fand er drei Wesen vor, die zusammen lebten: einen von dem Jägervolk der Dorobo, eine Elefantin und eine Schlange. Nach einiger Zeit bekam der Dorobo eine Kuh. Eines Tages sagte er zu der Schlange: »Freund, warum juckt mich mein Körper immer, daß ich mich kratzen muß, wenn du mich anbläst?« Die Schlange erwiderte: »Ach, mein Vater, ich blase meinen schlechten Atem doch nicht absichtlich auf dich!«

Darauf schwieg der Dorobo. Aber am selben Abend nahm er seine Keule und schlug die Schlange tot. Am anderen Morgen fragte ihn die Elefantin, wo die Schlange sei. Der Dorobo erwiderte, er wisse es nicht, aber die Elefantin merkte, daß er sie getötet hatte und seine Schuld nicht eingestehen wollte. Während der Nacht regnete es sehr, und der Dorobo konnte seine Kuh auf die Weide führen und sie an den Regenlachen tränken. Sie blieben dort manchen Tag, und schließlich bekam die Elefantin ein Junges.

Nach einiger Zeit trockneten alle Regenlachen bis auf eine aus. Nun pflegte die Elefantin hinzugehen und das Gras abzuweiden, und wenn sie genug geweidet hatte, kam sie zurück zu der Lache und legte sich ins Wasser, so daß der Dorobo das Wasser schmutzig fand, wenn er seine Kuh zur Tränke trieb. Eines Tages machte der Dorobo einen Pfeil und schoß die Elefantin tot. Der junge Elefant ging dann in eine andere Gegend. Er meinte: »Der Dorobo ist schlecht. Ich will nicht länger bei ihm bleiben. Er hat erst die Schlange umgebracht und nun meine Mutter getötet. Ich will weggehen und nicht mehr bei ihm sein.«

Als er in ein anderes Haus kam, traf er einen Massai, der ihn fragte, wo er herkomme. Der junge Elefant sagte: »Ich komme von der Hütte des Dorobo. Er lebt dort in dem Wald, und er hat meine Mutter und die Schlange umgebracht.«

Der Massai fragte: »Ist das wahr, daß da ein Dorobo ist, der deine Mutter und die Schlange umgebracht hat?« Und als das bejaht wurde, sagte er: »Wir wollen dahin gehen, ich möchte ihn sehen!« Sie gingen und fanden die Hütte des Dorobo, die Gott

umgestürzt hatte, so daß die Tür zum Himmel blickte. Gott rief den Massai und sagte zu ihm: »Ich wünsche, daß du morgen früh zu mir kommst, denn ich habe dir etwas zu sagen!« Das hörte der Massai, und er ging am Morgen hin und sagte zu Gott: »Ich bin gekommen.« Gott sagte ihm, er solle eine Axt nehmen und in drei Tagen einen mächtigen Zaun herstellen. Als er damit fertig war, mußte er hingehen und ein mageres Kalb im Walde suchen. Das sollte er zu dem Zaun bringen und dort schlachten. Das Fleisch sollte in das Fell eingebunden, aber nicht gegessen werden. Das Fell sollte er außen an der Tür der Hütte anbinden, Feuerholz holen und ein großes Feuer anzünden, in welches das Fleisch geworfen werden sollte. Der Massai sollte sich dann in der Hütte verbergen und durfte nicht erschrecken, wenn er draußen einen großen Lärm wie Donner hörte.

Der Massai tat alles wie angeordnet. Er suchte nach dem Kalb, fand es, und als er es geschlachtet hatte, band er das Fleisch in dem Fell zusammen. Er holte Feuerholz, entzündete ein großes Feuer, warf das Fleisch hinein und ging in die Hütte. Das Feuer ließ er draußen brennen.

Gott ließ daraufhin einen Lederriemen vom Himmel herabkommen, gerade über dem Kalbfell. Plötzlich kam an dem Lederriemen Vieh herunter, ein Rind nach dem anderen, bis der ganze Zaun davon erfüllt war und die Tiere anfingen, einander zu drängen und die Hütte niederzubrechen, in welcher der Massai saß.

Der Massai erschrak und rief: »Hoho!« Dann ging er aus der Hütte und fand, daß der Riemen abgeschnitten war und nun kein Vieh mehr vom Himmel herabkam. Gott fragte ihn, ob das Vieh, das da war, genug sei. »Denn«, sagte er, »mehr bekommst du nicht, weil du so erschrocken bist.« Der Massai ging weg und pflegte die Tiere, die ihm gegeben waren. Der Dorobo bekam das Vieh nicht, und er muß seither immer Wild schießen, damit er zu leben hat.

Wenn ein Großer dir sagt ...

EIN MANN ging in den Busch. Er wollte ein Stück Feldland herrichten. Da kam der Waldteufel und sagte: »Schlage hier den Busch nicht nieder!« Der Mann erwiderte: »Ich werde ihn doch niederschlagen.« Darauf sagte der Waldteufel: »Wenn du hier den Busch lichtest, dann wirst du von dem neuen Feld keinen Reis ernten.« Am nächsten Morgen nahm der Mann ein Buschmesser und schlug den Busch nieder. Dann nahm er Feuer und steckte das ganze niedergemachte Holz in Brand. Dann nahm er eine Hacke und nahm Reis und sagte zu seiner Frau und ihrem Kind: »Kommt her, wir wollen Reis pflanzen!« Sie hackten den Reis ein. Dann gingen sie nach Hause und schliefen. Am nächsten Morgen gingen die Mutter und das Kind wieder zu dem neuen Feld. Sie sollten den Reis vollends pflanzen. Der Mann befahl ihnen: »Wenn ihr damit fertig seid, dann geht weg!«

Und der Reis setzte Ähren an. Der Waldteufel hatte gesagt, daß hier kein Reis wachsen wird. Aber der Reis wuchs. Sie gingen auf das Feld und schnitten den Reis. Dann droschen sie ihn aus und legten ihn auf das Trockengestell. Als er trocken war, nahmen sie ihn von dem Gestell und schütteten ihn in den Stampfmörser und stampften ihn. Dann nahmen sie ihn wieder heraus und schütteten ihn in den Topf. Sie kochten ihn, sie nahmen ihn aus dem Topf und aßen ihn. Alle drei aßen den Reis, alle drei starben. Und der Große Mann, der Waldteufel, sagte: »Ich habe dir doch vorher gesagt, du sollst den Busch nicht lichten! Ich habe dir gesagt, du sollst den Busch nicht lichten, weil du dann sterben mußt. Nun bist du deswegen gestorben.«

Wenn ein Großer dir sagt: »Tu das nicht!«, dann tu es nicht!

Die Flucht vor dem Toten

NEGER IN LIBERIA erzählen: Zwei Freunde lebten zusammen in der Stadt. Eines Tages gingen sie in den Busch. Sie gingen in den Busch, um zu jagen. Sie gingen aus der Stadt und bauten sich im Busch eine Hütte. Sie machten ein Feuer an vor dieser Hütte. Dann gingen sie und streiften durch den Busch. Sie gingen auf die Jagd. Der eine erlegte zwei schwarze Schweine, der andere tötete zwei Affen. Sie brachten ihre Beute in die Hütte und legten sie hin. Dann zerteilten sie das Fleisch, nahmen ein Stück und taten es in den Topf. Der eine kochte das Fleisch im Topf. Er unterhielt das Feuer. Der andere Genosse ging und nahm eine Banane, um sie zu essen. Der die Banane gegessen hatte, starb; der andere Genosse, der kochte, wußte das nicht. Als er mit dem Kochen fertig war, ging er, um seinen Genossen zu wecken. Er rief ihn lange, er rief ihn laut, aber der andere rührte sich nicht. Da ging er wieder weg. Er ging zu der Kochstelle und nahm sich sein Essen. Als er mit dem Essen fertig war, brach die Nacht herein. Er kam noch einmal zu seinem Genossen zurück, um ihn zu wecken. Er war der Meinung, er schlafe. Er wendete den Genossen um. Der war ganz steif. Da ging er. Er spaltete eine Raphiarippe und zündete sie an (damit der Tote meinen sollte, daß noch Tag ist; denn am hellen Tage sind die Toten tot. Nur bei Nacht können sie den Genossen verfolgen). Er band die brennende Raphiarippe an ein Aststück und lief weg. Der Tote stand auf. Er sah die brennende Raphiarippe und legte sich wieder hin. Als er sich nach einer Weile wieder erhob, sah er, daß die Raphiarippe kein Feuer mehr hatte. Da lief der Tote und verfolgte seinen Genossen. Er jagte ihn; er war nahe daran, ihn zu greifen.

Da lag ein großer Stamm im Wege; in ihm war ein großes Loch. Der Verfolgte sprang in das Loch. Da war ein Tier in dem Loch. Das kam heraus. Der Tote jagte jetzt das Tier, bis er ermüdet war. Dann ließ er ab von der Jagd und kehrte wieder um. Er kam wieder zu dem Stamm und setzte sich darauf. Der Genosse war noch in dem Baumloch. Der Tote saß auf dem Stamm. Da erscholl plötzlich eine mächtige Stimme: »Ich bin deiner müde; hätte ich dich gefangen, dann hätte ich dich getötet.« Darauf ging der Tote zurück.

Legenden aus dem Mittelmeerraum

Philemon und Baucis

MAG SEIN, daß es heute nur noch wenig Dörfer gibt, in denen Fremde verhöhnt und mit Steinen beworfen werden. Vor Zeiten war das anders. Auch im alten Griechenland. Das Dorf lag unten an einem Fluß, dicht zusammengedrängt im Auslauf eines engen Bachtales. Hügelauf, abseits von den anderen Häusern, stand nur die baufällige Hütte eines alten Paares, das dort oben einträchtig und gottesfürchtig sein armseliges, aber erfülltes Leben fristete.

Sie besaßen nur wenig, der fromme Philemon und seine Baucis: ein kleines Stück Grasland, die Nahrung für eine Ziege und eine Gans, dazu ein winziges Gemüsegärtlein mit drei Obstbäumen, einen Nußbaum vor der Haustür und einen alten Weinstock an der südlichen Mauer. Ihr größter Schatz waren drei magere Speckseiten, von denen eine schon angeschnitten im Rauchfang hing. Das war sehr wenig. Selbst in den Augen der armen Nachbarn war es nichts.

An einem warmen Sommerabend saßen sie friedlich plaudernd vor ihrer Hütte. Da kläfften plötzlich die Hunde im Dorf, Menschen riefen durcheinander, Kinder schrien. Wenig später flohen zwei Fremde auf dem schmalen Pfad den Berg herauf. Kinder jagten hinter ihnen her und bewarfen sie mit Steinen. Die älteren Dörfler standen johlend und drohend unten am Hang. Als erster erschien ein würdiger alter Mann mit einem langen weißen Bart; ihm folgte ein junger Mann, fast noch ein Knabe, der mit seinem großen Umhang die Steine abfing.

Philemon sprang auf, griff nach seinem Stock und ging den Fremden entgegen. Er ließ sie an sich vorbei in die Hütte gehen und drohte den nachdrängenden Kindern mit dem Stock. Daraufhin kehrten die Kinder um und stoben den Hang hinunter. Drunten aber wurde der Lärm nur noch größer; Frauen kreischten, Hunde bellten; die Männer drohten mit den Fäusten und tippten höhnisch mit ihren plumpen Fingern an die Stirn. Philemon war betrübt über die feindselige Haltung seiner Dorfgenossen. Ein Rest von Ehrfurcht vor dem Alter hinderte den Haufen daran, mehr zu tun, als zu lärmen. Darum zuckte der Alte nur mit den Schultern und ging kopfschüttelnd zurück in seine Hütte. Die beiden Fremden waren schon eingetreten. Sie sahen müde und hungrig aus; trugen schmutzige Schuhe und verstaubte Kleider.

Die gute alte Baucis war dabei, ein Abendessen zu richten. Philemon half ihr, obgleich er eigentlich die Gäste hätte unterhalten sollen. Aber er lief eifrig in den Garten, um frischen Endiviensalat zu schneiden; er pflückte Feigen und Pflaumen. Baucis schürte inzwischen das Feuer, schnitt Speck und schlug zwei Gänseeier in die Pfanne, die einzigen, die im Haus waren. Ein Glück, daß die Gans gestern und heute gelegt hatte. Dazu sollte es Oliven geben und milden Ziegenkäse. Das mußte reichen, um den ersten Hunger zu stillen.

Die Gäste saßen indessen in dem einzigen Raum der Hütte, in dem auch Baucis mit Pfannen und Tellern hantierte. Der alte Mann mit dem langen weißen Bart thronte würdevoll auf der Bank; er hielt die Augen halb geschlossen und sann müde vor sich hin. Er sah aus wie ein König ohne Land, der es noch nicht lassen konnte, über die Macht und das Recht nachzudenken. Der junge Mann dagegen redete unbefangen über dies und das. Wenn er der Sohn des königlichen Alten war, benahm er sich keineswegs wie ein Prinz. Baucis mußte über seine ungereimten Reden lachen, war aber zu schüchtern und zu bescheiden, um von sich aus dazu ein Wort zu sagen. Schließlich schickte der Alte den Jungen vor die Tür und sagte, man werde ihn rufen, wenn das Essen fertig sei. Der Sohn setzte sich in der Abenddämmerung vor die Hütte und spielte auf einer Hirtenflöte so schön, wie Baucis es noch nie gehört hatte. Sie richtete ihm einen Platz neben dem »König« auf ihrer alten Ruhebank, die sie mit bunten Kissen und ihren schönsten Decken in Sitze verwandelte, fast zu prächtig für die einfache Hütte.

Philemon hängte inzwischen die Speckseite wieder in den Rauchfang. Sie kam ihm schwer und groß vor. Aber er war müde und mußte noch für Wein sorgen. Darum dachte er nicht weiter darüber nach. Er stieg in den Keller, nahm den vorhandenen kleinen Weinvorrat, goß ihn in einen irdenen Krug, mischte ihn und setzte ihn seinen Gästen vor. Diese aßen mit großem Hunger und sichtlichem Vergnügen. Es sah fast so aus, als hätten sie lange kein so leckeres Mahl mehr bekommen. Sie lobten die Hausfrau und priesen den Wein. Die gute alte Baucis wurde rot vor Verlegenheit und Freude. Philemon aber mußte sich wundern. Er hatte die Pflaumen eben im Garten gepflückt. Die Pflaumen auf dem Tisch waren aber jetzt dreimal so groß. Aber er konnte der Frage nicht weiter nachgehen. Die Gäste hatten schon zwei Becher ausgetrunken, und der Mischkrug war fast leer. Er konnte den geringen Rest unmöglich noch einmal verdünnen. Er wußte aber auch nicht, was er anbieten sollte, wenn die Gäste weitertranken. Darum trug er die frisch gefüllten Becher nur zögernd an den Tisch und stellte sie so, daß jeder Mühe hatte, sie zu greifen. Aber das störte den jungen Burschen nicht. Kaum hatte Philemon sich umgedreht, rief er: »Der dritte Trunk sei Zeus geweiht, dem Retter!« Und die beiden tranken aus und stießen die leeren Becher krachend auf den Tisch.

Philemon griff jetzt zitternd nach den Trinkgefäßen und ging ziellos durchs Zimmer, als wüßte er nicht, wo der leere Weinkrug stand, so daß der Junge ihm lachend und scherzend zeigte, wohin er sich wenden müsse. Da war aus der Ecke ein seltsames Rieseln zu hören, und der kräftige Duft würzigen Weines erfüllte den Raum. Als Philemon in den Mischkrug sah, war er voll bis zum Rand. Er füllte die Becher, trug den wunderbaren Wein zu seinen Gästen, nahm Baucis beiseite und flüsterte ihr zu: »Frau, hast du die großen Pflaumen gesehen? Hast du beobachtet, wie der Mischkrug sich von selbst füllte, mit einem Wein, der nicht bei uns wächst? Wunder geschehen in unserer Hütte. Unsere Gäste müssen mehr sein als Menschen. Geh in den Schuppen und schlachte die Gans!«

Die Gans aber merkte schnell, worum es ging. Sie ließ sich nicht fangen. Sie entwischte in die Hütte, und als Philemon sie dort greifen wollte, flog sie auf und schlug laut schnatternd mit

ihren Flügeln ans Schilfdach, so daß Tisch und Gäste bald mit Daunen beschneit waren. Da griff Philemon nach einer großen Gabel. Die Gans aber erriet seine Absicht und ließ sich im entscheidenden Augenblick auf die Knie des weißbärtigen Gastes fallen.

Der legte seinen linken Arm schützend um das Tier, hob mit der Rechten einen kurzen Stab und sagte: »Du hast wahr gesprochen, mein Philemon. Eure Gäste sind mehr als Menschen! Ihr habt übergenug für uns getan. Ihr sollt die einzige Gans nicht für uns schlachten. Ihr habt in eurer Güte mehr getan, als die üblichen Gesetze der Gastfreundschaft fordern.«

Während der Alte das sagte, verwandelte er sich: Haupthaar und Bart wuchsen ihm mächtig, wurden blond und fielen ihm in breiten Locken auf die Schultern. Statt des verschossenen alten Mantels trug er jetzt ein prächtiges Purpurgewand, und um Hand und Stab leuchtete ein seltsamer Lichtkranz. Er sah die beiden Alten mit freundlichen hellen Augen an und lächelte. Philemon und Baucis fielen auf die Knie und baten um Vergebung; denn sie fürchteten, daß sie sich in ihrer Unwissenheit falsch benommen hätten. Zeus aber befahl ihnen, aufzustehen und ihm und Hermes zu folgen.

Sie stiegen den Pfad hinauf bis zum Gipfel ihres Berges. Von dort beobachteten sie, wie sich über der Ebene ein schweres Wetter zusammenzog. Selbst im grellen Licht der Blitze sah man nichts mehr von den Häusern des Dorfes. Sie hörten das Brausen eines reißenden Stromes, von dem sie nichts wußten; und als der Sturm die schwere Wolkendecke zerriß und der Tag heraufkam, sahen sie weit und breit kein Dorf mehr, keine Äcker, keine Wiesen, keine Gärten, keine Bäume. Sie standen hoch über einem unabsehbaren bewegten See, der den Hang herauf bis zu dem Platz reichte, wo ihre Hütte gestanden hatte. An ihrer Stelle erhob sich jetzt ein prächtiger, weithin sichtbarer Marmortempel.

Die beiden alten Leute erschraken sehr, als sie das sahen. Zeus aber nickte ihnen freundlich zu und sagte: »Eure Nachbarn aus dem Dorf sind nicht tot. Sie sind nur stumm. Sie werden nicht mehr schimpfen, sie werden keine Steine mehr werfen. Sie sind stumme Fische, die das große Wasser bevölkern. Und dort seht ihr euer Haus, das auch mein Haus ist, ein Tempel des Zeus. Dort sollt ihr den Tempeldienst versehen, bis eure Zeit vollendet ist. Viele Fremde werden zu dem Tempel pilgern und euch besuchen. Ihr werdet mir auf diese Weise noch viele Jahre dienen. Heute aber müssen wir Abschied nehmen voneinander. Sagt mir noch einen Wunsch, den ich euch erfüllen kann!«

Die beiden Alten sahen sich kurz und liebevoll an. Dann antwortete Philemon: »Du weißt, Herr, daß wir schon sehr alt sind. Wir haben ein gutes und erfülltes Leben hinter uns. Ich kann nicht ohne Baucis leben und sie nicht ohne mich. Vergönne uns deshalb, daß wir am selben Tag aus diesem Leben genommen werden!«

Zeus erfüllte ihnen diesen Wunsch. Lange Jahre danach sahen Fremde, die mit einem Schiff über den See kamen, die beiden Alten vor ihrem Tempel stehen und winken. Als sie landeten und vor den Tempel kamen, waren Philemon und Baucis verschwunden. An ihrer Stelle standen zwei mächtige Bäume vor dem Tempel, eine Linde und eine Eiche. Sie standen dicht nebeneinander, die hellgrüne Linde wirkte fröhlich im Licht der Sonne vor der dunklen Eiche. Erstaunt blickten die Gäste hinauf bis in die Wipfel der hochragenden Bäume. Und einer glaubte, im Rauschen der Blätter die Namen Philemon und Baucis zu hören. Als er es aussprach, hörten es auch die anderen. Und wer auch in den folgenden Jahrhunderten zu dem Tempel kam, lobte den gastfreien Schatten des immer leise rauschenden Baumpaars.

Heroen, Dämonen oder Götter?

FÜNF JAHRE war Sosipatra alt, als zwei betagte Männer auf das Gut ihrer Eltern kamen. Sie trugen ihre Habe in großen Ranzen auf dem Rücken und sahen nicht gerade stattlich aus in ihren abgetragenen Fellkleidern. Trotzdem erfüllte der Gutsverwalter ihre Bitte und vertraute ihnen die Pflege der schlechten und verrotteten Weinberge an, eine mühevolle Arbeit, die niemand gern übernahm. Schon die nächste Weinlese brachte wider Erwarten eine reiche und gute Ernte. Der Verwalter, die anderen Gutsarbeiter und die Nachbarn bestaunten und beredeten diesen plötzlichen Wandel. Niemand glaubte an einen natürlichen Vorgang. Alle meinten, daß hier Götter oder Dämonen die Hand im Spiel hätten. Der Herr des Gutes aber tadelte seine eigenen Leute, weil sie mit ihren Künsten nicht so weit gekommen waren wie die Fremden. Er ehrte die beiden alten Männer und lud sie an seinen Tisch. Auf diese Weise konnten sie das aufgeschlossene, lebhafte und liebenswürdige Wesen der Sosipatra näher beobachten. Das Kind gewann bald die Herzen der betagten Männer. So kam es, daß diese eines Tages zum Vater sagten: »Wir können und wollen dir die Geheimnisse und Künste nicht verraten, mit denen wir deine Weinberge fruchtbar gemacht haben. Für uns war die Lösung dieser Aufgabe nur ein Spiel, ein Scherz, den wir schon wieder vergessen haben; denn wir können mehr. Erlaube uns, daß wir dir für deine Gastfreundschaft und deine Gaben mit einem Geschenk danken, das keinen Geldwert hat, mit einem außerordentlichen, himmlischen Geschenk, das dich und die Deinen beglücken und über deinen irdischen Stand heben wird. Wir haben deine kleine Tochter beobachtet und liebgewonnen. Vertraue uns das Mädchen fünf Jahre lang an. Wir werden Sosipatra wie gute Väter erziehen und führen. Sei unbesorgt! Sie wird in dieser Zeit nie krank sein oder gar sterben. Sei ruhig und zuversichtlich! Du darfst aber das Gut erst wieder betreten, wenn die Sonne in ihrem Kreislauf das fünfte Jahr vollendet hat. Das Gut wird weiter gedeihen und dir reiche Ernten bringen. Deine Tochter aber wird nach diesen fünf Jahren nicht wie ein Weib oder ein Mensch sein. Du selbst wirst erkennen, daß durch sie ein höheres Wesen wirkt. Vertraust du uns, dann nimm mit offenen Händen, was wir dir anbieten. Hegst du aber Verdacht, dann haben wir nichts gesagt.«

Der Vater fügte sich schweigend. Er überantwortete den beiden Männern das Kind, ließ seinen Verwalter rufen und befahl ihm: »Gib den Alten, was sie begehren, und spüre ihnen nicht weiter nach!« Im Morgengrauen verließ er fluchtartig die Tochter und das Gut. Die beiden Männer aber, von denen niemand wußte, ob sie Menschen waren wie wir oder Heroen oder Dämonen oder noch göttlicheren Ursprungs, sie nahmen das Kind, und niemand erfuhr, in welche Geheimnisse sie es einweihten. Niemand wußte, nach welchen Grundsätzen sie ihm das Göttliche einpflanzten, so sehr sich alle bemühten, hinter die Dinge zu sehen. Das Gut brachte die versprochenen Erträge.

Als die Zeit erfüllt war, kam der Vater wieder zurück aufs Land. Seine Tochter war herangewachsen und stand ihm schön und fremd gegenüber. Aber auch die Tochter erkannte den Vater kaum wieder. Er begrüßte sie mit großer Ehrerbietung. Bei Tisch forderten die Lehrer ihn auf, seine erwachsene Tochter zu fragen, was er wolle. Sie fiel aber den beiden Alten ins Wort und bat den Vater, sie zu fragen, was er unterwegs getan habe. Als reicher Mann reiste er in einem vierrädrigen Wagen, und auf den schlechten Straßen und bei den unsicheren Zeitverhältnissen mußte ein Reisender viele Gefahren bestehen. Der Vater forderte also das Mädchen auf zu erzählen. Sie berichtete alles so genau, wie wenn sie selbst dabei gewesen wäre, mit allen Ausrufen und Drohungen und Ängsten. Der Vater war so überrascht, daß seine anfängliche Verwunderung in Entsetzen umschlug. Langsam wuchs in ihm die Überzeugung, das Mädchen sei ein göttliches Wesen. Er warf sich vor den Männern nieder und flehte sie an, ihm doch zu sagen, wer sie seien. Aber er bekam keine klare Antwort. Sie verrieten zuletzt nur, daß sie die geheimen Wissenschaften der Chaldäer beherrschten. Der Vater bat sie, zu bleiben. Sie nickten ihm zu; aber auch jetzt blieb unklar, was sie wirklich tun würden.

Als der Vater zur Ruhe gegangen war, nahmen sie das Mädchen beiseite, übergaben ihm das Kleid, in dem es geweiht worden war, brachten Geräte und Bücher und legten sie in eine Kiste, die Sosipatra versiegeln mußte. Als am nächsten Morgen die Hoftore geöffnet wurden, gingen die beiden Alten wie jeden Tag mit den Leuten hinaus an die Arbeit. Das Mädchen aber lief dem Vater entgegen, um ihm die gute Nachricht zu bringen, daß ihre geheimnisvollen Erzieher noch da seien und sie reich beschenkt hätten. Ein Sklave trug die Kiste mit den

wertvollen Gaben herbei. Der Vater aber nahm alles Geld, das er auftreiben konnte, um die beiden Alten zu belohnen. Er ließ nach den Männern rufen. Aber sie waren verschwunden. Da fragte der Gutsherr seine Tochter: »Was soll das bedeuten, mein Kind?« Sosipatra dachte nach. Dann sagte sie traurig: »Jetzt verstehe ich erst die letzten Worte der beiden Alten. Mit Tränen in den Augen haben sie mir ihre Geschenke gegeben und gesagt: ›Gib gut acht auf diese Dinge, mein Kind, denn wir segeln jetzt übers Meer in den Westen; wir kommen aber bald wieder zurück.‹ Im Westen aber liegt das Totenland.« Das war für alle ein Zeichen, daß die beiden Männer Dämonen oder Geister waren.

Sosipatra behielt die Gabe des Hellsehens. Einmal sprach sie mit Gästen über die Seele. Ihr Vetter Philometor war zu dieser Zeit mit dem Fuhrwerk unterwegs. Da verstummte das Mädchen plötzlich mitten in der Rede. Dann schrie es auf: »Seht! Philometor stürzt mit seinem Wagen um. Er ist mit den Beinen unter die Räder gekommen! Aber die Sklaven haben ihn schon herausgezogen, er hat nur ungefährliche Verletzungen an den Armen und an den Händen! Er wird jetzt in einer Sänfte getragen und jammert sehr.« So sprach sie, und als Philometer zurückkam, erzählte er das Geschehnis nicht anders. Sosipatra war überall gegenwärtig, wie es die Philosophen von den Göttern behaupten.

Legenden aus dem Nahen Osten

Im Namen Gottes, des Barmherzigen, Gnädigen! In zahllosen Weisen – will ich den Herrn preisen – den Erhabenen, Allweisen – der den Menschen ausgezeichnet hat vor allem Lebendigen – durch die Gnadengabe der Rede, der verständigen – dem es gefiel, sein Haupt hoch zu erheben, da er sprach: »Wir haben den Kindern Adams Ehre gegeben.« – Auch will ich segnen vieltausendmal den Herrn – an des Prophetentums Horizont den leuchtenden Stern – den Edelstein – in der Redekunst Schmuckkästlein – den Stolz und die Wonne aller Erdgeborenen – Muhammed, den Auserkorenen – den redenden Vogel, von dem bewußt – daß er nicht sprach nach eigner Lust – die singende Nachtigall, deren Mund – nur lautere Offenbarung macht kund – der auf geraden Pfaden aus dem Irrsal der Welt – den, der sich hält – an seines Gesetzes Seile – hinführt zum Heile.

Nebi Salech und die Kamelin

»BEI DER WAHRHEIT des Salech und seiner Kamelmutter!« so riefen schon die Genossen des Muhammed, so riefen ihre Enkel, wenn sie eine Aussage bekräftigen wollten. Salech war der fünfte Prophet von Adam an, von Gott zu dem Stamme Thamud gesandt, um ihn zu bekehren. Dieser längst erloschene arabische Stamm wohnte in einem Felsental im nordwestlichen Arabien und hatte sich seine Wohnungen in den Felsen gehauen. Petra nannten die Geographen später diese Ruinenstadt, die zu Zeiten des Salech noch Hadscher hieß, die Steinerne, weshalb viele meinen, daß der Hedschas, die Berglandschaft am Roten Meer, von diesem Ort seinen Namen hat.
Wer mit einer Karawane von Syrien nach Mekka zieht, kommt durch dieses eigenartige Tal mit seinen zahlreichen Grotten und Felsenwohnungen. Die Karawanenführer aber lassen den Neu-

gierigen dort nicht verweilen, sie treiben vielmehr ihre Kamele an und beschleunigen ihre Schritte und erheben ein ohrenbetäubendes Geschrei, um die furchtbaren Wehrufe des Kamels nicht zu hören, das seit Salechs Zeiten in dieses Felsental verbannt ist.

Der Stamm Thamud nämlich glaubte nicht an den einen Gott, und der Vater des Salech war einer der ersten Diener ihrer Götzen. Als Salech darum als Nebi (als Prophet) auftrat, glaubten sie ihm nicht. Er predigte ihnen lange, aber sie verlachten ihn nur. Sie forderten von ihm ein Zeichen, einen Beweis für seine Sendung. Und als Salech sie fragte, was für ein Zeichen sie sich wünschten, da riefen sie ihm zu: »Wir begehren vom Herrn, daß der Fels sich spalte und daß eine Kamelin heraustrete, grün und gelb wie Smaragd, mit einem roten Schweif. Sie soll ein Junges führen, und beide sollen grasen und trinken. Dann, o Salech, wollen wir deinen Worten Glauben schenken!«

Nebi Salech aber erwiderte ihnen: »Das ist dem Herrn nur ein Spiel! Aber ihr Ungläubigen werdet dem Herrn auch dann noch nicht glauben wollen; ihr werdet die Kamelin töten und den Zorn Gottes auf euch ziehen.« – Die Leute vom Stamme Thamud aber riefen: »Nein! Nein! Und nochmals nein! Wir werden sie nicht töten!«

Sie standen unter einem Felsen, zehnmal so hoch wie ein Speer. Der Prophet wandte sein Gesicht dem Herrn zu und betete inbrünstig. Plötzlich kreißte der Berg, wie wenn er in Geburtsnöten wäre, der Felsen spaltete sich, und ein Kamel, smaragden und mit einem roten Schweif, trat heraus und führte ein Junges. Beide weideten wie die anderen Kamele und gingen dann zur Tränke, zum einzigen Brunnen des Stammes Thamud. Als die Leute das sahen, glaubten sie an die Sendung des Nebi Salech und huldigten ihm und verehrten ihn, wie es einem Propheten gebührt.

Die beiden Kamele aber tranken so viel, daß mehrere Männer für sich und ihre Kamele kein Wasser mehr bekamen. Darüber entstand ein großes Geschrei. Salech sagte zu seinen Brüdern: »Ihr habt es euch ja selbst gewünscht, das Kamel aus dem Felsen mit seinem Jungen. Ihr habt ja selbst verlangt, daß es trinken solle wie eure Kamele! Hütet euch nun, ihm etwas zuleide zu tun! Teilt das Wasser mit der Kamelin so, daß am ersten Tag ihr, am zweiten aber die Kamelin mit ihrem Jungen trinken können. Dann wird das Wasser für alle ausreichen. Nochmals: hütet euch, Hand an die Kamelin zu legen! Der Herr würde euch vertilgen in seinem Zorn!«

Diese Drohung des Propheten erschreckte das Volk. Sie teilten von nun an das Wasser mit der Kamelin, an einem Tage trank das Volk aus dem Brunnen, am nächsten tranken die beiden Kamele. Dreißig lange Jahre hielten sie sich getreu an die Weisungen ihres Propheten. Nebi Salech aber prophezeite ihnen immer wieder, sie würden zuletzt doch die Kamelin töten und den Zorn des Herrn auf sich ziehen. Mag sein, daß sie die Untat ohne diese Prophezeiung schon früher begangen hätten; denn sie unterließen den Frevel nicht aus Furcht vor dem Herrn, sondern nur, weil sie seinen Gesandten Lügen strafen wollten. Es war ein hartes Volk, wie der Felsen, in den es sich eingegraben hatte, und der Prophet rechnete mit seinem Starrsinn.

»Du bist ein Lügner!« sagten sie zu Salech. »Dreißig lange Jahre haben wir uns das Wasser von den Lippen abgespart, um deine Kamele zu tränken. Dreißig Jahre lang weiden und trinken sie ungestört. Und du sprichst immer noch davon, daß wir sie töten und dem Strafgericht des Herrn verfallen werden!« Nebi Salech aber erwiderte: »O ihr Felsenherzen! Ihr Steinköpfe! Der Mörder der Kamele wird noch in diesem Jahr geboren.« Sie fragten: »Woran werden wir ihn erkennen?«. Der Prophet antwortete: »An roten Haaren und Katzenaugen.« Da steckten die Leute die Köpfe zusammen und beschlossen heimlich, hinter dem Rücken des Propheten: »Wir werden den Nebi Lügen strafen! Wir werden jedes neugeborene Kind aus der Welt räumen, das diese Zeichen trägt.«

Neun Weiber kamen in diesem Jahr mit Kindern nieder, die gezeichnet waren; neun unschuldige Kinder wurden um ihr Leben gebracht, nur um den Propheten Lügen zu strafen. Spät im Jahr wurde ein zehntes Kind mit den gleichen Zeichen geboren. Die neun Väter aber, die ihre Kinder geopfert hatten, konnten den Verlust nicht verschmerzen. Sie weinten und stimmten dafür, daß dieses Kind am Leben bleiben solle. Sie sagten: »Seht ihr denn nicht, daß Salech mit seinen Prophezeiungen auf unseren Eigensinn baut? Seit dreißig Jahren nimmt er uns die Hälfte des Wassers für seine Kamele, nun will er uns auch noch die Kinder rauben!« Und sie ließen das Kind am Leben und beschworen zugleich den Untergang des Propheten.

Als die Väter der ermordeten Kinder zwölf Jahre später den gut entwickelten schönen Knaben sahen, stieg in ihnen der alte Zorn gegen den Propheten auf, und sie beschlossen, an ihm Rache zu nehmen. Sie lauerten ihm in einer dunklen Nacht auf, um ihn zu töten. Aber der Fels stürzte über ihnen zusammen und begrub sie. Das Volk war empört über den Verlust der Brüder. Seine ganze Wut richtete sich nun wider den Propheten. »Weg mit ihnen, weg mit Salech und seinen Kamelen! Wir wollen ihn nicht, wir brauchen keine Kamele!« Der Aufruhr erfaßte immer weitere Kreise, der Aufruhr erfaßte den ganzen Stamm Thamud. Darum ist es ungewiß, ob der kleine zwölfjährige Knabe mit den roten Haaren und den Katzenaugen die Kamelin am Brunnen tötete, weil er wirklich bösartig war. Haben ihn nicht der Zorn, die Rachegelüste, die bösen Gedanken des ganzen Stammes zu dieser Untat gezwungen?

Salech aber rief: »Habe ich es euch nicht vorausgesagt, daß ihr das Kamel töten werdet? In drei Tagen kommt über euch das Gericht des Herrn! Das junge Kamel ist in die Felsen geflohen. Bringt wenigstens das Junge zurück!« Sie folgten den Spuren des jungen Kamels in die Felsen, aber sie sahen es nicht; sie hörten dreimal seine fürchterlichen Wehrufe, aber sie fanden es nicht.

Nach drei Tagen erhob sich von der Wüste her der Samum. Er fuhr über die Felsen, die unter seinem Hauch erglühten. Mit gelben Gesichtern flüchteten die Bewohner der Steinstadt in ihre Felsenhöhlen. Die Nacht brachte keine Erfrischung, keine Abkühlung. Am nächsten Morgen zeigte sich keine Sonne, und doch war das Gebirge weithin hell, ein flammender Kessel. Das Wasser sott in dem Brunnen, das Blut in den Adern, und die Felsen glühten durch und durch. In ihnen brannten die Leute des Stammes Thamud mit roten Gesichtern. Am dritten Morgen verfinsterte sich der Himmel, er war voll Asche und Rauch wie ausgebrannte Kohle. Heißer und mit jedem Hauch heißer stieß die Hölle ihren Odem aus: es gor und glomm und sott und schmolz bis in den tiefsten Abgrund, Gluten ohne Glanz und Flammen ohne Schein. Ein fürchterliches Getümmel, Donnerhall und Felsenbersten, untermischt mit Sturmgeheul! Dazwischen das Geschrei des unsichtbaren Kamels! Die Leiber der Leute des Stammes Thamud wurden mit eingeschmolzen oder schrumpften zu schwarzen Mumien zusammen.

Im Koran steht: »Sie taten Frevel, und es erscholl der Schall, und der Morgen fand sie erstarrt in ihren Wohnungen.« Nur Salech und alle, die seinen Lehren glaubten, wurden gerettet. Als Muhammed auf seinem Zug gegen Tebub in dieses Tal kam und die Kamele am Brunnen gewässert waren, wollten mehrere seiner Gefährten die Felsengrotten besuchen, um die Reste des Stammes Thamud zu sehen. Der Prophet verbot aber, die Wohnungen eines Volkes zu besuchen, das den Zorn des Herrn auf sich geladen hatte. Er ließ die Kamele antreiben und zog mit beschleunigtem Schritt durch das Tal. Seitdem befolgen alle Karawanen das Beispiel des Propheten und ziehen, ohne sich aufzuhalten, schnell vorbei und machen großen Lärm, um das Geschrei des verirrten Kamels nicht zu hören.

Harut und Marut

GOTT MACHTE seinen Himmel weit auf, damit seine Engel sehen konnten, was die Menschenkinder unten auf der Erde trieben. Und die Engel wunderten sich sehr, daß die Menschen Unrecht taten, obgleich sie doch die Gebote Gottes kannten, obgleich der Herr ihnen Propheten, Bücher und Zeichen gab. Darum sagten sie eines Tages zu Gott: »O Herr, die Kinder Adams, die Du mit Deiner Hand geschaffen hast, denen Du Deine Engel dienstbar gemacht hast, denen Du die Namen aller Dinge gegeben hast, die Menschen handeln sündhaft! Du hast sie erhöht und als Deine Stellvertreter in die Welt geschickt. Aber sie erfüllen

ihre Pflicht nicht, sie handeln gegen Deinen Befehl, sie unterlassen es, Dich zu preisen, sie bekennen sich nicht zu Dir. Warum hast Du nicht Deine Engel geschickt? Wir hätten Deine Gebote erfüllt! Wir hätten Dir fromm und gottesfürchtig gedient!« Als der Allmächtige und Erhabene diese Rede hörte, sagte er: »Ich habe den Menschen zehn Begierden gegeben. Diese zehn Begierden verleiten sie dazu, sich gegen mich zu vergehen.« Da erwiderten die Engel: »O Herr, wenn Du uns die zehn Begierden gibst und uns hinabsteigen läßt, dann werden wir dort in Gerechtigkeit richten!« Da befahl Gott: »Wählt unter euch die zwei zuverlässigsten Engel. Ich werde ihnen dann die zehn Begierden geben, und sie sollen richten unter den Menschen! Sie sollen menschliche Gestalt annehmen und unter den Menschen leben. Immer wenn sie den ›größten Namen‹ nennen, werden eure Abgesandten nach Belieben zum Himmel fliegen und wieder auf die Erde hinabsteigen können. Dieser Name ist mein Geheimnis. Er darf den Menschen nicht verraten werden.« Und Gott erinnerte die Engel an das Verbot, Gott einen Genossen zu geben, zu stehlen, zu buhlen, Wein zu trinken und eine Seele wider das Gesetz des Herrn zu töten.

Die Engel berieten lange, wen sie auf die Erde schicken sollten. Schließlich wählten sie Harut und Marut. Die beiden Engel nahmen Menschengestalt an und wurden in die Welt gesandt, in die Stadt Babil. Dort lernten sie die Sitten dieser Welt kennen. Aber sie blieben Gottes gehorsamste Diener. Eines Tages begegneten sie zwei ungewöhnlich schönen Dirnen, die sie mit ihrem Gesang und mit ihrem Tanz bezauberten. Die beiden Mädchen waren klug und erkannten alsbald, daß Harut und Marut über magische Kräfte verfügten, mit denen sie zum Himmel fahren und wieder zurückkehren konnten. Die Jünglinge gaben den Mädchen bereits süße Worte und wollten sie verführen. Die Mädchen aber wollten hinter die Geheimnisse der beiden jungen Männer kommen und stellten listig die Bedingung, daß sie zuvor mit ihnen Wein trinken müßten. Harut und Marut widerstanden lange. Mit der Zeit aber gewöhnten sie sich so sehr an die weltlichen Genüsse, daß sie vergaßen, Gott zu preisen und sich zu ihm zu bekennen. Damit lockerte sich das

Band, das sie unmittelbar mit ihrem Herrn verbunden hatte. Ihr Durst nach einer Liebesvereinigung wuchs immer mehr, und so stillten sie zuvor einen Durst, den sie gar nicht empfanden, und tranken Becher um Becher. Der Wein schmeckte ihnen bitter. Zuletzt waren sie so trunken, daß ihnen der Saum des Verstandes aus den Händen glitt. Die frechen Dirnen nützten die Gelegenheit, und die Engel verrieten ihnen zuletzt den »größten Namen«. Die Dirnen sprachen ihn nach und fuhren sofort gen Himmel. Dann aber ließ der Herr sie den »größten Namen« vergessen. Sie konnten ihn nicht mehr aussprechen und nie wieder auf die Erde zurückkehren. Seither stehen sie als Sterne am Himmel.

Harut und Marut aber machten vergebliche Anstrengungen, wieder aufzusteigen. Ihre Flügel trugen sie nicht mehr. In ihrer Verzweiflung suchten sie Hilfe bei den Menschen. Sie traten in das Haus eines Frommen und baten ihn, für sie zu beten. Er fragte sie, wie denn ein Erdbewohner für die Himmelsbewohner bitten könne. Da eröffneten sie ihm, daß Gott seiner im Himmel gern und im guten gedacht habe. Daraufhin versprach der Fromme ihnen, einen Tag und noch einen Tag für sie zu beten. Er wurde erhört. Gott ließ Harut und Marut die Wahl zwischen der Strafe in dieser Welt und der Strafe in jener Welt. Da sprachen sie: »Die Strafe dieser Welt geht zu Ende, die Strafe in jener Welt aber ist ohne Ende.« Und sie baten um die Strafe in dieser Welt. Sie wurden von den Füßen bis zum Hals gefesselt wie die baktrischen Kamele. Sie hängen jetzt in einem Brunnen zu Babil, und dort werden sie hängen bis zum Jüngsten Gericht.

Höhere Gerechtigkeit

HUSAIN IBN MANSUR wurde seines Glaubens wegen gekreuzigt und getötet. Nach seiner Hinrichtung erschien er dem frommen As-Sibli im Traume. As-Sibli fragte den Toten: »Was hat Allah mit dir getan?« Husain Ibn Mansur antwortete: »Er hat mich erniedrigt und hat mich geehrt.« Darauf fragte As-Sibli weiter: »An welchem Ort hat er dich erniedrigt?« Er bekam die Antwort: »Im Paradies oder, wie es in der vierundfünfzigsten Sure des Koran heißt: am Sitze der Wahrhaftigkeit, bei einem mächtigen König.« As-Sibli fragte weiter: »Was hat er mit den Leuten getan, die deiner Hinrichtung beiwohnten?« Und Husain Ibn Mansur antwortete: »Er hat beiden Parteien verziehen: denen, die mit mir Mitleid hatten, und denen, die mir feindlich gesinnt waren: Er verzieh denen, die mit mir Mitleid hatten, weil sie mich kannten und weil sie Allahs wegen mit mir litten; und er verzieh denen, die mir feindlich gesinnt waren, weil sie mich nicht kannten und mir Allahs wegen Feind waren. So sind beide entschuldigt, und so haben beide Verdienst.«

Der Taugenichts und die achtzig Frommen

IM LANDE HORMUZ lebte Nachod. Er hatte einen Sohn, der schon mit dreizehn Jahren allen möglichen Sünden und Lastern ergeben war und unter anderem vor allem das Würfelspiel schätzte. Die Angehörigen und Verwandten schämten sich seiner. Da riet eines Tages einer von ihnen dem Vater Nachod, achtzig fromme Männer zu suchen, die ihr Leben als Hirten oder Einsiedler in der freien Natur verbracht hatten, und sie mit dem Sohn in ein Haus zu sperren. Diese Männer, so meinte er, müßten auf den jungen Burschen einen guten Einfluß ausüben und ihn mit der Zeit von seinem schlechten Lebenswandel abbringen. Gesagt, getan! Nachod suchte und fand achtzig fromme Männer. Er versprach ihnen tausend Belohnungen und Vorteile, wenn sie nur seinen Sohn auf die rechte Bahn brächten. Sie waren einverstanden, und Nachod sperrte sie zusammen mit seinem Sohn ein. Er ließ sie gut und reichlich verpflegen; Speise und Trank wurden von außen zugereicht. Um es kurz zu machen: Nach achtzig Tagen ließ Vater Nachod die Türen des Hauses öffnen. Er stand selbst vor dem Tor; denn er war begierig zu sehen, in welchem Zustand er die achtzig frommen Männer und seinen Sohn wiederfinden würde. Er wollte erfahren, welche Wirkung das Zusammenleben mit achtzig Frommen auf den Jüngling ausgeübt und ob der Sohn seine Lasterhaftigkeit aufgegeben hatte. Doch mußte er feststellen, daß die Frömmigkeit von achtzig Männern seinen Sohn nicht hatte beeindrucken können. Im Gegenteil: seine Lasterhaftigkeit hatte bewirkt, daß die achtzig Frommen nun ausnahmslos Sünder und Würfelspieler geworden waren.

Ibrahim Ibn Edhem und die Biene

DER KÖNIG von Baktrien, Ibrahim Ibn Edhem, der große Mystiker, ging einst während seiner Regierungszeit auf die Jagd. Er setzte sich auf freiem Feld zum Essen nieder. Bei dieser Gelegenheit beobachtete er eine Biene, die eine große Krume Brot vom Tisch nahm und damit davonflog. Der König fand dieses Verhalten so merkwürdig, daß er ihr folgte. Sie flog unter einen Baum und setzte sich dort nieder. Als Ibrahim Ibn Edhem näher kam, sah er einen Sperling unter dem Baum sitzen, der auf beiden Augen blind war. Sobald er das Summen der Biene hörte, sperrte er seinen Schnabel auf. Die Biene zerlegte das mitgebrachte Brot in drei Teile, die sie dem blinden Vogel nacheinander in den Schnabel steckte. Dann flog sie wieder fort.

Als Ibrahim Ibn Edhem, der König von Baktrien, dieses wunderbare Wirken Gottes sah, entsagte er allen irdischen Freuden und Pflichten und widmete den Rest seines Lebens ganz dem Allwahren.

Die Geschichte des Salih

VOR ZEITEN lebte in der Stadt Balch ein Asket, der einen Sohn mit Namen Salih (der Fromme) hatte. Der Jüngling machte seinem Namen Ehre; er war fromm und versäumte keinen Augenblick im Dienste Gottes. Da ging der alte Asket ins Jenseits;

Salih aber behielt seine fromme Lebensweise bei. Eines Tages bedachte er sich während seiner Gebetsübungen und sagte: »Ich diene Tag und Nacht dem Allwahren. Aber steht nicht geschrieben: ›Die Erkenntnis ohne die Werke ist wie ein Baum ohne Frucht‹? Meine Werke werden mir ohne die Erkenntnis keine Vorteile bringen. Ich muß einen gelehrten Meister finden, der mich die Erkenntnis lehrt.«

Darauf ging er zu seiner Mutter, um ihre Erlaubnis einzuholen. Zu seiner Überraschung war sie nicht einverstanden. Da überlegte er: Meine Absicht ist doch gut? Warum soll ich mich also nicht ohne die Einwilligung meiner Mutter auf den Weg machen? Und er verließ seine Mutter heimlich und wanderte in eine Stadt, in der viele Weise wohnten. Auf der Reise fand er einen Baum, in dessen Schatten er rasten wollte. Plötzlich flog ein Vogel auf und beschmutzte ihn von oben bis unten. Das verdroß Salih sehr. Er warf einen zornigen Blick auf den Vogel; da fiel der Vogel tot vom Baum. Salihs Zorn legte sich, und er zog weiter. Erst am späten Abend fand er eine Herberge. Er trat ein und bat, ihn als Gast aufzunehmen. Eine Frau begrüßte ihn und sagte: »Gut, du kannst hier übernachten und etwas essen. Du mußt dich nur ein wenig gedulden, denn ich muß erst einen Fisch für dich kochen.«

Salih war nach dem langen Tag und dem mühsamen Marsch hungrig. Die Frau brauchte aber über Gebühr lang, und ihm wurde immer elender zumute. Als sie endlich den gekochten Fisch auftischte, warf er ihr deshalb einen zornigen Blick zu. Die Frau merkte es und sagte erregt: »O Salih, glaubst du, du könntest mich umbringen, wie du den armen Vogel auf dem Baum mit deinem zornigen Blick umgebracht hast? Glaubst du etwa, dein Blick habe auf Menschen dieselbe Wirkung wie auf Vögel? Und angenommen, du hättest tatsächlich diese vernichtende Kraft, glaubst du denn, daß du damit einen heilsamen Einfluß ausübst? Du solltest dich bemühen, aufzubauen! Es ist kein gutes Werk, zu zerstören!«

Als Salih diese merkwürdigen Worte vernahm, fiel er der Frau zu Füßen, bat sie um Verzeihung und fragte sie, woher sie denn diese tiefen Einsichten habe. Sie aber antwortete: »Ich habe immer danach getrachtet, meiner Mutter wohlzugefallen. Dadurch bin ich zu dieser Erkenntnis gekommen. Hat nicht der Prophet gesagt: ›Das Paradies ist unter den Schritten der Mütter‹? Nach diesem Spruch hab' ich gehandelt. Darum hat der Allmächtige, der Allerbarmer, mich so hoch steigen lassen. Hättest auch du nur das Wohlgefallen deiner Mutter im Auge gehabt, dann wäre es dir nie eingefallen, eine Reise zu machen, um neue Erkenntnisse zu finden. Das wäre dir viel heilsamer gewesen!«

Salih hörte betreten diese von Gott eingegebene Rede. Er nahm keinen Bissen zu sich, sondern kehrte sofort nach Balch zurück und diente seiner Mutter. Auf ihre fromme Fürbitte wurde er von Erkenntnis und Gelehrsamkeit erfüllt. Ja, ihm wurden höhere Offenbarungen zuteil. Er wurde weit und breit berühmt, und von allen Seiten strömten die Leute herbei und baten um seinen Segen.

Die Himmelfahrt des Propheten

»PREIS DEM, der seinen Diener des Nachts entführte von der heiligen Moschee (in Mekka) zur fernsten Moschee (in Jerusalem), deren Umgebung wir gesegnet haben, um ihm unsre Zeichen zu zeigen.« So beginnt die siebzehnte Sure des Koran. Muhammed erzählt von der Nacht, in welcher er entrückt wurde: »Ich lag in dem Hatim, einem Raum, der an die Kaaba grenzt. Da kam jemand über mich und machte einen großen Schnitt von meiner Halsgrube bis zum Nabel und nahm mein Herz heraus. Dann brachte man einen goldenen Topf, der mit Glauben gefüllt war. In ihm wurde mein Herz gewaschen. Man füllte es mit Glauben und setzte es mir wieder ein. Dann führte man mir ein weißes Reittier zu, das kleiner war als ein Maultier und größer als ein Esel, das geflügelte Wunderpferd El-Burak (der Blitz). Es setzte seine Schritte, so weit es sehen konnte. Es trug mich bis zum untersten Himmel. Der Erzengel Gabriel aber führte mich.«

Andere erzählen, El-Burak habe den Propheten nur nach Jeru-

salem gebracht, wo die alten Propheten schon auf ihn warteten; denn Muhammed sollte ja ihre Zahl erfüllen und vollenden. Er habe mit ihnen zusammen sein Gebet verrichtet und sei dann mit Gabriel auf einer großen Lichttreppe zum Himmel aufgestiegen und durch die sieben Himmel gewandert, bis er vor dem Angesicht Allahs stand, der ihm seine Weisungen für den Gebetsdienst gab. Noch heute wird die Fußspur des Propheten in dem heiligen Felsen Es-sachra gezeigt, der dem Himmel achtzehn Meilen näher ist als irgendein anderer Platz auf Erden.
Muhammed aber erzählte seinen Jüngern: »Der Erzengel Gabriel bat um Einlaß in den untersten Himmel. Die Stimme eines Unsichtbaren fragte: ›Wer ist da?‹ Der Engel antwortete: ›Gabriel.‹ Man fragte weiter: ›Und wer ist bei dir?‹ Und Gabriel erwiderte: ›Muhammed.‹ Daraufhin fragte die Stimme wieder: ›Hat man ihn zur Himmelfahrt entboten?‹ und Gabriel antwortete mit ›Ja‹. Da grüßte die Stimme: ›Er sei willkommen! Allah segne seinen Eingang!‹ Der Engel öffnete die Tür, und als ich eintrat, war da Adam. Gabriel sagte zu mir: ›Das ist dein Vater Adam, grüße ihn!‹ Da grüßte ich ihn, und er erwiderte den Gruß und sprach: ›Willkommen sei der rechtschaffene Sohn und der rechtschaffene Prophet!‹«
Darauf stieg Gabriel mit Muhammed weiter auf bis zum zweiten Himmel. Dort wiederholten sich Fragen und Gegenreden wie am Eingang zum untersten Himmel und wie späterhin an den Pforten zu den fünf Himmeln, die noch durchstiegen werden mußten. »Im zweiten Himmel begrüßten uns Johannes und Jesus, die beiden Vettern, und der Erzengel Gabriel sagte: ›Das sind Johannes und Jesus, grüße sie!‹ Da grüßte ich sie, und sie erwiderten den Gruß und sagten: ›Willkommen sei der rechtschaffene Bruder und der rechtschaffene Prophet!‹ Im dritten Himmel aber trafen wir Joseph und im vierten Idris, den die Israeliten als den siebenten vorsintflutlichen Patriarchen Henoch verehren. Im fünften Himmel aber begrüßte uns Aaron und im sechsten Mose. Als ich an ihm vorbeiging, weinte er. Da fragte ihn einer, warum er denn weine. Mose aber antwortete: ›Ich weine, weil von der Gemeinde eines Jünglings, der nach mir auf die Erde gesandt worden ist, mehr in das Paradies eingehen

werden als von meiner Gemeinde.‹ Darauf stieg Gabriel mit mir bis zum siebenten Himmel. Dort begrüßte uns Abraham, und Gabriel sagte zu mir: ›Das ist dein Vater, grüße ihn!‹ Da grüßte ich ihn, und er erwiderte den Gruß und sagte: ›Willkommen sei der rechtschaffene Sohn und rechtschaffene Prophet!‹ Darauf wurde ich zum Sidrabaum erhoben, der zur Rechten des Thrones steht und über den kein Weg mehr führt, denn er steht am Ende. Er trug Früchte, die waren so groß wie die Wasserkrüge von Hagar in Arabien, und seine Blätter waren wie Elefantenohren. Gabriel aber sagte zu mir: ›Das ist der Sidrabaum am Ende.‹

Da waren aber noch vier Ströme, zwei verborgene und zwei sichtbare, und ich fragte den Erzengel: ›Was sind das für Ströme, o Gabriel?‹ Und er antwortete: ›Die beiden verborgenen, das sind die zwei Ströme des Paradieses, die sichtbaren aber sind der Nil und der Euphrat.‹ Darauf wurde mir das wohlgebaute Haus gezeigt, in das täglich siebzigtausend Engel eingehen. Schließlich brachte man mir ein Gefäß mit Wein, ein Gefäß mit Milch und ein Gefäß mit Honig. Ich nahm die Milch, und Gabriel sagte zu mir: ›Du hast recht gewählt, für dich und deine Gemeinde.‹ Dann empfing ich die Weisungen für die Gebetsübungen, die Salats, die der Gemeinde zur Pflicht gemacht wurden, täglich fünfzig Salats. Auf dem Rückweg kam ich an Mose vorbei. Er fragte mich: ›Was ist dir aufgetragen worden?‹ Als ich ihm antwortete: ›Mir sind fünfzig Salats aufgetragen worden‹, da sagte er: ›Deine Gemeinde ist zu fünfzig Salats täglich nicht imstande. Bei Allah, ich habe die Menschen vor dir kennengelernt und mich sehr mit den Israeliten abgegeben. Kehr um, geh zu deinem Herrn und bitte ihn um eine Erleichterung für deine Gemeinde!‹ Da kehrte ich um, und mir wurden zehn Salats erlassen. Als ich dann wieder an Mose vorbeikam, wiederholte er seine Frage und seine Einwendungen. Ich kehrte also nochmals um, und mir wurden nochmals zehn Salats erlassen. So zog ich her und hin und bat um Erleichterungen für meine Gemeinde bis mir schließlich nur noch fünf Salats täglich aufgetragen waren. Mose wandte immer noch ein, daß meine Gemeinde nicht imstande sei, diese Weisungen durchzuführen.

Ich erwiderte ihm aber: ›Ich habe meinen Herrn gebeten, bis ich mich schämte; nun bin ich aber zufrieden und nehme seinen Auftrag an.‹ Und als ich durch die sieben Himmel zurückwanderte, hörte ich jemand rufen: ›Ich (Allah) habe mein Gebot durchgeführt und es meinen Dienern doch leicht gemacht.‹«

Diese Geschichten aber, die weisen Lehren enthaltenden – verständigen Rat entfaltenden – sind Gaben – daran strebsame Geister sich mögen erlaben; – da ist keine – noch so kleine – die nicht gewaltigen Nutzen beut; – gleich kostbaren Perlen sind sie aufgereiht – auf den Faden, den die Erzählung leiht.

Der Herr schafft den Adam und verdammt den Iblis

DER HERR sprach zu den Engeln: »Ich will auf der Erde einen einsetzen an meiner Statt.« Da fragten ihn die Engel: »Willst Du auf der Erde einen einsetzen, der Verderben anstiftet und Blut vergießt? Und wir verkünden Dein Lob und heiligen Dich?« Da sprach der Herr: »Siehe, ich weiß, was ihr nicht wisset« (Koran 2,28). Gott befahl also dem Engel Gabriel, auf die Erde niederzusteigen, eine Handvoll Erde zu nehmen und daraus den Menschen zu machen. Gabriel flog an die Stelle, wo heute das heilige Haus Allahs, die Kaaba, steht. »Was willst du hier?« fragte ihn die Erde. »Nur eine Handvoll von dir, woraus der Herr seinen Stellvertreter schaffen will, der dich beherrschen soll.« – »O Gabriel«, antwortete die Erde, »ich beschwöre dich bei Gott, dem Schöpfer aller Dinge, ich beschwöre dich, verschone mich! Dieser Stellvertreter Gottes wird mich mit Sünden und Blut beflecken, er wird sich gegen den Herrn empören, er wird mich zum Mitschuldigen seiner Verbrechen machen!«

Gabriel kehrte unverrichteter Dinge zum Herrn zurück und trug ihm die flehentliche Bitte der Erde vor. Gott erteilte darauf dem Engel Michael den Auftrag. Aber auch Michael kam mit leeren Händen zurück. Da schickte der Herr den Engel Israfil, der die Tafel des Schicksals bewahrt und dereinst das letzte Gericht verkünden wird. Aber auch ihn bewegten die Bitten der Erde so sehr, daß er seinen Auftrag nicht durchführen konnte. Da gab der Herr den Befehl an Asrael, den Todesengel, der einmal jedem Leben Einhalt gebietet und den Körper von der Seele trennt. Asrael war unerbittlich; ihn bewegten die Tränen nicht; er nahm eine Handvoll Erde, und das sind vierzig Joch; denn so viel faßt die Hand des Todesengels.

Aus diesem mannigfaltigen Gemisch schuf Gott den Körper des ersten Menschen. Die Engel mußten das noch unförmige Gebilde auf die Erde tragen. Dort lag es an die vierzig Jahre unter den belebenden Strahlen der Sonne, deren Kraft erst die schöne menschliche Gestalt vollendete. Die Engel kamen in Haufen, um diesen seltsamen unbeseelten Körper zu bestaunen, und keinen bewegte die Frage nach dem Wesen dieses neuen Geschöpfes mehr als Iblis, den stolzen Hüter der Erde. Als der Mund und die Nasenhöhlen geformt waren, kroch er hinein; er schlüpfte durch alle Adern und Höhlungen, aber sie waren hohl und leer, ohne Leben und Geist, und er sagte zu den Engeln, die seine Gehilfen waren: »Das ist nichts! Was soll schon kommen aus diesem leeren Gefäß? Sollte das der Stellvertreter des Herrn auf Erden werden, dann verjage ich ihn, wie ich das Geschlecht der Dschinnen verjagt habe! Was meint ihr dazu?« Die Engel aber antworteten: »Der Herr hat uns als Gehilfen zu dir geschickt, um mit dir die Dschinnen zu vertreiben. Wir gehorchen den Befehlen des Herrn. Er ist dein und unser Herr.« Iblis sah ein, daß die Engel sich nicht gegen die Befehle des Herrn auflehnen konnten, und antwortete: »Es ist gut. Was ihr meint, ist auch meine Meinung.«

Um den Körper zu beleben, befahl der Herr dem Geist, einzuziehen. Als der Geist aber sah, wie eng und finster, wie unwohnlich diese neue für ihn bestimmte Stätte war, weigerte er sich. Da wurde der Herr zornig und befahl ihm: »So zieh denn mit Widerwillen ein, o Geist, und zur Strafe zieh aus mit Widerwillen!« Der Geist mußte gehorchen. Er ging ein durch den Mund, in die Brust, in das Herz. Die Lungen hoben sich, das Blut strömte durch das Herz. Von da stieg er auf in den Kopf, und als er im Gehirn angekommen war, nieste Adam und öffnete die Augen. Gabriel aber, der ihm zu Häupten stand, sagte ihm ins Ohr: »Sage: Lob sei Gott!« Und Adam sprach: »Lob sei Gott!« Und seine Enkel, die Moslem, wiederholen dieses Wort seither, sooft sie niesen.

Sobald er Augen und Mund geöffnet hatte, war des ersten Menschen erste Begier Hunger, er verlangte nach Speise; denn der Geist rumorte schon in seinem Magen. Er konnte aber noch nicht aufstehen, um sich seinen Wunsch selbst zu erfüllen; denn der Geist war noch nicht bis in die Lenden und bis in die Füße vorgedrungen. Erst als der Geist den ganzen Körper beseelt hatte, stand Adam auf, und die Engel sahen zum ersten Mal das Meisterstück der Schöpfung vor sich, jene hohe gegen den Himmel aufgerichtete Gestalt. Und sie priesen den Herrn und riefen: »Lob sei Dir! Wir wissen nur, was Du uns lehrtest; denn Du bist der Wissende, der Weise.« Der Herr aber antwortete: »Ich kenne die Geheimnisse der Himmel und der Erde; ich weiß, was ihr offen kundtut und was ihr verborgen haltet.«

Und er lehrte Adam die Namen aller Dinge, der Tiere und Pflanzen und Steine und der Sterne am Firmament. Mit der Herrschaft über alle Tiere und alle anderen Geschöpfe der Erde schenkte er Adam den Reichtum der Sprache. Er befahl den Engeln, dem Vater der Menschen zu huldigen, und rief ihnen zu: »Werfet euch nieder vor Adam!« Und alle Engel warfen sich nieder bis auf Iblis, der sich in seiner Hoffahrt und in seinem Stolz weigerte, den neuen Herrn der Erde anzuerkennen.

Der Herr fragte: »Was hindert dich, dem Menschen zu huldi-
n?« Iblis aber erwiderte: »Wie könnte ich einem sterblichen
höpf huldigen, das Du aus Erde geschaffen hast?« Da
der Herr in seinem Zorn: »So verlasse die Erde, Ver-
nd sei verflucht bis zum Tag des letzten Gerichts!«
erlor die himmlische Gestalt. Er war von nun an ein
Engel, der Teufel, der Satan. Er verließ die Erde
n Thron über den unermeßlichen Wassern des
ben von den Ungeheuern der grundlosen
der Menschen aber trugen die Engel ins Para-

Trägt Vater Adam wirklich die Schuld?

TAG FÜR TAG ging ein Holzhauer in den Busch, schlug eine Last Reisig und schleppte sie nach Hause. Zehn oder zwölf Jahre lang tat er diese Arbeit, ohne zu murren. Dann war er ihrer überdrüssig und müde. Er wollte nicht mehr arbeiten. Er beschloß, einen riesigen Haufen Reisig aufzuschichten, die Gebeine unseres Vaters Adam zu suchen und sie zu verbrennen; denn Adam hatte all diese Mühsal über die Erde gebracht.

Der Holzfäller hatte schon einen mächtigen Scheiterhaufen aufgebaut, da stand plötzlich ein Mann vor ihm und fragte: »Mensch, was machst du da?«

»Ich haue Reisig ab, ich schichte einen mächtigen Scheiterhaufen auf; denn ich will hier die Gebeine unseres Vaters Adam verbrennen.«

»Was hat dir unser Vater Adam getan? Hast du dich über ihn zu beklagen?« – »Der Vater Adam trägt die Schuld an unserer großen Not. Wer hat denn die ganze Mühsal in die Welt gebracht? Der Vater Adam. Darum will ich seine Gebeine suchen und sie verbrennen.«

»Gut, du hast recht. Aber was würdest du sagen, wenn dich jemand von dieser Last befreite?«

»Ich würde ihm von ganzem Herzen Dank sagen.«

Da sagte der Mann, der ein Engel des Herrn war: »Ich werde dich jetzt in einen paradiesischen Garten bringen. Du darfst dort von allen Früchten essen, die du findest. Aber du mußt schweigen. Was du auch immer siehst, rede nicht! Schweige!« – »Ich danke dir, ich danke dir sehr!«

Da klatschte der Engel in die Hände, und plötzlich stand der mürrische Holzhauer in einem prächtigen Fruchtgarten. Hier fand er Ruhe und Frieden, die er suchte. Als er am dritten oder vierten Tag durch den Garten ging, sah er einen Mann, der alle grünen Zweige von den Bäumen schlug und die trockenen stehen ließ. Das wunderte ihn. Dann ärgerte er sich, und er dachte: »Soll ich nun reden oder soll ich nicht reden? Dieser Mann, dessen Eltern verflucht seien, regt mich auf! Er richtet ja die ganzen Bäume zugrunde! Bei Gott, ich muß mit ihm reden!« Und

… Der Mann aber antwortete: »Was willst du?« – …achst, das ist falsch!« rief der Holzhauer, »du rich… ganzen Bäume zugrunde! Man haut die trockenen …d läßt die grünen stehen!« Der Fremde fragte nur: …hon lange hier?« Im selben Augenblick fand sich der … in seinem heimischen Dickicht wieder und machte …den Scheiterhaufen Adams.

…felt schlug er sich an die Brust und rief: »Was hab' ich …« Da stand der Engel des Herrn wieder vor ihm und …e: »Was fehlt dir denn? Habe ich dir nicht gesagt: Rede …ng, schweige!« Der Holzhauer antwortete: »Herr, ich sehe meine Schuld ein. Ich bereue. Aber bringt mich wieder an meinen Platz zurück!« Da klatschte der Engel in die Hände, und der Holzhauer kam zum zweiten Male in den schönen Garten. Drei Tage ging alles gut. Am vierten Tag sah er eine Gazelle, die mit großen weiten Sprüngen von einem Ende des Gartens zum anderen sprang. Hinter ihr keuchte ein neunzigjähriger Greis, der nur langsam Schritt vor Schritt setzen konnte. Diese hoffnungslose Jagd des Alten erregte ihn, und er hatte Mitleid mit dem Greis. Lange kämpfte er mit sich, bis er ihn schließlich doch anrief und sagte: »O du guter alter Mann! Die Gazelle flieht vor dir her wie der Blitz. Siehst du denn nicht, daß du sie nie fangen wirst? Du bist ja ganz außer Atem! Wie lange willst du dich noch hinter ihr herschleppen?« Der Greis aber fragte nur dagegen: »Bist du schon lange hier?« Und damit saß der Holzhauer wieder in seinem Busch.

Verzweifelt schlug er an seine Brust und klagte noch lauter als das erste Mal. Wieder kam der Engel und fragte: »Was fehlt dir? Was kann ich jetzt noch für dich tun?« Da sprach der Holzhauer: »Ich begebe mich in deine Güte und in deinen Schutz. Verflucht will ich sein, wenn ich wieder rede! Bitte bringe mich an den alten Platz zurück!« Der Engel klatschte zum dritten Mal in die Hände, und der Holzhauer wurde noch einmal ins Paradies versetzt. Zuerst ging wieder alles gut. Am vierten Tag aber sah er vier Männer, die eine Ölmühle an einer Seite so hochhoben, daß sie auf die andere Seite fiel. Er hielt sich lange zurück. Dann konnte er es aber nicht lassen, sich einzumischen. Er rief den Männern zu: »Ihr müßt an allen Seiten zugleich anpacken!« Aber die Leute fragten nur dagegen: »Bist du schon lange hier?« Und da saß er wieder in seinem Busch. Er raufte sich den Bart, er schlug sich an die Brust, er stöhnte laut. Der Engel kam, stellte sich vor ihn und fragte: »Was fehlt dir jetzt?« Der Holzhauer erwiderte: »Ich begebe mich in deine Güte.« Der Engel rief: »Nun ist es genug! Dir ist nicht zu helfen! Dein Vater Adam, dessen Knochen du verbrennen willst, hat einmal gesündigt. Du aber hast dreifache Schuld auf dich geladen! Bleib hier im Busch, bis du stirbst!«

Abraham erkennt Gott den Herrn

TAUSEND JAHRE sollte der gewaltige König Nimrod von Babylon die Welt beherrschen. Aber er diente den Götzen und war ein Despot. Gott sandte dem Tyrannen nach dreihundert Jahren eine Mücke, die sein Gehirn zernagte. Vierhundert Jahre lang mußte er unbeschreibliche Qualen erdulden, dreihundert Jahre lebte er wie ein unvernünftiges Tier. So wurden die ihm prophezeiten Lebensjahre voll; so strafte der Herr den Gotteslästerer durch das kleinste Tier aus seiner Hand.

Abraham kam in den ersten dreihundert Jahren der Herrschaft dieses Tyrannen zur Welt. Die Seher und Priester von Babylon hatten dem König verkündet, daß in diesem Jahr ein Kind geboren werde, das eines Tages die Altäre der Götzen und den Thron umstoßen werde. Da befahl der König, alle Neugeborenen zu erwürgen. Die unschuldigen Kinder wurden ermordet, und nur ein Wunder konnte Abraham vor dem Tode retten.

Seine Mutter, die vom Engel Gabriel empfangen hatte, war schlank geblieben, solange sie das Kind trug, und niemand ahnte etwas von ihrer Schwangerschaft. Als ihre Stunde kam, floh sie in eine Höhle vor der Stadt und brachte mit Gabriels Hilfe heimlich das Kind zur Welt. Dort war der Säugling der Wut der Mörder entzogen. Sie selbst aber mußte zurück nach Babylon. Als sie am nächsten Tag die Stadt verlassen und in die Höhle eilen wollte, um das Kind zu stillen, lauerten ihr die Häscher auf, und sie konnte nicht gehen. Sie war der Verzweiflung nahe; denn nun hatte sie das Kind zwar vor dem Schwert gerettet, es aber zugleich dem Hungertod ausgeliefert. Als der Weg am vierten Tag endlich frei war, lief sie in großen Ängsten in die Höhle. Und siehe, sie fand den Säugling frisch und blühend. Gott ließ aus einem der Finger des Kindes Wasser fließen, aus einem anderen Milch, aus dem dritten Honig, aus dem vierten Dattelsaft und aus dem fünften Butter. Das Kind sog seine Nahrung aus den Fingern. Darum sagt man noch heute, wenn einer auf unerklärliche Weise zu Nahrung oder zu Kenntnissen kommt: »Er saugt es sich aus den Fingern (wie Abraham)«.

Die Grotte lag tief im Innern des Berges. Die Mutter wälzte vor den äußeren Zugang einen großen Stein und schloß damit die Menschen und den Tag aus. Fünfzehn Jahre lang blieb Abraham eingeschlossen. Nur die Mutter besuchte ihn regelmäßig. Erst in seinem sechzehnten Jahr wagte sie es, ihn aus den Eingeweiden der Erde an ihre Oberfläche zu führen. Abraham trat aus der Höhle.

Es war eine wilde, stürmische Nacht. Der Engel der Winde rauschte mächtigen Fluges einher, ein einziger Stern blinkte durch die zerrissenen Wolken. Abraham sah um sich nichts als Finsternis, er hörte nur die Winde toben. Da meinte er, das reine Licht, das mitten im Kampf der Naturkräfte ruhig und klar auf ihn herabblickte, der Stern sei die höchste Kraft, die allein Einheit und Ordnung unter die übrigen Elemente bringen könne. Er warf sich zu Boden und rief: »Das ist mein Gott, der mich in der Höhle gespeist und getränkt hat!« Als aber der Stern unter den Horizont verschwunden war, erkannte Abraham seinen Irrtum und rief: »Ich bete nicht an, was untergeht!« Nun erhob sich der Mond in Glanz und Klarheit. Abraham rief: »Dies aber ist mein Herr!« Und er warf sich vor dem Mond nieder, um ihn anzubeten. Aber auch der Mond ging unter, und Abraham sprang auf und schrie in großer Erregung: »O Herr, er ist es nicht! Ich bete nicht an, was untergeht!« Da stieg endlich die Sonne auf in all ihrer Pracht und Herrlichkeit.

In ihrem Licht und in ihrer Wärme entfalteten sich vor Abrahams Augen zum ersten Mal die Wunderwerke der Schöpfung. Entzückt, in der höchsten Wonne, rief er zum Himmel: »O, er ist größer, mein Herr und Gott! Er ist's!« Aber die Sonne vollbrachte ihren alltäglichen Lauf und sank im Westen unter. Fast verzweifelt schrie Abraham wieder: »Er ist es nicht, mein Gott und Herr! Ich bete nicht an, was untergeht!« Dann aber besann er sich, kniete nieder und betete in aller Stille: »Ich habe nichts zu tun mit dem, was die Diener der Götzen anbeten. Sonne, Mond und Sterne sind keine Götter. Ich wende mein Angesicht dem zu, der das kleine und das große und das größte Licht erschaffen hat, er ist der Herr des Himmels und der Erde, er ist mein Herr und Gott!«

Mose und der Habicht

EINES TAGES kam eine Taube hastigen Fluges zu Mose, dem großen Propheten, und flehte ihn an: »Gnade, o Prophet Gottes! Mich verfolgt ein Wüterich! Rette mich vor ihm!« – Mose nahm das verängstigte Tier in seine Obhut und versteckte es in seinem faltenreichen Gewand. Da kam der Habicht hinterdrein geflogen. Er sprach zu dem Propheten: »O Mose, mich quält des Hungers Wut – nach Nahrung verlang ich samt meiner Brut – da du mir meinen Fraß geraubt, begehst du gegen mich großes Unrecht.« Darauf antwortete Mose :»O Habicht, verlangst du von mir diese Taube oder willst du von mir nur Nahrung haben? Für den ersten Fall muß ich dir sagen, daß dieses unschuldige Tier sich in meinen Schutz begeben hat und daß ich niemals seinen Tod billigen kann. Im anderen Fall aber will ich mich bemühen, dich nicht ohne Atzung heimkehren zu lassen.«

Als der Habicht antwortete, daß ihn nur nach Nahrung verlange, schnitt Mose von seinen heiligen Gliedern so viel Fleisch ab, wie eine Taube wiegt. Er wollte die seltsame Atzung gerade dem Habicht überreichen, da sagte dieser: » Prophet Gottes, ich bin der Erzengel Michael, und die Taube ist Gabriel. Wir sind nur deshalb in dieser verwandelten Gestalt zu dir gekommen, um deine Großmut und deinen Edelsinn zu prüfen.« Nach diesen Worten verschwanden die beiden Engel.

Der Tod des Mose

ALS MOSE zum Sterben kam, sandte ihm Gott zwei Engel. Sie ließen sich auf die Erde nieder und hoben ein Grab aus. Da ging Mose auf sie zu und rief: »Gesundheit, ihr Gesellen!« Und sie antworteten ihm: »Gesundheit! Aber wer bist du denn, mein Freund?« Da sprach der Alte: »Ich bin Mose, mit dem der Herr – sein Name sei gepriesen! – geredet hat.« Da sprachen die beiden Engel: »Friede über dich, Mose! Uns hat der Herr, der Erhabene und Gepriesene, hierher geschickt mit dem Befehl, eines Menschenkindes Grab auszuheben. Wir aber wissen nicht die rechten Maße und haben Sorge, das Grab könnte zu kurz oder zu eng werden.« Da lächelte Mose und sprach: »Ich bin ein Menschenkind. Hebt das Grab aus nach meiner Länge und Breite!« Da antworteten die Engel: »Wir haben dieses hier ausgegraben; lege dich zur Probe hinein und sieh zu, ob es die rechte Länge und die rechte Breite hat oder nicht!«
Und Mose stieg mühsam hinab und streckte sich lang aus in dem von den Engeln ausgehobenen Grab. Als er wieder heraus wollte, reichte ihm einer der Engel eine Rose und sprach: »Rieche doch einmal an dieser Rose!« Und Mose fand Wohlgefallen an dem herrlichen Duft der Rose und sank still zurück und regte weder die Hand noch den Fuß und verharrte in einem tiefen Schlaf. Da griffen die Engel zu ihren Schaufeln und beerdigten ihn vollends und schickten ihm Gottes Segen im Weihrauch und stiegen wieder auf in den Himmel. Und niemand weiß heute, wo das Grab des Mose ist. Nur Muhammed, der Gesandte des Herrn – Gott segne ihn und gebe ihm Heil! –, erzählte einmal, daß es auf einer Höhe bei Jericho liege.

Salomo und der Igel

IN GLAUBWÜRDIGEN Schriften steht aufgezeichnet, daß jeder große Prophet – Heil und Segen über sie! – einmal auf dieser Erdenwelt zur Wahl zwischen Leben und Tod berufen worden ist. Ein heiliges Wort des Muhammed sagt ja auch: »Es gibt keinen Propheten, der nicht einmal zur Wahl berufen worden wäre.« Alle hatten den Wunsch, endlich in der Gnade des Allbarmherzigen aufzugehen; so zogen sie alle den Tod dem Leben vor.

Während Salomo die Welt beherrschte, brachte ihm eines Tages der Erzengel Gabriel, der Getreue des Herrn, einen Becher mit Lebenswasser und sagte: »O Salomo, der allmächtige, gnädige Herr grüßt dich und sendet dir, um dich zu ehren und dir seine Gunst zu beweisen, dieses Lebenswasser. Du hast die Wahl: Willst du, dann trinke, und du bist des ewigen Lebens teilhaftig; willst du aber nicht, dann enthalte dich des Trunkes, und du wirst, wenn die Zeit erfüllt ist, zur Gnade des Allmächtigen eingehen.«

Salomo wollte seine Entscheidung nicht überstürzen. Des Spruches eingedenk »Sicher geht – wer sich berät«, versammelte er alle seine Weisen um sich und hielt mit ihnen Rat. Alle aber, die an dieser Versammlung teilnahmen, wollten ihn überreden, das Wasser zu trinken; alle erfüllte der Wunsch nach ewigem Leben. Salomo beriet sich dann auch mit den Tieren und mit dem ganzen Geschlecht der Vögel. Aber auch unter ihnen war keiner, der nicht zum Trinken ermutigt hätte. Nur der Charpuscht machte eine Ausnahme, das Tier, das man hierzulande Igel nennt. Er trat vor, legte seine Stirn auf den Boden und sagte, nachdem er durch Lob- und Segenssprüche den Pflichten der Etikette genügt hatte: »O Salomo, freilich sagt man, daß der Widerspruch gegen alle aus der Macht des Irrtums stammt; indessen ist mir in aller Demut in betreff der vorliegenden Frage ein Gedanke gekommen, den ich, wenn du gnädig erlaubst, dir vortragen möchte.« Ihm antwortete Salomo: »O Charpuscht, dies hier ist eine Ratsversammlung, vornehm und gemein – groß und klein – arm und reich – ist hier alles gleich!

– Vom Widerspruch ist aber nicht die Rede, denn alles, was man über diese Sache sagen kann, ist heilbringend und segensvoll. Drum laß hören!« – »Mein König«, sprach darauf der Igel, »ist das durch die Gnade des Allerbarmenden dir zuteil gewordene Lebenswasser außer für dich auch für deine Kinder, deine Verwandten und deine weisen Genossen bestimmt? Oder darfst du, großer Prophet, dich allein seiner bedienen? Wenn das Wasser dir in Gemeinschaft mit deiner Familie und deinem heiligen Gefolge verliehen ist, so daß alle mit dir leben bleiben, so lange Gott will, dann ist es etwas Vortreffliches, dann trinke und gewinne die Seligkeit des ewigen Lebens. Ist es dagegen nur für dich bestimmt, dann halte ich's nicht für klug, davon zu trinken. Denn ich zweifle nicht, wenn du sähest, wie von deinem Hause und deiner Verwandtschaft – deiner Sippschaft und Bekanntschaft – und von deinen Genossen – den edlen, großen – bei diesem Festmahl heute dieser und morgen jener Lebensbecher vollgegossen – so daß sie, einer nach dem andern – in das Reich des Jenseits würden wandern – da würde dir jede neue Trennung eine herbe Pein – ein Anlaß zu tiefer Betrübnis sein! – Dieser Brand – würde durch langen Lebens Lust nicht abgewandt – und wäre einmal verflogen – dieses Weines Rausch, und verzogen – da würde durch des Genusses Süßigkeit – die leere Nüchternheit – nicht aufgewogen.«
Also beschloß der Igel seine Rede. Salomo aber antwortete ihm: »O Charpuscht, dieses Lebenswasser zu trinken, war nur mir verstattet, keinem anderen. Deine Rede ist wahr – alle deine Worte sind wohlratend, lauter und klar – deiner Einsicht und Klugheit sei Heil! – der Vorzug der Weisheit war hier dir zuteil! – Wie du geraten, so werde ich tun.« – Also sprach Salomo und trank das Lebenswasser nicht.

Der entfesselte Iblis

SULEIMAN, DEN wir Salomo nennen, war Prophet und König zugleich wie sein Vater David. Er war der größte Weltbeherrscher, den die Geschichte kennt. Ihm waren nicht nur die Menschen und die Tiere untertan, sondern auch die aus Feuer geschaffenen Dschinnen und die zarten und lieblichen Peris.

Er war der Herr und Meister
der Körper und der Geister.

Er hatte die Dschinnen durch einen feierlichen Vertrag gebunden, ihm Gehorsam und Gefolgschaft zu leisten. Mit ihnen zusammen führte er einen erbitterten Krieg gegen die Heere der Diwen und der anderen Verfluchten, die alle dem Iblis dienten, dem Anführer der gefallenen Engel. Salomo aber wollte auch Iblis in seine Gewalt bringen. Die Heere des Verfluchten hatte er geschlagen. Seine Hilfsvölker spürten jeden einzelnen Diw auf und kerkerten ihn ein. Die einen wurden in Weinschläuche, die anderen in Flaschen, die dritten in eherne Töpfe gesperrt. Salomo versiegelte sie mit eigener Hand; die besonders gefährlichen klemmte er in gespaltene Bäume, oder er ließ sie in hohle Steine nieten, die mit Blei ausgegossen wurden.
Assaf, der weise Wesir, nahm einen nach dem anderen ins Verhör. Er wollte zum Beispiel wissen, mit welchen Künsten und Listen sie einst die Söhne und Töchter Adams verführt hätten, eine Kenntnis, die für Wesire, wenn nicht gerade notwendig, so doch nützlich ist. Die Verruchtesten der Diwen versuchten bei dieser Gelegenheit ihre Kunst an Assaf selbst, sie wollten ihn überlisten und auf diese Weise ihre Freiheit wiedergewinnen. Aber sie bemühten sich vergebens. Assaf ließ sie in eisernen Töpfen auf den Grund des Meeres werfen, wo sie tatenlos und voll Ungeduld auf einen Zufall warten mußten, der ihnen die Freiheit zurückgab. Davon aber erzählen die Geschichten aus Tausendundeiner Nacht.
Iblis, der Verfluchte, sah sich von allen seinen Kampfgenossen verlassen. Die Ausgänge der Welt waren verschlossen. Überall hielten Engel und gehorsame Geister die Wege zu den letzten Fluchtmöglichkeiten besetzt und lauerten ihm auf. Da sann er auf eine List. Er nahm die Gestalt eines abgelebten Dschin an und stellte sich dem König Salomo als Reisender vor, der viele Länder und Zeiten gesehen und mit den Propheten auf vertrautem Fuß gestanden hatte. Im Laufe eines langen Gesprächs

fragte er Salomo, ob denn Iblis am Tag des letzten Gerichts auf Verzeihung hoffen könne. Salomo antwortete, daß der Herr dem Verfluchten am Tag des Gerichts Verzeihung anbieten werde unter der Bedingung, daß er sich der Herrschaft der Menschen unterwerfe. Iblis werde dieses Anerbieten aber wieder ablehnen, wie seinerzeit bei der Erschaffung Adams und er werde damit zum zweiten Mal das Paradies verlieren. Der Verfluchte wandte dagegen ein, das könne doch nicht sein; denn Abraham habe ihm das Gegenteil versichert. Dieser Widerspruchsgeist, der einem gläubigen und gehorsamen Geist nicht gemäß ist, weckte Verdacht bei Salomo. Er ließ seinen Astrologen, den weisen Lokman rufen, damit er mit Hilfe eines Horoskops feststelle, wo sich der Verfluchte zur Zeit aufhalte. Lokman stellte sehr schnell fest, daß der Iblis vor Salomo stand, und der König redete ihn nun mit seinem Namen an.

Iblis aber bestand darauf, daß er nicht der Verfluchte sei und rief die versammelten Dschinnen als Zeugen an. Diese aber weigerten sich, für ihn einzustehen. Der Pfau und die Schlange, die zusammen mit ihm das Paradies verloren hatten, bezeugten vielmehr, daß er der Verfluchte sei. Iblis erkannte die beiden nicht als Zeugen an, weil sie doch verworfene, aus dem Paradies ausgestoßene Geschöpfe seien. In diesem Augenblick tauchten zwei Dschinnen auf, die den Iblis besonders gut kannten und die der König auch deshalb ausgeschickt hatte, um ihn aufzuspüren. Sie entlarvten ihn.

Als Iblis sah, daß er sich nicht mehr verleugnen könne, versuchte er seinem Schicksal durch Zauberkünste und Verwandlungen zu entgehen. Er entschlüpfte den angreifenden Dschinnen immer wieder, bald als Feuer, bald als Wasser, bald als Wind und bald als Rauch. Da meldete sich der Pfau mit einer Beschwörungsformel, der Iblis nicht widerstehen könne. Salomo lernte sie auswendig und sprach dann die Formel über Iblis aus:

Gott, unser Herr! Der die Engel mit Licht geziert!
Kein Gott ist außer Dir!
Lob Dir, der Du ausgebreitet hast das Tal
und den Berg Kaf gesetzt hast als Pfahl,

der Du der Nacht das Sternenbild gegeben
und dem Tag den Unterhalt zum Leben,
der Du uns den Schlaf zur Rast
und jedem Geschöpf ein gleiches zum Paar gegeben hast;
Jehova!«

Dieser Beschwörung konnte der Satan nicht widerstehen. Er ergab sich auf Gnade und Ungnade. Salomo ließ ihn mit einem Haar aus seinem Gürtel fesseln, der aus den Locken Adams geflochten war. Iblis begehrte unbändig auf, sagte aber schließlich, Salomo möge tun, was er wolle, die Reihe zum Handeln werde schon wieder an ihn kommen.

Bald darauf ging an Salomos Hof eine merkwürdige Veränderung vor. Der ganze Hofstaat war geflüchtet, und Salomo hatte weder Diener noch Speise; und für all sein Gold konnte er nicht einmal ein Gerstenbrot kaufen. Diese Veränderung hatte die Gefangenschaft des Iblis bewirkt. Denn seitdem er nicht mehr freies Spiel hatte mit den Begierden und Leidenschaften der Menschen, hatten sich alle bekehrt. Keiner dachte mehr an Ehren und Erwerb, alle dachten nur an gute Werke und an das Gebet. Um den Marktplatz standen die Gewölbe leer. Umsonst ließ Salomo seine Reichtümer ausrufen. Keiner machte ein Gebot; denn die Kaufleute waren alle im Tempel. Der Hof war völlig vereinsamt. Die Vögel und die Dschinnen, die Könige und die Propheten erschienen nicht mehr. Der König war beim Aufstehen und beim Schlafengehen allein. Nur wenige Läufer waren ihm geblieben, die er zu den Dschinnen und den Vogelfürsten, zu den Königen und zu den Propheten schickte, um zu erfahren, warum sie ausblieben. Sie gaben ihm zur Antwort: sie wüßten ihre Zeit nun besser anzuwenden, sie würden jetzt Gott und nicht dem König den Hof machen. Salomo war erstaunt über diese neue Moral. Er war aber auch in größter Verlegenheit, weil er seine Waren nicht mehr absetzen und keine Lebensmittel mehr kaufen konnte. Er schickte seinen Hofmarschall, der zu den wenigen gehörte, die ihm treu geblieben waren, zum reichsten Juden von Malatia und bot ihm seine Waren für ein Spottgeld an. Der Marschall ging, kam aber unverrichteter Dinge zurück; auch der Jude hatte sich bekehrt und wollte nichts mehr von Handel und Wandel wissen. Er beantwortete die Angebote des Königs mit frommen Sprüchen. »Wenn es so ist«, sagte Salomo, »dann werde auch ich Einsiedler. Ich werde mein Leben in der Wüste beschließen.« Die Regierungsgeschäfte hatten ohnehin aufgehört; denn seit der Einkerkerung des Iblis lebte die ganze Welt in Eintracht und Frieden, es gab keine Händel mehr zu schlichten. Dem sonst mit tausend Pflichten und Vorhaben beschäftigten Salomo wurde die Zeit bald lang. Er ging durch Malatia spazieren. Aber er begegnete in der Stadt keiner Menschen-, keiner Hunde- und keiner Vogelseele. Die Gewölbe waren versperrt, die Fenster geschlossen. Alle verrichteten ihre Andacht. Salomo ging eine Zeitlang herum, wurde davon aber nicht satt. Er hatte nun schon elf Tage nichts gegessen.

Am zwölften Tag kamen die stillenden Mütter aus der Stadt zu ihm und baten um Hilfe; denn die Milch in ihren Brüsten war vertrocknet, und die Kinder konnten nicht mehr trinken. Um der Hungersnot wenigstens einigermaßen zu steuern, befahl Salomo dem Wind, alle Datteln der frei stehenden Palmbäume, die niemandes Eigentum waren, abzuschütteln und über die Stadt zu wehen. Der Wind gehorchte, und bald regnete es Datteln. Die Mütter bekamen wieder Milch und konnten ihre Kinder stillen, und Salomo mußte sich fürs erste nicht mehr um Nahrung für sein Volk kümmern. So ging es siebenmal sieben Tage. Am fünfzigsten Tag erschien der Prophet Cisr an den Stufen des Thrones. Er pries Salomos Sieg über Iblis, gab aber zu bedenken, daß seit der Einkerkerung des Verfluchten die ganze Welt in Untätigkeit versunken sei. Denn nur die Freiheit des Verfluchten unterhalte das Spiel der Leidenschaften und den der menschlichen Gesellschaft nun einmal unentbehrlichen Umtrieb. Der gläubige und fromme König aber konnte sich diese Überzeugung des Propheten nicht zu eigen machen. Er ließ den Erzengel Gabriel kommen. Der aber gab dem Propheten recht. Da entschied Salomo, daß Iblis durch Züchtigungen zur Erkenntnis seiner teuflischen Bosheit gebracht und dann freigelassen werden solle.

Aber alle Foltern und Qualen blieben bei Iblis wirkungslos. Schließlich bat Salomo den Herrn, den Verfluchten nachhaltiger zu züchtigen, als dies ein kleiner Prophet könne. Er bat ihn, dem Verfluchten zur Strafe für seine Empörung das rechte Auge auszuschlagen. Seitdem ist der Teufel einäugig. So wenigstens erzählen spätere Gelehrte die Geschichte. Der weise Lokman aber behauptet, Iblis habe das Auge schon beim Opfer Abrahams verloren. Damals habe Ismail ihn mit einem Stein getroffen. Salomo gab zuletzt den eindringlichen Vorstellungen des Erzengels Gabriel nach. Er ließ den Verfluchten unter der Bedingung frei, daß er sich jedes Jahr einen Monat lang als Gefangener des Königs in den Kerker begebe. Dieser Monat ist der Fastenmonat Ramadan. Weil Satan eingesperrt ist, stocken in diesem Monat alle Geschäfte, und die Gläubigen widmen sich allein dem Fasten und dem Gebet.

Salomo und der Eremit

NACH DER ÜBERLIEFERUNG stand die Lieblingsresidenz Salomos in Tadmor. Ehe er sich dort niederließ, besuchte er mit dem weisen Lokman die Paläste und die Tempel der Stadt. Vor dem Eingang zum Feuertempel lag eine Sphinx, die zur Verwunderung Salomos unauslöschliches Feuer spie. Lokman aber wußte, daß dies nur eine Gaukelei der Priester mit Naphta war, das sich mit Wasser nicht löschen läßt. Er löschte die Flammen mit Wein.

In der Nähe des Feuertempels wohnte ein frommer Eremit, der durch seine Heiligkeit berühmt war. Salomo wollte ihm mit seinem ganzen Hof einen Besuch abstatten; denn es ist von jeher Sitte gewesen, daß große Könige fromme Einsiedler besuchen. Sie kommen dadurch selbst in den Geruch der Heiligkeit, der ihren Staatsgeschäften noch immer nützlich war. Die Reittiere wurden vorgeführt. Salomo bestieg das Pferd Isaaks, die Heiligen und Propheten setzten sich auf weiße Maulesel, die Könige ritten arabische Hengste und die Dschinnen ihre Hippogryphen

mit Kamelfüßen, Rhinozerosnacken, Löwenbrust und Greifenflügeln.
Als sie angelangt waren, fragte Salomo den Einsiedler, warum er sich keine Zelle gebaut habe, sondern in einer Höhle wohne. Da antwortete der Eremit: »Als ich hierher kam, wollte ich mir ein Haus bauen. Ich fing also an, die Steine aufzulesen, die verstreut auf den Feldern lagen. Aber die Steine sprachen: ›Laß uns liegen; wir deckten einst als Grabsteine die Toten! Suche dir einen anderen Baustoff, der noch keinen Herrn hat.‹ Da wollte ich Bäume fällen, um mir wenigstens eine Hütte zu bauen. Aber die Bäume sprachen: ›Laß uns stehen! Der Saft, der durch unser Mark zieht, ist geläutertes Menschenblut und geläutertes Menschenmark, das wir aufgesogen haben. Auch wir gehören schon den vergangenen Geschlechtern an.‹ Da nahm ich meine Zuflucht zur Erde selbst. Ich wollte mit meinen Händen Lehm und Staub sammeln und mir daraus ein Haus bauen. Aber ich mochte die Erde berühren, wo ich wollte, immer sprach sie zu mir: ›Laß mich ruhen! Ich bin Staub aus Staub und gehöre den Toten.‹ Ich fand keinen Stein auf Erden, der nicht schon ein Grab gedeckt hätte, keine Pflanze, die nicht ihre Nahrung aus der verfallenen Kraft der Menschen gezogen hätte, kein Stäubchen, das nicht schon in einem beseelten Körper gelebt hätte. Die Erde ist nichts als die weite Werkstatt des Todes. Nichts gehört der Gegenwart, alles gehört der Vergangenheit. Deshalb baute ich nicht, sondern zog mich in diese Felsenhöhle zurück.« Der große König Salomo hörte sich die Worte des Eremiten still an. Er antwortete ihm nicht. Aber dann befahl er den Dschinnen, den Bau der Stadt Tadmor fortzuführen.

Tobias und Sarah

DER VATER des Tobias erzählt: Ich, Tobit, folgte den Wegen der Wahrheit und der Gerechtigkeit alle Tage meines Lebens, ich war barmherzig zu meinen Brüdern, die mit mir in Ninive gefangen waren, und ich hielt mich auch dort, unter den Heiden, an die Gesetze meines Gottes. Der Herr aber verlieh mir Anmut und schöne Gestalt, und König Enemessar machte mich zu seinem Einkäufer. Ich reiste für ihn nach Medien und hinterlegte zehn Talente Silber bei Gabael, dem Bruder des Gabrias. Als aber Enemessar starb, kam sein Sohn Sennachorin auf den Thron. Nun wurden die Wege unsicher; denn er führte viele Kriege, und ich kam nicht mehr nach Medien. Der junge König aber tötete viele der Unseren in seinem Zorn. Wenn sie gestorben waren, wurden sie hinter die Mauer von Ninive geworfen. Ich aber begrub sie heimlich, und wenn der König die Leichname suchen ließ, fand man sie nicht. Eines Tages zeigte einer der Niniviten an, daß ich es sei, der sie begrabe. Ich verbarg mich. Als ich aber hörte, daß man auch mich töten wolle, floh ich. Dabei verlor ich all meinen Besitz, mir blieben nur Anna, mein Weib, und Tobias, mein Sohn. Es vergingen aber keine fünfzig Tage, da wurde der König von seinen beiden Söhnen ermordet. Der neue König aber setzte den Sohn meines Bruders als Zweiten in seinem Reiche ein. Er bat für mich, und ich konnte nach Ninive zurückkehren.

Als ich wieder in meinem Haus war, richtete ich am Fest der Erstlinge ein schönes Mahl und setzte mich mit Anna und Tobias nieder, um zu essen. Beim Anblick der vielen Speisen dachte ich an die Notleidenden und schickte meinen Sohn auf die Straße, um einen Bedürftigen an unseren Tisch zu laden. Er kam ohne Gast zurück und sprach: »Vater, einer aus unserem Volk liegt erdrosselt auf dem Markt!« Da stand ich noch vor dem Mahl auf und verbarg den Leichnam in einem Gebäude, bis die Sonne untergegangen war. Als es Nacht war, grub ich ein Grab und bestattete ihn. In dieser Nacht schlief ich nicht im Haus, sondern neben der Hofmauer, mit unbedecktem Gesicht; denn ich war unrein. Ich wußte nicht, daß Sperlinge in der Mauer waren. Sie schmeißten heiß in meine offenen Augen, so daß weiße Flecken entstanden und ich nichts mehr sah. Kein Arzt konnte mir helfen. Mein Neffe sorgte für unseren Unterhalt, bis er von Ninive wegzog, und mein Weib Anna wob Wolle in ihren Frauengemächern und verkaufte sie gegen guten Lohn. Eines Tages bekam sie zu ihrem Lohn ein Böckchen geschenkt. Als sie es brachte, fragte ich sie: »Woher ist das Böckchen? Es ist doch nicht gestohlen? Es ist uns verboten, Gestohlenes zu essen!« Anna antwortete, daß es ihr geschenkt worden sei, ich glaubte ihr aber nicht. Ich wurde zornig und befahl, es den Herren zurückzugeben. Da sagte Anna: »Tobit, wo ist jetzt deine Barmherzigkeit? Ist denn deine ganze Frömmigkeit nur Schein gewesen?« Da war ich sehr betrübt und weinte und betete zum Herrn, er möge mich aus dieser Not lösen und zu sich nehmen. –

Am selben Tag schmähten in Ekbatana in Medien die Mägde Sarah, die Tochter Raguels. Asmodäus, der eifersüchtige böse Geist, tötete alle Männer, die ihr zugeführt wurden, noch ehe sie sich ehelich mit ihr verbinden konnten. Die Mägde schrien: »Was ist in dich gefahren, daß du deine Männer umbringst? Sieben hast du schon gehabt, und nach keinem von ihnen bist du genannt! Mit welchem Recht schlägst du uns? Wenn sie schon starben, dann geh du mit ihnen. Nie wollen wir ein Kind von dir sehen!« Sarah war so betrübt, daß sie sich erhängen wollte. Dann betete aber auch sie zu Gott und bat ihn, sie zu sich zu nehmen oder sich ihrer zu erbarmen, damit sie nie mehr diese Schmähungen hören müsse.

Und der Herr hörte die Gebete des Tobit und der Sarah und gab seinem Engel Raphael den Befehl, beiden zu helfen. Als Sarah in Ekbatana, in Medien, aus ihrem Obergemach herunterkam, betrat Tobit in Ninive gerade sein Haus.

Er wollte seine irdische Hinterlassenschaft regeln, weil er glaubte, von Gott erhört zu sein, rief Tobias zu sich und sprach: »Kind, wenn ich sterbe, dann bestatte mich. Ehre deine Mutter alle Tage deines Lebens und betrübe sie nicht! Bete alle Tage zu Gott, unserem Herrn und halte seine Gebote! Sei gerecht und barmherzig zu allen nach deinem Vermögen! Und nimm ein Weib aus dem Geschlecht deines Vaters! Nimm kein fremdes Weib, das nicht aus dem Stamm deines Vaters ist; denn wir sind Nachkommen der Propheten: Noah, Abraham, Isaak und Jakob.« Tobit gab seinem Sohn Tobias noch viele Ermahnungen und befahl ihm, nach Medien zu reisen, um die zehn Talente Silber abzuheben. Er übergab ihm seinen Schuldschein und empfahl ihm, sich einen Reiseführer zu suchen. Tobias ging hinaus und traf einen Jüngling, der zur Reise gerüstet war. Er wußte nicht, daß ein Engel Gottes vor ihm stand und fragte ihn, ob er mit ihm reisen wolle und ob er den Weg nach Medien kenne. Raphael antwortete: »Ich will mit dir reisen. Ich kenne den Weg gut, und bei unserem Bruder Gabael in Rayes habe ich schon übernachtet.« Als Tobias den Unbekannten seinem Vater vorstellte, fragte Tobit nach dem Stamm und nach der Familie des Mannes. Raphael aber antwortete: »Suchst du Stamm und Familie oder suchst du einen Lohndiener, der mit deinem Sohn reisen soll?« Doch nannte er eine alte, angesehene Familie. Nachdem sie sich auf eine Drachme Lohn je Tag und die Reisekosten geeinigt hatten, machten sich die beiden Jünglinge auf den Weg.

Sie zogen ruhig ihre Straße, kamen abends an den Tigris und schlugen dort ihr Nachtlager auf. Tobias wollte baden. Da fuhr ein großer Fisch aus dem Fluß und versuchte, ihn anzugreifen. Raphael aber sagte: »Pack diesen Fisch!« Tobias rang mit dem Fisch und zog ihn aufs Land. Auf Geheiß des Engels nahm er Herz, Leber und Galle heraus und bewahrte sie auf. Den Fisch brieten und aßen sie. Auf dem weiteren Weg fragte Tobias, was es denn mit Herz, Leber und Galle des Fisches für eine Bewandtnis habe. Da sagte der Engel: »Wenn einer, Mann oder Weib, vom bösen Geist geplagt wird, dann muß man mit Herz und Leber räuchern. Dann wird er nicht mehr geplagt; mit der Galle aber bestreicht man Menschenaugen, die weiße Flecken haben. Dann werden sie wieder geheilt.« Während dieses Gespräches gingen sie auf das Gebirge von Ekbatana zu, und Raphael sprach weiter: »Bruder, wir werden heute bei Raguel übernachten. Er ist ein Verwandter von dir und hat ein einziges Kind, seine Tochter Sarah. Ich werde mit ihm sprechen und ihn bitten, daß er sie dir zur Frau gibt. Das Mädchen ist schön und klug. Nach dem Gesetz des Mose kann Raguel sie keinem anderen Mann geben, ohne sich des Todes schuldig zu machen. Du allein bist aus ihrem Geschlecht, und dir kommt es vor allen anderen zu, ihr Erbe zu empfangen.« Tobias erschrak über diese Rede und antwortete: »Man hat mir erzählt, daß Sarah

Reisezeit überschritten war, machte er sich Gedanken, was geschehen sein könnte. Sein Weib aber weinte und jammerte sehr. Inzwischen hatte Tobias alle Mühe, sich von Raguel zu lösen, der ihn für immer bei sich behalten wollte. Schließlich aber entließ ihn der Schwiegervater mit seinem Weib Sarah und mit der Hälfte seiner Güter, mit Sklaven, Vieh und Geld. Viele Segenswünsche begleiteten die Karawane. Vor Ninive empfahl Raphael dem Tobias, vorauszueilen und die Eltern zu verständigen, auf daß das Haus für den Empfang bereitet sei. Sarah möge mit der Karawane nachkommen. Dann sagte er ihm, wie er dem Vater die Fischgalle in die Augen streichen solle.
Die beiden Männer eilten also voraus, nur der Hund des jungen Mannes lief mit ihnen. Anna hatte wie immer in der Tür Ausschau nach ihrem Sohn gehalten. Nun kam sie herbei, fiel ihm um den Hals und rief: »Ich habe dich jetzt wiedergesehen, Kind! Nun will ich sterben!« Tobit kam aus dem Haus und stieß sich an der Tür. Tobias aber lief ihm entgegen, nahm ihn in die Arme, strich ihm die Galle in die Augen und sagte nur: »Sei getrost, Vater!« Tobit aber rieb sich die Augen, weil ihn die Galle biß. Dabei lösten sich die weißen Häute, und er sah seinen Sohn und umarmte ihn. Sie priesen alle Gott und gingen mit doppelter Freude hinaus, die Schwiegertochter zu empfangen. Sie feierten noch einmal sieben Tage fröhliche Hochzeit.
Als Tobit und Tobias den hilfreichen Reisegefährten zum Lohn die Hälfte von allem übergeben wollten, was sie auf dieser Reise gewonnen hatten, nahm Raphael sie beiseite und gab sich als Engel und Bote Gottes zu erkennen. Da erschraken sie sehr, fielen auf ihr Angesicht und fürchteten sich. Raphael aber segnete sie, und als sie aufstanden, sahen sie ihn nicht mehr. Sie aber priesen Gott.

schon sieben Männern gegeben war, und daß sie alle im Brautgemach gestorben sind, weil ein Dämon sie liebt und alle tötet, die ihr zu nahe kommen. Ich bin der einzige Sohn meines Vaters und möchte nicht sterben wie die anderen. Meine Eltern haben keinen anderen Sohn, der sie bestatten könnte.« Der Engel aber erwiderte: »Denk an die Worte deines Vaters, mit denen er dir auftrug, ein Weib aus deinem Geschlecht zu nehmen! Fürchte dich nicht vor dem Dämon. Wenn du das Brautgemach betrittst, nimm Kohle vom Rauchwerk und lege darauf von dem Herz und von der Leber des Fisches und räuchere damit! Der Dämon wird fliehen und in Ewigkeit nicht wiederkommen. Wenn du aber zu ihr gehst, dann erhebe dich mit ihr und rufe mit ihr den barmherzigen Gott an. Er wird euch erlösen und sich eurer erbarmen. Fürchte dich nicht, sie ist von Anfang an dazu bestimmt, dein Weib zu werden, sie wird mit dir ziehen, und ihr werdet zusammen Kinder haben.« Als Tobias das hörte, liebte er das Mädchen, und seine Seele hing an ihr.

Als sie das Haus des Raguel betraten, kam Sarah ihnen entgegegen, begrüßte sie und führte sie hinein. Der Herr des Hauses aber sagte zu seinem Weibe Edna: »Wie sieht der Jüngling doch meinem Vetter Tobit ähnlich!« Dann fragte er die beiden: »Wo kommt ihr her, Brüder?« Sie erwiderten: »Wir sind Nachkommen Naphthalis, die verbannt in Ninive leben.« Raguel fragte weiter: »Kennt ihr unseren Bruder Tobit?« Als sie die Frage bejahten und er erfuhr, daß Tobias der Sohn des Tobit war, sprang Raguel auf und küßte ihn vor Freude. Er segnete seinen Neffen, und als sie hörten, daß Tobit das Augenlicht verloren habe, waren alle betrübt und weinten. Sie schlachteten zum Willkomm einen Bock und trugen viele Gerichte auf. Nach dem Essen bat Tobias den Engel, für ihn um Sarah anzuhalten. Raguel aber sagte zu dem Jüngling: »Iß und trink und laß dir's wohl sein! Ich habe nichts dagegen, daß du mein Kind nimmst. Ich muß dir aber die Wahrheit sagen: ich habe mein Kind sieben Männern gegeben, und jeder, der zu ihr einging, starb noch in derselben Nacht. Aber jetzt iß und trink!« Tobias erwiderte: »Ich nehme nichts zu mir, ehe ihr sie mir nicht feierlich zugeführt habt.« Darauf sagte Raguel: »So nimm sie von nun an hin nach dem Gesetz. Sie gehöre dir. Der barmherzige Gott segne euch.« Dann rief er seine Tochter Sarah, ergriff ihre Hand, gab sie Tobias zum Weibe und sprach: »Empfange sie hiermit nach dem Gesetz des Mose und bringe sie zu deinem Vater!« Und er segnete sie, schrieb einen Ehevertrag und siegelte ihn. Dann erst fingen sie an zu speisen. Nach Tisch gingen Mutter und Tochter in das Brautgemach. Sarah weinte. Edna aber fing die Tränen des Mädchens auf und sprach: »Sei mutig, Kind! Der Herr des Himmels und der Erde gebe dir Freude und nehme dir deine Trauer! Sei mutig, meine Tochter!«

Als Tobias eintrat, nahm er Kohle vom Räucherwerk, legte das Herz und die Leber des Fisches darauf und räucherte. Diesen Geruch ertrug der Dämon nicht. Er floh bis ins obere Ägypten, und der Engel band ihn dort fest. Sobald die Brautleute eingeschlossen und allein waren, erhob sich Tobias vom Lager und forderte Sarah auf, mit ihm zusammen um den Segen Gottes zu beten. Er schloß sein langes Gebet mit den Worten: »Befiehl, daß ich Gnade finden und alt werden möge mit ihr!« Und Sarah sprach mit ihm das »Amen«. Dann schliefen sie diese Nacht zusammen.

Raguel aber stand noch einmal auf, ging hinaus und grub ein Grab; denn er zweifelte nicht, daß auch dieser sterben werde. Als er am frühen Morgen in sein Haus zurückkam, schickten sie eine Magd, die nachsehen sollte, ob Tobias noch lebe. Als sie aber meldete, daß er lebe, pries Raguel Gott, den Herrn. Die Knechte schaufelten das Grab wieder zu, und der Hausvater richtete eine vierzehntägige Hochzeit aus. Er vermachte Tobias die Hälfte seiner Besitztümer und ließ ihn nicht fort, um den Auftrag seines Vaters zu erfüllen. Da bat Tobias seinen Reisegefährten, für ihn nach Rages zu reiten, um die Silbertalente zu holen. Er sollte auch Gabael zur Hochzeit mitbringen; denn: »Raguel hat mich beschworen, nicht fortzuziehen. Mein Vater aber zählt die Tage, und wenn ich mich lange versäume, wird er sich große Sorgen machen.« Und Raphael ritt mit einem Sklaven und zwei Kamelen, holte die Beutel mit ihren Siegeln und brachte Gabael mit auf die Hochzeit.

In Ninive aber zählte Tobit die Tage, und als die vorgesehene

Marienlegenden

Die Geburt Mariens

JOACHIM WAR ein reicher Mann. In den »Geschichten der zwölf Stämme Israels« wird berichtet, daß er an hohen Festtagen Sühneopfer in den Tempel brachte, deren Größe das übliche Maß weit überschritt. Er dachte bei sich: »Was zuviel ist, mag dem ganzen Volk zugute kommen.« Als aber die Kinder Israel am Großen Tag des Herrn wieder einmal ihre Gaben brachten, trat ein gewisser Rubim dem Joachim in den Weg und sagte: »Du hast kein Anrecht, dein Opfer als erster darzubringen; denn du hast in Israel keine Nachkommenschaft gezeugt.« Das betrübte Joachim sehr. Er forschte nach und stellte fest, daß alle anderen Gerechten in Israel Nachkommenschaft hatten. Da kam ihm der Erzvater Abraham in den Sinn, dem der Herr noch in letzter Stunde einen Sohn gegeben hatte. Er zog ohne Abschied von seinem Weib in die Wüste, schlug sein Zelt auf und fastete vierzig Tage und vierzig Nächte.

Sein Weib Anna aber klagte nun doppelt: sie beweinte ihre Kinderlosigkeit und den Verlust des Mannes. Eine der Mägde versuchte, die Trostlose aufzurichten. Schließlich legte sie ihre Trauerkleider ab, wusch sich, zog ihre Brautkleider an, ging in den Garten, setzte sich unter einen Lorbeerbaum, flehte den Herrn an und sprach: »Gott meiner Väter, erhöre mich! Segne mich, wie du den Leib Sarahs gesegnet hast, die Isaak gebar!« Als sie zum Himmel aufschaute, sah sie im Lorbeerbaum ein Sperlingsnest. Da stimmte sie wieder ihre Klageweise an. Und siehe, plötzlich stand ein Engel des Herrn vor ihr und sagte: »Anna! Der Herr hat deine Bitte erhört. Du wirst empfangen und gebären, und dein Same soll in aller Welt genannt werden!« Auch dem Joachim hatte ein Engel die gute Kunde gebracht. Da war er wieder ins Land hinabgezogen zu seinen Hirten. Er befahl ihnen: »Bringt mir zehn Lämmer, ohne Makel und Fehl! Sie sollen dem Herrn, meinem Gott, dargebracht werden. Und bringt mir zwölf zarte Kälber! Sie sind für die Priester und für die Ältesten bestimmt. Und hundert Ziegenböcke für das ganze Volk!« Und Joachim zog mit seinen Herden nach Hause. Anna wartete in der Tür des Hauses auf ihn, und als sie ihn kommen sah, lief sie ihm entgegen, fiel ihm um den Hals und sagte: »Gott, der Herr, hat mich reich gesegnet. Siehe, die Witwe ist keine Witwe mehr, und die Kinderlose soll ein Kind gebären.« Annas Monate gingen vorüber, und als sie geboren hatte, fragte sie die Hebamme: »Was habe ich geboren?« – »Ein Mädchen.« Da sagte Anna: »Erhoben ist meine Seele an diesem Tag.« Und als die Zeit erfüllt war, wusch sie sich, gab dem Kind die Brust und nannte es Maria. Als ein Jahr um war, veranstaltete Joachim ein festliches Mahl, zu dem er die Priester und die Schriftgelehrten lud, die Ältesten und das ganze Volk Israel. Und alle segneten das Kind und wünschten ihm Glück und sagten ihm große Dinge voraus. Die Mutter aber nahm es an sich in ihr Schlafgemach, gab ihm die Brust und sang: »Dem Herrn, meinem Gott, singe ich ein Lied. Denn er hat mich gnädig heimgesucht. Er hat von mir genommen den Schimpf meiner Feinde. Der Herr hat mir eine Frucht seiner Gerechtigkeit geschenkt, einzig in ihrer Art! Wer wird den Söhnen Rubims melden, daß Anna zu stillen hat?«

Als das Kind zwei Jahre alt war, sagte Joachim: »Wir wollen es hinaufbringen in den Tempel des Herrn; denn so haben wir es Gott versprochen.« Anna aber erwiderte: »Wir wollen noch das dritte Jahr abwarten, damit das Kind nicht zu früh von uns getrennt wird und Heimweh nach Vater und Mutter bekommt.« Da antwortete Joachim: »Dann wollen wir warten.« Als aber das dritte Jahr um war, riefen sie die Töchter der Hebräer, die unbefleckt waren, und jede nahm eine Fackel und zündete sie an, damit das Kind dem Tempel zugewandt blieb und sich nicht ablenken ließ. So brachten sie es in den Tempel und vor den Priester, der es küßte und segnete und sprach: »Der Herr hat deinen Namen groß gemacht unter allen Geschlechtern. Durch dich wird er den Kindern Israels am Ende der Tage die Erlösung offenbaren!« Und er ließ sie auf der dritten Stufe des Altars sitzen. Der Herr aber goß Anmut über sie aus, und

Legenden
aus dem
christlichen
Bereich

Haus und verbarg sich vor den Kindern Israels. Sie war sechzehn Jahre alt, als sich diese Geheimnisse mit ihr begaben.
Sie war im sechsten Monat, da kam Joseph von seinen Bauten zurück. Als er in sein Haus trat, mußte er feststellen, daß sie in anderen Umständen war. Unmutig und verzweifelt schlug er sich ins Gesicht, warf sich auf seine Schlafdecke am Boden, weinte bitterlich und rief: »Mit welchem Gesicht soll ich nun vor meinen Herrn und Gott treten? Was soll ich ihm in meinem Gebet von diesem Mädchen sagen? Als Jungfrau habe ich sie aus dem Tempel des Herrn empfangen und nicht genügend behütet. Wer hat mich hintergangen? Wer hat diese Schande in mein Haus gebracht und diese Jungfrau befleckt?« Und Joseph stand auf und rief Maria zu sich und sagte: »Ich habe dich für Gott in meine Obhut genommen. Warum hast du das getan? Hast du den Herrn, deinen Gott, ganz vergessen? Warum hast du deine Seele so erniedrigt? Bist du nicht im Allerheiligsten erzogen worden, hast du nicht deine Nahrung aus der Hand eines Engels empfangen?« Da weinte Maria bitterlich und antwortete: »So wahr der Herr, mein Gott, lebt, ich bin rein vor ihm und kenne keinen Mann.« Da fragte Joseph: »Woher ist dann das Kind in deinem Leibe?« Sie aber antwortete: »So wahr der Herr, mein Gott, lebt, ich weiß nicht, woher mir das gekommen ist.«
Da überfiel Joseph eine große Angst, und er ließ sie in Ruhe und überlegte, was er mit ihr tun solle. Er dachte: »Verberge ich ihre Sünde, dann stehe ich da wie einer, der wider die göttlichen Gesetze streitet; stelle ich sie aber vor den Kindern Israels bloß, und das, was in ihr ist, stammt von den Engeln des Herrn, dann stehe ich wie einer da, der unschuldiges Blut dem Tode ausliefert. Was soll ich nur mit ihr tun? Ich werde sie heimlich in aller Stille wegschicken.« Während er noch überlegte, kam die Nacht, und der Schlaf überwältigte ihn. Im Traum aber erschien ihm ein Engel des Herrn und sagte: »Fürchte nichts für dieses Mädchen! Was in ihr ist, das ist vom Heiligen Geist. Sie wird einen Sohn gebären; dem sollst du den Namen Jesus geben; denn Er wird Sein Volk retten von seinen Sünden.« Und Joseph stand vom Schlaf auf und pries den Gott Israels, der

ihm diese Gnade geschenkt hatte, und nahm Maria wieder in seine Hut.

An diesem Tag aber kam Hannas, der Schriftgelehrte, zu Joseph und fragte ihn: »Warum bist du nicht in unserer Versammlung erschienen?« Und Joseph antwortete ihm: »Weil ich noch von der Reise müde war und den ersten Tag ausruhen wollte.« Als Hannas sich umwandte, sah er aber, daß Maria schwanger war. Da lief er, so schnell er konnte, zum Priester und berichtete ihm: »Joseph, für den du Zeuge bist, hat schwer gefrevelt!« Da fragte der Priester erstaunt: »Wieso denn?« Und Hannas antwortete: »Er hat die Jungfrau, die ihm aus dem Tempel des Herrn zur Obhut übergeben worden ist, befleckt. Er hat sich das Beilager erschlichen und hat dies nicht vorher den Kindern Israels kundgetan.« Der Priester fragte zweifelnd zurück: »Das soll Joseph getan haben?« Hannas, der Schriftgelehrte, aber sprach: »Schicke Diener hin! Sie werden feststellen, daß Maria schwanger ist.« Daraufhin gingen die Diener in das Haus Josephs und fanden alles so, wie Hannas es gesagt hatte. Sie führten das Mädchen und Joseph vor Gericht. Da begann der Priester zu sprechen: »Maria, warum hast du das getan? Warum hast du deine Seele erniedrigt, warum hast du den Herrn, deinen Gott, ganz vergessen? Bist du nicht im Allerheiligsten erzogen worden? Hast du deine Nahrung nicht aus der Hand des Engels empfangen? Durftest du nicht die Lobgesänge im Tempel hören und vor deinem Gott tanzen? Warum hast du das getan?« Maria aber weinte bitterlich und sagte: »So wahr der Herr, mein Gott, lebt, ich bin rein vor ihm und weiß von keinem Mann.« Dann wandte sich der Priester zu Joseph und fragte ihn: »Warum hast du das getan?« Aber auch Joseph konnte nur antworten: »So wahr der Herr, mein Gott, lebt, ich bin frei von Schuld an ihr.« Der Priester aber ließ ihn nun hart an und sagte: »Lege kein falsches Zeugnis ab, sondern sprich die Wahrheit! Du hast das Beilager mit ihr erschlichen. Du hast dies den Kindern Israels nicht vorher offenbart. Du hast dein Haupt nicht unter die gewaltige Hand Gottes gebeugt, die deinen Samen gesegnet hätte.« Da schwieg Joseph.

Der Priester aber sprach weiter: »Gib die Jungfrau wieder zusie tanzte auf ihren Füßen einher, und das ganze Haus Israel gewann sie lieb. Die Eltern gingen staunend hinab in ihr Haus und lobten den Herrn; denn das Kind hatte sich ihnen nicht zugewandt. Maria aber blieb im Tempel des Herrn und nährte sich wie eine Taube; sie erhielt ihre Kost aus Engelshand.

Maria und Joseph

ALS MARIA zwölf Jahre alt war, berieten die Priester, was mit ihr geschehen solle. Sie sagten: »Maria ist nun zwölf Jahre alt geworden im Tempel des Herrn. Was sollen wir nun mit ihr tun, damit sie nicht das Heiligtum unseres Herrn befleckt?« Und sie sagten zum Hohenpriester: »Du hast deinen Platz unmittelbar am Altar des Herrn. Gehe du hinein in das Heiligtum und bete für sie! Was immer der Herr offenbaren wird, das werden wir tun.« Da nahm Zacharias, der Hohepriester, das Amulett mit den zwölf Glöckchen, ging in das Allerheiligste und betete für Maria. Und siehe, da trat ein Engel des Herrn zu ihm und sagte: »Zacharias, geh hinaus und rufe alle Witwer des Volkes auf! Jeder soll einen Stab mitbringen, und wem der Herr ein Zeichen gibt, dessen Weib soll Maria sein.« Da zogen die Herolde durch das ganze Land Judäa, und alle hörten die Posaune des Herrn und liefen herbei. Mitten in der Arbeit warf Joseph sein Beil weg und schloß sich den anderen Witwern an. Sie nahmen ihre Stäbe und gingen zum Hohenpriester. Zacharias aber nahm alle ihre Stäbe, ging in den Tempel und betete. Dann gab er ihnen die Stäbe zurück. Aber es geschah kein Zeichen. Joseph erhielt den letzten Stab. Plötzlich flog eine Taube aus seinem Stab und setzte sich auf sein Haupt. Da sagte der Hohepriester zu ihm: »Du also bist durchs Los dazu bestimmt, die Jungfrau des Herrn in deine Hut zu nehmen und zu bewahren.« Joseph redete dawider: »Ich bin doch ein alter Mann und habe erwachsene Söhne; sie aber ist jung. Ich fürchte den Spott der Kinder Israel.« Zacharias aber antwortete: »Fürchte den Herrn, deinen Gott! Erinnere dich, wie er Dathan, Abiram und Korah schlug! Die Erde tat sich auf und verschlang sie, als sie Gott widersprachen. Fürchtest du nicht, daß deinem Hause dasselbe geschehen könnte?« Da überkam Joseph die Furcht des Herrn, und er nahm Maria in seine Hut. Er sagte zu ihr: »Ich habe dich aus dem Tempel des Herrn empfangen. Jetzt muß ich dich aber allein lassen; denn ich muß fortgehen, um meine Bauten fertig zu machen. Erst dann kann ich wieder zu dir kommen. Der Herr wird dich inzwischen bewahren.«

In dieser Zeit suchten die Priester sieben unbefleckte Jungfrauen aus dem Stamme Davids; denn sie wollten einen neuen Vorhang für den Tempel weben lassen. Einer erinnerte sich dabei an die kleine Maria, die ja auch aus dem Stamme Davids kam und die vor Gott unbefleckt war. Sie führten die sieben Jungfrauen und Maria in den Tempel und ließen das Los entscheiden, wer das Gold spinnen sollte, den Flachs, die Baumwolle und die Seide, das Hyazinthenfarbige, das Scharlachfarbige und den echten Purpur. Auf Maria entfielen der echte Purpur und das Scharlachfarbige. Sie nahm beide, ging heim und spann.

Als sie einmal mit dem Krug hinausging, um Wasser zu holen, hörte sie eine Stimme, die sprach: »Sei gegrüßt, du Begnadete! Der Herr ist mit dir! Du bist gepriesen unter den Frauen!« Sie sah sich nach allen Seiten um, konnte aber nicht finden, woher die Stimme kam. Da befiel sie ein Zittern, und sie ging ins Haus und stellte den Krug ab. Als sie wieder in ihrem Stuhl saß und den Purpur zu Fäden zog, trat ein Engel des Herrn vor sie und sprach: »Fürchte dich nicht, Maria! Denn du hast Gnade gefunden vor dem allmächtigen Herrn! Du wirst empfangen aus Seinem Wort! Aus dir wird der Sohn des Höchsten geboren werden. Du sollst ihn Jesus nennen; denn Er wird Sein Volk erretten von seinen Sünden.« Und Maria antwortete: »Siehe, ich bin die Magd des Herrn; mir geschehe, wie du gesagt hast!«

Als sie dann dem Priester den Purpur und das Scharlachfarbige ablieferte, segnete er sie und sprach: »Maria, der Herr hat deinen Namen groß gemacht, alle Geschlechter der Erde werden dich preisen!« Voll Freude wanderte Maria zu ihrer Verwandten Elisabeth und blieb drei Monate bei ihr. Ihr Leib wurde Tag um Tag stärker. Sie fürchtete sich und ging heim in ihr

Jesus und die Drachen

AUF IHRER FLUCHT suchten Maria und Joseph eine Höhle auf, um dort zu rasten. Maria stieg von ihrem Esel, setzte sich und nahm das Kind auf den Schoß. Joseph, drei Knaben und einige Mädchen lagerten neben ihr. Da kamen plötzlich aus dem Inneren der Höhle viele Drachen. Die Knaben und Mädchen schrien entsetzt auf. Das Jesuskind aber stieg vom Schoß seiner Mutter und stellte sich vor den Drachen auf seine Füße. Daraufhin machten die Untiere vor Jesus ihre Reverenz und wichen zurück. Das Jesuskind aber ging vor ihnen auf und ab und befahl ihnen, keinem Menschen Schaden zuzufügen. Maria und Joseph hatten große Angst, daß einer der Drachen das Kind verletzen könnte, und wollte es an sich ziehen. Da sagte Jesus zu ihnen: »Habt keine Angst! Ich stehe jetzt als Kind vor euch. Aber ich bin immer vollkommen gewesen und bin es auch jetzt. Alle wilden Tiere werden vor mir zahm.«

Die Wölfe weiden mit den Lämmern

AUCH DIE LÖWEN und die Leoparden dienten Jesus und begleiteten die Heilige Familie auf ihrem Zug durch die Wüste. Wohin Joseph und die selige Maria auch gingen, immer zogen sie vor ihnen her, zeigten den Weg und senkten ihre Köpfe. Sie wedelten mit den Schwänzen, um ihren Diensteifer zu bekunden, und zeigten auf jede Weise ihre Ehrerbietung gegenüber Jesus. Maria erschrak zunächst sehr, als sie die wilden Tiere um sich sah, die Löwen und Leoparden und viele andere, welche die Nähe ihres Herrn suchten. Aber das Jesuskind sah ihr lächelnd ins Gesicht und sagte: »Fürchte dich nicht, Mutter! Sie kommen nicht, um dich zu erschrecken oder dir ein Leid zuzufügen; sie eilen von allen Seiten herbei, um dir und mir zu gehorchen.« Mit diesen Worten nahm er ihr die Furcht aus dem Herzen. Die Löwen aber zogen Schulter an Schulter mit den Ochsen, den Eseln und den anderen Packtieren durch die Wüste und fügten keinem ein Leid zu. Und zwischen den Schafen und Böcken, die sie aus Judäa mitgebracht hatten, liefen die Wölfe. Damit erfüllte sich, was schon der Prophet Jesaias gesagt hatte: »Die Wölfe weiden mit den Lämmern; Löwe und Ochse fressen Stroh zusammen.«

Neige, Baum, deine Äste!

AM DRITTEN TAG der Reise nach Ägypten war es sehr heiß. Die selige Maria litt sehr unter der Hitze. Als sie darum in der Ferne einen der wenigen Palmbäume sah, die in der Wüste zu finden sind, sagte sie zu Joseph: »Laß uns doch im Schatten dieses Baumes ein wenig ausruhen!« Joseph tat ihr gern den Willen, führte sie zu dem Palmbaum und half ihr beim Absteigen. Als die selige Maria endlich im Schatten ausruhte und in den Wipfel hinaufschaute, sah sie in der Palmkrone viele Früchte hängen. Da sagte sie zu Joseph: »Ich wünschte, wir könnten uns diese Früchte holen!« Joseph antwortete ihr unmutig: »Ich hätte nicht gedacht, daß du solch unerfüllbare Wünsche äußerst! Siehst du denn nicht, wie hoch die Palme ist? Wer sollte diese Früchte holen? Mach dir keine falschen Hoffnungen! Ich mache mir viel mehr Sorgen um das Wasser. Wir haben fast nichts mehr in den Schläuchen, und die Tragtiere wollen alle trinken.« Das Jesuskind saß lächelnd im Schoß der Mutter und hörte zu. Dann sagte es zur Palme: »Neige, Baum, deine Äste, und erfrische meine Mutter mit deinen Früchten!« Da beugte sich die Palme so tief, daß ihre Krone vor die Füße der seligen Maria kam, und sie ernteten die Früchte und aßen alle davon. Als sie satt waren, blieb die Palme in ihrer Stellung. Sie wartete auf den Befehl, sich aufzurichten. Da sprach Jesus zu ihr: »Richte dich wieder auf, Palme, und geselle dich zu den Blumen, die im Garten meines Vaters wachsen! Zuvor aber gib eine Wasserader frei, die unter deinen Wurzeln ist, damit wir alle unseren Durst löschen können.« Da richtete sich die Palme wieder auf, und an ihrem Fuß sprudelte eine Quelle mit klarem, frischem rück, wie du sie aus dem Tempel des Herrn empfangen hast!« Da brach Joseph in Tränen aus. Der Priester aber erklärte: »Ich werde euch das Prüfungswasser des Herrn trinken lassen. Er wird eure Sünden vor euren eigenen Augen offenbaren.« Und der Priester nahm das Wasser, ließ Joseph trinken und schickte ihn ins Gebirge. Joseph kam aber unversehrt zurück. Da ließ der Priester auch Maria trinken und schickte auch sie ins Gebirge. Aber auch sie kam unversehrt zurück. Das ganze Volk aber wunderte sich, daß kein Makel an ihnen zu finden war. Da sprach der Priester: »Wenn Gott der Herr eure Sünde nicht offenbart hat, dann richte auch ich euch nicht.« Damit entließ er sie. Und Joseph nahm Maria wieder mit in sein Haus. Er war voller Freude und pries den Gott Israels.

Warum das Pferd nie satt wird

ALS UNSER HERR Jesus Christus in einer Hirtenhütte geboren war, wickelte ihn unsere heiligste Mutter Maria in Windeln und legte ihn auf das Stroh in der Futterkrippe. Dann streckte sie sich selber auf der Spreu am Boden aus, denn sie war sehr müde. Mit Sonnenuntergang kamen die Hirten mit ihrem Vieh von der Weide heim, und Ochs und Kuh und Pferd gingen wie jeden Tag in den Stall und an ihre Krippe. Da fürchtete die Mutter Gottes, die Tiere könnten dem Kind weh tun. Sie stand auf, raffte das ganze Stroh in der Krippe zusammen und häufte es in einer Stallecke auf, damit die Tiere dort in Ruhe fressen könnten. Die drei verstanden gleich, was die Frau von ihnen wollte, und fraßen friedlich ihre übliche Ration. Ochs und Kuh legten sich dann nieder und fingen an wiederzukäuen. Das Pferd aber drängte zur Krippe, weil es dort noch etwas Stroh sah. Es war sehr wenig Stroh, ein dünnes Polster, auf dem das Kind lag. Das Pferd fing an, dieses Stroh unter dem Kind herauszuzupfen und zu fressen. Die Mutter Gottes versuchte vergeblich, es zu vertreiben. Das Pferd ließ sich nicht abhalten und fraß weiter.

Die Mutter Maria konnte nichts anderes tun, als das Kind aus der Krippe zu nehmen und neben sich auf den Boden zu legen. Dann sagte sie zum Ochsen und zu der Kuh: »Ich danke euch für eure Rücksicht und für eure Mäßigkeit. Seid gesegnet mitsamt eurer Nachkommenschaft!« Zum Pferd aber sagte sie: »Kannst den denn deine Gefräßigkeit nicht zähmen? Du sollst immer Hunger haben und nie satt werden, und die Menschen sollen dich schwer arbeiten lassen!«

Jesus, Maria und die Räuber

AUF IHREM WEG durch Ägypten kamen Joseph und die erhabene Maria in eine sehr einsame Gegend. Als sie hörten, daß es dort viele Räuber und Überfälle gäbe, beschlossen sie, bei Nacht weiterzuziehen. Sie waren noch nicht weit gekommen, da wurden sie an der Straße von zwei Räubern angehalten. Diese gehörten zu einem großen Haufen von Straßenräubern, die abseits lagen und schliefen. Die beiden hießen Titus und Dumachus. Titus sagte zu seinem Kumpan: »Laß diese Leute ungeschoren weiterziehen und sei leise, damit die anderen nichts davon merken.« Dumachus aber hatte keine Lust, sich den Fang entgehen zu lassen. Da setzte ihm Titus noch einmal zu und sagte: »Ich gebe dir vierzig Drachmen als Pfand. Nimm sie an! Und laß die Leute ziehen!« Mit diesen Worten reichte er ihm seinen Gürtel und bat ihn noch einmal, den Mund zu halten. Als die erhabene Herrin Maria sah, daß Titus sie vor der Ausplünderung gerettet hatte, sagte sie zu dem Räuber: »Gott, der Herr, wird dich mit seiner Rechten stützen und dir deine Sünden vergeben!« Als Jesus das hörte, sagte er zu Maria: »In dreißig Jahren, Mutter, werden mich die Juden in Jerusalem ans Kreuz nageln. Diese zwei Räuber aber werden mit mir ans Kreuz geschlagen, Titus zu meiner Rechten, Dumachus zu meiner Linken. Und noch am nämlichen Tag wird Titus mir ins Paradies vorangehen.« Die Mutter Maria antwortete nur still: »Davor bewahre dich Gott, mein Sohn!«

und ganz reinem Wasser. Alle freuten sich und löschten ihren großen Durst, Mensch und Tier, alles Vieh mit den Wölfen, den Löwen und den Leoparden. Alle dankten Gott.

Der Sturz der Götzenbilder

DIE HEILIGE FAMILIE zog durch die schattenlose Wüste. Da sagte Joseph zu Jesus: »Herr, von dieser Hitze werden wir völlig ausgedörrt! Wenn es dir recht ist, ziehen wir von nun an am Meer entlang, dann können wir in den kühleren Küstenstädten ausruhen.« Jesus aber antwortete: »Fürchte dich nicht, Joseph! Ich werde euch den Weg verkürzen. Wir haben jetzt noch einen Weg von dreißig Tagen vor uns. Wir werden aber schon in einem Tag an unserem Ziel sein.« Und während sie so redeten, sahen sie schon die Berge Ägyptens vor sich und die ersten Städte.

Jubelnd vor Freude zogen sie durch das Gebiet von Hermopolis. Die erste Stadt, in die sie kamen, hieß Sotinen. Weil sie dort keine Bekannten hatten, die sie um Gastfreundschaft bitten konnten, gingen sie in einen Tempel. Er hieß »Kapitol Ägyptens« und beherbergte 365 Götzenbilder, für jeden Tag des Jahres eines. Die Priester hielten die Einwohner dazu an, regelmäßig Opfer zu bringen und den Götzenbildern göttliche Ehren zu erweisen. Als aber die selige Maria mit dem Kind den Tempel betrat, fielen alle Götzenbilder mit einem Schlag auf ihr Gesicht und zerbrachen. Damit erfüllte sich, was durch den Propheten Jesaias gesagt wurde: »Siehe, der Herr wird auf einer schnellen Wolke kommen und in Ägypten einziehen, und alle Bilder, die von den Händen der Ägypter gefertigt sind, werden vor seinem Angesicht entfernt werden.«

Sobald Affrodosius, der Vorsteher der Stadt, erfuhr, was sich ereignet hatte, zog er mit einem ganzen Heer von Soldaten zum Tempel. Die Priester erwarteten, daß er an den Eindringlingen Rache für die Zerstörung nehmen werde. Affrodosius betrat den Tempel, sah die zerbrochenen Götzenbilder, die alle auf ihrem Angesicht lagen, und ging dann zur seligen Maria, die das Jesuskind an ihrer Brust hielt. Er kniete nieder und betete sie an und sagte zu seinem ganzen Heer und zu allen seinen Freunden: »Wenn dieser nicht der Gott unserer Götter wäre, dann wären unsere Götter gewiß nicht vor ihm auf ihr Angesicht gefallen. Sie erkennen ihn auf diese Weise stillschweigend als ihren Herrn. Wir aber wollen weise sein und es unseren Göttern nachtun. Wir wollen ihn nicht erzürnen und uns damit in Gefahr begeben. Denkt an den Pharao, dessen ganzes Heer im Roten Meer ertrunken ist, weil er nicht an die großen Wunder geglaubt hat!« Da glaubte das ganze Volk in dieser Stadt an Gott, den Herrn, durch Jesus Christus.

Jesuslegenden

Das Jesuskind und die Sterne

ES WAR noch lange vor der Erschaffung der Welt, und Jesus war noch sehr klein. Wie alle Kinder lief er dem lieben Gott überallhin nach und hielt sich an einem Rockzipfel fest. Als er ihm auf diese Weise öfter zwischen die Beine gekommen war, wurde das unserem Gott Vater lästig, und er sagte: »Du bist jetzt genug mit mir herumgelaufen, mein Kind. Setz dich hier irgendwo auf den Boden und spiele.« Jesus hatte es sich gerade auf dem Schoß des Vaters bequem gemacht, sprang aber sofort hinunter und schaute sich nach geeigneten Spielsachen um. Da sah er ein paar Brocken Lehmerde, die beim Pflügen auf den Weg geraten waren. Daraus ließen sich schöne Kugeln formen. Er fing gleich mit der Arbeit an, drehte eine Unmasse kleine und große Kugeln und legte sie fein säuberlich zum Trocknen auf Ziegelsteine. Als der liebe Gott auf dem Rückweg wieder vorbeikam, war sein Sohn von oben bis unten mit Lehm verschmiert. Dafür hatte er aber an die tausend Kugeln in der Sonne liegen. »Was willst du denn mit den vielen Kugeln machen?«

»Nun, ich will mit ihnen spielen. Ich will sie alle in die Luft werfen!«

»Dann zeige mir doch einmal, wie hoch du werfen kannst! Nimm dazu diese große Kugel!«

Jesus freute sich, daß den Vater die Kugeln mehr interessierten als sein verschmutzter Anzug. Er warf die Kugel ziemlich hoch in den Himmel. Der liebe Gott aber segnete sie. Da stieg sie noch höher und blieb an einer bestimmten Stelle als Sonne stehen. Sie war dort, wo sie jeden Morgen steht, wenn sie aufgeht, und sie leuchtete so, daß Jesus die Hand vor die Augen nehmen mußte, um nicht geblendet zu werden. Da sagte der liebe Gott: »Siehst du, wie die große Kugel glänzt und leuchtet? Wirf die nächste! Ich werde sie auch so verwandeln.«

»Gern, lieber Vater! Aber bitte, laß sie nicht so stark leuchten wie die erste. Sie blendet so, daß ich sie gar nicht ansehen kann.«
»Gut, mein Lieber, wirf nur! Wir werden sie etwas dunkler machen.«
Und Jesus warf eine Kugel nach der anderen; er nahm schließlich beide Hände voll und warf die Kugeln nach oben und unten, nach links und nach rechts und verstreute sie so über den ganzen Himmelsraum. Schließlich hingen alle seine schönen Kugeln als Sterne hoch oben am Himmel, und er hatte nichts mehr zum Spielen. Da nahm er beide Hände voll Erde und warf sie den Kugeln nach, um auf diese Weise wenigstens ein paar wieder herunterzuholen. Gott segnete aber auch diese Erdkrumen. Sie bilden jetzt die Milchstraße. Auf diese Weise sind wir zu den Sternen über uns gekommen.

Die Sperlinge aus Lehm

ALS JESUS fünf Jahre alt war, spielte er einmal an der Furt eines Baches, leitete das schmutzige Wasser in Gruben ab und klärte es dort. Dabei gebot er über die Wasser allein durch sein Wort. Nebenbei formte er aus einem schlammigen Lehmteig zwölf Sperlinge. Es war aber Sabbat, und viele andere Kinder spielten mit ihm. Ein Jude beobachtete Jesus, lief spornstreichs zu Joseph und sagte: »Höre, dein Söhnlein steht am Bach; es hat Lehm genommen, zwölf Vöglein daraus geformt und damit den Sabbat entweiht.« Da eilte Joseph an den Bach und schrie Jesus an: »Du weißt doch, daß solche Spiele am Sabbat nicht erlaubt sind? Warum tust du sie dann?« Jesus aber gab keine Antwort, sondern klatschte nur in die Hände und rief: »Auf! Davon!« Da schlugen die Sperlinge mit den Flügeln und flogen schreiend davon. Als die Juden das sahen, erschraken sie sehr und berichteten ihren Oberen, was sie erlebt hatten.

Das Kind Jesus und der Färber

JESUS SPIELTE mit anderen Kindern ein Laufspiel, das ihn weit von seinem Elternhaus wegführte. Dabei kam er an der Werkstatt eines Färbers vorüber. Der Färbermeister hieß Salem. Da gab es vielerlei Tücher, die zu färben waren. Jesus trat ein, besah sich alles und warf dann alle Tücher, die er fand, in einen mit Indigo gefüllten Kessel. In diesem Augenblick kam der Meister Salem dazu. Er sah, daß die Tücher alle verdorben waren, fing an, wütend zu schreien, und fuhr Jesus an: »Was'hast du mir da angetan, Sohn der Maria! Du hast mich bei allen Leuten der Stadt in Verruf gebracht. Jeder meiner Kunden hat sich eine besondere Farbe bestellt, die ihm gefällt! Und du hast alle Tücher in einen Topf geworfen und damit alle verdorben!« Da antwortete ihm Jesus: »Mag sein! Aber sage mir, welche Tücher du anders gefärbt haben willst. Ich werde sie dir umfärben.« Und dann holte er die Tücher aus dem Kessel, und jedes hatte die Farbe, die der Färber haben wollte. Als die Juden dieses Wunder und Zeichen sahen, lobten sie Gott.

Jesus Christus und die Vögel

ALS DIE SCHERGEN Jesus Christus suchten, um ihn zu fangen und ans Kreuz zu schlagen, verbarg er sich im Wald. Als die Verfolger schon ganz in seiner Nähe waren, wollte die Lerche sie auf eine falsche Fährte weisen. Aber die Wachtel schrie so laut, daß es alle hören mußten: »Hier läuft er, hier läuft er, hier läuft er!« Und der Kiebitz mischte sich ein und rief: »Birgt sich! Birgt sich! Birgt sich!« Die Taube aber gurrte dazu: »Im Buschwerk da, im Buschwerk da, im Buschwerk da!« Auf diese Weise fanden sie Jesus Christus sehr schnell und führten ihn zum Tod.

Der Herr aber verfluchte die Vögel. Die Wachtel, die gerufen hatte: »Hier läuft er!«, sollte nur immer durch die Saaten laufen und nie hoch fliegen können. Der Kiebitz aber, der gerufen hatte: »Birgt sich«, muß sich seitdem immer im Riedgras oder in den Binsen selbst verbergen, und die Taube sollte nie auf einem Baum nisten, sondern nur im Buschwerk, in das sie die Schergen geschickt hatte. Die kleine Lerche aber segnete der Herr. Sie sollte von allen Vögeln am höchsten fliegen und als einziger Vogel im Fluge singen können.

Der zerbrochene Krug

ALS JESUS sechs Jahre alt war, schickte ihn seine Mutter Maria zum Brunnen. Er sollte dort Wasser schöpfen. Sie gab ihm dazu einen großen Krug mit. Im dichten Gedränge stieß er aber mit jemandem zusammen, der Krug fiel auf den Boden und zerbrach. Da faltete Jesus sein Gewand weit auseinander, füllte es mit Wasser und brachte es so seiner Mutter. Als Maria dieses Zeichen sah, küßte sie ihn, ohne ein Wort zu sagen; denn sie bewahrte diese Geheimnisse in ihrem Herzen.

Der Sturz vom Dach

EINES TAGES spielte Jesus auf der Dachterrasse eines Hauses. Eines der Kinder, die mit ihm waren, fiel plötzlich in die Tiefe, brach sich den Hals und starb. Alle anderen Kinder flohen, als sie das sahen. Nur Jesus blieb stehen. Da klagten ihn die Eltern des Toten an und beschuldigten ihn, er habe ihr Kind vom Dach gestoßen. Jesus aber erwiderte: »Ich habe ihn nie und nimmer hinuntergestoßen.« Trotzdem wollten die Eltern tätlich gegen ihn angehen. Da sprang Jesus von dem hohen Dach, stellte sich neben den Leichnam und rief, so laut er konnte: »Zenon, steh auf und sage mir: Habe ich dich vom Dach geworfen?« Auf diesen Anruf hin stand Zenon auf und antwortete: »Nein, Herr, du hast mich nicht vom Dach gestoßen; du hast mich vielmehr auferweckt.« Alle, die dabei waren, erschraken sehr. Die Eltern des Kindes aber priesen Gott, dankten ihm für das Wunder und verehrten von nun an den Jesusknaben.

Das verlängerte Brett

VATER JOSEPH war Zimmermann. Er machte in jener Zeit fast ausschließlich Pflüge und Joche für die Zugtiere. Da gab ihm ein reicher Mann den Auftrag, ein Bett anzufertigen. Im Eifer der Arbeit war den Gesellen ein Seitenbrett dieses Bettes zu kurz geraten, und nun standen Meister und Gehilfen ratlos vor den Teilen, die nicht mehr zusammenpaßten. Da sagte der kleine Jesus zu seinem Pflegevater: »Lege doch einmal die beiden Seitenbretter so auf den Boden, daß die Mittellinien genau nebeneinanderliegen.« Das tat Joseph. Da nahm Jesus das kürzere Holz und streckte es so lange, bis die beiden Seitenteile gleich lang waren. Vater Joseph sah erstaunt zu, umarmte den Knaben und sagte: »Welch ein Glück, daß Gott mir dieses Kind geschenkt hat!«

Wunderbare Zeichen vor Pilatus

NACH EINER langen Beratung zogen die Hohenpriester und Schriftgelehrten zu Pilatus und erhoben Anklage gegen Jesus. Sie erklärten unter anderem: »Wir wissen von diesem Mann, daß er ein Sohn Josephs, des Zimmermanns, ist, von Maria geboren. Er sagt aber, er sei Gottes Sohn, er sagt, er sei König! Er entweiht den Sabbat, um damit unsere altüberkommenen Gesetze aufzulösen.« Da fragte Pilatus zurück: »Was tut er denn, um euer Gesetz aufzulösen?« Da sagten die Schriftgelehrten: »Wir haben ein Gesetz, nach dem am Sabbat niemand geheilt werden darf. Dieser Mann aber hat Gelähmte und Verkrüppelte, Blinde, Gichtkranke und Besessene am Sabbat geheilt und dazu üble Praktiken angewendet.« Da fragte sie Pilatus: »Was waren das denn für üble Praktiken?« Da erwiderten sie ihm: »Er ist ein Zauberer. Er treibt mit Beelzebub, dem obersten der Dämonen, die Dämonen aus. Deshalb sind ihm alle untertan.« Darauf sagte Pilatus zu ihnen: »Das heißt aber nicht, daß er die Dämonen mit unreinen Geistern austreibt. Sicher wirkt er mit dem Gott Asklepius zusammen!«

Aber auf diese Frage gingen die Hohenpriester nicht ein. Sie sagten vielmehr: »Wir stellen den Antrag, daß er vor deinem Tribunal erscheinen muß und verhört wird.« Da fragte Pilatus zurück: »Könnt ihr mir dazu sagen, wie ich, der ich nur Statthalter bin, einen König vor mein Gericht ziehen und ausfragen kann?« Da erwiderten sie ihm: »Wir haben nie behauptet, daß er ein König ist. Er sagt das nur selbst von sich.« Da rief Pilatus endlich einen Läufer und befahl ihm, Jesus auf ehrerbietige Weise zu ihm zu bringen. Der Läufer ging hinaus, grüßte Jesus ehrerbietig, nahm eine Binde, die er an der Hand trug, breitete sie vor ihm auf dem Boden aus und sagte dazu: »Herr, schreite über diesen Läufer und tritt ein! Der Statthalter läßt dich bitten zu ihm zu kommen!« Als das die Hohenpriester und Schriftgelehrten sahen, wandten sie sich laut schreiend an Pilatus und riefen ihm zu: »Warum hast du ihm nicht einfach durch einen Herold den Befehl gegeben, hereinzukommen? Der Läufer hat ihm ja alle Ehren erwiesen. Er hat sein Tuch auf die Erde gebreitet und hat ihn darüberschreiten lassen wie einen König.«

Pilatus befahl den Läufer zu sich und fragte ihn: »Warum hast du dein Tuch auf die Erde gebreitet und ihn darüberschreiten lassen?« Da antwortete ihm der Läufer: »Vor einiger Zeit hast du mich nach Jerusalem zu Alexander geschickt. Damals ritt Jesus gerade auf einem Esel durch die Stadt, und die Kinder der Hebräer standen an der Straße, hielten grüne Zweige in den Händen und riefen: ›Hilf uns, du in der Höhe! Gelobt sei, der da kommt im Namen des Herrn!‹ Andere aber breiteten ihre Kleider aus und ließen Jesus darüberweg reiten.«

Da schrien die Hohenpriester und Schriftgelehrten und fragten den Läufer: »Die Kinder der Hebräer haben auf hebräisch gerufen. Woher hast du den griechischen Wortlaut?« Darauf antwortete der Läufer: »Ich habe einen von den Juden gefragt, und er hat mir die Worte übersetzt.« Nun fragte Pilatus: »Wie haben sie denn auf hebräisch gerufen?« Und die Juden antworteten: »Hosanna membrone baruchamma adonai!« Da fragte Pilatus sie: »Und was heißt Hosanna und das andere?« Darauf antworteten sie ihm: »Hilf uns, du in der Höhe! Gelobt sei, der da kommt im Namen des Herrn!« Als Pilatus sie nun fragte, wieso der Läufer einen Fehler gemacht habe, da wußten sie keine Antwort mehr; denn sie hatten jetzt selbst die Rufe der Kinder bestätigt. Da befahl Pilatus dem Läufer: »Geh jetzt hinaus und führe ihn herein und mache das in welcher Form du willst!« Der Läufer ging und verhielt sich genauso wie das erste Mal. Er sagte zu Jesus: »Herr, tritt ein! Der Statthalter läßt dich bitten.«

Vor dem Tribunal standen Standartenträger und hielten in ihren Händen die Zeichen der Hoheit, die Standarten. Als Jesus eintrat, verneigten sich die Bilder der Standarten und erwiesen ihm damit ihre Reverenz. Als die Juden das sahen, wandten sie sich mit viel Geschrei gegen die Standartenträger. Pilatus aber fragte sie: »Wundert ihr euch nicht, daß die Standarten sich vor Jesus verneigt und ihm ihre Reverenz erwiesen haben?« Die Juden aber antworteten ihm heftig: »Das haben wir keineswegs gesehen. Wir haben aber gesehen, wie die Standartenträger die Bilder geneigt und Jesus ihre Reverenz erwiesen haben!« Da rief der Statthalter die Standartenträger zu sich und fragte sie: »Warum habt ihr das getan, was habt ihr dazu zu sagen?« Die Männer aber erwiderten: »Wir sind Griechen und den Göttern ergeben. Wie sollten wir dazu kommen, Jesus unsere Reverenz zu erweisen? Wir haben die Bilder fest und ruhig gehalten wie immer. Sie haben sich selbst verneigt und haben ihre Reverenz erwiesen.«

Da forderte Pilatus die Synagogenvorsteher und die Ältesten des jüdischen Volkes auf, selbst starke Männer zu wählen: »Sie sollen die Standarten halten. Wir wollen doch sehen, ob sie sich auch bei ihnen verneigen!« Da wählten sie für die zwei Standarten zwölf starke und kräftige Männer. Je sechs mußten eine

Standarte halten und vor dem Tribunal des Statthalters Stellung beziehen. Und Pilatus befahl dem Läufer: »Führe ihn noch einmal hinaus vor das Praetorium und bringe ihn dann wieder herein! Wähle dazu die Form, die du für angebracht hältst!« Und Jesus ging mit dem Läufer hinaus vor das Praetorium. Da rief Pilatus die abgelösten Standartenträger zu sich und fuhr sie hart an: »Ich schwöre euch, beim Heil des Kaisers, wenn sich die Standarten beim Eintritt Jesu nicht verneigen, lasse ich euch den Kopf abschlagen!« Dann ließ der Statthalter Jesus zum zweiten Mal eintreten. Der Läufer verhielt sich wie beim ersten Mal und bat Jesus, über sein Tuch zu gehen. Sobald Jesus aber den Raum betrat, verneigten sich die Standarten wieder vor ihm und erwiesen ihm ihre Reverenz.

Die Höllenfahrt Christi

DER HOHE RAT hatte Zeugen vorgeladen, die ihm über die Himmelfahrt Christi berichten sollten. Bei der Gelegenheit sagte Joseph von Arimathia, der den Leichnam des Herrn geborgen und in seinem eigenen Grab beigesetzt hatte: »Warum wundert ihr euch über die Auferstehung Jesu? Sie war uns durch die Propheten angekündigt. Viel erregender finde ich es, daß er auch andere Tote erweckt hat, die sich inzwischen vielen hier in Jerusalem gezeigt haben. Vielleicht kennt ihr diese Männer nicht. Aber Symeon kennt ihr, der Jesus in seine Arme nahm, und seine beiden Söhne. Jesus hat sie auferstehen lassen. Wir haben sie vor wenigen Tagen zusammen beerdigt. Jetzt sind ihre Gräber geöffnet und leer; sie aber leben. Sie halten sich in Arimathia auf.« Daraufhin ließen die Hohenpriester die Gräber prüfen, und als sie wirklich leer waren, zog der ganze Hohe Rat nach Arimathia. Dort fanden sie die Gesuchten. Sie sprachen ihre Gebete und begrüßten einander. Dann gingen sie mit ihnen nach Jerusalem zurück. Sie brachten die drei Männer in die Synagoge, verriegelten die Tore, die Hohenpriester legten die Schrift vor sich in die Mitte und sagten: »Wir wollen, daß ihr beim Gott Israels, bei Adonai, schwört; wir wollen, daß ihr die reine Wahrheit sagt und uns berichtet, wie ihr auferstanden seid und wer euch von den Toten erweckt hat.« Als die Auferstandenen diese Aufforderung hörten, sagten sie zu den Hohenpriestern: »Gebt uns Papier, Tinte und Schreibrohr!« Man brachte ihnen die verlangten Sachen, und sie setzten sich hin und schrieben auf, was nun folgt:

Herr Jesu Christe, Auferstehung und Leben der Welt, gib uns die Gnade, daß wir Deine Auferstehung schildern dürfen und die Wunder, die Du im Hades vollbracht hast! Wir waren in der Unterwelt und sahen dort alle, die seit der Erschaffung der Welt gestorben sind. Plötzlich wurde es um Mitternacht taghell, wir alle standen in einem glänzenden Licht, das heller war als das Licht der Sonne, und wir sahen einander. Vater Abraham, die Patriarchen und Propheten zeigten große Freude, und Jesaias sagte: »Dieses Leuchten kommt vom Vater, vom Sohn und vom Heiligen Geist! Das habe ich prophezeit, als ich noch lebte.« Da trat unerwartet ein Asket aus der Wüste in unsere Mitte, den keiner kannte. Die Patriarchen fragten ihn: »Wer bist du?« Und er antwortete: »Ich bin Johannes, der letzte der Propheten. Ich habe die Wege des Gottessohnes geebnet und dem Volk Buße gepredigt, damit ihm seine Sünden vergeben werden. Und als Gottes Sohn zu mir kam und ich ihn von ferne sah, sagte ich zum Volk: ›Seht Gottes Lamm, das die Sünden der Welt hinwegnimmt!‹ Und mit dieser meiner Hand taufte ich ihn im Jordan. Ich sah den Heiligen Geist wie eine Taube auf ihn kommen, und ich hörte die Stimme Gottvaters: ›Dieser ist mein geliebter Sohn, an dem ich Wohlgefallen habe.‹ Und jetzt sandte er mich voraus, um euch zu verkünden, daß der eingeborene Sohn Gottes zu euch kommt; denn wer an ihn glaubt, der soll gerettet werden; wer aber nicht an ihn glaubt, der wird gerichtet. Deshalb hört alle gut zu: Betet ihn alle an, sobald ihr ihn seht! Nur jetzt könnt ihr dafür Buße tun, daß ihr in der oberen eitlen Welt die Götzen angebetet und gesündigt habt! Ihr werdet dazu keine andere Gelegenheit mehr finden!«

Als der Erstgeschaffene, der Urvater Adam, dies hörte, sagte er zu seinem Sohne Seth: »Erzähle den Vorvätern des Menschengeschlechts und den Propheten, wohin ich dich schickte, als ich todkrank war!« Da sprach Seth zu den Patriarchen und den Propheten: »Als mein Vater Adam, der Erstgeschaffene, auf den Tod krank wurde, gebot er mir, an das Tor des Paradieses zu gehen. Ich wollte Gott darum bitten, mir durch einen Engel Öl vom Baum des Erbarmens zu geben. Ich wollte mit dem Öl meinen Vater salben, damit er wieder aufstehen könnte. Ich ging also und betete zu Gott. Da kam ein Engel des Herrn und fragte, was ich wolle. Ich trug meine Bitte vor. Der Engel aber antwortete: ›Du kannst jetzt weder den Ölbaum noch das Öl bekommen. Geh hin und sage deinem Vater, daß der menschgewordene eingeborene Sohn Gottes erst 5500 Jahre nach Erschaffung der Welt unter die Erde steigen wird. Er wird deinen Vater selbst mit diesem Öl salben. Gottes Sohn wird dann auferstehen und ihn und seine Nachkommen mit Wasser und mit dem Heiligen Geist taufen. Dann erst wird dein Vater geheilt werden. Jetzt ist das unmöglich.« Als die Patriarchen und Propheten dies hörten, freuten sie sich.

Auf einmal erschien mitten in dieser freudig gestimmten Versammlung der Satan, der Erbe der Finsternis. Er sprach zu Hades: »Unersättlicher, Allesverschlinger, höre meine Worte! Wie ich erfahre, gibt es einen Mann aus dem Judenvolk, der Jesus heißt und sich als Sohn Gottes ausgibt. Ich weiß aber, daß er nur ein Mensch ist. Auf mein Betreiben hin haben ihn die Juden gekreuzigt. Er ist jetzt tot. Darum halte dich bereit, ihn hier einzusperren! Ich weiß, daß er nur ein Mensch ist; denn ich habe ihn klagen hören. ›Meine Seele ist betrübt bis in den Tod!‹ Er hat mir in der Welt droben viel Böses angetan. Wo er meine Diener fand, trieb er sie aus; alle Menschen, die ich bucklig, blind, lahm, aussätzig gemacht hatte, heilte er; er sprach nur ein einziges Wort, und sie waren gesund; ja, er machte mit einem Wort die Toten wieder lebendig!« Hades aber erwiderte: »Ja, glaubst du denn wirklich, daß du einem widerstehen kannst, der mit einem einfachen Wort derartige Wirkungen erreicht? Du legst seine Worte aus und meinst, er habe den Tod gefürchtet. Ich aber glaube, er hat nur sein Spiel und seinen Spott mit dir getrieben! Er ist entschlossen, dich mit gewaltiger Hand zu packen. Dann aber wehe dir, wehe dir für alle Ewigkeit!« Darauf erwiderte der Satan: »Allesverschlingender, unersättlicher Hades, sage mir, warum hast du plötzlich Angst, wenn du von unserem gemeinsamen Feind hörst? Ich habe mich nicht vor ihm gefürchtet! Ich habe die Juden dahin gebracht, ihn zu kreuzigen und ihn mit Galle und Essig zu tränken! Also mach' dich bereit, ihn in deine Gewalt zu bringen, sobald er kommt!« Hades aber antwortete: »Erbe der Finsternis, Sohn des Verderbens, Teufel! Hast du mir nicht berichtet, daß er durch ein bloßes Wort Tote wieder ins Leben zurückgerufen hat? Mit welcher Macht willst du ihn überwältigen? Es ist noch nicht lange her, da verschlang ich einen Toten mit Namen Lazarus; ein Lebender aber zwang mich mit einem einzigen Wort, ihn wieder herzugeben, er riß ihn aus meinen Eingeweiden. Wahrscheinlich war es derselbe, von dem du sprichst. Nehmen wir diesen Lebenden hier auf, dann setzen wir alles aufs Spiel. Siehst du nicht, wie alle in Unruhe geraten, die ich seit Weltbeginn verschlungen habe? Meine Eingeweide schmerzen! Der mir entrissene Lazarus ist kein gutes Vorzeichen! Nicht wie ein Toter, wie ein Adler flog er weg, so schnell warf ihn die Erde aus! Darum bitte ich dich, darum beschwöre ich dich, bring ihn nicht her! Er kommt sicher in der Absicht, alle Toten zu erwecken. Wahrlich, ich sage dir, bei dem Dunkel, das uns umgibt, wenn du ihn bringst, bleibt mir kein einziger Toter zurück!«

Da wurde das Gespräch der beiden von einer Donnerstimme unterbrochen, die rief: »Öffnet eure Tore, ihr Herrscher! Auf, ihr ewigen Pforten! Der König der Herrlichkeit wird einziehen!« Da sprach Hades zum Satan: »Jetzt geh hinaus, wenn du kannst! Tritt ihm entgegen!« Und der Satan ging hinaus. Hades aber befahl seinen Dienern, die ehernen Tore gut und fest zu verriegeln, die eisernen Querbalken vorzulegen und die Verschlüsse im Auge zu behalten. Er rief ihnen zu: »Ihr steht mir ein für alles! Kommt er herein, dann wird große Not über uns kommen!« Die Vorväter lachten und verspotteten ihn, als sie das hörten. Sie sagten zu Hades: »Du Allesverschlinger, du Unersättlicher, öffne die Tore, damit der König der Herrlichkeit ungehindert einziehen kann!« Der Prophet David aber sprach: »Erinnerst du dich nicht, du Blinder, daß ich den Ruf vorausgesagt habe, als ich noch in der Welt war, den Ruf: ›Öffnet eure Tore, ihr Herrscher!‹« Und Jesaias fügte hinzu: »Ich habe, erleuchtet vom Heiligen Geist, vorausgesehen und geschrieben: Auferstehen werden die Toten, und die in den Gräbern werden auferweckt werden! Freude wird sein unter der Erde! Tod, wo ist dein Stachel? Hades, wo ist dein Sieg?« In diesem Augenblick hörten sie wieder die Donnerstimme: »Öffnet die Tore!« Hades aber stellte sich ahnungslos und fragte: »Wer ist dieser König der Herrlichkeit?« Da erwiderten die Engel des Herrn: »Ein mächtiger, ein gewaltiger Herr, ein Herr, der alle Macht hat im Kriege!« Zugleich mit diesen Worten wurden die ehernen Tore gesprengt, die eisernen Querbalken zerbrochen und die Fesseln der Toten gelöst, auch unsere Fesseln. Der König der Herrlichkeit aber zog ein wie ein Mensch, und in allen dunklen Winkeln des Hades wurde es licht.

Und Hades rief: »Weh uns! Wir sind besiegt! Wer bist du, der solche Macht und Gewalt hat? Wer bist du, daß du ohne Sünde an diesen Ort kamst? Klein bist du von Gestalt, aber du vermagst Großes! Du bist niedrig und hoch, Knecht und Herr, Krieger und König, du hast Gewalt über alle Toten und über alle Lebenden! Du wurdest ans Kreuz genagelt und ins Grab gelegt, aber du wurdest wieder frei und hast unsere ganze Macht zerschlagen. Bist du Jesus, von dem uns der Obersatrap Satan erzählte? Bist du es, der durch Kreuz und Tod die ganze Welt erben soll?« Da packte der König der Herrlichkeit den Satan bei den Haaren, übergab ihn den Engeln und sagte: »Fesselt ihn mit Eisenketten an Händen und Füßen, an Hals und Mund!« Und dann übergab er ihn dem Hades mit den Worten: »Nimm ihn zu dir und halte in fest bis zu meiner zweiten Ankunft!«

Dann streckte er seine rechte Hand aus, ergriff den Urvater Adam und richtete ihn auf. Darauf wandte er sich um und rief allen anderen zu: »Kommet alle zu mir her, die ihr durch das Holz sterben mußtet, nachdem dieser Ersterschaffene griff! Seht! Ich erwecke euch alle wieder durch das Holz des Kreuzes!« Dann entließ er alle ins Paradies. Der Urvater Adam aber, die Propheten und die Heiligen dankten dem Herrn in ihrer großen Freude. Er machte jedem das Kreuzzeichen auf die Stirn, und dann folgten sie ihm nach und stimmten den alten Lobgesang an: »Gesegnet sei, der da kommt im Namen des Herrn! Alleluja!«

Den Urvater Adam aber führte der Herr an der Hand. Er übergab ihn und alle Gerechten in die Obhut des Erzengels Michael. Am Tor des Paradieses begegneten ihnen zwei Greise. Die heiligen Väter fragten sie erstaunt: »Wer seid ihr? Ihr habt den Tod nicht gesehen; ihr seid nicht in den Hades hinuntergestiegen! Wieso wohnt ihr mit Leib und Seele im Paradies?« Da antwortete einer: »Ich bin Enoch, an dem Gott Wohlgefallen fand. Er hat mich deshalb in den Himmel entrückt. Und dies ist der Thesbiter Elias. Wir sollen hier leben bis ans Ende der Welt. Gott hat uns dazu bestimmt, gegen den Antichrist anzutreten. Er wird uns töten. Wir sollen aber nach drei Tagen wiederauferstehen und auf Wolken dem Herrn entgegenfliegen.« Während sie noch sprachen, trat ein unscheinbarer Mensch zu ihnen, der ein Kreuz auf der Schulter trug. Die Väter riefen ihm zu: »Wie kommst du hierher? Du siehst ja aus wie ein Räuber! Und was willst du mit dem Kreuz?« Da antwortete der Mann: »Ihr habt recht! Ich war ein Räuber und ein Dieb, und deshalb schlugen mich die Juden zur selben Zeit ans Kreuz wie unseren Herrn Jesus Christus. Wie ich aber die Wunder miterlebte, die dort geschahen, da glaubte auch ich an den Herrn und rief ihm zu: ›Vergiß mich nicht, Herr, wenn Du Deine Herrschaft antrittst!‹ Und er antwortete mir: ›Noch heute wirst du mit mir im Paradiese sein!‹ So kam ich mit meinem Kreuz hierher. Der Erzengel Michael öffnete mir das Tor und gebot mir, am Eingang auf euch zu warten. Darum ging ich euch jetzt entgegen.« Als die Heiligen das hörten, lobten alle den Herrn. Dies alles hörten und sahen wir beiden leiblichen Brüder. Der Erzengel Michael befahl, daß wir uns am Jordan taufen ließen; dann aber sollten wir hingehen und die Auferstehung des Herrn verkünden. Auf diese Weise kamen wir nach Jerusalem. Jetzt aber müssen wir euch wieder verlassen. Die Liebe Gottes des

Vaters, die Gnade unseres Herrn Jesus Christus und die Gemeinschaft des Heiligen Geistes sei mit euch allen! –
Das schrieben sie auf. Sie siegelten die Rollen und gaben eine den Hohenpriestern, die andere aber dem Joseph von Arimathia und dem Nikodemus. Dann waren sie verschwunden.

Apostellegenden

Petrus und der Magier Simon

DER HERR befahl dem Apostel Paulus, nach Spanien zu segeln und dort das Evangelium zu verkünden. Er ließ die große römische Gemeinde in einiger Verzweiflung zurück, denn sie hatte nun, in Zeiten ständiger Bedrohung, keinen apostolischen Führer mehr. Zudem meldeten die Boten aus den Hafenstädten, daß Simon, der Zauberer, der große Verführer, im Hafen von Aricia gelandet sei. Er kam aus dem Orient nach Rom, um seinem erbitterten Gegner Petrus auszuweichen. Simon erklärte, er sei die Kraft Gottes, er könne wunderbare Dinge tun, ja er sei Christus selbst. Die Römer begrüßten ihn als ihren Retter, als den Gott ihres Reiches, und baten ihn, so schnell wie möglich in ihre Hauptstadt zu kommen. Simon versprach daraufhin, am nächsten Tag um die siebente Stunde über das Stadttor nach Rom hineinzufliegen. Die Gläubigen nannten Simon einen Lügner, sie sagten, Christus habe ihm nicht die Macht gegeben, Tote wieder zum Leben zu erwecken und Kranke zu heilen, sie klagten, er suche nur Streit und bringe Unruhe in die Gemeinde. Die Brüder beschlossen trotzdem, rechtzeitig am Tor abzuwarten, was geschähe. Um die siebente Stunde erschien in der Ferne eine Erscheinung am Himmel, die wie eine leuchtende Staubwolke aussah. Plötzlich stand Simon mitten unter dem Volk. Keiner wußte, woher er gekommen war. Er wurde erkannt und von vielen mit Jubel begrüßt. Dann predigte Simon, er predigte viele Tage lang, er machte dazu seine Gaukeleien, er versicherte und begründete, daß die Apostel und ihre Jünger Scharlatane seien. Niemand trat gegen ihn auf, denn keiner war ihm gewachsen. Der Glaube der Brüder wankte; Paulus, Timotheus, Barnabas, die großen Prediger und Vorbilder, hatten sie verlassen. Immer mehr fielen vom Glauben ab. Von der großen römischen Gemeinde blieben schließlich nur noch fünf: der

Presbyter Narcissus, zwei Frauen im Hospiz und zwei Kranke, die das Haus nicht verlassen konnten. Sie beteten Tag und Nacht zu Gott und baten ihn, Paulus oder einen anderen Boten des Heils zu senden.

Um diese Zeit erschien der Herr dem Apostel Petrus, der damals noch in Jerusalem war, denn ihm war befohlen, zwölf Jahre dort zu wirken. Er offenbarte ihm, daß ihm der Magier Simon, den er aus Judäa vertrieben hatte, nun auch in Rom zuvorgekommen sei und fast alle Gläubigen abtrünnig gemacht habe. Er befahl ihm, auf dem schnellsten Wege in den Hafen von Caesarea zu reisen und von dort mit dem nächsten Schiff nach Rom zu segeln. Petrus verabschiedete sich von den Brüdern und erreichte wirklich ein Schiff, das gerade in See stechen wollte. Er nahm sich nicht die Zeit, den für die Fahrt notwendigen Proviant einzukaufen. Aber der Steuermann Theon empfing ihn freundlich und war bereit, alles mit ihm zu teilen. Der Apostel dankte ihm und fastete. Nach einigen Tagen lud Theon den Petrus zu einem Imbiß und erzählte ihm, eine Himmelsstimme habe im Traum zweimal seinen Namen gerufen und ihm befohlen, keinen der Schiffsgenossen so hoch zu ehren wie Petrus; denn nur um seinetwillen werde das Schiff die Fahrt ohne jede Gefährdung beenden. Der Apostel verbrachte nun jeden Tag mit dem Steuermann und verkündete ihm Gottes Wort. In der Adria hielt Windstille das Schiff auf. Theon bat Petrus, ihn in der ruhigen See zu taufen. Während die übrigen Schiffsgenossen in tiefem Schlaf lagen und ihre Trunkenheit verrauchen ließen, nahm Petrus ein Seil, ließ sich an ihm mit Theon ins Meer hinab und taufte ihn. In diesem Augenblick erschien ihnen ein strahlender Jüngling und rief ihnen zu: »Friede sei mit euch!« Die beiden kletterten wieder an Bord, Petrus sprach ein Dankgebet und reichte dem jungen Christen das verwandelte Brot. Plötzlich kam guter Wind auf und brachte das Schiff in sechs Tagen und sechs Nächten nach Puteoli. Dort erwartete sie Ariston, ein gläubiger Christ, dem Paulus in einem Traumgesicht befohlen hatte, Petrus entgegenzugehen. Er berichtete dem Apostel über die Erfolge des gottlosen Simon und bat ihn, ohne Aufenthalt mit ihm nach Rom zu kommen. Sie wanderten zu dritt über einen steinigen Weg in die Hauptstadt der Welt und wurden dort von dem Presbyter Narcissus herzlich aufgenommen. Die Nachricht von ihrer Ankunft verbreitete sich wie im Fluge in der Stadt und weckte das Gewissen der abgefallenen Brüder, die sich in den langen Monaten der Führerlosigkeit wieder zerstreut hatten. Sie sammelten sich um den Apostel, der sie zur Umkehr aufrief und sie ermahnte, zu büßen und reumütig zum Glauben an Jesus Christus zurückzukehren. Die römischen Brüder baten Petrus, den Magier Simon als Verführer und Verfolger des Guten zu entlarven. Er sei jetzt Gast im Hause des Senators Marcellus, im Hause eines Mannes, der einst die Zuflucht aller Armen und Bedrängten gewesen sei und den der Kaiser abgesetzt habe, damit er nicht alle Provinzen zum Christentum führen könne.

Petrus begab sich daraufhin aus der Synagoge, in der er gepredigt hatte, vor das Haus des Marcellus und bat den Pförtner, dem Simon seine Ankunft zu melden. Simon ließ ihm aber sagen, daß er für den Apostel nicht zu Hause sei. Da band Petrus einen großen Hund los, der an einer schweren Kette hing, und befahl ihm, den Simon aus der Versammlung zu holen. Der Hund lief in die Halle, legte seine Vorderpfoten auf die Schultern des Zauberers und sagte mit lauter Stimme: »Simon, Petrus, der Knecht Christi, steht vor der Tür. Er ruft dich zu sich; denn um deinetwillen ist er nach Rom gekommen, du Gottloser, du Verführer der einfachen Seelen!« Simon verstummte vor Schreck. Erst nach einiger Zeit forderte er den Hund auf, seine Anwesenheit gegenüber dem Apostel zu leugnen. Der Hund lehnte das Ansinnen mit heftigen Worten ab, kündigte dem Magier die ewige Strafe Gottes an und kehrte wieder zu Petrus zurück. Die Menge begleitete ihn vor das Haus. Simon blieb allein zurück. Der Hund prophezeite dem Apostel, daß er einen schweren Kampf mit Simon bestehen müsse; er werde aber viele bekehren und dafür den Lohn Gottes empfangen. Dann brach er vor den Füßen des Petrus tot zusammen.

Das Volk, das sich um Petrus drängte, wunderte sich sehr über den redenden Hund. Viele warfen sich Petrus zu Füßen und glaubten; viele aber verlangten noch weitere Zeichen von ihm, wenn sie glauben sollten. Petrus sah sich um. Da hing ein gesalzener Hering. Er nahm ihn vom Fenster, warf ihn in einen nahen Teich und befahl ihm, im Namen Christi wieder lebendig zu werden und zu schwimmen. Und der Fisch schwamm und schnappte nach Brotkrumen, die ihm zugeworfen wurden. Da wurde die Mehrzahl der Anwesenden gläubig.

Tag und Nacht versammelten sich Christen und Heiden im Hause des Presbyters Narcissus, Tag und Nacht verkündete Petrus dort das Wort Gottes, legte die Schriften aus und beantwortete Fragen. Der Senator Marcellus kehrte reumütig zum christlichen Glauben zurück. Er beschimpfte den Magier Simon und ließ ihn aus seinem Hause werfen. Seine Sklaven aber freuten sich, daß sie den Magier jetzt schlagen und quälen durften; denn er hatte vielen von ihnen schwere Strafen eingebracht. Übel zugerichtet erschien Simon vor dem Haus des Narcissus und forderte Petrus heraus. Der Apostel zeigte sich ihm aber nicht, sondern ließ ihm nur sagen, daß er bald die Strafe für alle seine Schandtaten erleiden müsse.

In diesen Tagen geschahen durch Petrus noch viele wunderbare Heilungen. Schließlich kam es auf dem Forum von Rom zwischen Petrus und Simon zu einem öffentlichen Streit, zu dem alle Präfekten, die Senatoren und viele Staatsbeamte erschienen. Dazu sammelte sich viel Volk, Gläubige und Ungläubige, Brüder des Apostels und Anhänger des Simon. Als Petrus den Platz betrat, riefen ihm die Herren zu: »Nun zeige uns, Petrus, wer dein Gott ist! Zeige uns, welche Macht dir Zuversicht verleiht! Denk nicht von vornherein übel von uns Römern! Wir lieben unsere Götter. Zeigt uns beide, was ihr könnt, damit wir endlich erfahren, wem wir in Wahrheit glauben sollen!« Auch Simon erschien, aber er war nicht mehr zuversichtlich.

Petrus schwieg lange. Weil ihm aber Christus im Traum erschienen war und ihn aufgefordert hatte, diesen öffentlichen Streit durchzustehen, rief er den Römern zu, er sei bereit, die Herausforderung anzunehmen. Der lebendige Gott werde die Wahrheit seines Glaubens bestätigen. Simon verschweige, daß Petrus ihn schon in Judäa als Betrüger entlarvt habe, er verschweige, daß er vor ihm nach Rom geflohen sei in der

Hoffnung, sich hier leichter verbergen zu können. Simon habe ihn einmal in Jerusalem flehentlich gebeten, die Macht zu heilen, an ihn weiterzugeben, und ihm dafür viel Geld geboten. Simon habe ihn dann verflucht, weil er sich geweigert habe, ihm die Hand aufzulegen. Nun werde der lebendige Gott Simon überwältigen. Der Magier möge in diesem ungleichen Kampf alle seine Künste entfalten. Bleibe Simon überlegen, dann sollten sie alles vergessen, was er, Petrus, gegen ihn gesagt habe.
Da rief Simon: »Du wagst es, von Jesus, dem Nazarener zu reden, von dem Zimmermannssohn, der selbst ein Zimmermann aus Judäa war? Höre Petrus, du stehst jetzt vor den Römern! Die Römer aber haben Verstand, sie sind keine Toren, die sich leicht betören lassen!« Nach diesen Worten wandte er sich an die ganze Versammlung und fuhr fort: »Römische Männer! Wird Gott geboren? Wird Gott gekreuzigt? Wer einen Herrn hat, kann selbst kein Gott sein!«
Viele spendeten ihm Beifall. Da erwiderte ihm Petrus: »Verflucht seien deine Worte gegen Christus! Du wagst es, den Sohn Gottes zu schmähen und herabzusetzen? Kennst du nicht die zahllosen Worte der Propheten, die ihn als Sohn Gottes ausweisen? ›Ein Stein ist losgehauen worden, nicht von Menschenhänden, und zerschmettert alle Reiche‹, ein ›auserwählter und köstlicher Stein‹. Aber ich will euch jetzt keine Prophetenworte auslegen. He, Simon, wie wäre es mit einem deiner betrügerischen Wunder? Fange an, damit ich allen mit Hilfe meines Herrn zeigen kann, daß du ein Lügner und ein Scharlatan bist!«
Simon erwiderte darauf mit frecher Miene: »Wenn es der Herr Präfekt erlaubt, werde ich euch die Sache nicht leicht machen.«
Der Präfekt wollte seine Langmut und seinen Gerechtigkeitssinn beweisen und ließ einen seiner persönlichen Pfleglinge kommen. Er forderte Simon auf, den Knaben zu töten, Petrus aber, ihn wieder ins Leben zurückzurufen. Dem Volk aber rief er zu: »An euch ist es jetzt, zu urteilen, wer von den beiden Gott wohlgefällig ist, der, welcher tötet, oder der, welcher lebendig macht!« Simon stand vor dem Knaben. Er redete ihm ins Ohr. Der Knabe verstummte und starb.
In diesem Augenblick ließ eine Witwe den Leichnam ihres

Sohnes vor Petrus niederlegen und rief: »Petrus, Knecht Gottes, mein Sohn ist gestorben, der einzige Sohn, den ich hatte!« Sie raufte ihre Haare und zerkratzte sich das Gesicht. Petrus aber streckte die Hände aus und bat den Vater, den Sohn der alten Frau zu erwecken. Dann sprach er: »Ich sage dir, Jüngling, stehe auf und diene deiner Mutter, so lange du ihr von Nutzen bist! Später wirst du zu Höherem berufen werden. Du wirst mir als Diakon und Bischof zur Seite stehen.« Und der Tote erhob sich. Das Volk verstummte vor Staunen. Dann brach der Jubel los, und die Menge schrie: »Es ist nur ein Gott, der Gott des Petrus!« Der Präfekt wandte sich aber nun an Petrus und sagte, er habe den Knaben im Vertrauen auf seinen Herrn durch Simon töten lassen, er habe ihn nicht verschont, obwohl er ein Liebling des Kaisers sei. Der Apostel erwiderte, Gott erhöre nur die Würdigen, er erhöre nur jene, die an ihn glauben; man dürfe Gott nicht versuchen. Um die Macht Gottes offenbar zu machen, werde er den Herrn trotzdem bitten, auch diesen Knaben wieder ins Leben zurückzurufen. Er forderte den Präfekten auf, die Hand des Toten zu ergreifen. Und der Knabe stand auf und war wieder lebendig. Das Volk aber rief: »Du Gott bist der wahre Heiland, Du Gott des Petrus, Du unsichtbarer Heiland!«

Die Kunde von diesen beiden Wundertaten verbreitete sich im Nu in der ganzen Stadt. Sie erreichte auch die Mutter eines Senators, der an diesem Tag gestorben war. Sie ließ sich zum Forum bringen und fiel dem Apostel zu Füßen und flehte ihn an, ihr den Sohn wieder zu schenken. Da sie beteuerte, an den einen Gott zu glauben, befahl Petrus, den Toten zu bringen. Inzwischen sprach er zu den Senatoren und zum Volk. Er erinnerte sie noch einmal daran, daß er ein sündiger Mensch sei wie sie, daß er aus eigener Kraft nichts könne. Er dürfe aber auf die Kraft Christi vertrauen, der ihn gesandt habe. Auf ihn setze er alle Hoffnung.

Junge Sklaven trugen den Leichnam des Senators Nicostratus. Die Mutter hatte sie aufgefordert, zum Zeichen der Freilassung Hüte aufzusetzen. Wehklagend folgten zahlreiche Senatoren und Matronen der Bahre; es war ein langer Zug, denn der Tote war außerordentlich beliebt gewesen. Auf dem Forum wurde die Leiche vor Petrus gelegt. Der Apostel forderte die Versammlung auf, jetzt gerecht zu urteilen über ihn und Simon. Sie sollten nun entscheiden, wer von ihnen beiden an den lebendigen Gott glaube. Könne Simon den Toten erwecken, dann sollten sie ihn als einen Engel Gottes betrachten. Könne Simon diese Aufgabe nicht bewältigen, dann werde er Gott bitten, der Mutter den Sohn wiederzugeben. Sie würden dann selbst erkennen, daß Simon nur ein Magier, nur ein Verführer sei. Alle billigten den Vorschlag des Apostels.

Man wurde da und dort schon ungeduldig und rief dem Simon zu: »Simon, was stehst du noch herum? Zeige öffentlich, was in dir ist! Überführe deinen Gegner der Unwahrheit oder lasse dich überführen! Los! Beginne!« Simon aber stand schweigend. Endlich rief er: »Römische Männer! Werdet ihr den Petrus aus der Stadt jagen, wenn ihr seht, daß der Tote auferstanden ist?« Das ganze Volk antwortete ohne Bedenken: »Wir werden ihn nicht verjagen, wir werden ihn verbrennen.« Simon trat nun an das Haupt des Toten; er beugte sich dreimal darüber und zeigte dem Volk, wie der Tote sich aufrichtete, wie er das Haupt erhob und bewegte und wie er die Augen öffnete. Dann wendete er sich ab und suchte Hölzer und Scheite zusammen, um den Petrus zu verbrennen. Die Römer machten einen wilden Lärm. Sie wollten den Apostel den Flammen übergeben.

Der Apostel aber stand auf und rief mit mächtiger Stimme, die allen Lärm übertönte, sie sollten sich doch nicht von einem Betrüger hinters Licht führen lassen. Der Tote sei nach wie vor tot. Ihre Augen, ihre Ohren und ihre Herzen seien geblendet und getäuscht worden. Wenn der Tote wirklich lebe, dann möge er reden, dann möge er aufstehen, er möge die Binde lösen, die sein Kinn halte, er möge seine Mutter rufen und zu der ganzen Versammlung sprechen, er möge ihr mit seiner Hand zuwinken. Wenn sie sehen wollten, wie tot der Tote immer noch sei, dann sollten sie Simon von der Bahre wegjagen. Da konnte sich der Präfekt Agrippa nicht mehr zurückhalten. Er ging selbst an die Bahre und trieb den Zauberer weg. Da sahen es alle: der Tote lag da wie zuvor. Nun tobte das Volk wieder und wollte den Simon bei lebendigem Leibe verbrennen. Petrus hatte große Mühe, sie davon abzuhalten. Er sagte, man dürfe Böses nicht mit Bösem vergelten, ja, man solle auch seine Feinde lieben und für seine Verfolger beten. Wenn Simon bereit sei, Buße zu tun, dann könne auch er die Gnade des Herrn erwirken. Könne er es nicht, dann sei er freilich seinem Vater, dem Teufel, verfallen. Sie sollten sich aber ihre Hände nicht mit seinem Blut beflecken.

Darauf trat Petrus vor den Leichnam und betete zu Christus und bat ihn, dem Toten zu erscheinen und ihn in Gegenwart aller zu erwecken. Dann berührte er die Seite des Nicostratus und sagte: »Steh auf!« Da stand der junge Senator auf und nahm seine Kleider an sich. Dann löste er die Binde unter seinem Kinn, verließ die Bahre und sprach zu Petrus: »Ich bitte dich, geh mit mir zu Christus, den ich mit dir reden sah! Er zeigte auf mich und sagte zu dir: ›Führe mir diesen Menschen zu, denn er ist mein!‹« Mit dankerfülltem Herzen wandte sich Petrus an die Versammlung und sagte: »Römische Männer! So stehen Tote auf! So reden sie, so gehen sie. Sie leben wieder bis zu der Zeit, die Gott ihnen bestimmt hat!« Dann aber rief er die große Versammlung auf, sich vom Götzendienst abzuwenden, die Sünden zu bereuen und an den wahren lebendigen Gott zu glauben.

Das Geheimnis des Kreuzes

ALS PETRUS nach Rom kam und dort predigte, galt die Hauptstadt der Welt nicht zu Unrecht als Sündenbabel, und es ist deshalb nicht verwunderlich, daß der Apostel mit besonderem Eifer aufrief, keusch zu sein. Viele römische Matronen verließen daraufhin die Ehebetten ihrer Gatten. Noch im Gefängnis empfing Petrus vier Beischläferinnen des Stadtpräfekten Agrippa. Er bekehrte sie, und sie brachen ihre Beziehungen zu dem mächtigen Präfekten ab. Geheime Beobachter meldeten dem Agrippa, daß Petrus ihm die Frauen abspenstig gemacht habe.

Er tat sich mit einem nahen Freund des Kaisers zusammen, mit Albinus, der alles einsetzte, um Petrus zu verderben, weil seine Frau Xandips ihn verlassen hatte. Diese Frau hörte von den finsteren Plänen der beiden Männer und warnte Petrus. Sie benachrichtigte auch seinen Schüler Marcellus und die anderen Brüder. Agrippa fand die Unterstützung des römischen Senats; denn dort fühlten sich viele betroffen, weil Petrus ihnen ihre Frauen entfremdet hatte. Der Apostel hatte indessen im Gefängnis seine beiden Wachsoldaten, Processus und Marzinianus, bekehrt und sie mit Wasser getauft, das er aus dem Felsen geschlagen hatte. Sie reichten ihm die Hand zur Flucht. Getaufte Senatoren, Marcellus, die anderen Brüder und zahlreiche Gläubige baten ihn dringend, zu fliehen. Petrus widerstand dieser Versuchung lange. Schließlich gab er doch nach. Er wollte aber die Hauptstadt der Welt verkleidet und ohne Begleiter verlassen. In der Nacht vor der Flucht betete er noch einmal mit der Gemeinde, segnete sie, nahm Abschied und ging. Vor dem Stadttor begegnete ihm Christus. Petrus fragte erstaunt: »Herr, wo gehst Du hin?« Christus antwortete: »Ich gehe nach Rom, um mich zum zweiten Mal kreuzigen zu lassen.«

Da erkannte Petrus, daß er sich mit der Flucht seiner Aufgabe entzogen hatte und der Fels ins Wanken käme, wenn der Erste, wenn der Fürst der Apostel auswiche. Er faßte guten Mut, kehrte um und berichtete seinen Brüdern, was er erlebt hatte. Obgleich er nun wußte, daß ihm der Tod am Kreuz gewiß war, ließ er sich von den Seinen nicht noch einmal umstimmen. Unter der Führung von Hieros kamen vier Knechte und zehn Mann. Sie rissen den Apostel aus der Mitte seiner Brüder und schleppten ihn gefesselt vor den Präfekten Agrippa. Dieser verhörte ihn. Petrus bestätigte ihm, daß er die römischen Götter verachtete. Daraufhin wurde er zum schändlichen Tod am Kreuz verurteilt.

Aber die Christen waren in Rom nicht mehr allein und verlassen. Schon auf dem Weg zu Agrippa hatte sich eine große Menschenmenge angesammelt, die jetzt laut über das harte Urteil klagte und die Begleitmannschaft des Apostels ernsthaft bedrohte. Petrus aber beschwichtigte die Glaubensgenossen und

Brüder. Das Volk begleitete ihn zur Richtstätte, zur Naumachie, nahe bei dem Obelisken auf dem Berg. Hier sprach er noch einmal zu ihnen und ermahnte sie, seine Kreuzigung nicht zu verhindern, ja, er bat sie, dem Agrippa nicht zu zürnen, denn der Präfekt sei nur ein Werkzeug des Teufels. Er pries das Kreuz als sichtbares Zeichen eines tiefen Geheimnisses, das er ihnen noch mitteilen werde. Dann trieb er die Knechte zur Eile an. Er bat sie, ihn mit den Füßen nach oben zu kreuzigen. Die Schergen erfüllten seinen Wunsch. Als das Kreuz aufgerichtet war, sahen die Versammelten plötzlich Engel mit Blumenkränzen. Petrus aber stand hoch auf dem Kreuz, und Christus übergab ihm ein Buch, aus dem der Apostel Worte über das Mysterium des Kreuzes las. Dann betete er für seine Herde und gab den Geist auf.

Marcellus nahm den Leichnam vom Kreuz, wusch ihn mit Milch und Wein, salbte ihn mit kostbaren Spezereien und legte ihn in einen neuen, nach Honig duftenden Sarg. Als er weinend am Sarge wachte, erschien ihm mitten in der Nacht der Apostel und mahnte ihn an das Wort: »Laß die Toten ihre Toten begraben!« Er forderte ihn auf, das Reich Gottes zu verkündigen und nicht um einen Lebendigen zu trauern.

Inzwischen hatte Kaiser Nero erfahren, daß Petrus gekreuzigt worden war. Er hatte dem Apostel weit schlimmere Qualen zugedacht; denn er wollte sich an ihm für den Tod des Magiers Simon rächen, der bei dem Versuch, in den Himmel aufzufahren, jämmerlich verunglückt war. Agrippa wurde nun für sein eigenmächtiges Vorgehen ins Gefängnis geworfen und abgesetzt. Er starb, verachtet und vergessen, einen schrecklichen Tod. Nero rächte sich grausam an den Freunden und Anhängern des Apostels. Petrus aber erschien den Seinen und warnte sie vor dem Kaiser wie vor einem tollwütigen wilden Tier. Auch den Kaiser Nero suchte er nachts heim, ließ ihn prügeln und befahl ihm, die Verfolgung der Diener Christi sofort einzustellen. Nero hielt daraufhin Ruhe. Die Brüder aber waren wieder fröhlich im Herrn, der heilige Petrus erschien ihnen viele Male, tröstete sie und richtete sie auf.

Sankt Peter und seine Mutter

MAN ERZÄHLT sich in Bulgarien, daß die Mutter des heiligen Petrus alles andere als heiligmäßig gelebt habe. Als Petrus ins Paradies aufbrach, lief sie ihm nach und rief: »Mein lieber Sohn, heilig gewordener Peter, bleib doch stehen, ich bitte dich! Warte auf deine Mutter! Ich will mit dir gehen, ins Paradies!« Petrus aber rief im Weitergehen zurück: »Bleib zurück, Mutter, bleib zurück! Du hast Schuld auf dich geladen! Nur dem, der ohne Schuld ist, öffnet sich das Paradies! Hör auf mich, Mutter! So kommst du nicht ins Paradies! Bleib zurück und tue Buße!«
Aber die Mutter ließ sich nicht abweisen. Sie lief immer hinter dem heiligen Petrus her. Da sagte er: »Erinnere dich doch, Mutter, du warst ein reiches Weib, du hattest ein großes Vermögen, du bist fast erstickt in deinem Überfluß. Aber du gabst niemandem etwas um Gottes willen. Erinnere dich an die beiden Bettler, Mutter! Sie standen vor deiner Haustür und spielten und bettelten, sie spielten gut, und sie hielten nur zwischen den Liedern ihre offenen Hände hin. Sie standen vom hellen Mittag bis in den Abend. Es war finstere Nacht, als sie gingen. Aber dein Herz blieb hart, Mutter, du gabst ihnen vom Mittag bis zum Abend nichts. Endlich holtest du eine Brotrinde, die drei Wochen alt war, und einen Bund Flachs. Das gabst du ihnen als Almosen. Und als die müden Bettler gingen, bereutest du deine Guttat schon wieder, da riefst du den Herrn an: ›Lieber Herrgott, goldener Herrgott, all mein Hab und Gut hab' ich verschenkt, daß es fremde Leute essen, fremdes Volk und Vagabunden! Was bleibt mir nun für meine Kinder?‹ Erinnerst du dich, liebe Mutter? Die zwei Armen waren keine Bettler! Sie waren Engel, die der Herr dir sandte.«
Aber die Mutter blieb nicht zurück. Da sprach der heilige Petrus weiter: »Erinnere dich doch Mutter! Die Nachbarn haben dich als Taufpatin gebeten. Aber du gingst nicht mit in die Kirche, du warst nicht bei der Taufe, du gingst erst zum Schmaus, du kamst erst zum Gelage. Und was schenktest du den Neugeborenen, Mutter? Weder Hemden noch Leinwand, keine Strümpfchen, keine Mützen. Erinnere dich, Mutter, nichts schenktest

du. Nackt und bloß warten jetzt die armen Kindlein auf dich. Was antwortest du, Mutter, wenn Gott dich fragt, warum sie nackt sind?« Nach einer kurzen Atempause begann Petrus wieder zu sprechen: »Erinnere dich, Mutter: Schenkwirtin warst du, mit rotem Wein fülltest du die Gläser. Fremde, Wanderer und arme Leute saßen in deiner Stube. Sie sagten zu dir: ›Du nimmst mehr, als du gibst!‹ Da fluchtest du: ›Bei Gott! Beim Teufel! Ich schenke euch voll ein und darum nehme ich voll!‹ Aber erinnere dich, Mutter! Du fülltest drei Viertel klares Wasser in die Gläser, du gabst dazu nur ein Viertel roten Wein. Du nahmst voll, aber du gabst nicht voll. Und wie war das mit dem Mehl, liebe Mutter? Zweimal, viermal, achtmal, sechzehnmal lieh dir die Nachbarin schönes reines Mehl. War nicht Asche in dem Mehl, das du der Armen zurückgabst?«

So redete der heilige Petrus, und seine Mutter folgte ihm, schon außer Atem, ohne ein Wort. Da kamen sie an eine leichte schwankende Brücke, die aus Haaren geknüpft war. Sie führte über den Abgrund der Hölle ins Paradies. Sankt Peter ging ohne Aufenthalt hinüber. Seine Mutter folgte ihm. Als sie aber in der Mitte der Brücke war, rissen die dünnen Seile, und die Mutter stürzte in den schwarzen Schlund der Hölle.

Drei Jahre betete der Fürst der Engel für sie. Drei Jahre und drei Tage betete Sankt Peter: »Lieber Herrgott, goldener Herrgott, meine Mutter ist eine große Sünderin, erbarme dich ihrer!« Drei Jahre verzieh der Herr nicht. Drei Tage darauf erbarmte er sich der Sünderin und sagte zu Petrus: »Ich gebe dir deine Mutter frei. Nimm ein langes gutes Seil und geh ans Meer. Lasse das Seil ins Meer hinab und von da in die Hölle, die darunter liegt. Befiehl der sündigen Seele deiner Mutter, daß sie an dem Seil hochklettere. Dort unten sind noch andere, dort unten sind noch siebzig andere sündhafte Seelen. Sie sollen den Saum ihres Kleides und ihrer Ärmel fassen, damit sie auf diese Weise mit deiner Mutter in unsere lichte Welt gelangen!«

Petrus tat, wie ihm befohlen. Aber das längste Seil, das er auftreiben konnte, reichte nicht bis zum Grund der Hölle. Da schnitt er sich die blonden Locken ab und stückte damit das Seil

an. Dann rief er hinunter: »Höre, Mutter! Sündige Seele meiner Mutter! Ich habe dich freigebeten. Nimm das Seil als Kletterseil! Siebzig andere sündige Seelen sollen sich an deinen Rocksaum, sollen sich an deine Ärmel klammern!« Die Mutter hörte die Rufe und ergriff das Seil und kletterte. Und mit ihr die siebzig Seelen. Als sie aber das weiße Licht der Welt wiedersah, packte sie der Stolz, ergriff sie der Neid. Sie schüttelte sich und rief den siebzig Seelen zu: »Laßt den Saum meines Kleides los, laßt meine Ärmel los, weicht zurück, ihr Schweinetöchter, ihr Hundesöhne! Ich habe den Sankt Peter gesäugt! Ich habe den Sankt Peter gewiegt! Wer von euch hat ihn gesäugt? Wer hat ihn gewiegt?« Als der liebe Herrgott das hörte, als der höchste Herrgott das vernahm, da ließ er das Seil brechen. Die sündige Seele der Mutter stürzte wieder in die Hölle zurück, die anderen Seelen entkamen.

Sankt Peter möchte Gott sein

UNSER LIEBER HERR wanderte mit Petrus durch das Ungarland. Da sagte der Apostelfürst plötzlich mitten in einem Gespräch: »Laß mich doch auch einmal Herrgott sein! Wenigstens für einen einzigen Tag. Ich werde dir zeigen, daß ich die Welt regieren kann!« Jesus gab sich große Mühe, ihm diesen törichten Gedanken auszureden. Aber Petrus hatte schon immer einen harten Schädel gehabt. Er ließ nicht ab von seinen Bitten, bis unser lieber Herr schließlich nachgab und sagte: »Nun, wenn du es nicht lassen kannst, dann regiere du heute, wie es dir gefällt. Ich möchte sehen, was dann aus der Welt wird.«

Und da stand auch schon ein prächtiger goldener Thronsessel. Aber Petrus kam nicht dazu, sich zu setzen; denn von der anderen Seite kam eine Frau aus dem Dorf, die ihre Kuh mit dem Kälbchen vor sich her trieb. Petrus ging ihr entgegen und fragte, wohin sie denn mit der Kuh wolle. Die Frau antwortete: »Das Vieh muß nur auf die Wiese, zum Weiden.« Damit gab sie der Kuh ein paar Hiebe mit dem Stecken und kehrte um. Die bei-

den Tiere trotteten allein weiter. Petrus rief erstaunt hinter ihr her: »Ja, wer sorgt denn nun für die Kuh, damit sie nicht in fremde Felder geht?« Die Frau drehte sich noch einmal um und sagte: »Der liebe Gott wird schon für sie sorgen. Ich habe mehr als genug im Hause zu tun. Vier kleine Kinder warten auf mich.«
Unser lieber Herr sagte lächelnd: »Hast du gehört, Petrus? Nun mußt du die Sorge für die Kuh und das Kalb übernehmen.« Und plötzlich hatte der heilige Petrus eine Hetzpeitsche um den Hals hängen. Er brauchte sie eher, als er gedacht hatte; denn das Kalb fing plötzlich an, jämmerlich zu brüllen, es ringelte den Schwanz, bockte ein paarmal und rannte, was es konnte, über Stock und Stein; und die alte Kuh immer hinter ihm her. Petrus blieb nichts anderes übrig, als mit seiner großen Peitsche auch hinterher zu rennen. Er rief immer wieder: »Hohö, mein Kühlein! Wohin denn, mein Kälbchen? Hohö!« Aber die guten Tiere verstanden seine Rufe nicht. Sie fühlten sich vielmehr von einem fremden Wesen verfolgt und rannten immer weiter, bis in den Mittag, bis in den Nachmittag, bis in den Abend. Die Sonne stand schon ganz tief, als der Apostel die müde Kuh endlich überholen und zurücktreiben konnte. Da standen sie nun wieder auf der alten Wiese, die Tiere waren abgetrieben und hatten den ganzen Tag nichts gefressen, und Petrus war todmüde, er konnte sich kaum mehr auf den Füßen halten und schimpfte furchtbar auf die Kuh. Er schimpfte mit Worten, die man sonst nicht aus dem Munde von Aposteln hört und die dem stellvertretenden Regenten der Welt schon gar nicht anstanden. Unser lieber Herr lachte, als er seinen Apostel so verzweifelt sah. Er sagte: »Das hast du nun davon! Du wolltest gerne Gott sein und die ganze Welt regieren! Jetzt hast du nicht einmal eine Kuh mit ihrem Kälbchen auf die rechte Weide führen können, und der schöne Tag ist vorbei.

Die Braut des heiligen Petrus

UNSER LIEBER HERR wanderte mit Petrus und Johannes durch die Bretagne. Sie sprachen über dies und das. Plötzlich sagte unser lieber Herr: »Es ist höchste Zeit, daß du heiratest, Petrus!«
»O Herr! Ich, in meinem Alter?«
»Ja, warum denn nicht?«
»Wen sollte ich schon heiraten, Herr?«
»Das erste Mädchen, das uns jetzt auf unserem Weg begegnet.«
»Meinetwegen! Wenn Ihr es so wollt!«
Es dauerte gar nicht lange, da kam ihnen eine Bauernmagd entgegen. Sie war ebenso häßlich wie schmutzig. Ihre Füße steckten in alten Holzschuhen, und ihre Beine waren von oben bis unten mit Kuhmist bespritzt.
»Da, schau, Petrus«, sagte unser Herr, »dort kommt deine Frau!«
Petrus verzog das Gesicht und erwiderte aufgeregt: »Dieses Weib, Herr? Nein, die wird gewiß nie meine Frau!«
»Ja, warum willst du sie denn nicht haben?«
»Sieh doch selbst, Herr! Sie ist schmutzig und häßlich, und jung ist sie auch nicht.«
»Nun, du bist auch nicht gerade jung, mein Freund! Auch du bist kein schöner junger Herr. Aber meinetwegen, ich will ein Auge zudrücken. Nimm die nächste, die uns begegnet!«
»Das ist mir sehr recht, lieber Herr! Ich kann mir nicht vorstellen, daß uns ein weibliches Wesen in den Weg kommt, das noch häßlicher ist.«
Aber es dauerte gar nicht lange, da begegnete ihnen eine alte Jungfer mit wackelndem Kopf und mit Triefaugen. Sie stützte sich schwer auf einen Stock und war noch viel schmutziger als die erste. Unser Herr wandte sich lächelnd um und sagte zu Petrus: »Nun gut, da ist also deine Frau.«
Petrus schüttelte heftig den Kopf, schnitt eine entsetzliche Grimasse und rief: »Niemals! Da war ja die erste noch besser! Aber ich will keine von beiden!«
»Ich hätte nicht gedacht, daß du mir solche Schwierigkeiten

machst, mein Lieber! Aber ich will noch einmal nachgeben. Bei der nächsten, die uns begegnet, gibt es dann freilich kein Pardon mehr. Du mußt sie nehmen, wie sie ist!«

»Das will ich gern, Herr! Es wird doch nicht noch schlimmer kommen?«

Die drei gingen stumm weiter. Jeder blickte angestrengt auf den Weg. Und da kam sie, da kam das alte Weib. Sie ging tief gebückt an ihrem Knotenstock, das heißt, eigentlich ging sie gar nicht, sie zog mühsam einen Fuß nach dem anderen hinter ihrem Stock her. Sie hatte nur noch ein Auge und zwei lange schwarze Zähne, die bei jedem Schritt wackelten. Zu allem Überfluß trug die alte Hexe noch einen Buckel mit sich herum. Ihre schmutzigen Lumpen stanken so, daß jedem übel wurde.

»Diesmal ist es nun wirklich deine Frau«, sagte der Herr.

Der arme Petrus seufzte tief auf, drehte vor Ekel seinen Kopf weg und sagte kein einziges Wort.

Unser Herr aber sprach: »Du hast die beiden anderen abgelehnt. Wir brauchen also jetzt keine weiteren Worte zu verlieren, mein Lieber. Du wirst diese Frau heiraten. Ihr werdet in der nächsten Stadt getraut.«

Sie setzten ihren Weg fort. Die Hexe schlurfte vergnügt neben ihnen her; denn sie hatte nicht erwartet, in ihrem Alter noch zu einem Mann zu kommen. Petrus aber wollte nicht neben ihr gehen, ja, er schaute sie nicht einmal an. Unser Herr hänselte ihn und sagte, er könne seine Braut ruhig etwas liebenswürdiger behandeln und ihr wenigstens den Arm reichen. Petrus aber schlich tief gebeugt und traurig hinterdrein.

So kamen sie an einer offenen Schmiede vorbei, die einem berühmten Meister gehörte, der sehr stolz auf sein Können war. Wer ihn nicht mit »Großer Schmied« oder »Meister aller Schmiede« anredete, der bekam von ihm keine Antwort. Unser Herr betrat mit seinen drei Begleitern die Werkstatt und sagte zu dem Meister: »Erlaubt mir bitte, auf eurem Amboß ein gutes Stück zu schmieden! Ich bin nämlich auch Schmied.« Der Meister sah ihn nur verächtlich an, zuckte mit den Schultern und sagte nichts. Dafür antwortete aber sein Geselle: »Mein lieber Mann, das ist nicht die Art und Weise, in der man mit meinem

Meister reden kann. Ihr müßt wissen, daß er der größte Schmiedemeister ist, der in dieser Welt lebt. Es gibt keinen, der sich mit ihm messen kann.«

»Und wie muß man Euren Meister anreden?«

»Auf diese Weise, den Hut in der Hand: ›Ich grüße Euch, großer Schmied, Meister aller Schmiede, Fürst der Schmiede; hättet Ihr die Güte, würdet Ihr mir ausnahmsweise erlauben, auf Eurem Amboß ein gutes Stück zu schmieden?«

»Schön«, sagte unser Herr, »ich werde ihn so anreden, wie Ihr vorgeschlagen habt.«

Er nahm seinen Hut in die Hand, verbeugte sich tief und sagte: »Gott grüße Euch, Herr Schmied, Meister aller Schmiede, Fürst aller Schmiede! Hättet Ihr die Güte, würdet Ihr mir ausnahmsweise erlauben, auf Eurem Amboß ein gutes Stück zu schmieden?«

Der Meister antwortete: »Mit Vergnügen, jetzt, wo Ihr mit mir redet, wie es sich gehört, mit Vergnügen!«

Die alte gebrechliche Mutter des Schmiedes saß am Feuer, um sich zu wärmen. Unser Herr bat sie, sich etwas weiter weg zu setzen. Dann nahm er die Braut des heiligen Petrus und warf sie in die Glut.

Die Mutter des Schmieds schrie laut auf: »Jesus! Was machst du da! Du Verbrecher!«

Unser Herr antwortete ihr in aller Ruhe: »Macht Euch keine Sorgen, Großmutter! Laßt mich nur weitermachen! Ihr werdet gleich sehen, daß ich nichts Böses tue.«

Petrus aber dachte: Du lieber Gott! Will er mich vielleicht von der alten Hexe befreien?

Nach kurzer Zeit nahm unser Herr die Alte mit Zangen aus dem Feuer und legte sie auf den Amboß wie ein Stück rotglühendes Eisen. Gleichzeitig forderte er alle anderen auf, sich Hämmer zu holen und ihm beim Schmieden zu helfen. Bald schlugen sie alle auf die Alte ein, als ob sie aus Eisen wäre. Der heilige Petrus hämmerte mit besonderem Vergnügen.

Dann steckte unser Herr die Alte noch einmal ins Feuer, ließ sie glühend werden, legte sie wieder auf den Amboß, und sie schmiedeten alle weiter. So machte er es noch drei- oder viermal. Die Braut des heiligen Petrus verlor auf diese Weise langsam ihren Buckel und alle ihre anderen Unförmigkeiten, sie wurde immer glatter, und schließlich stand ein hübsches junges Mädchen vor ihnen. Die Gehilfen des Herrn staunten sie an und brachten den Mund nicht mehr zu.

Unser Herr aber sagte: »Nun, Herr Schmied, Meister aller Schmiede, Fürst der Schmiede, kannst du das auch?«

Der Meister antwortete nicht. Er war wie vor den Kopf geschlagen. Unser Herr redete ihn noch einmal an und sagte: »Ich habe den Eindruck, lieber Meister, Meister aller Meister, Fürst der Schmiede, ich glaube, Ihr habt Euren Meister gefunden!«

»Das ist möglich. Aber ich werde versuchen, dieselbe Aufgabe zu lösen. Ich kann mir einfach nicht vorstellen, daß es in dieser Welt einen Schmied gibt, der eine Arbeit macht, die ich nicht auch leisten kann.«

Die drei Wanderer machten sich wieder auf den Weg, und das anmutige junge Mädchen ging mit ihnen. Petrus war sehr glücklich. Man mußte ihn jetzt nicht mehr bitten, die Braut an der Hand zu nehmen.

Kaum hatten die drei die Schmiede verlassen, sagte der Meister: »Es ist sehr fraglich, ob ich meinen Meister gefunden habe. Was dieser Mensch konnte, das muß ich auch können.« Und er nahm seine alte Mutter, warf sie ins Feuer und versuchte, sie mit seinem Gehilfen auf dem Amboß umzuschmieden. Aber sie ließ sich nicht wie glühendes Eisen bearbeiten. Sie war tot. Der Schmied war nahe daran zu verzweifeln. Er hatte seinen Meister gefunden, und er hatte bei dem Versuch, ihn zu übertreffen, seine Mutter umgebracht. Nun gab es für ihn nur die eine Hoffnung, daß der seltsame Schmied ihm helfen konnte. Er lief den drei Wanderern nach, so schnell er konnte. Er rief sie schon von weitem an, aber sie hörten ihn nicht. Er schrie: »Hallo! He! Hallo! Hört ihr mich denn nicht, ihr Herren ? ...« Sie hörten ihn sehr gut, aber sie taten so, als ob sie taub wären, und gingen ohne Aufenthalt weiter. Da wechselte der Schmied den Ton und schrie: »Meister, lieber Meister, im Namen Gottes ...«

Und unser Herr fragte zurück: »Was gibt's, lieber Mann?«

»O! Mir ist ein großes Unglück geschehen!«

»Was ist denn geschehen, Meister Schmied, Fürst der Schmiede?«
»Meine Mutter, meine arme Mutter! Sie ist tot!«
»Ja, wieso das?«
»Ich, ich wollte sie schmieden wie Ihr, ich wollte sie verjüngen, und ich habe sie getötet.«
»Ja wieso, ich verstehe Euch nicht. Habt Ihr mir nicht gesagt, daß Ihr der Meister aller Schmiede seid, habt Ihr mir nicht gesagt, daß es auf der ganzen Welt keinen gibt, der es mit Euch aufnehmen kann?«
»Ja, Ihr habt recht, ich habe das gesagt. Aber ich habe nun erfahren, daß ich es mit Euch nicht aufnehmen kann. Ihr seid mein Meister. Ich bitte Euch, mir zu verzeih'n!«
»Habt Ihr Eure Mutter sehr geliebt?«
»Ja, o ja! Ich habe sie sehr geliebt!«
»Und bereut Ihr, was Ihr getan habt?«
»O ja, ich bereue es, ich bereue es sehr, von ganzem Herzen bereue ich es! Ach, gebt mir meine liebe Mutter zurück!«
»Gut, geht heim in Euer Haus! Ihr werdet Eure Mutter dort am Leben und bei guter Gesundheit finden. Aber, seid in Zukunft bescheidener! Hütet Euch davor, zu behaupten, daß Ihr der Meister aller Meister seid.«
Der Schmied lief, so schnell er konnte, zurück in seine Werkstatt. Dort saß seine Mutter wie immer am Feuer und wärmte sich die Hände. Für ihn aber war es eine gute Lehre, nicht mehr so hochmütig und ehrgeizig zu sein wie früher.
Und Petrus? Hat er das Mädchen wirklich geheiratet? Das weiß keiner. Aber ich glaube doch; denn es gibt eine Geschichte von dem Sohn des heiligen Petrus.

Sankt Petrus und die Bienen

ALS UNSER lieber Herr mit dem heiligen Petrus über die Erde wanderte, ich weiß nicht mehr, ob es in Ungarn war, in der Bretagne oder in der Oberpfalz, da sagte Petrus zu ihm: »Es ist doch eine schöne Aufgabe, Gott zu sein!« Jesus fragte erstaunt: »Wie meinst du das? Warum?« Petrus erwiderte: »Nun, man kann den Witwen und Waisen helfen, man kann die Guten belohnen und die Bösen strafen. Weiß Gott, es gäbe keinen schlechten Menschen mehr auf der ganzen weiten Welt, wenn ich etwas zu sagen hätte!«

Jesus antwortete nicht auf diese Rede, denn er beobachtete gerade einen ausgeflogenen Bienenschwarm, der an einem Ast hing. Er bat Petrus, den Schwarm mit seinem großen Hut einzufangen und mitzunehmen. Petrus fegte den Schwarm in seinen Hut. Es waren aber sehr viele Bienen. Darum blieben ein paar an seiner Hand hängen. Als sie weitergingen, stach ihn plötzlich eine Biene in den Finger. Petrus jammerte laut und schleuderte den ganzen Schwarm auf den Boden.

Jesus fragte daraufhin: »Was ist denn los, Petrus? Was hast du denn gemacht?«

»Verdammt soll er sein, dieser Bienenschwarm, verdammt wie er es verdient! Eine Biene hat mich in die Hand gestochen!«

»Warum hast du denn die Biene nicht herausgesucht, die dich gestochen hat?«

»Ja, ich weiß doch nicht, welche es gewesen ist! Man kann sie ja nicht voneinander unterscheiden! Sie gleichen einander wie eine Linse der anderen.«

»Glaubst du, daß du die Menschen besser voneinander unterscheiden könntest? Was würdest du tun, wenn einer dich kränkt? Ich fürchte, du würdest die Unschuldigen mit den Schuldigen verdammen.«

Der Apostel Paulus und Kaiser Nero

VON KORINTH her war Paulus nach Rom gekommen. Er mietete vor der Stadt einen Getreidespeicher und verkündete dort zusammen mit Lukas und Titus das Wort Gottes. Sein Ruf fand überall in der großen Stadt Gehör und führte dem Herrn viele Seelen zu. Auch aus dem Kaiserhaus zogen Gläubige zu ihm hinaus, unter ihnen der junge Patroklus, der Weinschenk des Kaisers. Eines Tages kam Patroklus erst sehr spät, so daß er im überfüllten Speicher keinen Platz mehr fand. Da kletterte er von außen zu einem hoch gelegenen Fenster, um von dort aus das Wort Gottes zu hören. Der Teufel aber war eifersüchtig auf die Liebe der Brüder und ließ ihn so unglücklich abstürzen, daß er wie tot liegenblieb. Vorübergehende meldeten dem Kaiser Nero seinen Tod. Paulus aber bemerkte den Vorfall im Geiste, unterbrach seine Predigt und sagte: »Meine Brüder, der Böse will euch in Versuchung führen. Geht hinaus vor den Speicher. Dort werdet ihr einen Knaben finden, der von hoch oben abgestürzt ist. Er liegt in den letzten Zügen. Nehmt ihn vorsichtig auf und bringt ihn zu mir!« Als sie den sterbenden Weinschenk des Kaisers brachten, erschraken alle, die ihn sahen. Da sagte Paulus: »Brüder, jetzt muß sich die Stärke eures Glaubens bewähren! Laßt uns alle zu unserem Herrn Jesus Christus weinen und ihn bitten, daß dieser Knabe am Leben bleibt, damit uns der Kaiser nicht um dieses Toten willen verfolgt.« Als sie innig und in großer Angst beteten, kam der Knabe wieder langsam zu sich. Sie setzten ihn auf einen Esel und ließen ihn mit den anderen ziehen, die im Kaiserhaus wohnten.

Nero war sehr betrübt über den Tod seines Weinschenks. Als man ihm aber meldete, daß Patroklus lebe, wurde ihm unheimlich zumute, und er wollte nicht zur Tafel gehen. Als er den Knaben an seinem gewohnten Platz stehen sah, rief er außer sich: »Patroklus, du lebst? Wer hat das vollbracht, daß du wieder lebst?« Der Page antwortete, erfüllt von seinem jungen Glauben: »Christus Jesus, der König aller Weltalter!« Da erschrak der Kaiser und fragte weiter: »Dieser Christus soll also der König über alle Weltalter sein und alle anderen Reiche vernichten?« Patroklus aber antwortete darauf: »Ja, so ist es! Er wird alle Königreiche unter dem Himmel vernichten, er allein wird herrschen in alle Ewigkeit, neben seinem Königreich wird kein anderes Reich bestehen!« Da schlug Nero dem Pagen ins Gesicht und sagte: »Patroklus, streitest auch du für diesen König?« Und der Knabe antwortete dem Kaiser: »Ja! Er hat mich ja auch von den Toten erweckt.«

Da traten Barsabas, Justus der Breitfüßige, Orion der Kappadozier und Festus der Galater vor, die Vertrauten des Kaisers, und erklärten: »Auch wir streiten für diesen König aller Weltalter!« Der Kaiser aber ließ diese Männer, die er doch lieb hatte, fesseln und grausam foltern. Dann gab er den Befehl, alle Soldaten des großen Königs aufzuspüren und zu töten.

Mit der großen Menge der Gefangenen wurde dem Kaiser auch Paulus vorgeführt. Alle diese gefesselten Männer blickten zu dem Apostel auf. Daran erkannte Nero, daß er ihr Anführer war, und er sagte zu ihm: »Du also bist der Mann des großen Königs, gefesselt und ganz in meiner Gewalt! Wie kommst du dazu, heimlich in das Herrschaftsgebiet der Römer einzudringen und Soldaten anzuwerben?« Paulus aber antwortete ohne Furcht vor allem Volk: »Kaiser! Wir werben die Soldaten Christi nicht nur in deinem Reich an, sondern in der ganzen Welt. Wir haben den Befehl, niemanden auszuschließen, der für unseren König streiten will. Auch dich werden weder Macht noch Reichtum und aller Glanz retten, wenn du dich ihm nicht unterwirfst und für ihn streitest. Denn der Tag wird kommen, an dem er die Welt mit Feuer vernichtet.« Als Nero das hörte, befahl er, alle Gefangenen zu verbrennen; Paulus aber sollte nach dem Gesetz der Römer als ihr Anführer enthauptet werden. Paulus verkündete das Wort Gottes auch im Gefängnis weiter. Er predigte vor dem Präfekten Longus und dem Zenturio Zestus, die dort das Kommando führten. Der Böse aber ließ indessen durch Nero zahllose Christen ohne Richterspruch töten. Schließlich sammelten sich viele Römer vor dem Palast des Kaisers und riefen: »Es ist genug, Kaiser! Diese Menschen gehören doch auch zu unserem Volk! Du schwächst die Kraft der Römer, wenn du sie in Massen hinrichten läßt!« Da befahl der Kaiser, daß niemand einen Christen anrühren dürfe, dessen Fall nicht genau untersucht war.

Auch Paulus wurde noch einmal vorgeführt. Nero blieb aber bei seinem Urteil und befahl ihn zu enthaupten. Da sprach Paulus: »Kaiser, ich streite für meinen König nicht nur in der kurzen Zeit meines irdischen Lebens. Laß mich enthaupten! Ich werde wieder aufstehen und dir beweisen, daß ich auch dann noch für meinen Herrn Jesus Christus lebe, der kommen wird, die ganze Welt zu richten!« An der Richtstätte aber fragten Longus und Zestus den Apostel: »Woher habt ihr Christen diesen Glauben an euren König, den ihr nicht verleugnet, auch wenn es das Leben kostet?« Paulus aber erklärte ihnen das Wort Gottes und sagte: »Gebt euren Irrglauben auf und laßt euch retten vor dem Feuer, das über die ganze Erde kommen wird! Wir Christen streiten nicht für einen König von dieser Welt; wir streiten für den lebendigen Gott, der vom Himmel kommen wird, um über diese sündige Welt zu Gericht zu sitzen. Wohl allen Menschen, die an ihn glauben. Sie werden ewig leben, wenn er die Erde verbrennt, um sie zu reinigen.« Da baten ihn die beiden: »Hilf uns! Wir werden dich dann auch freilassen.« Paulus aber erwiderte: »Ich bin kein Überläufer Christi. Ich gehorche als Soldat dem Gesetz des lebendigen Gottes. Ich würde euer Angebot annehmen, wenn ich wüßte, daß ich für immer sterbe. Ich lebe aber für Gott, und ich liebe mich selbst. Darum gehe ich ein zum Herrn, um einst mit ihm in der ganzen Herrlichkeit seines Vaters wiederzukommen.« Da klagten Longus und Zestus: »Wie aber sollen wir leben, wenn du enthauptet bist?«

Während sie so redeten, kamen Beauftragte des Kaisers, um festzustellen, ob Paulus schon enthauptet sei. Paulus rief ihnen aber zu: »Glaubet an den lebendigen Gott, der mich und alle, die an ihn glauben, von den Toten erwecken wird!« Die beiden Männer antworteten nur: »Jetzt müssen wir erst Nero Bericht erstatten. Wenn du aber gestorben und auferstanden bist, dann wollen wir an deinen Gott glauben.« Longus und Zestus aber flehten Paulus immer dringlicher an, sie zu retten. Da sagte er schließlich zu ihnen: »Kommt morgen in aller Frühe an mein Grab. Dort werdet ihr Titus und Lukas beim Gebet finden. Sie werden euch das Siegel im Herrn geben.«

Dann wandte sich Paulus gegen Osten, erhob die Hände zum Himmel und betete lange. Als er fertig war, hielt er seinen Hals hin, ohne ein Wort zu sagen. Der Scharfrichter schlug ihm den Kopf ab. Da spritzte Milch auf die Röcke der Soldaten. Alle wunderten sich sehr und priesen Gott. Dann gingen sie und meldeten dem Kaiser, was geschehen war.

Der Kaiser war sehr überrascht von dieser Meldung, die ihn erschreckte und ratlos machte. Um die neunte Stunde aber stand er mit vielen Philosophen und dem Zenturio zusammen. Da trat plötzlich Paulus vor ihn und sagte: »Kaiser! Siehe, ich Paulus, der Soldat Gottes, ich stehe vor dir. Ich bin nicht tot. Ich lebe ewig meinem Gott. Dich aber wird der Herr schlagen! Dich wird schon in wenigen Tagen schwere Strafe treffen. Denn du Elender hast das Blut der Gerechten vergossen.« Nach diesen Worten verließ Paulus den Kaiser. Nero war tief erschrocken. Er gab sofort den Befehl, alle Gefangenen freizulassen, auch den Patroklus, den Barsabas und ihre Gefährten.

Longus und Zestus aber gingen am nächsten Morgen voller Furcht zum Grab des Paulus. Dort fanden sie zwei Männer beim Gebet. Zwischen ihnen aber stand Paulus selbst. Das unbegreifliche Wunder erschreckte sie sehr. Die beiden Betenden aber, Titus und Lukas, flohen, als sie die römischen Soldaten sahen. So kam es, daß Longus und Zestus ihnen nachlaufen mußten. Sie riefen fast verzweifelt: »Wir wollen euch doch nicht ans Leben, ihr ehrwürdigen Männer Gottes! Wir wollen euch doch bitten, uns das Leben zu schenken, das Paulus uns verheißen hat, der eben noch zwischen euch stand und betete!« Als Titus und Lukas dies hörten, kehrten sie um, erteilten den Römern das Siegel im Herrn, freuten sich mit ihnen und priesen den Gott und Vater unseres Herrn Jesus Christus. Ihm sei Ehre in Ewigkeit! Amen!

Johannes, der Lieblingsjünger des Herrn

MAN ERZÄHLT sich, daß Johannes, der Apostel und Evangelist, von väterlicher und von mütterlicher Seite aus dem königlichen Geschlecht der Jesse stamme. Er soll ein Neffe der heiligen Jungfrau und damit ein Blutsverwandter Christi gewesen sein. Als die Apostel zwölf Jahre nach der Himmelfahrt des Herrn losten, in welche Länder ein jeder ziehen müsse, um das Wort Gottes zu verkünden, fiel dem Johannes Asien zu. Johannes brach darüber in Tränen aus; denn nun mußte er die Mutter Maria verlassen, die ihm der Herr noch am Kreuz anvertraut hatte. Ferner bekannte er offen vor den anderen Aposteln, daß er sich vor den Gefahren der Überfahrt fürchte. Aber er bereute diese Schwäche, gab die Mutter Jesu in die Obhut seiner eigenen Mutter Salome und schiffte sich zusammen mit Prochoros, einem der zweiundsiebzig Jünger, auf einem ägyptischen Frachtschiff nach Ephesus ein.

Auf dem Schiff sprach Johannes mit seinem Begleiter über die Gefahren der See und forderte ihn auf, drei Monate in Ephesus auf seine Ankunft zu warten, wenn sie durch ein Schiffsunglück voneinander getrennt werden sollten. Bald nach diesem Gespräch kam ein schwerer Sturm auf, dreimal entging das Schiff mit knapper Not dem Untergang, während der dritten Nachtwache wurde es schließlich von drei kurzen, aber mächtigen Wellen überflutet. Es zerschellte. Die sechsundvierzig Mann der Besatzung trieben lange im Meer, wurden dann aber ans Ufer gespült, wo sie viele Stunden erschöpft am Strand liegenblieben. Nur Johannes fehlte. Erst am Abend fanden sie den Weg in die nahe Stadt Seleukia, wo man die Schiffbrüchigen freundlich aufnahm und verpflegte. Als sie gesättigt und wieder kräftig genug waren, ihr Schicksal zu bedenken und zu bereden, erklärte die Mannschaft, Johannes sei gewiß ein Magier. Er habe das Unglück verursacht, weil er sich in den Besitz der wertvollen Ladung setzen wollte. Als Prochoros ihnen nichts über den Verbleib des Apostels sagen konnte, schleppten sie ihn vor den Ortsrichter. Er wurde ins Gefängnis geworfen, mit dem Tode bedroht und nur auf Veranlassung eines hohen Beamten aus Antiochia wieder freigelassen.

Prochoros begab sich nun allein auf den Weg nach Asien und kehrte nach vierzig Tagen in einer Herberge am Meer ein, um auszuruhen. Wieder drohte ein Unwetter, eine große Woge trug einen Menschen ans Ufer. Prochoros lief mit den andern hin, um zu helfen. Da erkannte er Johannes, der vierzig Tage und vierzig Nächte im Meer getrieben hatte. Sie stärkten sich im nächsten Dorf mit Brot und Wasser und zogen dann zusammen hinein nach Ephesus. Johannes wies seinen Jünger an, niemandem ihren Namen und den Zweck ihrer Reise zu sagen. Sie setzten sich am Platz der Artemis vor den Eingang eines Bades. Dort herrschte die rauhe und gewaltige Bademeisterin Romana, die ihre Badeknechte derart mit Schlägen traktiert hatte, daß keiner bei ihr geblieben war. Als sie die beiden armen Schiffbrüchigen sah, bot sie ihnen Arbeit bei wenig Brot und noch weniger barem Lohn an. Johannes mußte ihr als Heizer, Prochoros als Wasserträger dienen. Aber Johannes konnte mit dem Ofen nicht richtig umgehen. Die Badegäste beschwerten sich, und Romana prügelte und beschimpfte ihn. Prochoros wurde rot vor Zorn. Der Apostel aber tadelte ihn deswegen und predigte ihm Geduld. Die Bademeisterin nutzte die Rechtlosigkeit der Fremden aus und bezeichnete sie einem Sachwalter gegenüber als Sklaven, die ihren Eltern vor Jahren entlaufen, jetzt aber wieder eingefangen worden seien. Die Kaufbriefe seien verlorengegangen. Der Sachwalter möge für Ersatz dieser Papiere sorgen. Der Sachwalter, der Romanas Liebhaber war, ging nur zögernd auf diesen Handel ein, aber der Apostel machte es ihm leicht. Er unterschrieb eine Urkunde, nach der sie flüchtige Sklaven waren. Die drei glaubwürdigen Zeugen waren schnell gefunden.

Bald wurden die beiden jedoch als Christen erkannt. Wunder bewiesen den Götzenanbetern die Allmacht des Christengottes. Trotzdem wurde Johannes mit vielen anderen vom Landpfleger des römischen Kaisers Domitian als Feind der Götter verhaftet und ins Gefängnis geworfen. Die von bösen Geistern aufgehetzte Menge forderte den Tod des Apostels. Einer aus dem Volk wollte seine Landsleute dazu anstiften, den Johannes und den Prochoros ohne Urteil und Recht auf der Stelle zu töten, weil sie sich der Zerstörung des Artemistempels schuldig gemacht hätten. Die Menge aber schleppte die Angeklagten vor den Landpfleger, der ihnen keine Schuld nachweisen konnte und sie aus der Stadt wies. Da klagten die Hellenen und die Juden der Stadt Ephesus beim Kaiser und erreichten die Verbannung der beiden Männer auf die Insel Patmos.

Hundert Mann schifften sich ein, um die zwei gefesselten Jünger des Herrn sicher auf die Insel zu bringen. Die saßen in der

Mitte des Schiffes und konnten sich nicht vom Fleck rühren. Ihre Nahrung bestand aus sechs Unzen Brot, einem Maß Wasser und einem Maß Essig je Tag. Die Mannschaft aber lebte herrlich und in Freuden. Am dritten Tag hielten die Seeleute ein lärmendes Gelage, tranken reichlich Wein, spielten und tanzten. Dabei fiel ein junger Mann über Bord. Sein Vater erhob ein lautes Klagegeschrei und wollte sich seinem Sohn nachstürzen. Aber die anderen hinderten ihn daran. Nun weinten alle, nur Johannes nicht. Die Männer stellten ihn deshalb zur Rede. Darauf fragte Johannes jeden von ihnen, an welchen Gott er glaube. Jeder nannte einen anderen, und Johannes fragte weiter, warum keiner von den vielen Göttern helfen könne. Darüber vergingen drei Stunden. Johannes hatte Mitleid mit dem Vater. Er ließ sich aufhelfen, trat an den Rand des Schiffes und gebot dem Meer, den Toten wieder herzugeben. Da kam ein Sturm auf, der das Schiff in eine andere Richtung zwang, und plötzlich warf eine große Woge den noch lebenden Jüngling vor die Füße des Apostels. Da fiel die ganze Besatzung vor ihm in die Knie und pries seinen Gott als den wahrhaftigen Gott. Man nahm den Gefangenen die Fesseln ab, und sie erhielten von nun an die gleiche Verpflegung wie die Mannschaft. In der Nacht hatte das Schiff noch einen schweren Sturm zu bestehen. Nach drei Tagen und drei Nächten legte es dann im Hafen von Epidaurus an, wo ein alter Feind des Apostels wohnte. Sobald dieser hörte, wer mit den Soldaten an Bord war, kam er auf das Schiff und beschimpfte Johannes und Prochoros. Einer der kaiserlichen Gardisten gebot Ruhe und wies ihn vom Schiff. Daraufhin wiegelte der Widersacher die Einwohner von Epidaurus auf, warnte sie vor dem Magier, der über den Ort nur Unheil bringen werde, und wollte sie dazu bringen, das kaiserliche Schiff in Brand zu stecken. Als die Einwohner erfuhren, daß Johannes nicht in Epidaurus bleiben solle, gaben sie das Vorhaben widerstrebend auf. Sie luden aber die Soldaten zu sich ein und bewirteten sie reichlich. Bei dieser Gelegenheit ließen sich diese wieder gegen den Apostel aufhetzen. Sie hatten seine Guttaten vergessen, legten ihn wieder in Fesseln und reichten ihm nur Wasser und Brot. Dann segelten sie weiter. Krankheiten unter der Mannschaft und widrige Winde hielten das Schiff viele Wochen auf. Da mußte Johannes den Männern wieder helfen. Als kein Trinkwasser mehr an Bord war, verwandelte er Meerwasser in süßes Wasser und rettete damit alle vor dem Tod des Verdurstens. Wieder lösten sie seine Fesseln, baten ihn um Verzeihung und boten ihm die Freiheit an. Der Apostel lehnte das Anerbieten jedoch ab und forderte sie auf, ihren Auftrag ordentlich zu erfüllen. Er predigte auf dem Schiff und konnte noch viele taufen, ehe er an Land ging.

Die Insel Patmos war damals ein steiniges, unfruchtbares Eiland. Es gab kein Gras und keine Blumen, dafür aber schwere Stürme und Ungewitter. Aber die Natur der Insel änderte sich völlig, nachdem der Apostel sie betreten hatte. Stürme und Ungewitter wurden immer seltener, es grünte überall, die Insel wurde fruchtbar. Gott der Herr wollte, daß sein Apostel durch kein äußeres Ungemach gestört würde, sollte er doch das Buch der Offenbarung niederschreiben. Johannes bekehrte alle, die auf der Insel wohnten.

Es verging kein Jahr, da wurde der Kaiser Domitian erschlagen, und der römische Senat widerrief alle seine Befehle und Entscheidungen. Auf diese Weise erhielt auch Johannes seine Freiheit wieder. Er kehrte nach Ephesus zurück. Das Volk zog ihm jubelnd entgegen und holte ihn feierlich in die Stadt, in der er noch viele Jahre predigte, gegen die Heiden kämpfte und viele bekehrte. Als er schon sehr alt war, schenkte ihm einer ein lebendiges Rebhuhn. Dem Apostel, der damals kaum mehr gehen konnte, machte das zahme Tier große Freude. Zuweilen sah man, wie er es fütterte, es streichelte und mit ihm spielte. Ein junger Mann nahm daran Anstoß. Er sagte: »Seht doch, wie der Alte sich kindisch gebärdet!« Johannes spürte diese feindliche Gesinnung und rief den Jüngling zu sich. Der junge Mann fragte ihn, ob er wirklich Johannes sei, den alle heilig nannten. Es könne doch nicht sein, daß er sich mit solchen Kinderspielen abgebe. Statt zu antworten, fragte der Apostel seinen Gegner, was er in der Hand habe.

»Einen Bogen.«

»Wozu brauchst du diesen Bogen?«

»Ich schieße mit ihm nach den Vögeln und auch nach anderen Tieren.«
»Zeige mir doch bitte, wie du das machst!«
Da spannte der Jüngling den Bogen. Als Johannes nicht weiter darauf achtete, ließ er die Sehne wieder locker hängen. Der Apostel fragte ihn, warum er das mache. Der junge Mann antwortete: »Es ist nicht gut, den Bogen lange gespannt zu lassen. Er wird dadurch schlaff und verliert die Spannkraft.« Johannes erwiderte darauf: »Nun, aus dem gleichen Grund ist es nicht gut, das Gemüt in dauernder Spannung zu halten. Es erschlafft, wenn er überanstrengt wird, und verliert eines Tages die Fähigkeit, sich zu himmlischen Dingen zu erheben. Der Adler steigt höher als alle anderen Vögel, er fliegt geradewegs zur Sonne empor, aber auch er muß am Ende wieder die Erde aufsuchen, auch er sucht einen Baum, um sich auszuruhen. Auch der Mensch kann sich nicht unaufhörlich mit hohen Dingen beschäftigen. Er bedarf vielleicht noch mehr als andere Lebewesen der unschuldigen Erholung.« Johannes wurde neunundneunzig Jahre alt, bis ihn der Herr zu sich nahm.

Die gehorsamen Wanzen

AUF DER REISE nach Ephesus kehrte der Apostel Johannes mit seinen Begleitern in einer einsamen Herberge ein, in der sie für Johannes nur eine alte, gebrechliche Bettstatt fanden. Die Brüder legten Decken und Laken, die sie mitgebracht hatten, auf die nicht sehr saubere Unterlage und baten den Apostel sich auszustrecken und zu ruhen. Die anderen schliefen alle auf dem Fußboden. Kaum hatte sich Johannes hingelegt, da wurde er von Wanzen überfallen. Als die Tiere immer lästiger wurden und die Nacht halb vorbei war, sagte er plötzlich so laut, daß alle es hören konnten: »Ich sage euch, ihr Wanzen, nun seid folgsam, verlaßt für diese Nacht eure gewohnte Wohnstätte und sammelt euch alle ruhig an einem Platz, an dem ihr die Knechte Gottes nicht belästigt!« Als die Brüder das hörten, lachten sie.

Johannes aber drehte sich um und schlief alsbald ein. Alle, die mit ihm zusammen waren, wurden in dieser Nacht von keiner Wanze geplagt.

Als der Tag schon heraufdämmerte, sahen die Frühaufsteher auf der Tür des Zimmers einen großen Haufen Wanzen, der sich völlig ruhig verhielt. Sie weckten die anderen Brüder und beobachteten die Wanzen, die sich nicht bewegten. Johannes schlief noch. Sobald er erwacht war, teilten sie ihm ihre Beobachtungen mit. Er betrachtete die merkwürdige Versammlung auf der Tür und sagte zu den Wanzen: »Nachdem ihr euch so ruhig und brav verhalten habt, kommt jetzt wieder an euren gewohnten Platz!« Mit diesen Worten stand er auf. Die Wanzen aber wuselten in aller Eile von der Tür zur Bettstatt, liefen zwischen seinen Füßen durch, kletterten hoch und waren im Nu in den Ritzen der Bettstatt verschwunden. Da sagte Johannes: »Diese Tiere haben nur die Stimme eines Menschen gehört; sie haben die gegebenen Gebote befolgt und sich ruhig verhalten. Wir aber hören die Stimme Gottes und überhören trotzdem seine Gebote und werden sorglos. Wie lange noch?«

Heiligenlegenden

Barlaam und Joasaph

ALS DAS Christentum im fernen Indien schon weit verbreitet war, lebte dort ein mächtiger König, der ein Feind der Christen war, vor allem aber ein Feind der Mönche. Seine Verfolgungen fachten die erlöschende Liebe zum Christentum wieder an, schreckten die Sicheren auf und ermunterten die Trägen. Alle fasteten, beteten und wachten, um bereit zu sein, wenn der Herr sie als Zeugen aufriefe. Viele, die fürchteten, einer schweren Prüfung nicht gewachsen zu sein, entsagten der Welt, verteilten ihren Besitz an die Armen und retteten sich in die Wüste. Unter ihnen war auch einer der ersten Männer des Hofes, der Freund und Vertraute des Königs: Barlaam. Der König ließ ihn überall in der Wüste suchen. Man griff ihn auf und brachte ihn vor das Angesicht des Herrschers. Der König erlaubte dem Einsiedler ein freies Wort. Barlaam versuchte, ihn durch eine lange Predigt für das Christentum zu gewinnen. Der König entließ ihn im Zorn in seine Klause.

Um dieselbe Zeit wurde dem König der erste und einzige Sohn geboren, Joasaph. Fünfundfünfzig Weise und Sternkundige mußten ihm das Horoskop stellen. Alle fanden, daß er ein mächtiger und glücklicher König sein werde. Der Weiseste der Weisen aber sagte: »Dein Sohn wird auf eine andere Weise groß sein als du, mein König! Sein Reich wird nie vergehen; denn er wird ein geistiges Reich beherrschen. Wenn nicht alles trügt, wird dein Sohn Christ werden. Er wird den Glauben festigen und verbreiten, den du mit deinen Ratgebern unterdrückst.«

Diese Prophezeiung bewegte den König sehr. Er fürchtete Mißerfolg und Schande für seine Regierung. Darum ließ er in einem entlegenen Teil der Stadt einen prächtigen Palast bauen, der wie eine Festung von Wall und Graben umgeben war. In diesem von aller Welt abgeschlossenen Palast ließ er seinen einzigen Sohn erziehen. Er gab ihm schöne Knaben und Jünglinge als Gespielen und Gesellschafter und verbot, in Gegenwart seines Sohnes vom Tod, von Krankheiten, vom Altern oder von der Armut zu sprechen; denn er hatte beobachtet, daß die Furcht vor diesen Ereignissen die Menschen dazu brachte, Christen zu werden. Erkrankte einer der Gespielen, wurde sofort ein anderer gesunder Jüngling berufen. Über Christus und das Christentum durfte niemand mit dem Prinzen sprechen. Ausgesuchte Lehrer unterrichteten ihn in allen Künsten und Wissenschaften. Er wurde in jeder Weise und mit aller Sorgfalt auf sein königliches Amt vorbereitet. Als der Prinz in die Jahre kam, in denen man sich eigene Gedanken macht, fragte er seinen Vater, warum er ihn wie in einen goldenen Käfig einschließe. Der König zeigte sich einsichtig. Er ließ ihm aber nur begrenzte Freiheit. Wenn der Prinz in seinem prächtigen Wagen ausfuhr, ritten Diener voraus und räumten alles aus dem Weg, was ihn auf trübe Gedanken bringen konnte.

Trotzdem kamen ihm eines Tages zwei gebrechliche Menschen in den Weg, ein Aussätziger und ein Blinder. Erstaunt fragte der Prinz, wie diese Menschen zu ihren Gebrechen gekommen seien, ob alle Menschen damit rechnen müßten, und ob man im voraus bestimmen könne, wer erkranke. Als man ihm antwortete, daß niemand sein Schicksal vorauswisse, beschäftigte ihn zum ersten Mal der Gedanke an die Zukunft, und er wurde nachdenklich. Ein andermal begegnete er einem Greis, der nur mühsam, tief gebückt gehen konnte und dessen Rede kaum zu verstehen war, weil ihm alle Zähne ausgefallen waren. Joasaph hörte zum ersten Mal, daß das Alter über alle Menschen komme, und daß das Ende des Alters der Tod sei, der keinen verschone. Aber niemand beantwortete ihm die Frage, was den Menschen nach dem Tod erwarte.

Um diese Zeit lebte Barlaam als Einsiedler in den Einöden des Landes Sinear. Im Traum wurde ihm geoffenbart, was in der Seele des jungen Mannes vor sich ging. Er verkleidete sich als Kaufmann, ging in den Palast des Prinzen, bat um ein Gespräch mit dem Haushofmeister und sagte: »Ich bin Kaufmann und will einen Stein verkaufen. Dieser Stein hat die Kraft, die Blinden sehend, die Tauben hörend, die Lahmen gehend, die Blöden weise zu machen. Wie ich höre, liebt der Prinz Edelsteine. Ich will ihm deshalb das Kleinod zeigen. Führt mich zu ihm!« Der Haushofmeister sah den Fremden lange an und sagte: »Ihr seht nicht aus wie ein Kaufmann. Aber zeigt mir Euren Stein. Ich verstehe einiges von diesen Dingen. Wenn ich den Stein so finde, wie Ihr ihn beschreibt, dann könnt Ihr mit einer guten Bezahlung rechnen.« Barlaam antwortete: »Mein Stein hat eine merkwürdige Eigenschaft: wer ihn betrachtet, muß gesunde Augen und ein reines Gewissen haben, sonst verliert er die Kraft, die der Allmächtige in ihn gelegt hat. Wie ich sehe, habt Ihr kranke Augen. Der Prinz aber soll noch von allen dunklen Mächten unberührt sein und schöne, gesunde Augen haben. Aus diesem Grunde möchte ich ihm den Stein zeigen, und zwar ihm ganz allein.« Da erwiderte der Haushofmeister: »Wenn das so ist, dann will ich den Stein nicht sehen. Ich habe wirklich kranke Augen und kann mich auch nicht von Sünden freisprechen. Ich werde dich zum Prinzen führen.«

Der Prinz empfing den verkleideten Eremiten mit großer Ehrerbietung, so daß Barlaam zu ihm sagte: »Ich sehe, Ihr seid ein verständiger junger Mann. Ihr nehmt mich freundlich auf, obgleich ich schlecht gekleidet bin. Ihr beurteilt die Menschen nicht nach dem äußeren Schein.« Dann sprach er lange über den äußeren Schein und den inneren, den wahren Wert und machte seine Lehre an vielen Beispielen deutlich. Dem Prinzen gefielen die Reden, die ihm Antwort auf viele unausgesprochene Fragen gaben. Er ließ Barlaam alle Tage zu sich kommen, und der Eremit tat alles, um seinem Schüler den »Stein der Weisen« zu übergeben, der ihn verwandeln und zum wahren Glauben führen sollte. Er verkündete die Gebote des Christentums und machte dem Prinzen die Nichtigkeit des Götzendienstes begreiflich. Er sprach über die Eitelkeit dieser Welt und die Vergänglichkeit aller irdischen Freuden, über die Dauerhaftigkeit von Glaube, Liebe und Hoffnung, und über den ewigen Gewinn, den gute Werke und Almosen im Jenseits bringen.

Joasaph folgte den Reden des Eremiten mit wachsender Aufmerksamkeit. Eines Tages sagte er: »Ich will alles verlassen und dir folgen.« Barlaam erwiderte aber: »Wenn du das jetzt tust, dann ziehst du die Aufmerksamkeit des Königs auf meine Brüder. Du wirst mit diesem Schritt eine Verfolgung auslösen. Bleib zunächst, wo du bist. Warte einen geeigneten Zeitpunkt ab, um zu mir zu kommen.« Dann taufte Barlaam den Königssohn, küßte ihn und zog wieder in die Wüste.

Als der König hörte, daß sein Sohn Christ geworden war, war er sehr niedergeschlagen. Selbst seinen Vertrauten gelang es nicht, ihn zu trösten. Einer riet ihm, den Prinzen durch eine Täuschung wieder zum alten Glauben zurückzubringen. Er kannte einen Einsiedler, der noch an die alten Götter glaubte und dem ehrwürdigen Barlaam in allen Stücken ähnlich war. Er sollte geholt werden, um mit dem Prinzen und anderen über Religionsfragen zu diskutieren. Er sollte zunächst den christlichen Glauben verteidigen, dann aber sich von den anderen überzeugen lassen. Alle hofften, daß der Prinz sich der Entscheidung des vermeintlichen Lehrers beugen werde. Joasaph war sehr betrübt, als er hörte, daß sein verehrter Lehrer gefangen sei. Er merkte aber bald, daß die Heiden nicht den wahren Barlaam gefangen hatten und ihn nur täuschen wollten.

Zuvor aber ging der Vater noch einmal zu seinem Sohn, um ihm ins Gewissen zu reden. Er sagte: »Mein Sohn, du hast schweres Leid über mich gebracht! Du hast mein graues Haar geschändet, du hast meinen Augen das Licht geraubt. Warum hast du mir das angetan, mein Sohn? Warum verleugnest du den Glauben deiner Väter?« Joasaph erwiderte: »O Vater, warum sollte ich die Finsternis nicht vertauschen gegen das Licht, die Lüge gegen die Wahrheit? Bemühe dich nicht um mich! So wenig du das Weltmeer ableiten kannst, so wenig du mit deiner Hand das Himmelsgewölbe erreichst, so wenig kannst du mich trennen von meinem Herrn Jesus Christus.« Der König war tief betrübt. Dann wurde er zornig und sagte: »Weh mir! Wer trägt die Schuld für diese üble Sache? Wer anders, als ich selbst. Ich habe dich durch meine große Güte verwöhnt. Darum bist du frech und halsstarrig geworden, darum verspottest du das väterliche Ansehen. Aber höre nun, was ich dir sage: du hast die Wahl, gehorche mir oder ich kenne dich nicht mehr als meinen Sohn.« Joasaph aber antwortete: »Du warst immer gütig gegen mich, Vater, wer wollte das bezweifeln! Du hast es von Herzen gut mit mir gemeint. Aber Gott meint es noch besser mit mir. Ich kann wegen der Sohnschaft dir gegenüber nicht die Kindschaft gegenüber Gott aufgeben.«

Der Vater ging im Zorn. Seine Ratgeber meinten, er hätte den Sohn nicht so hart tadeln, vielmehr versuchen sollen, ihn in Güte zu gewinnen. Der Vater wartete eine Zeit und versuchte es noch einmal in Güte. Aber der Prinz blieb fest. Da schlug ihm der König vor, die Entscheidung von einem öffentlichen Disput mit Barlaam abhängig zu machen. Joasaph erklärte sich damit einverstanden. Er nahm aber den falschen Barlaam beiseite und drohte ihm: »Du weißt am besten, was du gelehrt hast. Bleibst du bei diesem Glauben, dann werde ich dich zeitlebens hoch ehren. Läßt du dich aber überreden, dann reiße ich dir mit eigener Hand das Herz aus der Brust und werfe es den Hunden vor.« So wurde der Afterlehrer in seinen eigenen Schlingen gefangen. Er beschloß, dem Königssohn zu gehorchen, um so einem schmählichen und sicheren Tod zu entgehen. Der Disput mit dem falschen Barlaam dauerte bis tief in die Nacht. Zur Überraschung des Königs vertrat der Afterprophet die christlichen Lehren. Die Unterredung sollte am nächsten Tag fortgesetzt werden. Joasaph aber nahm sich den falschen Barlaam noch einmal vor und sagte zu ihm: »Ich weiß sehr wohl, daß du nicht Barlaam bist, sondern Nachor, der Astrologe.« Dann predigte der Prinz so lange und mit solchem Eifer, daß der Mann sich taufen ließ und auch in die Wüste ging.

Als der Magier Theodor von diesem unerwarteten Ausgang des Disputs hörte, riet er dem König, die Gefolgsleute des Prinzen abzulösen und ihn nur mit ausgesucht schönen Mädchen zu umgeben. Joasaph kam dadurch kurze Zeit in große Unruhe und Not. Es gelang ihm aber, alle Versuchungen durch Gebete zu bannen. Da schickte der König ihm die verwaiste Tochter des benachbarten Fürsten, ein Weib von großer Schönheit. Joasaph bewunderte sie, doch bedrückte ihn, daß dies edle Gefäß eine Beute des Teufels werden sollte. Darum versuchte er, sie zu bekehren. Sie aber sagte: »Wenn du willst, daß ich an Christus glauben soll, dann nimm mich zum Weib.« Joasaph erklärte ihr, daß er dem Herrn gelobt habe, sich sein Leben lang zu enthalten, und daß er dies Gelöbnis nicht mehr zurücknehmen könne. Da versprach sie ihm, Christin zu werden, wenn er nur diese Nacht mit ihr schlafe. »Dann will ich mit Tagesanbruch Christin werden. Wenn im Himmel Freude ist über jeden Sünder, der Buße tut, wie groß muß dann der Lohn sein für eine solche Bekehrung!« Diese Versuchung brachte den Prinzen in große Not. Da zeigte ihm ein Engel im Traum die Stadt Gottes und die ewige Seligkeit, und er blieb seinem Gelöbnis treu.

Nun gab der König die Hoffnung auf, seinen Sohn jemals zurückzugewinnen und trat ihm auf den Rat seiner Vertrauten die Hälfte des Reiches ab. Joasaph hätte lieber dem Thron entsagt und sich in die Wüste zurückgezogen. Aber er übernahm das Regiment, um als Herrscher den christlichen Glauben auszubreiten. Er errichtete überall Kirchen und Kreuze und bekehrte alle seine Untertanen. Sein Beispiel wirkte sogar auf den Vater. Auch er ließ sich bekehren und taufen. Nach dem Tod des alten Königs gab Joasaph die Regierung ab und ging in die Wüste. Das Volk aber holte ihn wieder zurück. Endlich gelang es ihm doch, die Einsiedelei zu erreichen. Er tauschte die Kleider mit einem Bettler. Dann irrte er lang durch die Wildnis und suchte Barlaam. Er fand ihn hoch in den Bergen in einer Höhle. Joasaph rief ihm vom Eingang aus zu: »Deinen Segen, mein Vater! Deinen Segen!« Barlaam erkannte sogleich die Stimme des Jüngers. Sie blieben von nun an zusammen, fasteten und beteten. Barlaam starb im Jahr 380 nach Christi Geburt, Joasaph lebte fünfunddreißig Jahre als Eremit. Der König holte die Leichname der beiden Männer heim in die Stadt, wo sie als Heilige verehrt wurden.

Maria Magdalena

MARIA MAGDALENA, die Schwester der heiligen Martha und des heiligen Lazarus, war ein fröhliches und anmutiges Mädchen, auf allen Festen gefeiert und umschwärmt. Auch Johannes, der spätere Evangelist, verehrte sie und wurde so vertraut mit ihr, daß sie sich miteinander verlobten. Da kam unser aller Herr und rief Johannes auf, ihm zu folgen. Johannes verließ Vater und Mutter und seine junge, schöne Braut und wurde ein Jünger Christi. Maria Magdalena blieb unmutig und ohne Trost zurück. Bald verfiel sie anderen Liebhabern. Sie gab sich allen preis und verlor darüber ihren Namen; denn alle nannten sie nur noch die öffentliche Sünderin.

Eines Tages aber überkam sie der Ekel vor diesem Leben, und sie ging in das Haus des Pharisäers Simon, weil sie hörte, daß Jesus dort bei Tische saß. Dort weinte sie über ihre Schande. Sie wusch dem Herrn die Füße mit ihren Tränen und trocknete sie mit ihren Haaren, mit denen sie vorher viele verführt hatte. Als die Gastgeber das sahen, dachten sie bei sich: Wenn er wirklich ein Prophet wäre, dann wüßte er, was für ein Weib ihn anrührt, er wüßte, daß sie eine öffentliche Sünderin ist. Da fragte Jesus den Simon: »Es hatte ein Gläubiger zwei Schuldner. Einer war fünfhundert Groschen schuldig, der andere fünfzig. Da sie aber nichts hatten zu bezahlen, schenkte er's beiden. Sage an, welcher unter denen wird ihn am meisten lieben?« Simon antwortete und sprach: »Ich glaube der, dem er am meisten geschenkt hat.« Der Herr aber sprach: »Du hast recht gerichtet!« Dann aber wandte er sich dem Weibe zu und sprach zu Simon: »Siehst du dieses Weib? Ich bin in dein Haus gekommen; du hast mir kein Wasser gegeben für meine Füße; sie hat aber meine Füße mit ihren Tränen genetzt und mit den Haaren ihres Hauptes getrocknet. Du hast mir keinen Kuß gegeben. Sie aber hat nicht nachgelassen, meine Füße zu küssen. Du hast mein Haupt nicht mit Öl gesalbt; sie aber hat meine Füße mit Salbe gesalbt. Derhalben sage ich dir: Ihr sind viele Sünden vergeben, denn sie hat viel geliebt; welchem aber wenig vergeben wird, der liebt wenig.«

Jeder weiß, daß Maria Magdalena dem Herrn seither treu folgte. Sie stand mit seiner Mutter und Johannes unter dem Kreuz, und ihr gab Jesus den Auftrag, den Jüngern mitzuteilen, daß er zu seinem Vater im Himmel aufgefahren war. Zwölf Jahre nach der Himmelfahrt Christi vertrieben die Juden alle

seine Anhänger aus der Stadt Jerusalem. Der Apostel Petrus ließ nur eine kleine Gruppe unter der Obhut des heiligen Maximian zurück. Darunter war auch Maria Magdalena. Die Juden aber luden diese Männer und Frauen auf ein Schiff und gaben ihnen weder zu essen noch zu trinken, sie gaben ihnen keine Segel und keine Ruder. So trieben sie übers Meer. Der Engel des Herrn führte das Schiff in den Hafen von Massilia (Marseille). Dort wohnten damals noch Ungläubige. Sie nahmen die Fremden nicht auf und gaben ihnen auch nichts zu essen. Sie mußten unter freiem Himmel lagern und litten große Not.
Da stand Maria Magdalena auf und predigte den Heiden mit heiligem Eifer. Sie erzählte ihnen von Jesus Christus und von dem einigen Gott, sie stellte ihnen die Torheit der Abgötterei vor Augen und rief sie auf zu ihrem neuen Glauben. Sie bezauberte die Menge mit der Gewalt ihrer Rede und mit ihrer Schönheit, sie überwand den Unglauben mit ihrem Glauben, und viele wurden bekehrt. Um diese Zeit kam der mächtige Fürst des Landes mit seiner Frau nach Massilia, um den Götzen zu opfern und sie um einen Nachfolger zu bitten. Er ließ sich von Maria Magdalena nicht überzeugen. Da erschien sie seiner Frau und ihm des öfteren im Traum und forderte sie auf, den Christen zu helfen. Da nahm der Fürst sie mit den Ihren in sein Haus und erklärte ihr: »Ich nehme deinen Glauben an, wenn du mir durch deinen Gott einen Erben verschaffst.« Maria Magdalena betete zu Gott für den Fürsten. Bald darauf fühlte die Fürstin sich schwanger.
Maria Magdalena blieb in Massilia, wo Maximian Bischof wurde. Sie tat dort noch viele Zeichen und Wunder. Eines Tages aber war sie der Welt überdrüssig. Sie verließ die Gemeinde und ging in die Wildnis, in eine rauhe Gegend, in der es weder Wurzeln noch Bäume, in der es nicht einmal Quellen gab. Dort fand sie eine Höhle, in der sie dreißig Jahre lang beschaulich lebte. Sie aß und trank nicht. Der Herr aber sandte ihr alle Tage seine Engel, welche sie sieben Stunden lang in die Lüfte hoben. Hoch über den Wolken schwebend vernahm sie die Gesänge der himmlischen Heerscharen und sah die Klarheit des göttlichen Angesichts. So wurden ihr Geist und ihr Leib gesättigt.

Als es an der Zeit war, daß sie aus dem Leben scheiden sollte, fügte es Gott, daß ein frommer Einsiedler sah, wie sie in den sieben Stunden über ihrer Höhle schwebte. Er wunderte sich sehr und wartete, was denn mit ihr geschehen würde. Als er sah, daß die Engel sie wieder in ihre Höhle brachten, nahm er sich ein Herz, ging bis auf einen Steinwurf an die Höhle heran und rief: »Die du in dieser Höhle wohnst, wer du auch seist, sage mir bei Gott, wer du bist; sage mir, was Gott mit dir beginnt!« Aber er bekam keine Antwort. Er rief ein zweites Mal und hörte wieder keine Antwort. Erst nach dem dritten Mal erwiderte ihm Maria Magdalena: »Hast du nie von Maria Magdalena gehört, von der großen Sünderin, welche die Füße Jesu mit ihren Tränen wusch und sie mit ihren Haaren abtrocknete?« Da antwortete der Klausner: »Davon habe ich wohl gehört. Nach den Lehren der Kirche ist das vor weit über dreißig Jahren geschehen.« Dann horchte der Einsiedler wieder und hörte die unbekannte Stimme sagen: »Ich bin diese Maria Magdalena. Ich habe dreißig Jahre in dieser Wildnis gelebt. Der tägliche Anblick der göttlichen Klarheit und die himmlische Musik haben mich in dieser Zeit erquickt und satt gemacht. Jetzt aber hat mir der Herr offenbart, daß ich aus dem Leben gehen soll. Darum bitte ich dich, gehe zu unserem Bischof Maximian und sage ihm, er solle morgen am Tag der Auferstehung des Herrn allein in die Kirche gehen. Die Engel werden mich dorthin bringen.«

Obgleich der Klausner nur die Stimme gehört und niemanden gesehen hatte, eilte er zum Bischof und berichtete, was er gehört hatte. Maximian dankte Gott für diese Nachricht und war zur bestimmten Stunde allein in der Kirche. Da sah er Maria Magdalena hoch in den Lüften schweben und mit ausgebreiteten Armen beten. Heilige Engel trugen sie. Von dem täglichen Anblick der göttlichen Klarheit leuchtete ihr Gesicht so sehr, daß es erträglicher war, in die helle Sonne zu schauen. Als sie Maximian sah, sprach sie: »Tritt her zu mir und fürchte dich nicht, Vater! Meide deine Tochter nicht!« Da trat der fromme Bischof zu ihr und reichte ihr den Leib des Herrn. Sie empfing ihn unter Tränen. Dann warf sie sich vor dem Altar nieder. In der Morgendämmerung verließ ihre Seele den Leib und wanderte zum Herrn. In der Kirche aber verbreitete sich ein lieblicher Geruch, der sieben Tage und sieben Nächte anhielt. Maximian aber ließ einen Marmorsarg bauen und ihre Zeichen und die Geschichte ihres Lebens in den roten Stein graben. Dann begrub er sie und befahl den Seinigen, ihn dereinst neben der Heiligen beizusetzen.

Thekla, die Magd des lebendigen Gottes

ALS DER Apostel Paulus nach der Flucht aus Antiochien hinauf ins Gebirge zog, kam er auch in die alte Stadt Ikonium, wo er im Hause des Onesiphorus gastfreundlich aufgenommen wurde. Dort traf sich die kleine christliche Gemeinde, dort predigte er über die dreizehn Seligpreisungen, über die Enthaltsamkeit und die Auferstehung. Im Hause gegenüber wohnte Thekla, ein Mädchen aus den vornehmen Kreisen von Ikonium. Sie hörte von ihrem offenen Fenster aus aufmerksam den Predigten des Apostels zu und vergaß darüber Essen und Trinken und Schlafen, ihre Familie und ihren Verlobten Thamyris. Wie eine Spinne saß sie an ihrem Fenster; sie beneidete die vielen jungen Menschen, die ungehindert in das Nachbarhaus gehen und Paulus von Angesicht zu Angesicht sehen konnten. Sie war gefangen von seinen Worten, ergriffen von der neuen Lehre, die er verkündete. Vergeblich bemühten sich Mutter und Bräutigam, sie wieder an sich zu ziehen. Schließlich weinten alle bitterlich, Thamyris um die Frau, die er verlor, die Mutter um ihr Kind, die Mägde um ihre junge Herrin.
Da verließ Thamyris das Haus im Zorn und mischte sich unter die Leute, die bei Paulus ein- und ausgingen. Er kam mit zwei ungetreuen Begleitern des Apostels ins Gespräch und lud sie in sein Haus. Er liebte Thekla und wollte wissen, mit welcher List Paulus die jungen Männer und Frauen dazu verführte, die Ehe zu meiden. Beim Wein erklärten ihm die beiden abtrünnigen Männer, Paulus verspreche die Auferstehung nur denen, die rein bleiben und das Fleisch nicht beflecken. Sie rieten ihm, den

Apostel dem Statthalter Kastilius vorzuführen und ihn anzuklagen, weil er die Menschen zu der neuen Lehre der Christen überrede. Der Statthalter müsse Paulus dann hinrichten lassen, und Thamyris bekomme Thekla zur Frau.

Eifersüchtig und zornig rief Thamyris hohe Beamte, Polizisten und eine große Menge Volks zusammen und zog mit ihnen am nächsten Morgen vor das Haus des Onesiphorus, um Paulus zu stellen. Laut schreiend rief er ihm zu: »Du hast die ganze Stadt der Ikonier betört! Du hast meine Verlobte dazu verführt, sich von mir abzuwenden! Auf! Zum Statthalter Kastilius!« Das Volk ließ sich mitreißen und rief: »Weg mit diesem Gaukler, mit diesem Zauberer! Er hat alle unsere Frauen betört!« Vor dem Tribunal erhob Thamyris laute Anklage: »Prokonsul! Dieser Mensch, von dem wir nicht einmal wissen, woher er kommt, dieser Gaukler verleitet unsere Jungfrauen dazu, nicht zu heiraten! Laß ihn darüber aussagen, warum er das lehrt!« Die beiden Abtrünnigen flüsterten ihm zu: »Bezeichne ihn doch als Christen! Damit lieferst du ihn dem sicheren Tod aus!« Der Statthalter aber rief Paulus auf und sagte: »Du hast die schwere Anklage gehört. Wer bist du und was lehrst du?«

Paulus erhob seine Stimme und sprach: »Du hast mich gefragt, Prokonsul, so höre: Der lebendige Gott, der strafende Gott, der eifernde Gott, der allmächtige Gott, der für sich selbst nichts begehrt, hat mich gesandt, die Menschen vor der ewigen Verdammnis zu retten. Er will, daß ich sie wegziehe von den vergänglichen Dingen, von der Unreinheit, von aller Lust und von allen Lastern, die nur zum ewigen Tode führen. Er will, daß sie nicht mehr sündigen. Gott hat seinen eigenen Sohn in diese Welt gesandt, und ich verkünde die frohe Botschaft und lehre, daß er die einzige Hoffnung der Menschen ist, weil er als einziger mit dieser verirrten Welt Mitleid hatte; denn er will nicht, daß sie unter der ständigen Drohung des letzten Gerichts stehen, sondern daß sie Glauben haben, Gott fürchten und die rechte Würde erkennen und die Liebe zur Wahrheit. Wieso tue ich Unrecht, Prokonsul, wenn ich lehre, was Gott mir offenbart hat?« Der Statthalter hörte Paulus an und befahl dann, ihn zu fesseln und ins Gefängnis zu bringen.

Als Thekla hörte, daß Paulus verhaftet worden war, schenkte sie dem Türhüter ihres Elternhauses ein wertvolles Armband und dem Gefängniswärter einen silbernen Spiegel, ging zu dem Apostel hinein und setzte sich zu seinen Füßen nieder. Paulus war frei von jeder Angst, erzählte ihr von den großen Taten Gottes und stärkte ihre Zuversicht und ihren Glauben. Thamyris aber und ihre Angehörigen fanden sie dort erst nach langem Suchen. Sie riefen wieder das Volk auf, zogen zum Statthalter und berichteten ihm.

Da ließ der Prokonsul den Apostel und Thekla vor seinen Richterstuhl kommen. Das Volk aber schrie: »Er ist ein Gaukler! Er ist ein Zauberer! Weg mit ihm!« Der Statthalter ließ Paulus ausführlich über die heiligen Taten Christi berichten. Er hörte ihm sogar mit einem gewissen Wohlwollen zu. Dann fragte er Thekla, die dem Befehl, vor dem Tribunal zu erscheinen, mit Freuden gefolgt war: »Warum heiratest du nicht Thamyris nach dem Gesetze der Ikonier?« Sie aber stand da, gab keine Antwort und blickte unverwandt Paulus an. Da schrie ihre eigene Mutter laut auf und rief: »Verbrenne sie; denn sie bricht das Gesetz! Verbrenne sie; denn sie verletzt den Brautstand! Verbrenne sie mitten im Theater, damit alle Frauen, die sich von diesem Mann betören ließen, Furcht bekommen!« Der Statthalter zögerte lange mit seinem Urteil. Dann ließ er Paulus geißeln und zur Stadt hinausjagen, Thekla aber mußte auf den Scheiterhaufen.

Das ganze Volk zog mit dem Statthalter ins Theater, um das unabwendbare Schauspiel zu sehen. Thekla aber war der Menge gegenüber allein und suchte wie ein verirrtes Lamm in der Wüste mit großen Augen den Hirten, den Apostel Paulus. Da sah sie am anderen Ende des Theaters, weit jenseits der Menge, den Herrn sitzen. Sie erkannte ihn aber nicht, denn er zeigte sich ihr in der Gestalt des Paulus, so daß sie bei sich dachte: »Nun ist Paulus erschienen, um nach mir zu sehen. Als ob ich allein nicht standhaft sein könnte!« Sie blickte unverwandt auf die Erscheinung. Aber der Herr ging davon in den Himmel.

Jünglinge und Jungfrauen trugen Holz und Stroh und errichteten den Scheiterhaufen. Als man Thekla nackt hereinführte, kamen dem Statthalter die Tränen, so sehr beeindruckte ihn die Seelenkraft, mit der sie ihr Schicksal trug. Als die Henker sie auf den Scheiterhaufen steigen ließen, breitete sie die Arme aus. Sie stand hoch oben wie ein Kreuz. Dann wurde ein gewaltiges Feuer angefacht, aber die Flammen rührten sie nicht an. Gott hatte Erbarmen: die Erde grollte und eine schwere schwarze Wolke schüttete ihr Wasser aus und löschte das Feuer. Viele kamen in Gefahr, manche wurden getötet, Thekla aber wurde gerettet.

Sie verließ die Stadt und suchte Paulus. Nach sechs Tagen fand sie ihn bei dem Ort Daphne in einer offenen Grabanlage. Dort hauste er mit seinen Freunden aus Ikonium und fastete und bat Gott um die Rettung Theklas vor dem Feuer. Sie nahmen das Mädchen mit Freuden auf, dankten und priesen Gott für dieses Wunder, und Thekla sagte zu Paulus: »Ich werde mir die Haare abschneiden und dir nachfolgen, wohin du auch gehst.« Paulus warnte sie vor den vielerlei Versuchungen, denen sie sich aussetze. Da bat sie ihn, ihr das Siegel in Christus, die Taufe, zu spenden. Paulus aber sagte: »Thekla! Habe Geduld! Wenn die Zeit erfüllt ist, dann wirst du das Wasser der Taufe empfangen.«

Paulus schickte seine Freunde wieder zurück nach Ikonium und brach mit Thekla auf nach Antiochia. Sie hatten die Stadt kaum betreten, da entbrannte ein vornehmer Syrer in Liebe zu Thekla, obgleich er sie nur im Vorbeigehen gesehen hatte. Er bot Paulus reiche Geschenke und Geld. Der Apostel aber sagte: »Ich kenne die Frau nicht, von der du redest. Ich habe auch nicht über sie zu verfügen.« Da umarmte sie der Syrer mitten auf der Straße. Thekla aber verteidigte sich, schrie, zerfetzte seinen Umhang, riß ihm den Kranz vom Kopf und machte ihn auf diese Weise vor allen Leuten lächerlich. Der mächtige Mann aber wollte die Schande nicht auf sich sitzen lassen und führte sie dem Statthalter vor. Thekla bekannte sich zu ihrer Tat und wurde zum Tierkampf verurteilt. Die Frauen der Stadt empörten sich gegen dieses Urteil und riefen: »Ein böses Urteil! Ein ruchloses Urteil!« Deshalb erlaubte ihr der Statthalter, bis zum Kampftag in das Haus der reichen Tryphäna zu ziehen, einer

Frau aus königlichem Geschlecht, deren Tochter wenige Tage vorher gestorben war. Auf diese Weise blieb Thekla unberührt. Am Tag vor dem Tierkampf wurden die wilden Bestien in einem Umzug durch die Stadt geführt. Man setzte Thekla auf eine Löwin und band sie fest. Das Tier blieb aber ruhig und leckte ihr die Füße. Dieses ungewöhnliche Verhalten der Löwin brachte das Volk auf, und immer mehr schrien: »Ein ungerechtes, ein ruchloses Urteil soll in dieser Stadt vollzogen werden!« Dem Zug wurde eine Tafel mit der Aufschrift »Religionsschänderin« vorangetragen. Nach dem Umzug nahm Tryphäna die vereinsamte Thekla wieder zu sich und hielt sie wie ihre eigene Tochter.

Am nächsten Morgen kam der reiche Syrer selbst, um Thekla in die Arena zu bringen. Tryphäna aber wies ihn schroff ab und schrie ihn an, daß er die Flucht ergriff. Da schickte der Statthalter Soldaten. Sie führten Thekla ab. Tryphäna wich nicht von ihrer Seite und jammerte um sie wie um ihre eigene Tochter. Im Theater aber erhob sich großer Lärm. Die einen riefen: »Bringt endlich die Religionsschänderin herein!«, die anderen schrien: »Fluch über diese Stadt! Töte uns Frauen alle, Prokonsul! Ein Schandurteil!« Und die wilden Tiere brüllten mit. Thekla wurde mit Gewalt von Tryphäna getrennt, man riß ihr die Kleider vom Leib und gab ihr nur einen kleinen Schurz. Dann wurde sie in die Arena gestoßen, und die Löwen und Bären wurden losgelassen. Eine wilde Löwin sprang als erste auf sie zu und legte sich vor ihre Füße. Die Frauen schrien laut auf. Da stürzte sich eine Bärin auf Thekla. Die Löwin stellte sich ihr entgegen und zerriß die Bärin. Ein zweiter Löwe kämpfte so lange mit der Löwin, bis beide zusammenbrachen und verbluteten. Da jammerten die Frauen noch mehr, weil nun Theklas Verteidigerin tot war. Thekla aber stand ruhig vor den wilden Tieren, hatte die Arme ausgebreitet und betete.

Als sie ihr Gebet gesprochen hatte, wandte sie sich um und sah einen tiefen, mit Wasser gefüllten Graben. Da sprang sie in das Wasser und sprach bei sich: »Im Namen Jesu Christi nehme ich am letzten Tage meines Lebens die Taufe!« Die Frauen und das Volk aber riefen ihr zu: »Stürze dich doch nicht selbst ins Wasser! Die Robben werden deine Schönheit zerfetzen!« Sogar dem Statthalter kamen die Tränen. Da schlug ein Blitz in den Graben, und die Robben schwammen tot auf dem Wasser. Thekla aber umgab eine feurige Wolke, die ihre Nacktheit verhüllte und alle Tiere abhielt.

Als nun neue, noch furchtbarere Tiere auf Thekla gehetzt wurden, erhoben die Frauen ein lautes Klagegeheul und warfen Narde, Lorbeer, Amomum und andere Spezereien in großer Menge in die Arena. Die Tiere schnupperten daran, wurden benommen und rührten Thekla nicht an. Der reiche Syrer aber sagte zum Statthalter: »Ich habe noch besonders wilde Stiere. Wir wollen die Tierkämpferin an sie binden.« Nur unwillig gab der Statthalter dazu die Erlaubnis. Man band Thekla an den Füßen zwischen die Stiere. Um die Tiere wilder zu machen, hielt man glühende Eisen an ihre Lenden. Sie jagten davon. Aber die Flammen hatten die Stricke versengt, und Thekla war frei.

In diesem Augenblick kam die Meldung, daß Tryphäna am Portal tot zusammengebrochen sei. Sie hatte das Theater verlassen wollen, als sie den sicheren Tod Theklas vor Augen hatte. Da gebot der Statthalter Einhalt, und allen im Theater wurde es unheimlich. Der reiche Syrer warf sich dem Statthalter zu Füßen und flehte: »Erbarme dich meiner und der Stadt. Laß die Tierkämpferin frei! Wenn der Kaiser hört, daß Tryphäna bei diesem Tierkampf am Portal der Arena gestorben ist, dann vernichtet er mit uns die ganze Stadt.«

Da ließ der Statthalter Thekla mitten aus der Horde der wilden Tiere zu sich rufen und fragte sie: »Wer bist du, daß kein einziges der Tiere dich angerührt hat?« Thekla aber antwortete: »Ich bin eine Magd des lebendigen Gottes. Wer nicht an ihn glaubt, der wird nicht leben, sondern in alle Ewigkeit sterben.« Da ließ ihr der Statthalter die Kleider bringen und gab sie frei. Die Frauen aber riefen wie aus einem Munde: »Einer allein ist Gott, der Gott, der Thekla gerettet hat.« Unter ihnen war auch Tryphäna, die aus einer tiefen Ohnmacht wieder erwacht war. Sie umarmte Thekla, führte die Heilige in ihr Haus und wurde mit vielen ihrer Mägde Christin.

Antonius, der Ägypter

EHRGEIZ UND EITELKEIT versuchten Antonius, den Ägypter, noch in hohen Jahren. Sie gaben ihm ein, daß er der heiligste Einsiedler sei, und daß keiner tiefer in der Wüste lebe. In der Nacht aber sprach der Herr zu ihm im Traum: »Weiter in der Wüste betet einer zu mir, der ist besser als du; geh hin und suche ihn auf!« Gehorsam nahm der Greis seinen Stab und zog noch tiefer in die Wüste, ertrug die schattenlose Sonne, Durst und Hunger. Am dritten Morgen sah er im Zwielicht eine Hyäne, die Wasser suchte. Er folgte ihr in die Berge. Dort fand er die Zelle des heiligen Paulus in einer Höhle. Paulus hatte bei dem ersten ungewohnten Geräusch die Tür geschlossen. Da stand der Greis nun vor der Zelle des Uralten und bat lange vergeblich um Einlaß. Er rief: »Du weißt doch, wer ich bin! Du weißt, woher ich komme und wer mich zu dir gesandt hat! Ich weiß, daß ich nicht wert bin, dir ins Angesicht zu schauen! Aber nimmst du nicht die wilden Tiere auf? Warum verachtest du deinen Bruder? »Da öffnete Paulus die Tür, und die beiden, die sich vorher nie gesehen hatten, nannten sich bei ihren Namen und gaben einander den Friedenskuß.
Paulus lebte so einsam, daß niemand ihn mit dem täglichen Brot versorgen konnte. Ein Rabe brachte ihm jeden Mittag seine Speise. Als er mit Antonius vor seiner Zelle saß, legte der Vogel die doppelte Menge nieder. Beide dankten Gott, brachen das Brot, aßen und tranken Wasser aus einer nahen Quelle. Dann beteten und redeten sie bis tief in die Nacht. Am nächsten Morgen erklärte Paulus seinem Gast, daß für ihn nun die Zeit der Ruhe gekommen sei. »Der Lauf ist vollendet, die Krone der Gerechtigkeit ist hinterlegt. Du bist vom Herrn geschickt, um meinen Leichnam zu begraben.« Antonius nahm diese Nachricht mit großem Schmerz auf. Er betete, der Heilige möge ihn doch nicht verlassen oder ihn wenigstens als Gefährten auf seine letzte Wanderung mitnehmen. Da bat Paulus seinen Gast: »Ich bitte dich, Freund, wenn du kannst, geh zurück und hole den Mantel des heiligen Athanasius und begrabe mich in diesem Mantel!« Antonius wunderte sich, daß der Todgeweihte von

diesem heiligen Mantel wußte. Er küßte dem Heiligen unter Tränen die Hand und ging. Todmüde erreichte er nach drei Tagen sein Kloster. Zwei Schüler kamen ihm besorgt entgegen und fragten: »Vater, wo bist du so lange gewesen?« Er antwortete: »Wehe mir armen Sünder! Ich glaubte ein Mönch zu sein. Nun habe ich aber Elias, ich habe Johannes in der Wüste, ich habe den heiligen Paulus gesehen!« Dann ging er in seine Zelle, nahm den Mantel des Athanasius und eilte, ohne auszuruhen, ohne sich mit Speise und Trank zu erquicken, wieder in die Wüste. Er schleppte seinen müden Körper, so schnell er konnte, über den langen, beschwerlichen Weg in die Berge, denn er hatte Angst, den heiligen Paulus nicht mehr lebend anzutreffen. Am Morgen des zweiten Tages zog ein heller Glanz über den Himmel, und er sah, wie die Engel des Herrn die Seele des heiligen Paulus in den Himmel holten. Da fiel er auf sein Angesicht, weinte und klagte: »O mein Paulus, warum verläßt du mich, warum gehst du, ohne mir noch einmal Lebewohl zu sagen?« In der Höhle fand er den Toten, kniend, die Hände betend zum Himmel erhoben. Mit äußerster Anstrengung trug er den Leichnam vor die Tür und stand ratlos, denn er wußte nicht, wie er mit seinen schwachen Kräften eine Grube ausheben sollte. Da kamen zwei Löwen aus der Wildnis und scharrten mit ihren mächtigen Pranken so lange die Erde auf, bis es möglich war, den Heiligen zu beerdigen. Dann verschwanden sie wieder in der Wüste. Antonius aber legte den Leichnam in die Grube, nahm den Mantel, den Paulus sich aus Palmblättern geflochten hatte und kehrte in sein Kloster zurück. Den Mantel trug er an allen hohen Festen.

Antonius wurde hundertundfünf Jahre alt. Davon lebte er fünfundachtzig Jahre im Dienst des Herrn, als einsamer Klausner, in einer alten Grabstätte, immer wieder hin- und hergerissen von den Leidenschaften, die ihn in Gestalt von wilden Tieren und Dämonen überfielen. Als Maximian die Christen verfolgte, verließ Antonius die Wildnis und ging nach Alexandrien, um den Bekennern beizustehen. Ihm selbst aber wurde die Märtyrerkrone versagt. Traurig kehrte er wieder in die Wüste zurück und lernte dort, Gebet und Arbeit und Stunden der Freude nach Gebühr zu verteilen. Er nahm sich in strenge Zucht, aber er wußte nun, seine Kräfte mit Vernunft zu brauchen, er wußte, sich mit Vernunft zu enthalten. Er erfuhr, daß es besser ist, mit Vernunft Wein zu trinken als mit Hochmut Wasser. »Betrachte die heiligen Männer, die mit Vernunft Wein tranken, und betrachte die Weltleute, die ohne Vernunft Wasser tranken. Dann wirst du nicht mehr Speise und Trank tadeln oder loben, sondern die Gesinnung derer, die beide gut oder schlecht gebrauchen! Joseph trank Wein bei den Ägyptern und litt keinen Schaden. Pythagoras, Diogenes und Plato dagegen tranken Wasser, aber sie kannten Gott nicht und beteten Götzenbilder an.« Essen und Enthaltsamkeit sind nichts. Nur der Glaube gilt, der durch die Liebe sich in Werken offenbart. Niemand, der ißt und trinkt verfällt dem Gericht, wenn der Glaube jede seiner Handlungen begleitet; denn »was nur immer aus dem Glauben stammt, ist ohne Sünde« (Röm. 14,23).

Antonius lebte zuletzt auf dem Berge Kolzin, von wo es nicht weit zum Roten Meer ist. Er floh dorthin vor der großen Zahl der Schüler, die in ihm ein heiliges Vorbild sahen. Aber sie folgten ihm auch in die neue Einsamkeit. Zuletzt wohnten über fünftausend Mönche dort. Antonius schloß die vielen einzelnen zu einem Orden zusammen, er gab ihnen eine Regel, er bemühte sich um die notwendigen Versorgungseinrichtungen. Antonius und seine Schwester gründeten die ersten Klöster. Von ihm stammt das Wort: »Wie die Fische sterben außerhalb des Wassers, so stirbt der Mönch außerhalb seiner Zelle.« Denn: »Wer allein lebt, ist dreierlei Kämpfen entgangen, dem Kampf des Auges, des Ohres und der Zunge. Es bleibt ihm nur ein Feind, das Herz.« Ein Bruder hatte der Welt nicht ganz entsagt, sondern einen Teil seines Vermögens behalten. Antonius schickte ihn, um Fleisch zu kaufen. Auf dem Rückweg wurde der Bruder von Hunden angefallen, die ihm das Fleisch entrissen und ihn selber übel zurichteten. Antonius aber sagte nur: »So werden die bösen Geister jeden zerfleischen, der vorgibt, der Welt entsagt zu haben und dabei doch den Mammon lieb behält.« Andere kamen und baten ihn zu predigen und ihnen die Worte Christi auszulegen. Da fragte er sie: »Habt ihr das Wort des

Herrn gelesen: Wenn einer dich auf die rechte Backe schlägt, dann halte ihm auch die linke hin?« Sie aber antworteten: »Dieses Gebot können wir nicht halten.« Darauf sagte Antonius: »Dann nehmt wenigstens den einen Streich mit Geduld hin!« Aber sie sagten wieder: »Das können wir nicht.« – »Dann wollet wenigstens lieber geschlagen werden, als selbst zu schlagen!« Aber auch darauf sagten die Brüder: »Das können wir nicht.« Da drehte der Abt sich zu seinem Diener und befahl ihm: »Koche den Brüdern ein Mus; sie können keine feste Kost vertragen!« Zu den Brüdern selbst aber sagte er: »Euch tut nur not zu beten!«

Antonius hatte keine Schule besucht. Er konnte nicht schreiben. Er mußte seine wenigen Briefe anderen diktieren. Aber er hatte in seiner Einsamkeit die Grundfragen der Evangelien wohl durchdacht. Im Gespräch mit seinen zahlreichen Schülern, wußte er diese Gedanken so zu formulieren, daß sie in anderen den Glauben weckten und weitertrugen. Im Jahre 355 holten ihn die Bischöfe nach Alexandrien, weil sie seine Unterstützung in der Auseinandersetzung mit den Arianern brauchten, und griechische Philosophen kamen in eines seiner Klöster am Roten Meer, um mit ihm zu diskutieren. Er starb in Frieden und hinterließ zahlreiche Schüler, von denen manche auch als Heilige verehrt wurden.

Hilarion, der Klostergründer

HILARION WAR ein Schüler des heiligen Antonius. Seine Eltern waren Heiden. Sie lebten in Palästina und schickten den begabten Sohn nach Alexandrien. Dort sollte er als Rhetor ausgebildet werden. Er fand aber bald die Verbindung zu den Christen der Stadt, schloß sich ihnen an und ließ sich taufen. Als er von dem vorbildlichen Leben des Antonius hörte, suchte er ihn in der Wüste auf und ließ sich von ihm in das Asketenleben einführen. Die Zahl der Menschen, welche den Heiligen in ihren Nöten aufsuchte, wurde aber immer größer. Hilarion wollte in Abgeschiedenheit leben. Als seine Eltern starben, zog er deshalb mit einigen Brüdern nach Palästina, verschenkte sein ganzes Erbe und begab sich dann in eine Wüstenei, die der zahlreichen Raubüberfälle wegen für besonders gefährdet galt. Einer der Bandenführer fragte den fünfzehn Jahre alten Mönch, was er denn machen wolle, wenn die Mörder und Diebe einmal über ihn herfielen. Hilarion antwortete: »Ein armer, von allem entblößter Mensch fürchtet keine Diebe.« Der Mann erwiderte: »Aber sie könnten dir doch ans Leben gehen!« Hilarion antwortete lächelnd: »Sicher! Aber ich bin immer bereit zu sterben. Der irdische Tod wird mich vor dem ewigen Tod bewahren.«

Hilarion gründete die ersten Klöster in Palästina und Syrien, die er regelmäßig besuchte. Er bekehrte viele zum Christentum und wirkte Wunder, die ihm immer mehr Mönche, Gläubige und Notleidende zuführten. In den letzten Jahrzehnten seines Lebens war er, der ohne Absicht viel Volk an sich zog, immer auf der Flucht vor seinen Anhängern, immer auf der Suche nach Ruhe und Geborgenheit. Mit fünfundsechzig Jahren zog der Abt Hilarion von Palästina nach Ägypten an das Grab seines Lehrers Antonius. Zwei Jünger zeigten ihm die primitive Zelle, in der er zuletzt gewohnt hatte, die harte Lagerstätte, das selbst angelegte Gärtchen, die Plätze, auf denen er ausruhte. Nur das Grab sah er nicht; denn der Verstorbene wollte nicht, daß sein Grab das Ziel von Pilgerzügen würde.

Als Hilarion vom Berg des heiligen Antonius nach Aphrodisium in Ägypten wanderte, um dort mit zwei Schülern in einer Einöde zu fasten und stillzuschweigen, hatte es dort drei Jahre nicht geregnet. Die Einwohner suchten ihn auf und flehten ihn an, für sie zu beten. Er hob die Hände bittend zum Himmel, und es regnete. Daraufhin wurde er bald Mittelpunkt der Verehrung des ganzen Volkes. Er zog sich in eine Wüste nahe bei Alexandrien zurück. Schon nach einem Jahr war der Zulauf des Volkes so groß, daß er über Libyen nach Sizilien floh. Dort wirkte er zahlreiche wunderbare Heilungen, in Dalmatien brachte er eine Sturmflut dicht vor der Küste zum Stehen, und auf Zypern trieb er Dämonen aus und heilte Besessene, ehe er im Alter von vierundachtzig Jahren starb.

Makarius, der Ägypter

MAKARIUS LEBTE neunzig Jahre, davon sechzig in der Wüste. Er war noch jung, als eine Dirne ihn verleumdete und überall erzählte, er habe sie verführt. Das Volk hatte ihn für einen Heiligen gehalten und glaubte nun, daß er ein Heuchler sei. Sie fielen über ihn her, wo sie ihm begegneten und mißhandelten ihn schwer. Aber er schwieg, ja, er arbeitete doppelt soviel wie früher und sorgte für den Lebensunterhalt seiner Verleumderin. Da bekannte sie ihre Schuld, und das Volk kam, um ihn um Verzeihung zu bitten und zu ehren. Er aber floh in die Sketische Wüste. So vermied er die Versuchung, hochmütig zu werden.

Es ist müßig, von seiner Mäßigkeit zu reden; denn in der Wüste konnten sich nicht einmal die lässigen Mönche der Völlerei oder der Naschhaftigkeit ergeben. Makarius konnte sich auch hier nicht dem Zulauf der Ratsuchenden entziehen. Ein Jüngling, der auch Einsiedler werden wollte, fragte ihn: »Was muß ich tun, um ganz und gar für Jesus zu leben?« Makarius sagte: »Geh auf den Friedhof und schilt die Toten!« Der junge Mann befolgte den Auftrag und kam wieder zu Makarius, der nur sagte: »Jetzt geh wieder auf den Friedhof und halte den Toten eine Lobrede!« Der Schüler wunderte sich, aber er führte die Weisung aus. Als er wieder zurückkam, fragte ihn Makarius: »Nun, was haben die Toten geantwortet?« Der junge Mann antwortete: »Sie haben keine Antwort gegeben; sie haben nicht geantwortet, als ich sie schalt, und sie haben nicht geantwortet, als ich sie lobte.« Darauf erwiderte Makarius: »Geh hin und ahme sie nach! Laß dich nicht vom Lob und nicht vom Tadel dieser Welt beeindrucken! Stirb der Welt und stirb dir selbst ab! Dann findest du vielleicht den Anfang, von dem aus du für Christus leben kannst.«

Als junger Mönch übernachtete Makarius einmal in einem heidnischen Grabmal. In der Grabkammer lagen so viele Skelette, daß er eines als Kissen benutzen mußte, um sich ausstrecken zu können. Als er schlief, kamen die bösen Geister, um ihn zu erschrecken. Der eine ahmte eine Weiberstimme nach und rief: »Schnell, steh auf, meine Liebe, wir wollen ins Bad gehen!«

Darauf antwortete eine Stimme unter Makarius: »Ich kann nicht kommen, meine Liebe. Ein Fremder liegt auf mir und will mich verführen!« Der Mönch ließ sich nicht beeindrucken. Er schlug das Skelett, auf dem er lag, und rief: »Steh doch auf, wenn du kannst!« Diese Kaltblütigkeit machte die Teufel machtlos, und sie zogen sich zurück.

Doch rächten sie sich später, als er weit hinein in eine pfadlose Wildnis wanderte. Um wieder zurückzufinden, steckte er in bestimmten Abständen Rohrhalme in den Sand, die er zu diesem Zweck mitgenommen hatte. Während er schlief, zogen die Teufel alle Halme aus dem Boden und legten sie, sauber zusammengebunden, neben den schlafenden Abt. Erst auf großen anstrengenden Umwegen fand er wieder zu seiner Zelle zurück.

Wieder ein anderes Mal plagten sie ihn mit schweren Versuchungen, deren er nicht Herr wurde. Da nahm er einen großen Sack mit Sand auf die Schulter und schleppte diese Last mehrere Tage durch die Wüste. Dort traf ihn einer seiner Schüler und fragte: »Warum plagst du dich mit dem schweren Sack ab, Vater?« Makarius erwiderte ihm darauf: »Ich plage den, der mich plagt.«

Makarius und die geizige Jungfrau

IN ALEXANDRIEN lebte eine vornehme und reiche Jungfrau, die keinen Gottesdienst versäumte. Sie verstand es, die Demütige zu spielen, war aber in ihrem Herzen hochmütig und geizig. Sie nahm die Tochter ihrer Schwester an Kindes Statt an und versprach ihr das große Vermögen als Erbe. Damit hatte sie eine Ausrede gegenüber den Vätern, die sie oft ermahnten, den Fremden, den Klöstern, der Kirche oder den Armen Almosen zu geben. Sie verschenkte nichts, weil sie sich verpflichtet hatte, das ganze Vermögen für ihre Nichte zusammenzuhalten.

Damals war Makarius Vorsteher des Hospizes für arme Krüppel. Er beschloß, die Jungfrau von ihrer Habsucht zu befreien.

Makarius war von Haus aus Kaufmann und hatte lang mit Edelsteinen gehandelt. Das brachte ihn auf einen Einfall: Er ging zu der reichen Jungfrau und sagte: »Ich habe Edelsteine gesehen, ungeschliffene Smaragde und Hyazinthen. Ich weiß noch nicht, ob der Besitzer sie gefunden oder gestohlen hat. Auf jeden Fall sind sie außerordentlich wertvoll. Ihr Eigentümer will sie trotzdem für nur fünfhundert Goldstücke verkaufen. Wenn du sie haben willst, dann mache ich das Geschäft für dich. Du kannst an einem einzigen Stein den ganzen Einsatz verdienen, den Rest kannst du dann deiner Nichte schenken.«

Die reiche Jungfrau ging auf diesen Vorschlag ein; denn sie wollte sich die günstige Gelegenheit nicht entgehen lassen. Er wollte gehen und ihr die Steine zeigen. Doch machte sie ihre Geschäfte lieber im geheimen. Sie gab ihm fünfhundert Goldstücke mit und sagte: »Sei so gut und nimm das Geld! Ich habe keine Lust, den Verkäufer kennenzulernen.«

Makarius aber verwendete das Geld für sein Spital. Viele Monate vergingen. Die Jungfrau wartete auf die Edelsteine. Aber sie wagte nicht, den angesehenen Mann zu mahnen. Endlich traf sie ihn in der Kirche. Da fragte sie: »Was hast du mit den Edelsteinen vor, für die ich dir vor langer Zeit fünfhundert Goldstücke gegeben habe?« Makarius antwortete: »Die Steine habe ich längst gekauft. Ich habe sie im Spital liegen. Komm mit und sieh sie dir an. Sollten sie dir nicht gefallen, mußt du dein Gold wieder zurücknehmen.« Sie ging mit; denn sie war nun sehr neugierig auf die seltenen Steine.

Im oberen Stockwerk des Spitals lagen die Weiber; die Männer lagen unten. Ehe sie durch das Tor gingen, fragte Makarius: »Was willst du zuerst sehen? Die Smaragde oder die Hyazinthen?« Sie sagte: »Ganz nach deinem Belieben.« Daraufhin führte er sie zuerst in den oberen Stock und zeigte ihr Frauen mit verstümmelten Händen oder Füßen, mit zerfressenen Gesichtern oder anderen schweren Krankheiten. Sie sah die Krüppel mit Erstaunen und Widerwillen an. Makarius aber sagte nur: »Das sind die Hyazinthen.« Dann ging er mit ihr die Treppe hinunter und zeigte ihr die Männer, die »Smaragde«. Er sagte: »Wenn sie dir nicht gefallen, nimm dein Gold zurück!« Sie antwortete ihm nicht. Aber sie nahm die Lehre an und bereute, daß sie ihr Geld nicht aus freien Stücken für diese Armen gegeben hatte.

Eulogius und der Krüppel

ALS MAKARIUS noch jung war und am Berg des heiligen Antonius lebte, kam eines Tages der Mönch Eulogius aus Alexandrien mit einem Krüppel, um den ehrwürdigen Abt um seinen Rat zu bitten. Eulogius war von Haus aus ein freier Mann, der die sieben Künste beherrschte, trat dann zum Christentum über, verschenkte sein Hab und Gut und suchte nun eine Lebensaufgabe, die zugleich Gottesdienst sein sollte. Da fand er auf dem Marktplatz einen Krüppel, der weder Arme noch Beine hatte und die Vorübergehenden nur anreden und betteln konnte. Er stand lange vor dem armseligen Menschen und beobachtete ihn. Schließlich schloß er im Gebet mit Gott diesen Vertrag: »Herr, um Deinetwillen nehme ich diesen Krüppel an und pflege ihn, bis er stirbt, damit auch ich durch ihn das ewige Heil erlange. Gib mir Geduld, ihm zu dienen!« Dann redete er den Krüppel an: »Wenn es dir recht ist, mein Herr, dann will ich dich in mein Haus nehmen und dich pflegen.« Der Krüppel war erstaunt und überrascht, aber er antwortete schnell: »Von Herzen gern.« Eulogius holte einen Esel, lud den Bewegungslosen auf, brachte ihn in sein bescheidenes Heim und pflegte ihn viele Jahre mit aller Sorgfalt. Nach fünfzehn Jahren wurde der Krüppel krank. Der Mönch tat alles, was man für einen Kranken tun kann: er wusch und badete ihn eigenhändig und gab ihm gutes Essen. Die Krankheit aber veränderte den Krüppel. Er wurde widerwärtig, lästerte und beschimpfte seinen Pfleger auf die unflätigste Weise. Er rief: »Pack dich, du Bösewicht! Wo hast du denn das Geld gestohlen, von dem wir leben? Durch mich willst du dein Heil erzwingen, du Dieb? Bring mich wieder auf den Marktplatz! Fleisch will ich haben!« Eulogius gab ihm Fleisch. Aber der Kranke war damit nicht zufrieden. Er schrie: »Ich habe dies langweilige Leben satt! Ich muß Leute sehen! Auf den Marktplatz will ich! Warum hältst du mich hier gefangen? Wirf mich wieder dahin, wo du mich gefunden hast!« Hätte er Hände gehabt, dann hätte er sich selbst das Leben genommen. Eulogius war ratlos. Er fragte Asketen, die vor der Stadt wohnten: »Was soll ich nur tun? Der Krüppel treibt mich zur Verzweiflung! Ich kann ihn doch nicht einfach wieder auf die Straße setzen! Ich habe Gott versprochen, ihn bis zu seinem Lebensende zu pflegen. Und nun verleidet er mir das Leben. Ich weiß mir keinen Rat mehr!« Die Asketen antworteten: »Noch lebt der große Antonius. Ihn mußt du aufsuchen! Lege den Krüppel in ein Boot und segle mit ihm bis zum Kloster Pispir! Dort mußt du warten, bis Antonius aus der Wüste kommt. Er wird dir einen Weg zeigen. Durch ihn redet Gott.« Eulogius befolgte diesen Rat und war schon wenige Tage später im Kloster Pispir.

Er mußte nicht lange warten. Schon am Abend nach seiner Ankunft kam der Große ins Kloster und rief: »Bruder Makarius, sind Brüder gekommen?« Makarius antwortete: »Ja.« Da fragte Antonius weiter: »Sind es Ägypter oder Leute aus Jerusalem?« Antonius nannte die weniger frommen Pilger Ägypter, die frommen aber Leute aus Jerusalem. Die Ägypter bekamen ein Linsenmus, und dann betete der Heilige kurz mit ihnen; mit den Leuten aus Jerusalem aber saß er oft die ganze Nacht zusammen und redete und betete mit ihnen. Makarius antwortete diesmal: »Sie sind gemischt.« Daraufhin ließ Antonius alle kommen und setzte sich zu ihnen. Es war ziemlich dunkel im Raum. Da rief der Heilige plötzlich: »Eulogius!« Der Mönch mit dem Krüppel fühlte sich nicht betroffen; denn er hatte niemandem im Kloster seinen Namen genannt. Antonius aber rief seinen Namen mehrmals. Schließlich sagte er: »Dich meine ich, Eulogius, den Mönch, der aus Alexandrien gekommen ist!« Eulogius erwiderte erstaunt: »Was befiehlst du, ich bitte dich?« Darauf fragte der Große: »Was führt dich her?« Eulogius antwortete: »Der dir meinen Namen offenbarte, hat dich sicher auch über mein Anliegen unterrichtet.« Da sagte Antonius lächelnd: »Ich weiß wohl, weshalb du gekommen bist. Ich möchte aber, daß du es vor allen Brüdern sagst, damit auch sie es erfahren.« Da berichtete Eulogius: »Ich fand den Krüppel auf dem Markt und gelobte Gott, ihn in seinem Elend zu pflegen, damit wir beide das Heil erlangen, er durch mich und ich durch ihn. Jetzt, nach über fünfzehn Jahren, quält er mich aber, er verlangt, daß ich ihn wieder auf den Markt werfe, auf dem ich ihn gefunden habe. So kam ich auf den Gedanken, ihn zu verstoßen. Ich wollte diese schwere Frage aber nicht allein entscheiden, sondern um deinen Rat bitten.«

Antonius erwiderte streng: »Du hast dich im Grunde deines Herzens schon entschlossen, ihn zu verstoßen. Der ihn erschaffen hat, verstößt ihn nicht. Was willst du nun tun? Gott wird einen Besseren finden als dich. Der wird seine Pflege übernehmen!«

Diese Worte weckten in Eulogius große Angst. Er schwieg. Inzwischen wandte sich der Heilige an den Krüppel und tadelte ihn mit harten Worten: »Armseliger Krüppel! Du bist zu schlecht für den Himmel und für diese Erde! Wie lange willst du dich deinem Gott widersetzen? Weißt du nicht, daß Christus selbst dich bedient? Wie kannst du es wagen, ihn so zu schmähen? Weißt du nicht, daß Eulogius dir um Christi willen wie ein Sklave dient?« Dann wandte er sich wieder an beide und befahl ihnen: »Geht auf dem schnellsten Wege nach Hause und trennt euch nicht voneinander! Gott wird euch in kurzer Zeit holen. Ihr seid versucht worden, weil ihr beide dem Ende nahe seid. Haltet euch an meinen Rat, damit der Engel euch zusammen antrifft.« Vierzig Tage darauf starb Eulogius, drei Tage später folgte ihm der Krüppel.

Serapion mit dem kurzen Mantel

SERAPION, DEN seine Zeitgenossen »Serapion mit dem kurzen Mantel« nannten, trieb es aus seiner Zelle. Er wollte das Wort Gottes überall hintragen und allen predigen. Dabei war er für alle ein Vorbild der Demut, des Gehorsams und der Selbstentäußerung. Wie manche andere nahm er sich eine Asketin als

Gefährtin und verkaufte sich wie einen Sklaven für zwanzig Goldstücke an eine heidnische Schauspielerfamilie. Das Geld hob er sorgsam auf. Er diente seinen neuen Gebietern so lange, bis es ihm gelungen war, sie zum Christentum und zur Aufgabe ihres Berufes zu bekehren, denn damals konnte kein Schauspieler in die Kirche aufgenommen werden. Als sie getauft waren, sagten sie zu ihm: »Bruder, wir entlassen dich aus der Sklaverei; denn du hast uns schwere Fesseln abgenommen.« Da erst verriet er ihnen sein Geheimnis: Er erzählte ihnen, daß er ein frei geborener Mann sei, der sich nur an sie verkauft habe, um Gelegenheit zu finden, ihre Seelen zu retten. Durch seine Demütigung sei er nun durch Gottes Hilfe an sein Ziel gekommen. Als er ihnen die zwanzig Goldstücke zurückgeben wollte, sagten sie: »Wir wollen dich als unseren Vater und Herrn verehren. Geh nicht fort und gib das Gold den Armen. Wir wollen es nicht zurücknehmen, denn es ist für uns ein Angeld für den Himmel geworden.«

Einmal, in den ersten kalten Herbsttagen, schenkte Serapion einem lumpigen Bettler sein Oberkleid. Bald darauf kam ihm ein Armer in den Weg, der vor Frost zitterte. Da zog er sein Untergewand aus und gab es ihm. Er selbst saß nun völlig nackt am Weg und hielt nur noch das Evangelienbuch in den Händen. Ein Fremder fragte ihn: »Vater, wer hat Euch denn so völlig ausgezogen?« Serapion antwortete nur: »Der da«, und zeigte dabei auf das Evangelienbuch. Ein andermal verkaufte er auch noch das Evangelienbuch und gab den Erlös den Armen. Als ihn der Diakon deswegen zur Rede stellte, sagte er: »Das Evangelium sagt: Verkaufe alles, was du hast, und gib's den Armen! Weil ich nichts anderes mehr hatte als das Evangelienbuch, mußte ich es verkaufen, um Geld für die Armen zu bekommen.«

Kein Wunder, daß er auch an seine Schüler hohe Anforderungen stellte. In Rom lebte eine Asketin, die sich völlig von der Welt abschloß und jeden Besuch ablehnte. Serapion ging in ihre Wohnung und sagte zu der alten Magd: »Sage der Jungfrau, ich muß mit ihr sprechen! Gott hat mich zu ihr gesandt.« Er mußte trotzdem drei Tage warten, bis er vorgelassen wurde.

Er fragte sie: »Warum sitzt du hier?« Sie antwortete: »Ich sitze nicht, ich gehe.«
Serapion: »Wohin gehst du?«
Sie: »Zu Gott.«
Serapion: »Bist du lebendig oder tot?«
Sie: »Ich hoffe zu Gott, daß ich tot bin; denn wer dem Fleische nach lebt, kann unmöglich den Weg gehen, den ich gehe.«
Serapion: »Dann beweise mir, daß du tot bis! Tue, was ich tue!«
Sie: »Wenn du mir Dinge befiehlst, die möglich sind, dann will ich sie gerne tun.«
Serapion: »Dem Toten ist alles möglich, außer Gottlosigkeit. Verlasse dein Haus und gehe durch die Straßen!«
Sie: »Ich bin fünfundzwanzig lange Jahre nicht mehr ausgegangen. Warum soll ich es jetzt tun?«
Serapion: »Wenn du der Welt völlig entsagt hast, daß du für sie tot bist, und wenn die Welt auch für dich tot ist, dann ist es einerlei, ob du ausgehst oder ob du nicht ausgehst. Darum gehe aus!«
Und sie ging aus. Sie kamen an eine Kirche. In der Kirche sagte er zu ihr: »Wenn du mir beweisen willst, daß du tot bist, daß du nicht mehr lebst, um den Menschen zu gefallen, dann tue, was ich tue, damit ich wahrhaftig erkenne, daß du tot bist! Ziehe wie ich alle deine Kleider aus, nimm sie auf die Schulter und folge mir mitten durch die Stadt!« Sie erwiderte ihm erregt: »Die Leute würden sich an uns ärgern. Sie würden beim Anblick dieser Schamlosigkeit sagen: ›Sie ist wahnsinnig, sie ist besessen.‹« Serapion antwortete: »Und warum liegt dir daran, daß sie dich nicht für wahnsinnig und besessen halten? Du bist doch tot für sie!« Darauf sagte sie zaghaft: »Ich bin wohl noch nicht soweit fortgeschritten in der Askese. Verlange etwas anderes von mir! Das will ich tun.« Nun belehrte sie Serapion und sagte: »Du lebst in dem Wahn, frömmer zu sein als die anderen, du hoffst, dieser Welt entsagt zu haben wie kein anderer. Zeige das durch die Tat!« So brach er ihren Hochmut, machte sie demütig und ging davon.

Johannes, der Abt

JOHANNES, DER spätere Abt, lebte mit seinem Bruder zusammen in einer Zelle irgendwo am Rande der Wüste. Eines Tages nahm er sich vor, wie die Engel nicht mehr zu arbeiten, sondern Gott ohne Unterlaß anzubeten. Er warf alle Kleider weg und lebte eine Woche lang in der Wildnis. Er war nahe daran, zu verhungern. Da besann er sich, kehrte um und klopfte an die Tür seines Bruders. Dieser rief: »Wer bist du?« Er antwortete: »Ich bin Johannes.« Der Bruder aber sagte darauf: »Das kann nicht sein. Johannes ist ein Engel geworden. Er pflegt keinen Verkehr mehr mit den Menschen.« Johannes widersprach. Aber er konnte sagen, was er wollte, der Bruder öffnete ihm nicht. Er schickte ihn wieder ins Nichts, um ihn auf diese Weise zu züchtigen. Als Johannes nach einigen Tagen wieder kam, öffnete er ihm und sagte: »Bist du ein Mensch, dann mußt du arbeiten, damit du essen und leben kannst. Bist du aber ein Engel, was willst du dann in dieser Zelle?« Johannes erwiderte: »Vergib mir Bruder, ich habe gefehlt.«

Der Abt Moses

ALS MOSES zum Abt erhoben wurde, wollte ihn der weihende Bischof versuchen. Er befahl den Brüdern des Klosters, ihn mit Schimpf und Schande aus der Kirche zu jagen, sobald er sich dem Altar nähere. Die Brüder trieben ihn daraufhin hinaus und schrien dazu: »Pack dich, du Mohrengesicht!« Moses wehrte sich nicht. Er sagte nur: »Mir ist recht geschehen. Ich bin Staub und Asche. Wie durfte ich es wagen, mich unter die Menschen zu mischen?«

Ein Bruder hatte einmal gesündigt. Die anderen schickten zum Abt Moses und ließen ihn bitten, über den Bruder zu Gericht zu sitzen. Als Moses den Saal betrat, trug er einen großen Sack Sand auf dem Rücken. Die Brüder fragten ihn, was das bedeuten solle. Da sagte er: »Das sind meine Sünden, die immerzu hinter mir herlaufen, so daß ich sie nie zu Gesicht bekomme. Und nun bin ich hier, um meinen Bruder zu richten.« Als die anderen das hörten, verziehen sie dem Bruder.

Piterum und die närrische Nonne

IN EINEM der Frauenklöster von Tabennä, das nördlich von Theben am Rande der Wüste lag, lebte im vierten Jahrhundert nach Christi Geburt eine Jungfrau, die so tat, als ob sie verrückt, als ob sie besessen wäre. Die übrigen Frauen, die nicht wußten, daß sie diese Last freiwillig auf sich genommen hatte, verabscheuten sie deshalb, sie wollten nicht mit ihr zusammen arbeiten oder beten. So kam es, daß sie den ganzen Tag in der Küche war und dort wie das Aschenbrödel nur die minderen Arbeiten tat. Sie war der Putzlumpen des Klosters und erfüllte damit doch nur das Wort des ersten Korintherbriefes: »Dünkt sich jemand unter euch, weise zu sein, der mag ein Tor werden, damit er weise werde!«

Während die anderen ihre geschorenen Köpfe unter Kapuzen verbargen, band sie nur einen alten Stoffetzen um ihre Stirn, der immer verrutschte. Sie arbeitete als Magd der vierhundert Frauen, die sie in vielen Jahren niemals essen sahen; denn sie setzte sich nie zu Tisch, sie aß nicht das kleinste Stückchen Brot, sie begnügte sich mit den Resten, die sie beim Abspülen in den Geschirren der anderen fand. Sie wurde von allen beschimpft, von vielen geschlagen, verwünscht und beleidigt, aber sie murrte nie, sie klagte nicht und war auch nie gekränkt.

Zur selben Zeit lebte im Porphyrgebirge der heilige Einsiedler Piterum, den viele als ihr Vorbild verehrten. Ihm erschien eines Tages im Traum ein Engel und sagte: »Du bist sehr stolz auf deine Frömmigkeit und auf dein Leben in dieser einsamen wüsten Gegend! Mach dich auf und geh in das Frauenkloster der Mönche von Tabennä! Dort wirst du ein Weib finden, das frömmer ist als du. Du wirst sie an einem Lumpen erkennen, den sie um den Kopf gewunden hat. Sie ist besser als du; denn

sie erfährt von allen Seiten Böses, sie lebt inmitten vieler Schwestern wie eine Verstoßene, und sie ist trotzdem ihrem Glauben treu geblieben, sie hat sich nie von Gott abgewandt. Du aber sitzest hier in deiner Zelle, und deine Gedanken sind nicht hier und nicht bei Gott, sondern irgendwo in einer der vielen Städte.« Piterum hatte seine Klause noch nie verlassen. Die harte Rede des Engels aber trieb ihn durch die Wüste nach Tabennä.

Er bat die älteste der Schwestern, ihn eintreten zu lassen. Und weil er damals schon fast wie ein Heiliger verehrt wurde und zudem sehr alt war, ließ man ihn ein und stellte ihm alle Schwestern vor. Er grüßte alle, sah sich gründlich um und sagte dann: »Ich möchte gerne alle Schwestern kennenlernen; aber hier sind nicht alle.« Die Älteste antwortete ihm: »Wir haben nur noch eine, die ist draußen in der Küche. Wir haben sie nicht vorgestellt, denn sie ist närrisch.« Darauf bat Piterum: »Führt sie herein, ich möchte sie sehen!« Da gingen einige hinaus und sagten ihr, daß sie kommen solle; sie weigerte sich jedoch. Vielleicht ahnte sie, daß nun ihr Geheimnis verraten würde. Da zogen sie die anderen mit Gewalt hinaus und sagten: »Der heilige Piterum will dich sehen. Dem kannst du dich nicht entziehen!« Als der heilige Einsiedler den Lumpen um ihren Kopf erblickte, fiel er ihr zu Füßen und bat sie: »Segne mich!« Die närrische Schwester aber fiel vor ihm nieder und rief: »Segne du mich, Herr!« Die anderen Frauen wunderten sich alle und sagten zu dem Klausner: »Vater, laß dich doch nicht zum besten halten! Sie ist doch närrisch!« Darauf erhob sich der greise Mönch und sagte ernst: »Ihr seid närrisch, nicht eure Schwester! Sie ist meine und eure Mutter, sie ist unser Vorbild im Dienste des Herrn, und ich wünschte nur, ihrer würdig zu sein am Tage des Jüngsten Gerichts!«

Als sie das hörten, fielen alle vor der verabscheuten Schwester auf die Knie, und eine jede gestand ein anderes Vergehen: viele hatten sie geschlagen, so daß sie nie ohne blaue Flecke war; eine hatte sie mit Spülwasser begossen; eine andere hatte ihr die Nase mit Senf verschmiert, kurz, es war keine, die nicht ihren Übermut an der demütigen und geduldigen Mitschwester ausgelassen hatte. Alle baten um Verzeihung. Die Schwester aber, deren Geheimnis nun offen vor allen lag, wollte kein Lob und keine reumütigen Abbitten hören, ihr ging es nicht um Ehre und Ruhm. Sie verschwand wenige Tage später aus dem Kloster, und niemand weiß, wohin sie gegangen und wo sie gestorben ist; ja, nicht einmal ihr Name ist überliefert.

Paphnutius und die Buhlerin Thais

DIE BUHLERIN THAIS trug ihre Schönheit zu Markt, und viele junge Männer verschwendeten ihretwegen ihr ganzes Vermögen. Sie hatte ein geräumiges Haus in einer ägyptischen Stadt, und vor ihrer Tür gab es oft blutige Kämpfe zwischen eifersüchtigen Rivalen. Aber sie focht das weiter nicht an. Als der heilige Paphnutius von ihr hörte, zog er ein weltliches Habit an, steckte einen Solidus zu sich und reiste zu ihr. Es war nicht leicht, bis zu ihr vorzudringen. Als er schließlich vor ihr stand, gab er ihr den Solidus als Sündenlohn. Sie nahm das Geld und sagte: »Laß uns in die Kammer gehen!« Als sie das Zimmer betraten, stand da ein prächtiges Bett mit reichgeschmückten Dekken. Thais lud den Gast ein, es zu besteigen. Paphnutius aber sagte: »Hast du kein geheimeres Gemach?« Sie führte ihn in einen zweiten, in einen dritten, in einen fünften Raum. Aber dem Fremden war keines der Zimmer geheim genug. Er hatte immer noch Angst, daß ihn jemand sehen könnte. Da sagte Thais: »Ich habe noch ein Zimmer, in dem uns kein menschliches Auge finden kann. Hast du aber Angst vor Gott, dann laß dir sagen, daß es kein Geheimnis gibt, das ihm verborgen bleibt.« Darauf fragte Paphnutius: »Dann weißt du also, daß es einen Gott gibt?« Sie erwiderte: »Ich weiß natürlich, daß es einen Gott gibt, ich weiß auch, daß es eine vergeltende Gerechtigkeit gibt.« Da wurde der Abt sehr ernst und sagte: »Wenn du das alles weißt, warum hast du dann so viele Seelen zugrunde gerichtet? Weißt du denn nicht, daß du nicht nur für deine Seele, sondern auch für die Seelen der anderen Rechenschaft ablegen mußt?« Da fiel die Buhlerin dem Abt zu Füßen, weinte sehr und sagte: »Ich weiß aber auch, daß es eine Buße gibt. Ich hoffe, durch dein Gebet Verzeihung zu erlangen. Laß mir nur drei Stunden Zeit, dann will ich mit dir gehen, wohin du willst, und tun, was du willst.«

Da nannte ihr der Abt einen Ort, an dem er sie erwarten wollte. Thais aber trug alles zusammen, was sie mit ihren Sünden erworben hatte, warf es auf einen Haufen und verbrannte es auf dem Markt vor allem Volk. Dann ging sie zu Paphnutius. Er führte sie in ein Frauenkloster, schloß sie in eine kleine Zelle und verriegelte die Tür. Nur ein enges Fenster blieb, durch das ihr täglich Brot und Wasser gereicht wurden. Beim Abschied fragte sie ihn, wie sie denn zu Gott beten solle. Der Abt sagte: »Du bist nicht würdig, den heiligen und reinen Gott zu nennen. Hüte dich, seinen Namen auszusprechen! Hüte dich, deine Hände zum Himmel zu erheben! Deine Hände sind noch voll Schmutz, deine Lippen voll Unrat! Lege dich auf den Boden, richte deinen Blick nach Osten und rufe von Zeit zu Zeit: ›Der Du mich geschaffen hast, erbarme Dich meiner!‹«

Drei Jahre lebte die Buhlerin eingeschlossen und von aller Welt verlassen. Da bekam der Abt Mitleid mit ihr und reiste zum heiligen Antonius, um durch ihn zu erfahren, ob der Herr ihr die Sünden erlassen habe. Antonius rief seine Brüder zusammen, legte ihnen den Fall dar und hieß sie die Nacht durch beten und Gott um sein Urteil bitten. Da sah der Abt Paphnutius den Himmel offen. In der Mitte stand ein köstliches, reich verziertes Bett, das drei Jungfrauen mit leuchtenden Gesichtern bewachten. Die erste stellte die Furcht vor göttlichen Strafen dar, welche vom Bösen abhält; die zweite die Reue über die begangenen Sünden, die auf Vergebung hoffen läßt, die dritte die Liebe zum Guten, welche den Geist zum Himmel trägt. Paphnutius fragte im Traum, ob diese Herrlichkeit für den heiligen Antonius vorbereitet sei. Zu seiner Überraschung bekam er die Antwort, das Lager sei für die reuige Sünderin Thais bereitet. Als Paphnutius das hörte, zog er vergnügt nach Hause, entsiegelte die Tür der Thais und sagte: »Komm heraus, meine Tochter! Deine Sünden sind dir vergeben!« Sie aber antwortete:

»Gott ist mein Zeuge, daß ich, seit ich diesen Ort betreten habe, meine Sünden immer vor Augen habe. Ich konnte bei ihrer Betrachtung nicht aufhören, zu weinen.« Da sagte Paphnutius zu ihr: »Gott hat dir deine Sünden nicht erlassen, weil du Buße getan hast. Er hat dir verziehen, weil du die ganze Zeit über in der Furcht Gottes warst.« Thais verließ die Zelle. Sie lebte noch vierzehn Tage und entschlief dann am fünfzehnten Tag in Frieden.

Der Abt Gerasimus und sein Löwe

DER HEILIGE ABT Gerasimus ging einmal am Ufer des Jordan spazieren. Da kam ein Löwe auf ihn zu; er kam sehr langsam und brüllte dazu laut, er ging zu langsam für ein Tier, das angreifen will, aber er brüllte wie im Zorn. Der Abt wunderte sich über dies merkwürdige Verhalten und beobachtete das Tier. Der Löwe aber blieb brüllend und winselnd vor ihm stehen und hob seinen Fuß, um ihn zu zeigen. Die Pfote war geschwollen und stark vereitert. Der Löwe war in einen Rohrsplitter getreten. Gerasimus hockte sich auf den Boden, nahm den Fuß, schnitt ihn auf, entfernte den Splitter, drückte den Eiter aus und wusch die Wunde sorgsam. Dann machte er einen festen Verband und ließ den Löwen laufen. Der Löwe aber wich nicht mehr von seiner Seite; er blieb auch bei ihm, als der Fuß geheilt war. Gerasimus und seine Mönche wunderten und freuten sich über die Dankbarkeit des Tieres, das sich mit Brot und gequellten Bohnen begnügte; denn Fleisch gab es bei den Mönchen nicht. Sie aßen Brot und Gemüse und tranken dazu Wasser aus dem Jordan, der etwa eine Meile von ihrem Kloster entfernt war. Das Wasser holten sie in kleinen Fässern, die ihnen ein Esel trug. Diesen Esel schickten sie nun zusammen mit dem Löwen zum Weiden auf die Uferwiesen des Flusses. Das ging lange Zeit gut, bis der Esel sich eines Tages so weit von seinem Beschützer entfernt hatte, daß ihn arabische Kameltreiber unbemerkt fangen und wegführen konnten. Der Löwe

kam zur gewohnten Zeit ohne Esel ins Kloster zurück. Er stand traurig und mit gesenktem Haupt vor seinem Abt. Gerasimus nahm an, daß er den Esel gefressen habe, und sagte zu ihm: »Wo ist der Esel?« Der Löwe aber konnte nicht antworten und stand wie ein Mensch, der sich seiner schweren Schuld bewußt ist und sie bereut. Er gab keinen Laut von sich. Da sagte der Abt: »Du hast ihn gefressen! Aber, Gott sei Dank, wir haben ja dich. Nun wirst du die Arbeit des Esels übernehmen und die vier Wasserfässer schleppen.«

Eines Tages kam ein Soldat ins Kloster, um sein Gebet zu verrichten. Der sah den Löwen mit dem Lastsattel. Als er hörte, wie der Löwe zu dieser Aufgabe gekommen war, bedauerte er ihn sehr, zog drei Goldstücke aus der Tasche, gab sie den Mönchen und bat sie, für das Geld einen neuen Esel zu kaufen und dem Löwen die Freiheit zu geben.

Einige Monate später kamen die Kameltreiber wieder vorbei, die seinerzeit den Esel gestohlen hatten. Sie wollten nach Jerusalem, um Getreide zu verkaufen und führten dazu auch den Esel mit sich. Als sie den heiligen Jordan überschritten, begegnete ihnen der Löwe. Sie bekamen Angst, ließen ihre Tiere mitsamt den Lasten zurück und flohen. Der Löwe aber erkannte seinen Weidegenossen wieder, schnappte nach alter Gewohnheit nach dem Halfterriemen und führte den Esel und drei Kamele zu seinem Abt. Er brüllte vor Freude, weil er den Esel wiedergefunden hatte. Da sahen alle, daß sie dem Löwen Unrecht getan hatten. Sie tauften ihn Jordanes. Er blieb noch fünf Jahre lang der unzertrennliche Begleiter des Abtes.

Als der greise Gerasimus zum Herrn einging und von den Vätern begraben wurde, war der Löwe nicht im Kloster. Er kam wenige Tage später zurück und suchte überall seinen Herrn. Der neue Abt und die Mönche und Schüler sagten zu dem Löwen: »Jordanes, unser Vater Gerasimus war schon sehr alt. Er hat uns alle als Waisen hinterlassen. Er ist zum Herrn eingegangen. Komm, nimm nun dein Futter von uns!« Aber der Löwe nahm nichts von ihnen an, er suchte weiter und brüllte laut, weil er seinen Herrn nicht finden konnte. Die Mönche streichelten ihn und redeten ihm gut zu und sagten ihm wieder, daß ihr alter Abt gestorben sei. Aber der Löwe brüllte immer lauter und wurde immer unruhiger. Da griff ihm der junge Abt in die Mähne und sagte: »Wenn du uns nicht glaubst, dann komm mit, wir wollen dir sein Grab zeigen.« Und sie führten ihn die halbe Meile bis zum Grab des Gerasimus. Dort knieten sie nieder und beteten. Als der Löwe dies sah, legte auch er sein Haupt auf das Grab seines Herrn und starb.

Dies ist nicht geschehen, weil der Löwe eine vernünftige Seele hat, sondern weil Gott auch durch das Tier jenen Ehre geben will, die ihn ehren, in diesem und in jenem Leben; es geschah, weil Gott daran erinnern wollte, daß dereinst alle Tiere Adam untertan waren, bis er aus den Freuden des Paradieses vertrieben wurde.

Der Mörder und der Mönch

IN ARSENOE, einer Stadt in Ägypten, wurde ein Mörder gefangen, der seine Tat erst nach einer langen Folterung gestand. Er wurde zum Tode verurteilt und an den Ort der Tat geführt, der sechs Meilen vor der Stadt lag. Dort sollte er geköpft werden. Unter den Neugierigen, die ihn begleiteten, war auch ein Mönch. Da richtete der Mörder das Wort an den Mönch und sagte: »Herr und Vater, habt Ihr denn keine Zelle und keine Arbeit?« Der Mönch antwortete: »Was geht das dich an, Bruder? Natürlich habe ich eine Zelle und Arbeit genug.« Da fragte der Mörder weiter: »Warum sitzest du dann nicht in deiner Zelle und beweinst deine Sünden?« Darauf antwortete der Mönch: »Du hast recht, Bruder, ich vernachlässige mich und meine Pflichten. Aber höre: jetzt bin ich hierher gekommen, um zu sehen, wie du geköpft wirst. Ich hoffe, daß ich auf diese Weise wieder Zerknirschung lerne.« Darauf beendete der Mörder das Gespräch mit den Worten: »Herr und Vater, geh lieber in deine Zelle, setz dich und danke Gott, daß er uns alle erlöst hat! Denn wisse: Seit er Mensch geworden und für uns gestorben ist, stirbt keiner mehr den ewigen Tod.«

Abt Thomas und die Frauen

ABT THOMAS reiste im Auftrag seines Klosters nach Theopolis, wurde schwer krank und starb in der Vorstadt Daphne, in der Kirche der heiligen Euphemia. Die Kleriker des kleinen Ortes kannten ihn nicht und begruben ihn deshalb in dem Friedhof der Fremden. Am nächsten Tag mußten sie eine Frau begraben. Sie legten ihren Leichnam in dasselbe Grab, über den Abt. Sieben Stunden später stieß die Erde die Frau wieder aus. Die Totengräber wunderten sich, gruben sie aber noch am selben Abend wieder ein. Am nächsten Tag lag aber die Leiche der Frau wieder neben dem Grab. Da beerdigten sie die Tote in einem anderen Grab.

Einige Tage später wurde wieder eine Frau bestattet. Sie legten sie wieder in das Grab des Mönches, denn sie wußten nicht, daß er keine Frau in seinem Grab duldete. Das merkten sie erst, als die Leiche am Abend wieder neben dem Grab lag. Jetzt meldeten die Kleriker den merkwürdigen Vorgang ihrem Patriarchen Domninus. Der rief die Männer und Frauen der ganzen Stadt auf und zog an ihrer Spitze mit Kerzen in den Händen nach Daphne, um den Toten mit Psalmengesang einzuholen. Sie setzten ihn in einem Friedhof bei, in dem viele Märtyrer begraben lagen. Über dem Grab des heiligen Thomas wurde später eine Kapelle errichtet.

Der Priester Konon und die Weiber

IN EINEM der Klöster in Palästina lebte der Priester Konon, den die Väter seines tugendhaften Wandels wegen besonders hoch schätzten. Der Abt beauftragte ihn deshalb damit, alle die sich zu Christus bekennen wollten und genügend vorbereitet waren, zu taufen und zu salben.

Konon aber geriet jedesmal in schwere Versuchungen, wenn er ein Weib salbte. Er wollte deshalb das Kloster verlassen. Da erschien ihm der heilige Johannes im Traum, machte ihm Mut

und sagte: »Sei weiter standhaft, dann kann ich dich von den ständigen Versuchungen des Satans befreien.«
Bald darauf erschien eine junge Perserin und wollte sich taufen lassen. Sie war so schön, daß Konon es nicht wagte, sie mit dem heiligen Öl zu salben. Er ließ sie mehr als zwei Tage warten. Als der Erzbischof Petrus davon hörte, wollte er schon eine der heiligen Frauen aus dem Kloster mit der Taufe beauftragen. Er unterließ es aber, weil er keine neuen Bräuche einführen wollte. Konon aber nahm seinen Mantel und seinen Schafpelz und verließ das Kloster. Er wollte nicht an einem Ort bleiben, an dem er ständig neuen Versuchungen ausgesetzt war. Als er über die Höhen lief, trat ihm plötzlich der heilige Johannes in den Weg und sagte: »Kehre um und geh in dein Kloster! Ich werde dich von den Versuchungen befreien.« Der Vater Konon aber wurde zornig und erwiderte: »Ich gehe nicht zurück! Was du versprichst, hast du nicht gehalten!« Da befahl ihm der heilige Johannes, sich auf den Felsen zu setzen und sich auszuziehen. Er machte ihm das Zeichen des Kreuzes unter den Nabel und sagte dazu: »Hab jetzt Vertrauen, Priester Konon! Ich habe gehofft, daß du den Kampf durchstehst. Du hättest den Lohn für deine Standhaftigkeit empfangen. Aber du willst nicht. Nun wirst du nicht mehr versucht werden, du wirst dir aber auch keine Verdienste erwerben.«
Konon ging in sein Kloster zurück, taufte und salbte die schöne Perserin und wußte gar nicht mehr, daß er ein Weib vor sich hatte. Zwölf Jahre, bis an sein Lebensende, taufte und salbte er Männer und Frauen, ohne daß seine Seele oder sein Leib erregt worden wären.

Die Säulenheiligen und die Hostien

IN DER NÄHE der Stadt Ägina in Kilikien standen zwei Säulenheilige. Der eine gehörte zur Gemeinschaft der heiligen katholischen und apostolischen Kirche, der andere vertrat die Thesen des Ketzers Severus. Seine Säule stand nur sechstausend Schritt entfernt, unmittelbar neben dem Gut des Kassidoras. Der Häretiker beschimpfte den Rechtgläubigen und setzte ihm auf jede Weise zu, denn er wollte ihn zu seiner Irrlehre bekehren. Er überschüttete den anderen immer wieder mit einem Schwall von Worten, und manchmal sah es so aus, als ob er ihn überzeugt hätte.

Eines Tages bat der Rechtgläubige den Ketzer, ihm doch ein Stück von seinem heiligen Brot zu schicken. Der Prediger des Severus hatte keine Bedenken, den Wunsch sofort zu erfüllen, ja, er glaubte allen Ernstes, schon gewonnen zu haben. Der Rechtgläubige aber ließ einen Topf mit Wasser aufs Feuer setzen, brachte es zum Sieden und warf das Brot hinein. Es wurde wie jedes andere Brot in dem heißen Sud aufgelöst. Nun nahm er eines der heiligen Brote seiner rechtgläubigen Kirche und legte es in denselben Kessel. Das Wasser hörte sofort auf zu sieden und kühlte ab. Das Brot blieb völlig unversehrt, ja, es wurde nicht einmal naß. Er zeigte es noch Jahre später jedem, der vorbeikam.

Das große Wunder des Erdkreises

SYMEON STAMMTE aus Sis, einem Dorf an der Grenze von Kilikien, wo er 386 nach Christus geboren wurde. Theodoret, der ihn noch persönlich gekannt hatte, nannte ihn einen gewaltigen Mann, »das große Wunder des Erdkreises«, von dem alle Untertanen des Römischen Weltreiches wissen, den sie bewundern, verehren, um seine Fürbitte anflehen oder verurteilen.

Als Symeon ein Knabe war, hatte er die Herden seiner begüterten Eltern zu hüten. Er war dreizehn Jahre alt, als es so stark schneite, daß die Herden nicht auf die Weide getrieben werden konnten. Die ganze Familie nutzte die Muße und ging in die nahe Stadt zum Gottesdienst. Dort hörte Symeon eine Predigt über die sieben Seligkeiten, die in ihm zum ersten Mal die Frage nach dem Sinn und dem Ziel des Lebens aufrührte. Er erfaßte den tieferen Sinn der Worte Christi nicht, doch er bat einen alten Kirchgänger, ihm zu erklären, worüber gepredigt wurde. Der Befragte sprach mit ihm über die Enthaltsamkeit, über den schweren Weg bis zum Genuß der sieben Seligkeiten und über die hohe Vollkommenheit, die einer erlangen kann, der als Einsiedler sich dem Dienste Gottes widmet.

Symeon hatte bei seinen Herden genug Zeit, diesen Fragen nachzudenken. Eines Tages besuchte er einen der Märtyrertempel, um dort zu beten. Er warf sich zu Boden, die Stirn auf der Erde, und betete und weinte sieben ganze Tage. Dann schlief er vor Erschöpfung ein. Im Traum mußte er eine Grube für Fundamente ausheben, es wurde eine große und sehr tiefe Grube. Immer, wenn er müde wurde und den Spaten hinlegen wollte, rief ihn eine Stimme wieder auf, ohne Pause weiterzugraben. Das wiederholte sich drei- oder viermal. Dann sagte die Stimme, die schwerste Arbeit sei jetzt getan, alles andere sei leichter.

Nun war Symeon aufgestört, er wurde ruhelos, er gab das Hirtendasein auf und suchte für sich selbst einen Hirten. Er fand ihn in Heliodorus, dem Abt eines Klosters bei dem Dorf Teleda. Der Abt nahm den jungen Menschen widerstrebend auf. Das stachelte nur den Ehrgeiz des werdenden Asketen an, mehr und grausamer zu büßen als seine achtzig Mitbrüder. Jetzt lernte er selbst die Schrift lesen. Überall fand er die Worte, die seiner Auffassung von einem entsagungsvollen und heiligen Leben entsprachen. Da stand im zweiundzwanzigsten Psalm: »Ich bin ein Wurm und kein Mensch, ein Spott der Leute und Verachtung des Volkes. Alle, die mich sehen, spotten meiner, sperren den Mund auf und schütteln den Kopf. Ich bin ausgeschüttet wie Wasser, alle meine Gebeine haben sich zertrennt; mein Herz ist in meinem Leibe wie zerschmolzenes Wachs. Meine Kräfte sind vertrocknet wie ein Scherben, meine Zunge klebt an meinem Gaumen, und Du legst mich in des Todes Staub.«

Symeon versuchte, seine Mitbrüder in den Andachtsübungen zu überbieten. Wenn sie nur alle zwei Tage Nahrung zu sich nahmen, fastete er eine ganze Woche. Er hob in einer Ecke des Klostergartens eine fast mannshohe Grube aus und blieb darin stehen, in der Sommerhitze, in der schneidenden Winterkälte.

Wenn seine Brüder ihr nächtliches Gebet beendet hatten und schlafen gingen, stellte er sich auf ein rundes Holz und betete weiter, und jedesmal, wenn er anfing zu träumen, verlor er das Gleichgewicht und fiel zu Boden. Die Ältesten des Klosters und seine Brüder machten ihm Vorhaltungen, weil seine Lebensweise die Ordnung des Klosters empfindlich störte. Aber Symeon ließ sich nicht überzeugen, er verminderte seinen Eifer nicht. Das ging neun bis zehn Jahre; der Abt und die Ältesten konnten ihm keine Zügel anlegen. Eines Tages ging ein übler Geruch von ihm aus, der die Brüder anekelte, so daß sie nicht mehr mit ihm essen oder beten wollten. Vergeblich fragte ihn der Abt nach der Ursache dieses Zustandes. Symeon schwieg. Die Brüder mußten ihm die Kleider mit Gewalt vom Leibe ziehen. Sie sahen eine lange, schwärende Wunde, die sich um die Mitte seines Leibes zog. Ärzte mußten ihm aus dieser Wunde ein rauhes Brunnenseil schneiden, das sich der Asket so eng um den Leib gebunden hatte, daß es ihn schwer verletzte. Der Abt mußte Symeon dazu zwingen, sich behandeln und die Wunde ausheilen zu lassen. Dann entließ er ihn aus dem Kloster, weil er fürchtete, daß jüngere und schwächere Brüder ihm nacheifern und dabei zugrunde gehen könnten.

Symeon aber fand im einsamen Gebirge eine alte, vertrocknete Zisterne. Er ließ sich hinab, teilte seine Wohnung mit Schlangen, Kröten und vielerlei Ungeziefer und sang dort das Lob Gottes. Inzwischen träumte der Abt vom Tod des verstoßenen Mönches. Er schickte Brüder aus, die ihn suchen sollten. Sie fanden ihn nach sieben Tagen und zogen den ausgehungerten Mann mit viel Mühe aus dem Brunnen. Symeon blieb aber nur kurz im Kloster. Er fand weiter nördlich eine halbverfallene Klostersiedlung und einen anderen Gottesmann, einen gewissen Bassus, den er bat, ihn für die vierzig Fastentage in seine Zelle einzumauern. Der greise Bassus, der einem Kloster mit zweihundert Mönchen vorstand, mahnte Symeon, seine Kasteiungen nicht zu übertreiben. Er sagte ihm, daß ein gewaltsamer Tod durch Verhungern keine Tugend, sondern ein schweres Verbrechen sei. Da bat ihn Symeon: »Vater, dann stellt mir zehn Brote und ein Gefäß mit Wasser in die Zelle. Wenn ich merke, daß der Körper sie nicht mehr entbehren kann, werde ich davon nehmen.« Als Bassus nach vierzig Tagen die Tür öffnete, fand er die Vorräte unversehrt. Symeon lag schwer atmend am Boden und konnte nicht sprechen und sich kaum bewegen. Aber er kam langsam wieder zu sich, als Vater Bassus ihn Lattich und Endivien kauen ließ. Symeon blieb drei Jahre in dieser Zelle.

Dann zog er in die Einsamkeit der Berge, wo ihm ein befreundeter Priester ein Grundstück zur Verfügung stellte, das nur aus einem verwilderten Garten bestand, der von einer hohen Mauer umgeben war. Symeon ließ sich mit einer zwanzig Ellen langen Kette an diese dachlose Wohnung fesseln, bis ihn ein Bischof, der den inzwischen berühmt gewordenen Asketen besuchte, erklärte, daß doch der Wille genügen müsse, um dem Körper geistige Fesseln anzulegen. Auch hier und alle Jahre seines künftigen Lebens nahm der Asket in den vierzig Fastentagen nichts zu sich. Pilger kamen von weither, um ihn um seinen Rat, seine Hilfe und seinen Segen zu bitten. Er heilte Kranke und tröstete Ratlose. Um sich der Zudringlichkeit der Leute zu entziehen, stellte sich Symeon schließlich auf eine Säule, die sechs Ellen hoch war. Dort stand er Tag und Nacht, ohne jedes Obdach, allen Unbilden des Wetters ausgesetzt. Alle, die kamen, sahen ihn hoch oben stehen, über der doppelten Mauer, die sich um seinen engsten Lebensbereich zog. Er stand wie ein Hirte, den die Herde umdrängt und der auf die Herde acht hat. Vom Abend an bis in den Morgen betete er. Er erwies dem Herrn seine Reverenz mit tausend Verbeugungen. Er war so dünn und mager, daß er dabei mit der Stirn fast die Zehen berührte. An seinen Beinen bildeten sich mit der Zeit unheilbare Geschwüre; die Sonne blendete ihn zu Zeiten so sehr, daß er fast blind wurde, das übermäßige Fasten und Wachen und Stehen brachte ihm noch manches andere Leiden. Aber er bestand sie alle. Er wurde fünfundsiebzig Jahre alt auf seiner Säule.

Nach der neunten Morgenstunde sprach er zu den Pilgern, legte das Wort Gottes aus, ermahnte sie, forderte sie zur Buße auf, predigte gegen das falsche Schwören, gegen die Sklaverei, gegen die Buhlerei und alle Versuchungen des Satans. Dann hörte er die Anliegen der einzelnen an, die bei ihm Rat suchten, heilte Kranke und schlichtete Streitigkeiten. Sein Ruf wuchs; aber er blieb demütig und bescheiden. Seine Art, die Menschen auf sich aufmerksam zu machen, blieb nicht unwidersprochen. Ägyptische Mönche drohten, ihn aus ihrer Gemeinschaft und damit aus der Kirche auszuschließen, wenn er nicht von seiner Säule steige. Weil er darauf nicht einging, kamen sie selbst zu ihm, sahen, wie er wirkte, bewunderten ihn und stellten die Verbindung mit ihm wieder her. Andere Mönche ließen ihn durch eine Abordnung dazu auffordern, die neue und befremdende Lebensweise sofort aufzugeben. Sollte er nicht von selber heruntersteigen, dann würden sie ihn mit Gewalt auf die Erde zurückholen. Die Archimandriten von Antiochien ließen ihn sogar durch den Bischof zum Verlassen der Säule auffordern. Symeon war bereit, dem Befehl seines Bischofs zu folgen. Dieser bedingungslose Gehorsam beeindruckte den Abgesandten aus Antiochien so sehr, daß er die Säule weihte und dem Styliten die Hostie reichte.

Symeon starb an einem Freitag, ohne daß seine Schüler es merkten. Erst zwei Tage später wurde Bischof Martyrius von Antiochien benachrichtigt. Mit sechs anderen Bischöfen holte er den Toten ein und brachte ihn mit großem Gefolge nach Antiochien, um ihn dort beizusetzen.

Marinos, der Eunuch

DIE MUTTER der heiligen Marina war früh gestorben. Der Vater trat darauf mit seiner einzigen Tochter in ein Kloster ein. Er hatte das Mädchen als Knaben verkleidet, weil er sonst nicht aufgenommen worden wäre. Sieben Jahre später starb er. Niemand hatte bisher bemerkt, daß Marina ein Mädchen war. Sie blieb als Mönch im Kloster und erhielt den Namen Marinos. Der Vorsteher des Klosters erzog den Knaben selbst und führte ihn in die Regeln des Ordens ein. Der junge Mönch legte sich außergewöhnliche Askesen auf und lebte zurückgezogen. Weil ihm kein Bart wuchs, gaben ihm die Mönche den Namen »Marinos, der Eunuch.« Als er mit anderen Mönchen zusammen in einem Raum untergebracht werden sollte, bat er den greisen Abt, ihn allein zu lassen: »Ich schäme mich, wenn ich mit einem Menschen zusammensein muß.« Daraufhin gab ihm der Abt die Zelle seines Vaters, und er galt den anderen bald als Vorbild eines Asketen.

Jedes Jahr zog ein Teil der Mönche nach Ägypten, um Kranke zu pflegen, im Dienste der Barmherzigkeit gute Werke zu tun und für das Kloster die notwendigen Lebensmittel zu sammeln. Die Brüder baten den Abt, ihnen Marinos den Eunuchen mitzugeben. Er sollte ihre Fuhrwerke bewachen und die Ladungen pflegen. Sie ahnten nicht, daß der böse Feind ihnen eine Falle stellen wollte.

Die Brüder wohnten in Ägypten lange Zeit vor den Toren einer Stadt, deren Bürgermeister ihnen wohlgesinnt war. Er schickte ihnen Liebesgaben auf ihren Berg und empfing dafür den Segen der Mönche. Er hatte auch eine mannbare Tochter, die sehr umworben wurde. Ein junger Mann aus ihrer Familie gewann das Spiel, nahm ihr die Jungfernschaft und machte sie schwanger. Als der Zustand des Mädchens nicht mehr zu verheimlichen war, beschlossen die beiden, die Schuld dem jungen Mönch Marinos zuzuschieben. Ahnungslos beluden die Brüder ihre Wagen und kehrten ins Kloster zurück. Wenige Tage später wurde die Schande des Mädchens ruchbar, und Marinos wurde für den Fehltritt verantwortlich gemacht.

Der Konvent der Mönche verhörte Marinos nur kurz. Er leugnete weder, noch gab er seine Schuld zu, er schwieg. Da verstießen sie ihn. Er mußte das Kloster verlassen und für das Kind sorgen. Marinos erhob sich von der Anklagebank, warf sich vor den Mönchen auf den Boden, und bat sie mit der Stimme eines armen Sünders: »Verzeiht mir, meine Herren! Ich werde tun, was ihr gebietet.« Sie befahlen ihm, aufzustehen und das Kloster zu verlassen. Er gehorchte und ging in die Stadt.

Als er zurückkam, mußte Marinos bei dem Bruder Pförtner klopfen, damit er ihm das Tor öffne. Der Torhüter kam heraus. Er ließ sich das Knäblein zeigen und bewunderte die Demut des

ausgestoßenen Mönches. Er fragte ihn: »Was wirst du nun tun?« Marinos aber antwortete: »Ich werde den Lebensunterhalt für diese kleine Seele suchen. Ich bitte dich, vergiß mich nicht und denke an mich auch in deinen Gebeten! Und sei so gut und hebe mir diese Schilfrohre und Matten auf. Sie sind meine Hütte. Ich werde am Leben bleiben und eines Tages kommen, sie zu holen.«

Dann nahm er den Knaben auf den Arm und ging wieder in die Stadt. Das Kind weinte sehr. Er brachte es zu einer Hebamme und bat sie flehentlich: »Sei so gut und betreue mir diesen Knaben um Gottes willen, wie du es verstehst. Ich werde arbeiten und dir pünktlich deinen Lohn bringen. Und dann suche mir eine Frau, die das Kind für den üblichen Lohn säugt. Du wirst dir damit Gottes Lohn verdienen.« Die Hebamme nahm das Kind zu sich, verband den Nabel, streute Salz auf den kleinen Leib und badete den Knaben. Sie fand auch Frauen, die dem Kind die Brust gaben und es nährten. Alle aber wunderten sich über den frommen Marinos, den seine Brüder den Eunuchen nannten, und fragten ihn: »Was ist mit dir geschehen? Wie bist du zu dem Kind gekommen?« Er aber wollte nicht lügen und antwortete: »Gott allein weiß, was wirklich geschehen ist.« Und Gott führte ihm auch eine Frau zu, die das Kind ganz zu sich nahm, nährte und aufzog. Er setzte mit ihr einen Lohn fest. Dann ging er, um Gott für seine Hilfe zu danken und zu arbeiten. Die Mönche verweigerten jede Hilfe. Aber Marinos nahm die schwersten Entbehrungen geduldig auf sich und sorgte für das Kind.

Nur der Bruder Pförtner leistete immerwährend Liebesdienste. Er ging auch zum Ältesten der Brüder und bat ihn um eine Fürsprache beim Abt. Er flehte ihn an, sich zu erbarmen und dem verstoßenen Bruder mit dem Knaben einen kleinen Wohnplatz innerhalb der Klostermauern anzuweisen, weil der Knabe draußen ständig von wilden Tieren bedroht sei. Aber Satan hinderte die Brüder, das zuzulassen. Sie verabscheuten und haßten den unzüchtigen Genossen, und der Abt verwies dem Torhüter seine Bitte und sagte: »Ich lasse weder ihn noch seinen Knaben unter meine Brüder kommen.«

Darüber vergingen viele Jahre. Marinos blieb hart gegen sich, er war standhaft und klagte nicht. Er bat die Mönche nie um ein Stück Brot oder um eine andere Hilfe, obgleich sein Vater einst sein ganzes Vermögen, viele Goldstücke, eingebracht hatte. Er begnügte sich mit dem, was er mit seinen eigenen Händen erwerben konnte, und nährte sich mit Wasser, Brot und Salz.

Als seine Lebensuhr abgelaufen war, bekam Marinos heftiges Fieber. Der Pförtner besuchte ihn. Er lag auf der blanken Erde, einen Stein unter seinem Kopf. Der Torhüter fragte ihn: »O mein Bruder Marinos, was ist mit dir geschehen?« Aber der Sterbende antwortete nur: »Bete für mich, mein Herr Vater! Bete für mich! Ich bin sehr krank. Der einzig wahre Gott, unser Herr Jesus Christus, wird dich belohnen.« Dann starb er. Der Pförtner bat nun bei den Mönchen für den Toten. Sie wollten ihn aber nicht in ihren Friedhof aufnehmen, denn er war so schnell gestorben, daß keiner der Priester ihm die letzten Segnungen hatte bringen können. Der Abt sagte vor dem Konvent: »Seht, wie schrecklich seine Sünde war! Er hat nicht einmal Buße verdient!« Erst als der Pförtner den Leichnam wusch und fand, daß Marinos ein Weib war, erkannten die Mönche ihr Unrecht. Bestürzt riefen sie jetzt den Großvater des Knaben, um ihm das Kind zu übergeben. Marina aber wurde wie eine Märtyrerin feierlich bestattet.

Pelagius heißt Margarita

MARGARITA, DIE einzige Erbin einer alten Adelsfamilie, war von ihren Eltern streng erzogen worden. Das schöne Mädchen war scheu gegenüber den Männern und hörte lieber Predigten als Liebeserklärungen. Trotzdem wählten die Eltern unter den zahlreichen Bewerbern einen jungen Mann als Schwiegersohn, der ihr an Adel und Anstand gemäß war. Am Hochzeitstag war die halbe Stadt versammelt, das junge Paar zu feiern und in den Ehestand zu begleiten. Sie aber verweigerte ihrem Gemahl die eheliche Gemeinschaft, empfahl sich dem Herrn und floh noch in derselben Nacht. Sie trug Männerkleider und ließ sich das Haar scheren. Nach vielen Tagen erreichte sie ein Kloster, meldete sich beim Abt als Bruder Pelagius, wurde aufgenommen und übte sich viele Jahre in klösterlicher Zucht und im Gebet. Als der Vorsteher des Nonnenklosters starb, beschlossen die Ältesten und der Abt, sie an seine Stelle zu setzen. Das geschah aber gegen ihren Willen.

Sie sorgte lange Zeit ohne Tadel für das leibliche und geistige Wohl der Jungfrauen, bis der Teufel endlich einen Weg fand, ihren Seelenfrieden zu stören und ihr den weiteren Verbleib im Kloster unmöglich zu machen. Er verführte eine ihrer Nonnen zur Unzucht. Als ihr Leib dick wurde und die Schande nicht mehr zu verbergen war, traten die Nonnen und Mönche der beiden Klöster zusammen und besprachen die Schmach. Alle hielten Pelagius für den Schuldigen, denn er war der einzige Mann, der als Oberer des Frauenklosters heimlichen Umgang mit den Nonnen haben konnte. Sie verdammten den Mitbruder und verstießen ihn mit Schimpf aus ihrer Mitte. Er wurde in eine Felsenhöhle eingeschlossen und von dem strengsten der Mönche bewacht. Einer brachte täglich ein kleines Gerstenbrot und Wasser. Dort ließen sie den Mitbruder ein ganzes Leben lang allein.

Margarita ertrug alles mit Geduld und ließ sich in ihrem Glauben nicht irremachen. Sie dankte Gott, der ihr diese Prüfung auferlegt hatte, betete und nahm sich ein Beispiel an den Leiden der großen Heiligen. Darüber vergingen viele Jahre. Als Margarita ihr Ende nahen fühlte, schrieb sie an den Abt und die Mönche einen Brief. Sie schrieb: »Ich stamme aus einem edlen Geschlecht und wurde auf den Namen Margarita getauft, denn ich bin eine Jungfrau. Ich war in Gefahr, in dem Meer der Versuchungen zu versinken. Um mich zu retten, floh ich und nannte mich vor Euch Pelagius, was so viel heißt wie Meermann. Ich habe mich nicht aus Hinterlist für einen Mann ausgegeben. Ich wollte Euch nicht betrügen. Ich glaube, das habe ich Euch durch meine Werke bewiesen. Die Missetat hat mir Gelegenheit gegeben, meine Tugend zu bewähren; denn ich mußte unschuldig büßen. Jetzt aber bitte ich Euch, daß mich die heiligen Schwestern bestatten und nicht die Männer, die mich nicht erkannt haben. Frauen sollen die Jungfrau erkennen, die als ein Mann lebte, den man wegen Unzucht verurteilt hat. Das soll mich im Tod mit meinem Leben in der Verbannung versöhnen.« Als sie den Brief gelesen hatten, eilten die Nonnen und Mönche in die Höhle. Ihre Schwester war tot. Aber sie fanden alles so, wie es in dem Brief stand, holten die Tote heim, begruben sie in allen Ehren und taten Buße.

Christophorus, der Riese

VOR ZEITEN wurde im Lande Kanaan ein Riese geboren. Er hieß Offerus, war zwölf Ellen lang und überragte mit seinen starken und mächtigen Gliedern alle, so daß sich keiner mit ihm messen konnte. Wer dem Riesen begegnete, wich ihm ängstlich aus. Das bedrückte Offerus. Darum suchte er Dienst bei einem großen Herrn, der in dieser Welt keinen andern mehr zu fürchten hätte. So kam er an den Hof des mächtigsten Königs dieser Erde. Nun hatte er einen Herrn, der keinen anderen fürchtete, und der König hatte einen treuen Gefolgsmann.

Eines Tages kam ein Spielmann und sang vor dem König fröhliche und geistliche Lieder. So oft der Sänger den Teufel nannte, machte der König das Zeichen des Kreuzes, denn er war ein Christ. Offerus wunderte sich sehr darüber. Als der Spielmann schwieg, fragte er den König, was er denn da immer in die Luft schreibe, wenn der Name des Teufels genannt werde. Der König antwortete: »Dieses Zeichen verscheucht den Teufel. Ich mache es, damit er nicht über mich Gewalt bekommt.« Da sagte Offerus: »Du fürchtest ihn also? Wenn seine Kraft so groß ist, daß sie dir schaden kann, dann habe ich dir lange genug gedient. Ich glaubte, du seist der mächtigste Fürst auf dieser Erde. Nun sehe ich, daß ich mich geirrt habe. Gehabt Euch wohl! Ich werde den Teufel suchen und ihm dienen.«

Offerus verließ den Königshof und suchte den Bösen überall. Aber niemand konnte ihm den Teufel zeigen. Auf dem Weg in ein neues Land kam er durch eine öde und wilde Gegend. Da zog ihm eine Schar schwarzer Reiter entgegen. An ihrer Spitze ritt ein grimmiger, gräßlicher Bursche im roten Wams. Er kam auf Offerus zu und fragte ihn, was er denn hier suche. Der antwortete: »Ich suche den Teufel; denn ich will in seine Dienste treten.« Da antwortete der Reiter: »Der bin ich!« Er nahm Offerus den Eid ab, und sie ritten lange weiter, quer durch das Land, ohne Weg und Steg. Endlich erreichten sie eine Heerstraße, an der ein Kreuz stand. Als der Teufel das Kreuz sah, machte er auf der Hinterhand kehrt und ritt mit seinen Leuten über Stock und Stein einen weiten Umweg, bis er dieselbe Landstraße an einer anderen Stelle wieder erreichte. Das wunderte Offerus sehr, und er fragte den Teufel: »Was ist in dich gefahren, als du das alte Holz gesehen hast? Warum schleppst du uns durch dick und dünn? Warum hast du nicht die schöne gerade Straße genommen?« Als der Teufel mit seiner Antwort zögerte, erklärte Offerus, er werde seinen Abschied nehmen, wenn er den Grund für dies Verhalten nicht erfahre. Da sagte der Teufel: »Das Kreuz ist mir verhaßt. An diesem Kreuz hing ein Mensch, den sie Christus nannten. Er starb an diesem Kreuz, aber er ist nicht tot. Er ist mein grimmigster Feind und tut mir Abbruch, wo er kann. Darum muß ich fliehen, sobald ich sein Kreuz sehe.« Da sprach Offerus: »Wenn du sein Zeichen fliehen mußt, dann ist er größer als du. Darum leb wohl! Ich werde Christus suchen und ihm dienen.«

Offerus war wieder allein. Er zog um die halbe Welt, um Christus zu suchen. Endlich begegnete er einem frommen Einsiedler, der ihn bei sich aufnahm, ihm von der Macht und Herrlichkeit des Herrn erzählte und ihm das Evangelium auslegte. Offerus hörte aufmerksam und andächtig zu und sagte dann: »Das alles gefällt mir sehr. Ich möchte diesem großen und mächtigen Herrn alle Tage meines Lebens dienen. Aber wie soll ich das anfangen?« Da erwiderte der Einsiedler: »Unserem Herrn gefällt es, wenn einer sich abtötet; du mußt dich im Fasten üben!« Darauf sagte Offerus: »Ich muß essen, wenn ich Hunger habe. Ich kann dieses Gebot nicht halten. Nenne mir ein anderes!« Darauf sagte der Einsiedler: »Dann übe dich im Wachen! Auch das hat unser Herr empfohlen.« Aber Offerus antwortete: »Ich muß schlafen, wenn ich müde bin. Ich kann auch dieses Gebot nicht halten. Nenne mir ein anderes!« Da sprach der Einsiedler: »Dann bete fleißig zu unserem Herrn!« Offerus erwiderte: »Wie soll ich denn beten? Ich kenne keine Gebete und ich verstehe mich nicht darauf, Worte zu machen! Gib mir eine tüchtige, handfeste Arbeit! Die will ich unserem Herrn zulieb gerne tun.« Da sah ihn der Einsiedler lange an und fragte schließlich: »Kennst du die Furt, die dort unten zwischen den Felsen durch den Fluß führt? Es gibt keine Brücke und keinen Steg, in dem reißenden Strom kommen viele Menschen um. Du aber bist größer und stärker als alle anderen. Trage die Menschen für Gotteslohn durch das wilde Wasser und diene unserem Herrn auf diese Weise!« Da rief der Riese fröhlich: »Das kann ich tun! Das ist ein Gebot, das ich halten kann!«

Darauf trug er Felsstücke zusammen und baute sich an dem wilden Wasser eine feste Hütte. Im Wald brach er einen kräftigen jungen Baum, den er als Stange benutzte; denn das Wasser war oft so hoch, daß selbst der starke Riese nicht ohne Stütze gehen konnte. Es kamen viele Menschen an diese Furt, und Offerus trug sie auf den Schultern durch den Fluß, bei Tag und bei Nacht. In einer Nacht weckte ihn die Stimme eines Kindes. Er sprang auf und ging vor seine Hütte, konnte aber niemand finden. Darum ging er wieder hinein. Er war noch nicht recht eingeschlafen, da rief die Kinderstimme wieder: »Offerus! Offerus! Komm heraus! Hilf mir über das Wasser!« Diesmal war er noch schneller draußen. Aber er suchte wieder vergeblich. Er konnte keinen Menschen finden. Trotzdem ließ er es sich nicht verdrießen und kam auch beim dritten Anruf wieder aus seiner Hütte. Da fand er ein Knäblein am Ufer, das ihn flehentlich bat, es hinüberzutragen. Offerus nahm das Kind auf seine breiten Schultern, ergriff seinen Stab und ging in den Fluß. Aber das Wasser schwoll immer mehr an, und das Kind lastete wie Blei auf seinem Nacken. Mit jedem Schritt wurde der Knabe schwerer, und die Flut wurde so hoch und mächtig, daß er nahe daran war, zu ertrinken. Er mußte alle seine Kräfte anspannen, um endlich erschöpft und atemlos das rettende Ufer zu erreichen. Er setzte das Kind ab und sagte: »Kind, du hast mir große Angst gemacht. Der Fluß war plötzlich groß und reißend wie noch nie, und du wurdest immer schwerer. Ich dachte, ich trage die ganze Welt auf meinem Rücken.« Da lächelte das Kind und sagte: »Wundere dich nicht! Du hast nicht nur die ganze Welt getragen, sondern auch den, der sie geschaffen hat; denn ich bin Christus, dein König und Herr. Beuge dich zu mir herab, damit ich dich im Namen meines Vaters, in meinem Namen und im Namen des Heiligen Geistes taufen kann. Du sollst von nun an Christophorus heißen, weil du mich getragen hast. Du hast mir gut und treu gedient. Stoße drüben vor deiner Hütte den Stab in die Erde. Er wird morgen Blüten und Früchte tragen. Nimm dies als Zeichen meiner Macht!« Nach diesen Worten war das Kind verschwunden.

Christophorus ging durch den Fluß zurück, der jetzt ganz ruhig war, er stieß den Stab in die Erde und ging schlafen. Am nächsten Morgen aber stand vor seiner Hütte ein mächtiger Baum, der zugleich Blüten und Früchte trug. Christophorus aber wollte seinem Herrn besser dienen und ging wieder auf die Wanderschaft. So kam er auch nach Samos, wo die Christen besonders grausam verfolgt wurden. Er wollte sie trösten, verstand aber ihre Sprache nicht. In seiner Einfalt bat er Gott, ihn doch auch in dieser Zunge reden zu lassen; und der Herr erhörte sein Gebet. Christophorus ging auf den Richtplatz, betete mit den Verurteilten und ermahnte sie, standhaft zu sein. Einer der Richter schlug ihm deshalb ins Gesicht. Er mußte dazu auf ein Gerüst klettern, so groß war Christophorus. Der Riese sah den Heiden grimmig an und sagte: »Du siehst, ich bin stark genug, um dich zu ergreifen und übers Knie zu brechen. Aber ich bin ein Christ!« Dann stieß er wieder seinen Stab in die Erde und bat Gott, ihn blühen zu lassen, um den Glauben des einfachen Volkes auf diese Weise zu wecken. Als die Heiden den Baum grünen sahen, bekehrten sie sich zu Christus.

Der König hörte davon und schickte zweihundert Soldaten, die Christophorus binden und zu ihm bringen sollten. Sie fanden ihn betend, und keiner wagte ihn anzurühren, ja, sie meldeten ihm nicht einmal, welchen Auftrag sie hatten. Da schickte ihnen der König weitere zweihundert Soldaten zur Verstärkung. Als sie den Riesen immer noch beim Beten fanden, knieten auch sie nieder und beteten mit ihm. Nach dem Amen richtete sich Christophorus auf, kam wie ein wandernder Turm auf die Soldaten zu und fragte: »Wen sucht ihr?« Da antworteten sie ihm zitternd und kleinlaut: »Der König hat uns befohlen, dich zu binden und zu ihm zu bringen.« Da lachte der Riese und sagte: »Ihr seid nicht fähig, mich gebunden oder ungebunden zu eurem König zu bringen! Es sei denn, daß ich freiwillig mitkomme!« Da antworteten die Soldaten: »Geh doch, wohin du willst. Wir werden unserem König sagen, daß wir dich nicht gefunden haben.« Da sagte Christophorus: »Ihr sollt nicht lügen! Bindet mir die Hände auf den Rücken! Ich will gern für meinen Herrn leiden.« Auf dem Weg aber predigte er den Heiden und bekehrte viele.

Der König fragte ihn zuerst nach Herkunft und Namen. Christophorus antwortete ihm: »Ich bin im Lande Kanaan geboren. Vor meiner Taufe hieß ich Offerus, jetzt aber heiße ich Christophorus.« Da sagte der König: »Du bist ein Narr! Wer wird sich nach einem gekreuzigten Menschen nennen, der sich selbst nicht helfen konnte und der niemandem helfen kann! Sage mir nun, du kanaanitischer Zauberer, warum du meinen Göttern nicht opfern willst!« Christophorus antwortete: »Deine Götter sind Götzen, von Menschenhänden gemacht. Sie haben keine Macht. Ich vermag mit meinem kleinen Finger mehr als du mit allen deinen Götzen!« Da wurde der König zornig. Er ließ Christophorus in den Kerker werfen und die zum Christentum bekehrten Soldaten hinrichten.

Der König hatte noch nie einen solch großen und starken Mann gesehen. Er wollte Christophorus zum Hauptmann seiner Leibwache machen. Darum versuchte er noch einmal, ihn für sich zu gewinnen. Er schickte ihm zwei schöne Dirnen in den Kerker. Er wollte sie reich beschenken, wenn sie den Riesen verführten. Als Christophorus die üppigen Weiber sah, flüchtete er ins Gebet. Die beiden aber ließen ihn nicht in Ruhe beten. Sie tanzten um ihn herum und versuchten mit Worten und Gebärden seine Lüste zu wecken. Da fuhr er auf und schrie sie an: »Wer seid

ihr, und was wollt ihr?« Den beiden Dirnen wurde angst und bange, wie sie ihn so im Zorn sahen. Sie fielen vor ihm nieder und flehten: »Erbarme dich unser, lieber Herr! Verkündige uns die Lehre Christi, damit wir selig werden!« Das tat Christophorus gern. Er predigte und bekehrte sie. Als der König das hörte, ließ er die Mädchen zu sich kommen und fragte sie: »Ist es wahr, seid ihr nun auch verführt worden?« Da antworteten sie: »Wer sagt das? Laß uns in den Tempel bringen, dort werden wir zeigen, wie wir gesinnt sind!« Daraufhin ließ der König sie in den Tempel bringen, und das ganze neugierige Volk lief mit. Dort lösten die Mädchen ihre Gürtel, warfen sie den Götzen um den Hals und zogen sie auf diese Weise von ihren Gestellen herunter, daß sie auf dem Steinboden zerbrachen. Dann riefen sie: »Holt schnell die Ärzte! Die Götter sind todkrank! Sie sollen sie heilen!« Als der König das hörte, ließ er die eine verbrennen, die andere ersäufen.

Als dies geschehen war, ließ er eine eiserne Bank und einen eisernen Helm glühend heiß machen. Als Christophorus sich auf die Bank setzte, zerbrach sie unter der Last seines riesigen Körpers und die Glut des Helms erlosch an seinem Scheitel. Daraufhin ließ der König den Riesen an eine Säule binden und befahl einhundert Pfeilschützen, ihn zu erschießen. Aber die Pfeile blieben alle in der Luft hängen und bildeten ein Gewölbe, das Christophorus vor den glühenden Sonnenstrahlen schützte. Einer der Pfeile traf ein Auge des Königs, und der Tyrann erblindete. Da sagte Christophorus zu ihm: »Nimm morgen, wenn ich tot bin, von meinem Blut und bestreiche damit dein Auge, damit du sehend wirst an Leib und Seele!« Der König nahm diese Rede für Spott und ließ dem Heiligen das Haupt abschlagen. Trotzdem befolgte der Blinde am nächsten Tag den Rat des Märtyrers. Er sprach dazu die Worte: »Im Namen des Christophorus und des Gottes, an den er glaubt!« Alsbald sah er wieder. Nun ließ er sich taufen und gab das Gebot aus, alle mit dem Schwert zu richten, die wider den Gott der Christen oder gegen Christophorus aufständen.

Agathe verspottet die Götter

DIE STÄDTE Palermo und Catania in Sizilien streiten um die Ehre, der Geburtsort der heiligen Agathe zu sein. Zu ihrer Zeit regierte der römische Kaiser Decius, der die Christen grausam verfolgte, weil er hoffte, dadurch sein zerfallenes Reich zu retten. Quintianus war sein Statthalter in Sizilien, ein gemeiner und grausamer Lüstling. Er begehrte Agathe zur Frau, denn sie war schön und reich, die Tochter einer vornehmen Familie von Adel, zu dem der Emporkömmling Quintianus keinen Zugang hatte. Aber die Jungfrau lehnte seine Werbung ab.

Der Statthalter glaubte, man könne das widerspenstige Mädchen verführen. Er übergab sie einer berüchtigten Kupplerin, die mit ihren neun Freudenmädchen versuchte, Agathe mit der Sünde auszusöhnen. Aber die Verführerinnen erreichten nichts; alle guten und bösen Reden, Drohungen und Liebkosungen prallten an der aufrechten Haltung des Mädchens ab, das Tag und Nacht betete und Gott bat, es der Märtyrerkrone zu würdigen. Nach dreißig Tagen ging die Kupplerin zum Statthalter und bat ihn flehentlich, Agathe zu holen und sie von dieser Aufgabe zu entbinden. Es sei leichter, Marmor flüssig zu machen und Eisen wie Blei zu biegen, als den Trotz dieser Christin zu brechen.

Da ließ Quintianus die Jungfrau vorführen und schrie sie an: »Wo kommst du her? Zu welcher Sippe gehörst du?«

Agathe: »Ich bin eine Freie. Ich stamme aus einem alten Adelsgeschlecht. Aber warum fragst du, was du selbst weißt?«

Quintianus: »Frage nicht, was du nicht zu fragen hast! Wenn du eine Freie bist, warum spielst du dann die Rolle einer Magd?«

Agathe: »Christi Magd zu sein, würde auch den Töchtern von Königen und Kaisern wohl anstehen.«

Quintianus: »Keiner frei Geborenen steht es an, wie eine Magd zu dienen.«

Agathe: »Wer Christus dient, gewinnt erst die wahre Freiheit. Er ist freier als die Könige dieser Erde, die ihren Götzen wie Sklaven dienen.«

Quintianus: »Du hast die Wahl: opfere den römischen Göttern, wie es der Kaiser befiehlt, oder ich lasse dich foltern!«
Agathe: »Ich opfere ihnen nicht. Aber ich wünsche dir und deinem Weib, daß es euch ergehen möge, wie euren Göttern Jupiter und Venus!«
Da schrie der Prokonsul sie an: »Du schmähst deinen Richter vor allem Volk!« Und er befahl seinen Schergen, sie ins Gesicht zu schlagen. Agathe lächelte und sprach: »Du nimmst also meinen Wunsch auf wie eine Schmähung? Was müssen das für Götter sein, die man mit keinem Sterblichen vergleichen kann, ohne ihre Anbeter damit zu beleidigen!«
Quintianus: »Spar dir die unnützen Worte! Opfere oder leide!«
Agathe: »Hetze deine Bestien auf mich; Christi Namen wird sie bändigen! Wirf mich ins Feuer; der Tau des Himmels wird die Flamme löschen! Spanne mich auf die Folterbank; der Geist, der mich erfüllt, ist ein Geist der Kraft, der Zucht und der Liebe!«
Da wagte es der Statthalter nicht, sie vor allem Volk zu martern. Er ließ sie wieder ins Gefängnis bringen. Agathe aber ging beschwingt, wie zum Tanz.

Das erregte den Zorn des Statthalters nur noch mehr. Am nächsten Tag ließ er sie foltern. Agathe rief: »Eine gute Botschaft! Mir ist zumute wie einer, der man eine Erstgeburt verkündet. Auch der Weizen kommt nicht in die Scheune, ehe die Ähren zertreten sind, ehe das Korn sauber von der Spreu getrennt ist.«
Den Tyrannen verdroß der Mut, mit dem die Jungfrau die Martern ertrug. Er ließ sie deshalb an einen Pfahl binden und ihr mit glühenden Zangen die Brüste abreißen. Das neugierige Volk erschauerte, als es diese Marter sah. Agathe aber rief dem Tyrannen zu: »Du unmenschlicher Barbar! So ehrst du die Quelle, aus der dich deine Mutter ernährt hat! Aber die Quellen, aus denen meine Seele trinkt, bleiben unverletzt. Sie spenden mir himmlische Speise.« Quintianus ließ die Märtyerin wieder ins Gefängnis werfen und verbot, sie zu pflegen und ihr Nahrung zu bringen.

Um Mitternacht öffneten sich aber die Türen des Kerkers. Ein Knabe brachte eine brennende Kerze, und hinter ihm kam ein Greis mit köstlichem Balsam in einer goldenen Dose. Der Greis begrüßte die Jungfrau und sagte: »Liebe Tochter, der Prokonsul hat dich mit schweren Martern geängstigt. Deine Reden haben ihn aber noch tiefer verletzt. Seine Wunden werden ewig bluten. Die deinen werde ich jetzt heilen.« Agathe aber erwiderte: »Ich habe bis jetzt keine leibliche Arznei gebraucht und möchte sie auch heute nicht annehmen. Hab Dank für deine gute Absicht!« Da fragte sie der Greis: »Warum willst du mir nicht erlauben, dich zu heilen?« Darauf antwortete Agathe: »Wenn mein Herr, Christus, will, daß ich genese, dann kostet es ihn nur ein Wort.« Da lächelte der Greis und sagte: »Ich bin der Apostel des Herrn. In seinem Namen befehle ich dir, zu genesen!« Nach diesen Worten war der alte Mann verschwunden. Agathe aber war geheilt. Die Wachen hatten die Erscheinung gesehen und waren geflohen. Das Gefängnis stand offen. Aber Agathe nutzte die Gelegenheit zur Flucht nicht. Sie hatte die Hände nach der Krone der Märtyrer ausgestreckt und wollte sie nicht mehr verlieren.

Nach vier Tagen ließ sie der Prokonsul wieder zu sich kommen und forderte sie noch einmal auf, dem Christenglauben abzuschwören und den Götzen zu opfern. Agathe antwortete: »Spare dir deine Worte, die nur die reine Luft beflecken, meiner Seele aber nicht schaden können. Sollte ich denn Steine anbeten und nicht den Gott im Himmel, der mich geheilt hat?« Quintianus fragte: »Wer hat dich geheilt?«

Agathe: »Jesus Christus, der Sohn des lebendigen Gottes.«

Quintianus: »Wieder nennst du diesen verhaßten Namen, den ich nicht hören will!«

Agathe: »Ich werde diesen Namen im Herzen und auf den Lippen tragen, solange ich atme!«

Quintianus: »Dann wollen wir doch sehen, ob dieser, dein Herr Christus dir helfen kann!« Er ließ spitze Scherben und glühende Kohlen auf den Boden schütten und zwang die Jungfrau, sich zu entkleiden und sich darauf hin- und herzuwälzen. Plötzlich erbebte die Erde, Tempel und Paläste stürzten ein, zwei Räte des Statthalters wurden an seiner Seite erschlagen. Ein panischer Schrecken ergriff das Volk. Es stürmte den Richtplatz und rief: »Laß ab von dieser Frau, du ungerechter Richter! Siehst du nicht, wie die Götter ihre Unschuld rächen?« Darauf ließ Quintianus Agathe wieder ins Gefängnis führen, er selbst aber verbarg sich vor dem Volk. Die Märtyrerin kam erschöpft und schwach atmend im Kerker an; trotzdem warf sie sich auf die Knie und bat Gott, ihre Seele zu sich zu nehmen. Dann gab sie ihren Geist auf.

Lucia und die tausend Ochsen

LUCIA AUS Syrakus lebte ein halbes Jahrhundert später als die heilige Agathe. Sie wurde in einem christlichen Haus erzogen und gelobte sich schon früh dem Dienst des Herrn. Als ihre Mutter an Blutfluß erkrankte und kein Arzt ihr helfen konnte, pilgerten die beiden Frauen nach Catania, an das Grab der heiligen Agathe, um ihre Fürsprache zu erbitten. Als sie die Kirche betraten, sprach ein Prediger gerade von der Heilung der Blutflüssigen, die der Evangelist Matthäus aufgezeichnet hat. Lucia nahm das als gutes Vorzeichen. Nach dem Gottesdienst blieben Mutter und Tochter bis in die Nacht hinein allein am Grab der heiligen Agathe. Lucia schlief darüber ein. Da sah sie im Traum die Heilige im Kreis von vielen Engeln und hörte sie sprechen: »Lucia, meine liebe Schwester, was bittest du mich für deine Mutter. Du hättest meiner Hilfe nicht bedurft. Der Herr hat deine Mutter gesund gemacht um deines Glaubens willen.«

Als Lucia erwachte, fühlte sie sich erfrischt und sagte zu ihrer Mutter: »Freue dich, du bist gesund!« Und es zeigte sich, daß die Frau geheilt war.

Die Mutter hatte Lucia gegen ihren Willen verlobt. Nun bat die Tochter, sie fortan frei über ihre weitere Zukunft entscheiden und ihr das Vermögen zu lassen, das man ihr in die Ehe mitgegeben hätte; denn sie wollte es den Armen schenken. Die Mutter aber weigerte sich. Lucia machte ihr klar, daß sie keine Verdienste mehr erwerben könne, wenn ihr Besitz erst nach dem Tod verteilt werde, denn dann gehöre ihr ja ohnehin nichts mehr. So verkauften sie nach ihrer Heimkehr täglich von ihren Gütern und verteilten den Erlös an die Armen. Der Verlobte von Lucia hörte von den Verkäufen und fragte ihre Amme, was da vorgehe. Sie antwortete ihm, Lucia werde nun ein besseres Gut erwerben. Dazu werde sie zunächst alle ihre Güter veräußern. Der junge Mann sah eine Weile zu. Als alles verkauft war, schleppte er seine Braut vor den Statthalter Pachasius und klagte sie an, gegen die Befehle des Kaisers zu handeln, weil sie Christin war. Als der Statthalter das Mädchen aufforderte, den Göttern zu opfern, antwortete Lucia: »Es gibt kein Opfer, das Gott wohlgefälliger wäre, als die Armen zu besuchen und sie zu trösten. Ich habe ihnen meinen ganzen Besitz geopfert. Heute werde ich mich selbst opfern.«

Pachasius: »Erzähle das den Narren, die an denselben Gott glauben wie du! Ich habe die Befehle des Kaisers zu vollstrekken.«

Lucia: »Du vollstreckst die Befehle des Kaisers, ich aber befolge die Gebote Gottes. Du fürchtest den Kaiser, und ich fürchte Gott. Du scheust dich, den Kaiser zu erzürnen, ich scheue den Zorn Gottes. Du versuchst, alles zu tun, um deinem Kaiser zu gefallen, ich will nur meinem Herrn gefallen, Jesus Christus. Tue, was du für Recht hältst und was dir nützt! Ich werde tun, was ich für nützlich und heilsam halte.«

Pachasius: »Diese leichtfertige Zunge wird stocken, wenn dein Leib für ihre schnelle Rede büßen muß!«

Lucia: »Gottes Worte vergehen nimmer!«

Pachasius: »Ich werde dich in das Buhlhaus stecken. Wenn dann die Leichtlebigen mit dir Mutwillen treiben, dann wird der Heilige Geist ausfahren.«

Lucia: »Es gibt keine Befleckung ohne die Zustimmung der Seele. Meiner Seele aber bin ich sicher. Den Leib befehle ich Gott.«

Pachasius ließ den Vorsteher des Buhlhauses kommen und befahl ihm: »Gebt sie der Menge preis, bis sie den Geist aufgibt!« Als der Kuppler aber die Jungfrau wegführen wollte, war er nicht imstande, sie von der Stelle zu bewegen. Pachasius ließ sie an Händen und Füßen binden. Mehr als tausend Leute zogen an Stricken, aber sie konnten Lucia nicht von der Stelle bewegen.

Daraufhin befahl Pachasius, tausend Ochsen vorzuspannen. Aber die Jungfrau blieb unbeweglich. Da rief Pachasius seine Zauberer und Beschwörer. Aber auch ihre Sprüche und Gebärden, ihre geheimen Mittel, konnten Lucia nicht bezwingen. Sie blieb unbeweglich. Da rief der Statthalter: »Was sind das für Zauberkräfte, die uns daran hindern, mit tausend Menschen und tausend Tieren ein einziges Mädchen von der Stelle zu rükken?« Lucia aber erwiderte ihm: »Das sind keine Zauberkräfte, das ist die Kraft Gottes, die dich daran hindert, mir deinen Willen aufzuzwingen. Spanne zu den tausend Stieren noch tausend Rosse, du wirst mich nicht bewegen können!«
Pachasius hatte Angst vor diesen unheimlichen Kräften, er fürchtete auch das Volk, das zu murren begann, er mußte vor ihm seinen Willen durchsetzen. Darum ließ er rings um die Jungfrau ein großes Feuer anfachen. Seine Schergen schütteten Harz und Pech in großen Mengen und siedendes Öl in die Flammen. Lucia stand lächelnd in der Mitte des Feuermeeres und rief: »Dulde nicht, Allgewaltiger, daß deine Heiligen zu Schanden werden und die Ungläubigen frohlocken!« Da erlosch das Feuer, und Lucia stand unversehrt da. Die Angst des Statthalters wuchs. Da zückte einer seiner Freunde den Dolch und durchbohrte die Kehle der Märtyrerin. Sie konnte aber noch sprechen und sagte: »Höret, was ich euch sage: Soeben wurde der christlichen Kirche der Friede wiedergegeben. Maximinianus ist tot und steht vor seinem Richter, und Diokletian hat auf den Thron verzichtet.« Dann lobte sie Gott. Sie redete noch, als Boten aus Rom kamen, die den Statthalter auf Befehl des Kaisers gefangennahmen, um ihn nach Rom zu bringen. Dort wurde er wegen gewaltsamer Erpressungen verurteilt. Lucia aber empfing noch den Leib des Herrn; dann gab sie ihren Geist auf, und alle, die mit ihr waren, sagten Amen.

Dorothea schickt Äpfel aus dem Paradies

DER RÖMISCHE Senator Dorus war ein reicher Mann. Er verließ seine Äcker und Weinberge, seine Herden und seine Stadt- und Landhäuser, als Diokletian eine neue grausame Verfolgung aller Christen befahl. Er floh mit seiner Frau Thea und seinen Töchtern Christe und Calliste über das Meer nach Kapadozien und ließ sich in Cäsarea nieder. Hier wurde ihm eine dritte Tochter geboren. Der Bischof taufte sie heimlich und gab ihr einen Namen, der aus den Namen des Vaters und der Mutter zusammengesetzt war: Dorothea. Sie wurde in christlichem Sinne erzogen und entwickelte sich zu einem schönen, klugen und frommen Mädchen. Als der Landpfleger Fabricius sie sah, verfiel er ihrem natürlichen Wesen. Er warb um sie; er bot alle Schätze dieser Erde auf, um sie für sich zu gewinnen. Dorothea aber wies ihn mitsamt seinen Reichtümern ab. Sie erklärte ihm, daß sie nur die Braut dessen sein könne, der sie mit seinem Blut erlöst habe.

Da gab Fabricius die Rolle des Freiers auf, setzte sich auf seinen Richterstuhl und nahm das Mädchen in ein strenges Verhör. Dorothea bekannte sich zum Christentum und hielt ihrem weltlichen Richter eine eindringliche Rede über die Torheit des Götzendienstes. Das erboste den Statthalter so sehr, daß er die Jungfrau in einen Kessel mit siedendem Öl setzen ließ. Aber sie stieg unverletzt aus diesem tödlichen Sud wie aus einem köstlichen Bad und war schöner als zuvor. Als die Heiden dieses Wunder sahen, bekehrten sich viele. Fabricius aber schalt Dorothea eine Zauberin, ließ sie fesseln und für neun Tage ohne Speise und Trank einkerkern. Sie bedurfte seiner schlechten Kost nicht; denn der himmlische Bräutigam sorgte für bessere Speise.

Am zehnten Tag wurde Dorothea vor eine hohe Säule mit dem Bild des Apollo geführt. Der Statthalter befahl ihr, den heidnischen Gott anzubeten. Das Mädchen erwiderte: »Ich bete Gott an, keinen Dämon.« Dann fiel sie auf die Knie und flehte zum Herrn, ein Zeichen zu geben, daß er allein Gott sei. Daraufhin traf ein Donnerschlag die Säule und zermalmte sie so, daß kein Staubkorn mehr zu finden war. Durch dieses zweite Wunder wurden wieder viele tausend Heiden bekehrt. Sie bekannten sich zu Christus und drängten sich zum Märtyrertod. Dorothea aber wurde an den Füßen aufgehängt, mit Ruten geschlagen, mit Skorpionen gegeißelt, mit eisernen Kämmen zerrissen und mit brennenden Fackeln gesengt. Dann brachte man sie halbtot in den Kerker. Am nächsten Morgen sah man keine Spuren von den Verletzungen mehr.

Das überraschte den Landpfleger. Er sagte zu ihr: »Dorothea, du bist ein anmutiges Mädchen. Du bist genug gezüchtigt worden. Ich würde mich freuen, wenn du dich jetzt eines Besseren besännest.« Dann ließ er sie zu ihren Schwestern Christe und Calliste bringen. Die beiden waren aus Angst vor dem Tod von ihrem Glauben abgefallen, und Fabricius hoffte, Dorothea werde ihrem Beispiel folgen. Es kam aber anders. Dorothea begeisterte ihre Schwestern wieder für das Wort Gottes, sie schilderte die Freuden des ewigen Lebens so eindringlich, daß sie ihren Abfall schwer bereuten und sich wieder zu Christus bekannten. Als Fabricius das hörte, ließ er die beiden Schwestern Rücken an Rücken binden und verbrennen.

Zu Dorothea aber sagte er: »Wie lange willst du uns mit deinen Zauberstücken noch täuschen und verspotten? Ich gebe dir zum letzten Mal die Möglichkeit, zu wählen: opfere unseren Göttern, und du wirst ein schönes und reiches Leben mit mir führen. Opferst du nicht, dann muß ich dich zum Tode verurteilen.« Das Mädchen antwortete: »Dann sprich das Urteil bald! Lange schon möchte ich zu meinem lieben Herrn gelangen, Rosen und Äpfel in seinem Garten pflücken und mich an ihnen laben.« Als der Tyrann sah, daß alle Verführungskünste versagten, befahl er in seiner Wut, ihr das Gesicht zu zerfetzen. Die Henker zerstörten ihre Schönheit und quälten sie so lange, bis ihnen die Arme müde wurden. Über Nacht aber heilte Christus das Angesicht seiner lieben Braut und gab ihr die verlorene Schönheit zurück.

Am nächsten Morgen sprach der Landpfleger das Todesurteil. Viel Volk begleitete Dorothea auf den Richtplatz. Als sie an dem Geheimschreiber Theophilus vorbeikamen, rief er ihr höh-

nisch zu, sie solle ihm doch Rosen und Äpfel aus dem Garten ihres Liebsten schicken. Die Jungfrau versprach, den Auftrag auszuführen. Theophilus aber lachte lauthals über diese Zusage. Auf dem Richtplatz kniete Dorothea nieder und betete. Da stand plötzlich ein Knabe vor ihr. Er trug einen purpurnen Mantel, der mit goldenen Sternen übersät war. Er reichte Dorothea ein Körbchen mit drei Rosen und drei Äpfeln. Sie nahm die Gabe nicht an, sondern sagte: »Sei so gut, lieber Bruder, und bringe diese Rosen und Äpfel dem Geheimschreiber Theophilus!« Dann empfahl sie sich dem Herrn, empfing den Schwertstreich, und ihre Seele stand alsbald vor ihrem himmlischen Geliebten.
Der Knabe ging indessen zum Palast des Landpflegers, fand dort den Geheimschreiber Theophilus, überreichte ihm den Korb und sagte: »Diese Rosen und Äpfel schickt dir meine Schwester Dorothea. Sie sind aus dem Garten ihres Liebsten.« Dann verschwand er. Theophilus war tief betroffen und verstummte. Dann aber sang er laut das Lob des Herrn und der heiligen Dorothea. Er predigte allen das Wort Gottes und berichtete von den Zeichen und Wundern, die er mit eigenen Augen gesehen hatte. Fast die ganze Provinz wurde durch ihn zum Christentum bekehrt. Als dies der Landpfleger hörte, befahl er, den Theophilus noch grausamer zu martern als Dorothea. Sein Leichnam sollte zerstückt und den Hunden vorgeworfen werden. So wurde Theophilus mit seinem eigenen Blut getauft.

Cäcilia, die himmlische Chormeisterin

CÄCILIA, DIE Chormeisterin der himmlischen Sänger, war eine echte Römerin. Sie wurde schon von der Wiege an im christlichen Glauben unterwiesen. Tag und Nacht trug sie das Evangelium verborgen in ihrem Herzen. Sie fühlte sich innig verbunden mit unserem Herrn und versprach ihm, sich ganz ihm zu weihen. Die Eltern aber verlobten das Mädchen mit Valerian, einem liebenswerten jungen Mann aus einer der ersten Familien Roms. Cäcilia schwieg. Sie betete jeden Tag inniger, je näher der Zeitpunkt ihrer Hochzeit kam. Sie bereitete sich mit dreitägigem Fasten auf ein Unternehmen vor, mit dem sie sich ihre Jungfräulichkeit für Christus erhalten wollte. Dann kam der Hochzeitstag. Cäcilia trug ein prächtiges Hochzeitskleid, das alle bewunderten. Auf der bloßen Haut aber trug sie ein grobes härenes Hemd. Während laute Freude das ganze Haus erfüllte und die Saiten klangen, betete sie zu Gott um seine Hilfe.

Als dann der Bräutigam am späten Abend seine Braut in die Schlafkammer führte, sagte sie zu ihm: »Geliebter Freund, ich will dir ein Geheimnis anvertrauen; aber schwöre zuerst, daß du es bewahren und mit keinem Menschen darüber sprechen wirst!« Der junge Mann schwor. Da sagte Cäcilia: »Ich habe einen Engel vom Himmel zum Liebhaber. Er wacht eifersüchtig über mich und hütet meine Seele und meinen Leib. Er wird dich niederschlagen, sobald du mich berührst; er wird deine schöne Jugend ganz zerstören. Wirst du mich aber wie ein Bruder lieben, dann wird er dich in seine Liebe einschließen und sich dir in seiner ganzen Pracht und Herrlichkeit zeigen.« Valerian hatte das Mädchen sehr lieb. Darum sagte er: »Ich will dir glauben, wenn du mir den Engel zeigst, wenn ich ihn selber sehe. Ist er wirklich ein Engel, dann werde ich deinen Wunsch erfüllen. Ist er aber ein Mann wie andere Männer, dann werde ich dich und ihn mit diesem Schwert töten.« Cäcilia erwiderte darauf: »Jetzt kannst du den Engel noch nicht sehen. Wenn du aber an den wahren Gott glaubst und dich taufen läßt, dann wird er sich dir zeigen. Gehe auf der Appischen Heerstraße hinaus aus der Stadt bis zum dritten Meilenstein! Dort wirst du arme Leute finden, die am Wege liegen. Sage ihnen: ›Cäcilia schickt mich. Ihr sollt mich zum ehrwürdigen Urbanus bringen. Ich muß ihm eine geheime Sache mitteilen.‹ Wenn du dann vor Urbanus stehst, dann grüße ihn von mir und berichte ihm alles, was wir besprochen haben. Er wird dich von deinen Sünden reinigen und dich taufen. Dann komm zurück zu mir, damit der Engel auch dir erscheinen kann.«

Valerian ging. Er fand den heiligen Bischof Urbanus in den Katakomben von Rom zwischen den Gräbern der Märtyrer. Er erzählte dem Greis alles. Urban hob Hände und Augen zum Himmel und sprach: »Herr Jesus Christus, empfange die Frucht des Samens, den du in die Seele Cäciliens gelegt hast. Wie eine emsige und listige Biene hat sie dir gedient. Sie hat den Bräutigam, der wie ein wilder Löwe ankam, in ein sanftes Lamm verwandelt.« Dann redete er lang mit Valerian, nahm ihm das Glaubensbekenntnis ab und taufte ihn. Als der Bräutigam wieder zu seiner Braut zurückkehrte, fand er in ihrer Kammer einen Engel mit zwei Blumenkränzen in der Hand. Der Engel überreichte dem Paar die Kränze mit den Worten, daß diese Blumen nie verwelken und immer duften würden, so lange sie sich die Lauterkeit des Herzens erhielten. Bald darauf wurde auch der Bruder des Valerian getauft.

Die Brüder führten nun ein Leben, das sie mehr und mehr von ihren Familien trennte. Sie gaben den Armen, was sie hatten, und begruben die Märtyrer, die Almachius, der Statthalter, hinrichten ließ. Als der Statthalter das erfuhr, befahl er die Brüder zu sich und fragte sie: »Warum begrabt ihr diese Verbrecher, die ich zum Tode verurteilt habe?« Da erwiderte Valerian: »Wollte Gott, wir wären die Knechte der Männer, die du Verbrecher nennst!« Der Statthalter versuchte die Brüder noch weiter auszufragen. Sie bekannten sich offen zum Christentum. Da ließ der Statthalter sie festnehmen und hinrichten. Damit fiel ihr ganzes Vermögen an ihn. Als er es einziehen wollte, entdeckte er, daß Cäcilia schon alle bewegliche Habe an die Armen verschenkt hatte. Da wurde Almachius zornig und ließ auch Cäcilia vor seinen Richterstuhl schleppen, obgleich ihre einflußreiche Sippe dagegen Widerspruch erhob.

Er befahl ihr, den Göttern zu opfern, und bedrohte sie mit der Todesstrafe. Die Häscher hatten Mitleid mit der schönen jungen Frau und versuchten sie umzustimmen. Sie aber sagte zu ihnen: »Ihr guten Leute, wer sich zu Christus bekennt und dafür sterben muß, der entsagt nicht dem Leben; er gewinnt das wahre Leben. Wenn euch einer für Pfennige Taler anböte, würdet ihr dann nicht mit Freuden in den Tausch einwilligen? Gott aber will, was er empfängt, hundertfältig vergelten.« Sie redete lang zu den Schergen; über vierhundert ließen sich taufen.

Amachius ließ sie in ihr Haus bringen und befahl, das Wasser in ihrem Bad zum Sieden zu bringen und sie dort vierundzwanzig Stunden brodeln zu lassen. Aber Cäcilia vergoß dabei nicht einmal einen Tropfen Schweiß. Da gebot der Statthalter, sie im Bad zu enthaupten. Dreimal schlug der Henker mit aller Kraft nach ihr. Er konnte ihr aber das Haupt nicht abschlagen. Nach dem Gesetz durfte kein Enthaupteter einen vierten Streich bekommen. Der Nachrichter ließ sie darum in ihrem Blute liegen. Sie lebte noch drei Tage, ehe sie ihren Geist aufgab.

Sebastian, der Soldat Christi

SEBASTIAN STAMMTE aus einer alten französischen Adelsfamilie, die in Südfrankreich beheimatet war. Er wurde früh Soldat und kam mit einer der römischen Legionen nach Mailand und Rom. Er galt als ein tapferer und umsichtiger Vorgesetzter, den seine Männer liebten und verehrten. Als Kaiser Diokletian den jungen Offizier sah, ernannte er ihn zum Kommandanten seiner Leibwache. Er wußte nicht, daß Sebastian Christ war. Sebastian behielt dieses Geheimnis für sich, weil er in seiner Stellung verfolgten Christen helfen oder sie wenigstens trösten und aufrichten wollte.

Als die Zwillingsbrüder Markus und Marcellianus, die jüngsten Söhne einer angesehenen römischen Familie, hingerichtet werden sollten, kam ihre Mutter mit aufgelösten Haaren, zerrissenen Kleidern und entblößten Brüsten in den Kerker und flehte ihre Söhne an, dem Kaiser zu gehorchen und den Göttern zu opfern. Sie rief: »Liebe Kinder, erbarmt euch des Leibes, der euch getragen hat! Erbarmt euch der Brüste, die euch getränkt haben! Wäret ihr in die Hände der Feinde gefallen, ich würde mich in ihre Schwerter stürzen, um euch zu retten! Hätten Feinde euch in unterirdischen Kerkern festgehalten, ich hätte den Weg zu euch gefunden, trotz Schloß und Riegel! Aber ihr geht freiwillig in den Tod! Ihr entsagt freiwillig dem Leben! Was sind das für Zeiten, in denen die blühende Jugend vor den

Augen der Eltern den Tod umarmt, während die hilflosen Alten sich an ihr Leben klammern!«

Auch der Vater stimmte in die Klagen der Frau ein. Er war alt und müde, zwei Knechte mußten ihn stützen. Er sprach leise, mit gebrochener Stimme: »Ich komme, um euch Lebewohl zu sagen, liebe Kinder. Ich hoffte immer, daß ihr mich einst bestatten und beweinen werdet. Und jetzt muß ich in diesen Kerker kommen, um euch die letzte Ehre zu erweisen. Habt ihr vergessen, daß ihr die Stütze meines hohen Alters seid, das Licht meiner erlöschenden Augen? Liebt ihr den Tod mehr als euren Vater? Kommt alle und helft mir, den Starrsinn meiner Kinder zu beweinen! Erblindet, meine tränennassen Augen, damit ich meine Söhne nicht von Henkers Hand fallen sehe!«

Die Frauen der beiden Verurteilten kamen mit den Kindern auf den Armen. Sie hielten sie den Vätern hin und fragten ihre Männer mit erstickter Stimme: »Was soll nun aus uns werden? Was soll aus euren Kindern werden? Werden wir zu allem unseren schönen Besitz verlieren? Ihr Felsenherzen! Ihr schmäht eure Eltern und beschämt eure Freunde, viel schlimmer, ihr verstoßt eure Kinder und die Mütter eurer Kinder! Freiwillig entsagt ihr diesem Leben! Freiwillig stürzt ihr euch in die Schwerter der Henker!«

Jammer und Vorwürfe machten die jungen Bekenner unsicher. Sie waren nahe daran, nachzugeben. Da trat Sebastian zu ihnen, munterte sie auf und sagte: »Laßt euch die himmlische Krone nicht durch süße Bitten und irdische Verlockungen rauben! Haltet euch wacker, ihr Streiter Christi!« Dann wandte er sich an die Verwandten und sagte: »Nehmt euch zusammen und versucht nicht, falsch gegen eure Söhne und Männer zu zeugen, und ihnen eine Schuld aufzuladen, die keine Schuld ist! Sie trennen sich nicht für immer von euch. Sie gehen nur voraus, um auch für euch die himmlischen Wohnungen vorzubereiten. Denn dieses irdische Leben ist nicht das eigentliche Leben. Es täuscht unsere Hoffnungen, es spottet unserer Wünsche, es belügt uns mit unseren Sehnsüchten. Elend ist, wer diesem Leben vertraut. Wer dieses Leben lieb hat, der wird das ewige Leben verlieren.«

Nach diesen Worten sahen die Zuhörer, wie sieben glänzende Engel Sebastian in ihre Mitte nahmen und ihm den Friedensgruß boten. Da ließen sich die Eltern des Marcellianus und des Markus taufen und begleiteten ihre Söhne ohne Klagen zum Richtplatz. Sie blieben bis zuletzt standhaft. Die Henker banden jeden an einen Pfahl und richteten sie mit Speeren hin.

Bald darauf wurde Sebastian zum Kaiser befohlen; denn es hatte sich herumgesprochen, daß der Kommandant der Leibwache offen für das Christentum eingetreten war. Diokletian stellte ihn zur Rede: »Du warst einer der Ersten in meinem Palast! Du standest meinem Herzen nah! Ich habe dir ohne Bedenken mein Leben anvertraut. Du aber bist insgeheim mein Gegner gewesen! Du verdammst insgeheim unsere Götter!« Sebastian antwortete: »Ich bin nicht gegen dich gewesen. Ich habe für dich und für das Heil des Reiches zu Christus gebetet. Die Christen sind nicht deine Feinde.« Aber der Kaiser unterbrach die Rede und sagte: »Das will ich nicht hören! Aber höre du gut zu, Sebastian! Schwöre hier vor mir deinem Christengott ab! Du wirst dann der Erste sein in meinem Palast. Schwörst du aber nicht ab, dann werde ich dich auf eine schändliche Weise töten lassen.«

Als Sebastian zu seinem Glauben stand, ließ der Kaiser eine Kohorte afrikanischer Bogenschützen kommen. Sie mußten Sebastian an einen Baum binden und mit ihren Pfeilen auf ihn wie auf eine Scheibe schießen. Er war mit Pfeilen gespickt wie der Igel mit Stacheln. Die Soldaten hielten ihn für tot und gingen weg. Tief in der Nacht wagte sich die christliche Witwe Irene auf das Totenfeld. Sie wollte den Leichnam bestatten. Zu ihrer freudigen Überraschung merkte sie aber, daß Sebastian noch atmete. Sie löste sorgsam seine Fesseln, brachte ihn auf heimlichen Wegen in ihr Haus und pflegte ihn mit vieler Mühe wieder gesund. Die Christen Roms besuchten den heiligen Mann, beteten mit ihm und baten ihn inständig, sich nun vor den Heiden zu verbergen. Sebastian aber ging bald wieder in den Palast. Er traf den Kaiser auf der Treppe und rief ihm zu: »Laß davon ab, die Christen zu verfolgen! Du zwingst Christus nicht!« Diokletian war entsetzt. Er starrte fassungslos in das bleiche Gesicht des Kommandanten seiner Leibwache. Dann ließ er ihn festnehmen und zu Tode peitschen und seinen Leichnam in eine Kloake werfen. Sebastian aber erschien in der Nacht der heiligen Lucia und zeigte ihr, wo sein Leichnam lag. Die Heilige begrub ihn darauf zu den Füßen der Apostel.

Katharina von Alexandrien

KATHARINA WAR die Tochter eines Mittelmeerfürsten, der das Mädchen schon in jungen Jahren in allen sieben Künsten hatte ausbilden lassen. Nach dem frühen Tod des Vaters regierte die Prinzessin trotz ihrer Jugend das kleine Königreich mit Umsicht und Geschick. Aber sie war nicht nur klug und reich, sondern auch außergewöhnlich schön. Darum hielt der römische Kaiser Maxentius für seinen Sohn um ihre Hand an. Doch die Prinzessin ließ antworten, sie werde nur einen Mann heiraten, der es in vier Stücken mit ihr aufnehmen könne: Er müsse ihr gleich sein an Adel, an Reichtum, an Weisheit und an Schönheit. Die Königinmutter gab diese Antwort nur in gemilderter Form weiter, weil sie fürchtete, der Kaiser könnte in seinem Zorn über diese Zurückweisung das Land gefährden.

In ihrer Bedrängnis bat die Mutter einen ihrer Vertrauten bei Hofe um Rat, der die beiden Frauen zu einem Einsiedler bringen ließ. Dieser sagte ihnen, er wisse für die Prinzessin wohl einen Bräutigam, der die vier Gaben im Überfluß besitze. Er sei der Weiseste, denn er habe Himmel und Erde erschaffen; er sei der Edelste, denn er sei der Sohn des allmächtigen Gottes; er sei der Schönste, denn selbst Sonne und Mond könnten vor seinem Glanz nicht bestehen; und er sei der reichste und gewaltigste aller Herren, denn ihm diene der ganze Erdkreis, ihm gehöre alles, was im Himmel und auf Erden sei. Katharina erwiderte, sie wäre glücklich, wenn sie die Liebe und die Achtung dieses Bräutigams gewinnen könne.

Da erzählte ihr der Klausner von Jesus Christus, verkündete ihr das Wort Gottes und versicherte ihr, daß sie mit Hilfe der

Mutter Gottes den Sohn gewinnen könne. Sie solle nur immer wieder um ihre Hilfe bitten, solle fasten, beten, wachen und Almosen geben. Eines Tages werde sie dann auch das Antlitz des himmlischen Bräutigams sehen dürfen.

Katharina ging nach Hause und unterzog sich allen Andachtsübungen, die ihr der Einsiedler genannt hatte, betete viel und gab reichlich Almosen. Eines Tages zeigte sich ihr Unsere Liebe Frau im Traum. Sie hatte das Kind auf dem Schoß. Das Kind aber verdeckte sein Angesicht, daß Katharina es nicht sehen konnte. Das kränkte die Prinzessin. Doch bat sie Maria, ihr zu helfen. Das Kind aber antwortete: »Ich bin schöner als alle Menschenkinder. Ich will, daß meine Braut mir in allen Stücken gleicht: an Adel, an Reichtum, an Weisheit und an Schönheit. Noch ist sie meiner nicht wert.« Diese Antwort beschämte und demütigte Katharina. Doch gab sie ihre Andachtsübungen nicht auf und versuchte, auf alle Eigenliebe zu verzichten. Nach langer Zeit sprach die Mutter Gottes wieder zu ihr im Traum. Sie sagte: »Geh' zu dem Einsiedler in den Wald und lass' dich von ihm taufen. Wenn du den Glauben der Christen annimmst, wird dir mein Sohn auch sein Angesicht zeigen.«

Katharina tat wie geheißen, bekannte sich zum Glauben der Christen, ließ sich taufen, betete und kam fröhlich zurück. Schon in der darauffolgenden Nacht erschien ihr die Mutter Gottes mit dem Kinde wieder. Unser lieber Herr war nun freundlich zu ihr, zeigte ihr sein Angesicht, nannte sie seine Braut, steckte ihr einen goldenen Ring an den Finger und sagte: »Trage diesen Ring zum Zeichen dafür, daß ich mich mit dir in reiner Liebe und im wahren Glauben verlobt habe.« Als Katharina erwachte, fand sie den Ring an ihrem Finger. Von nun an fühlte sie sich als Braut Christi und handelte danach.

Das geschah zu der Zeit, als Kaiser Maxentius befahl, daß alle Welt den römischen Göttern opfern müsse; denn unter den Göttern waren auch die zu Göttern erhobenen Kaiser. Er versuchte damit, das Kaisertum stärker in der Religion zu verankern und auf diese Weise vor dem Zusammenbruch zu retten. Wer den Befehl nicht befolgte, mußte sterben. Da zog Katharina nach Alexandrien, trat dort vor den Kaiser und sagte: »Ich bin die Tochter des Königs Costus, den du zu seinen Lebzeiten verehrt hast. Ich bin also im Purpur geboren und meine Eltern haben mich gründlich in allen sieben Künsten unterweisen lassen. Ich bekenne mich trotzdem zu meinem Herrn Jesus Christus; denn deine Götter können niemandem helfen. Sie hören nicht, wenn ihr sie ruft; sie trösten euch nicht in eurer Angst; sie retten euch nicht aus den Gefahren dieses Lebens.« Der Kaiser sagte: »Wenn das, was du sagst, richtig wäre, dann wärest du die einzige, welche die Wahrheit kennt. Die ganze übrige Welt wäre im Irrtum. Verlange nicht von uns, daß wir das glauben!« Katharina redete so lange auf den Kaiser ein, bis er keine Antworten mehr fand. Er brach deshalb das Gespräch ab und schickte Katharina weg. Insgeheim schrieb er aber an fünfzig Gelehrte, Weise und Redner und bat sie, nach Alexandrien zu kommen. Sie sollten gegen hohe Belohnung die predigende Jungfrau mit überzeugenden Gegenargumenten zum Schweigen bringen.

Die fünfzig Weisen waren enttäuscht, daß sie nur mit einem einfältigen Mädchen streiten sollten. Der Kaiser erwiderte, er hätte Katharina zwingen können, den Göttern zu opfern oder in den Tod zu gehen. Sie habe aber großen Einfluß auf weite Kreise seiner Völkerschaften, und es scheine ihm würdiger, die Königstochter auf dem Wege der Weisheit eines Besseren zu belehren. Da riefen die gelehrten Männer: »Dann laßt sie doch vor uns erscheinen, die wunderbare Jungfrau! Sie wird bald ihre Vermessenheit bereuen und erklären, daß sie bis jetzt noch keine weisen Männer getroffen hat.«

Der Kaiser forderte alle Beteiligten für den nächsten Tag zu einer Disputation auf. Da betete Katharina zu Gott, und ein Engel des Herrn kam und tröstete sie und sagte ihr, daß sie alle Meister überwinden und zum Christentum bekehren werde. Da trat sie mutig vor die Versammlung und sagte zum Kaiser: »Diese fünfzig Meister der Weisheit hast du also gegen mich aufgeboten, gegen ein einziges Mädchen. Du hast ihnen große Versprechungen gemacht für den Fall, daß sie mich überwinden. Du zwingst sie, zu kämpfen. Sie haben kaum Aussicht, jemals einen Lohn zu erhalten; denn sie werden unterliegen. Mein

Lohn aber wird Christus sein, der Trost und die Krone aller, die für ihn kämpfen.« Dann begann eine lange Auseinandersetzung zwischen den fünfzig Meistern und dem Mädchen Katharina. Sie disputierten den ganzen Tag, sie redeten bis tief in die Nacht hinein, zuletzt aber redete nur noch Katharina; denn die Weisen verstummten mehr und mehr. Schließlich erklärten die Männer dem Kaiser, daß durch das Mädchen der Heilige Geist Gottes zu ihnen rede, daß sie kein Wort mehr gegen Christus sagen könnten, ja, daß sie in Christus den wahren Gott erkannt hätten, den lebendigen Gott, neben dem die römischen Götzen nicht bestehen könnten.

Als der Kaiser das hörte, ließ er auf dem Markt ein großes Feuer anzünden und die Meister hineinwerfen. Katharina aber sprach zu den Männern und tröstete sie, unterwies sie im rechten Glauben und betete mit ihnen. Die Männer fragten sie, ob sie denn ohne Taufe zu unserem Herrn gelangen könnten, und die Braut des Herrn versicherte ihnen, daß sie sich mit ihrem Blut selbst die Taufe gäben. Sie gingen guten Mutes in den Tod und kamen alle im Feuer um. Katharina aber wurde noch einmal vor den Kaiser Maxentius gebracht. Er sagte: »Erbarme dich deiner Schönheit und deiner Jugend, edle Jungfrau! Du sollst neben der Kaiserin die erste Frau in meinem Reich sein. Ich werde dein Bild in Gold fassen lassen, und mein Volk wird dich wie eine Gottheit anbeten.« Katharina antwortete: »Ich bin die Braut Christi. Nichts wird mich von ihm trennen.« Da ließ ihr der Kaiser die Kleider vom Leib reißen und sie mit Skorpionen geißeln. Dann wurde sie in einen fensterlosen Kerker geworfen. Dort sollte sie zwölf Tage ohne Speise und Trank bleiben. Aber eine Taube brachte ihr Nahrung und Engel salbten sie, pflegten ihre Wunden und erfüllten den finsteren Raum mit ihrem Duft.

Während Maxentius abwesend war, besuchten seine Gemahlin und Porphyrus, der Kommandant der Leibwache, die Gefangene. Die Kaiserin wollte ihre Nebenbuhlerin selber sehen. Sie waren erstaunt von dem himmlischen Glanz, der Katharina umgab, und hörten der Heiligen mit wachsendem Eifer zu, als sie ihnen das Wort Gottes verkündete. Schließlich bekannten sich die Kaiserin, der Kommandant der Leibwache und zweihundert Kriegsknechte, die sie begleitet hatten, zum christlichen Glauben. Die Gefangene betete mit ihnen, sagte der Kaiserin ein baldiges Martyrium voraus und entließ sie. Als sie wieder allein war, erschien ihr unser Herr in seiner Pracht, in der Mitte seiner Engel, tröstete seine Braut und segnete sie. Katharina lebte nun nur noch im Gedanken an die Herrlichkeit des Jenseits; die Leiden dieser Welt verloren für sie ihre Schrecken.

Als der Kaiser zurückkam, ließ er Katharina rufen. Er war erstaunt, sie frischer und schöner als je zu finden. Noch einmal ließ er ihr die Wahl zwischen dem Thron und dem Tod. Er sagte: »Du sollst nicht meine Magd sein! Du sollst als meine Gefährtin neben mir auf dem Thron sitzen, in einem Glanz und in einer Pracht wie keine Königin des ganzen Erdkreises.« Katharina aber antwortete: »Urteile selbst, wie ich wählen soll: Mein Freund ist edel, reich, mächtig und über alle Maßen schön. Auf der anderen Seite steht einer, der ist gering, bettelarm, gebrechlich und über alle Maßen häßlich.« Da kannte die Wut des Tyrannen keine Grenzen mehr. Er ließ Sichelwagen bauen, deren Messer sich gegeneinander drehten und jeden, der zwischen die Räder kam, zerfetzten und zerfleischten. Als man aber Katharina zwischen die Räder binden wollte, zerschmetterte ein einziger Donnerschlag die Marterwagen und erschlug dazu viertausend Heiden. Da rief die Kaiserin dem Maxentius zu: »Willst du denn immer noch weiter mit Gott und seinem Christus streiten? Siehst du denn nicht, daß er mächtiger ist als du?« Als der Kaiser sah, daß seine eigene Frau sich zu Christus bekannte, schäumte er vor Wut. Er ließ sie vor die Stadt bringen und enthaupten. Porphyrus aber begleitete sie auf diesem letzten Weg und begrub sie.

Am nächsten Tag ließ der Kaiser den Leichnam suchen. Als er erfuhr, daß er begraben worden sei, forschte er nach dem Täter. Um keine Unschuldigen zu gefährden, entdeckte sich Porphyrus dem Kaiser und bekannte sich mitsamt seinen Männern offen zu Christus. Maxentius hatte damit seinen nächsten Vertrauten und Berater verloren. Voll Schmerz und Zorn ließ er alle enthaupten und ihre Leiber den Hunden vorwerfen. Trotzdem befahl er Katharina noch einmal zu sich und sagte zu ihr: »Meine Königin und meine treuesten Diener mußten schändlich sterben. Das hast du mit deinen Zauberkünsten erreicht. Trotzdem will ich dir verzeihen, wenn du meine rechtmäßige Gemahlin wirst und den römischen Göttern opferst. Willst du das nicht, dann verlierst auch du noch in dieser Stunde dein Haupt.« Katharina erwiderte: »Du kennst meine Wahl; treffe du die deine!«

Da ließ der Kaiser die Braut des Herrn auf den Richtplatz bringen. Dort kniete sie nieder, betrachtete ihren Trauring, bat um die tröstende Gegenwart ihres himmlischen Bräutigams und nahm den Tod gefaßt und freudig hin. Engel brachten ihren Leichnam auf den Berg Sinai und begruben ihn dort.

Theodora und Didymus

IM JAHRE 204 nach Christi Geburt standen in Alexandrien viele Christen vor dem Richterstuhl des kaiserlichen Statthalters Eustratius Proculus, unter ihnen Theodora. Er begann sein Verhör mit der Frage nach ihrem Stand. Theodora antwortete: »Ich bin Christin.« Darauf sprach der Statthalter: »Der Kaiser hat befohlen, alle Jungfrauen, die unseren Göttern nicht opfern wollen, in ein Freudenhaus zu sperren.«

Theodora erwiderte: »Bei Gott! Ich opfere nicht! Wie käme ich dazu, den Teufel anzubeten? Der Herr ist mein Helfer!«

Der Statthalter hatte Mitleid mit dem schönen Mädchen und rief: »Du Närrin! Du zwingst mich also, einem Mädchen von deinem Rang Schande anzutun! Ich gebe dir drei Tage Bedenkzeit.« Doch Theodora blieb standhaft und sagte: »Die drei Tage sind für mich schon vorbei. Ich ändere meinen Entschluß nicht. Befiehl, was du für richtig hältst!«

Der Statthalter berief sich noch einmal auf die kaiserlichen Befehle und fällte dann das Urteil. Als Theodora das Freudenhaus betrat, bat sie Gott, ihr beizustehen. Aber einige junge Wüstlinge hatten schon von ihr gehört und waren auf dem

Weg zu ihr. Ein Soldat stürzte in die Kammer der Heiligen. Sie war starr vor Schreck und floh in eine Ecke. Da redete sie der Eindringling freundlich an. Er sei Didymus, ein junger Christ. Er sei ihr Bruder. Er wolle sie retten. Sie solle mit ihm die Kleider tauschen und als Soldat das Haus verlassen. Theodora gehorchte. Sie drückte den Hut tief ins Gesicht und ging unerkannt aus dem Haus und durch die Stadt. Sie tauchte bei ihren Gesinnungsgenossen unter und war in Sicherheit.

Kurz nach ihrem Abschied betrat einer der jungen Männer die Kammer und war überrascht, nur einen Jüngling zu finden. Didymus erzählte ihm offen, was er getan hatte, um das Mädchen zu befreien. Da schleppten sie den jungen Christen vor den Statthalter. Proculus wollte wissen, wer ihn zu dieser Tat ermutigt habe. Didymus aber antwortete: »Gott selbst hat es mir befohlen.« Weil er die Frage nach dem Versteck Theodoras nicht beantworten konnte und den Göttern nicht opfern wollte, wurde er zu schweren Martern und zum Tod verurteilt.

Theodora hörte von dem Urteil und lief auf den Richtplatz. Sie dankte Didymus für den Schutz ihrer Ehre. Dann verlangte sie, daß man sie an seiner Stelle hinrichten solle; denn sie habe ihm wohl ihre Ehre, aber nicht ihr Leben anvertraut. Sie sei nicht vor dem Tod geflohen, sondern vor der Schande. Sie wolle nach wie vor für ihren Glauben, für Christus sterben. »Raubst du mir die Märtyrerkrone, dann hast du mich nicht gerettet, sondern um den besten Lohn betrogen!« Da ließ der Statthalter beide hinrichten.

Awwakum, der Heilige der Altgläubigen

AWWAKUM WAR der Sohn eines Popen. Er wurde um 1620 geboren, in jener Zeit, die über Europa den dreißigjährigen Krieg brachte. Aber davon erfuhr der junge Mann nichts. Sie hatten in ihrer Kirche genug eigene Nöte, mit den weltlichen Machthabern und mit dem Patriarchen Nikon, der die russische Kirche nach ihrem griechischen Vorbild reformieren wollte Awwakums Heimatdorf lag weit im Osten, jenseits der Kudma, einem rechten Nebenfluß der Wolga. Er übernahm von seinem Vater das heilige Amt und die kleine Hofstelle, die ihn und seine Familie knapp ernährte.

Awwakum war ein aufrechter und harter Mann, der an dem alten Kirchenglauben und den überkommenen Bräuchen festhielt. Das kostete ihn schließlich sein Amt. Er mußte Haus und Hof verlassen und brachte damit Weib und Kinder in größte Not. Aber sie hielten treu zu ihm und trugen ihr Schicksal, ohne ihm gram zu sein. Es hatte damit angefangen, daß der junge Pope dem Stadthauptmann ins Gewissen redete und ihn ermahnt hatte, begangenes Unrecht wiedergutzumachen. Der selbstherrliche Beamte des Zaren kam in die Kirche und prügelte den Popen vor allen Heiligen. Keiner glaubte, daß der Geschlagene je wieder aufstehen könne. Aber er genas. Der Nachfolger des Stadthauptmanns verlangte, daß der Pope die Messe schneller singen solle. Als Awwakum sich weigerte, gegen die Vorschriften des Rituals zu handeln, feuerte der Stadthauptmann zwei Pistolen auf ihn ab. Der Heilige sagte darüber: »Ich sang, wie es vorgeschrieben ist, nicht schneller und nicht langsamer.«

Doch eines Tages mußte Awwakum schließlich mit den Seinen das Dorf verlassen. Er führte ein asketisches Leben und setzte sich mehr für den Glauben seiner Väter ein, als dies bei den einfachen Dorfpopen sonst der Brauch war. Sein Ruf drang bis zum Zaren, der ihn hoch achtete, ja verehrte. Da teilten die gut gemeinten Reformen des Patriarchen Nikon die russische Kirche in zwei Lager. In diesem Land, in dem Symbol und Lehre eine unaufhebbare Einheit bildeten, in dem die äußere Form nur der sichtbare Teil des tief im Wesen verwurzelten frommen Väterglaubens war, in diesem Land entspann sich ein erbitterter Streit zwischen Alt- und Neugläubigen über das Zeichen des Kreuzes. Das Kreuz wurde in der russischen Kirche bis dahin mit zwei Fingern geschlagen. Der Patriarch Nikon ordnete an, daß von nun an das Kreuz mit drei Fingern geschlagen werden müsse. Beide Parteien konnten ihren Entschluß wohl begründen. Aber der Patriarch stand auf der Seite der

Macht; er erklärte alle für Ketzer, die das Kreuz nur mit zwei Fingern schlügen, und ließ alle Bücher mit den alten Vorschriften verbrennen. Awwakum aber galt als Anführer der Reformfeinde, denn er trat gegen den Patriarchen auf und schreckte nicht davor zurück, den Zaren einen Mann zu nennen, der Unwahrheit und Schmeichelei liebe. Damals begann in Rußland der Kirchenkampf, der Raskol, die Abspaltung der Altgläubigen, die nie ganz überwunden wurde; denn Peter der Große und seine Nachfolger haben die Raskolniken mit den grausamsten Mitteln bekämpft und damit viele Märtyrer geschaffen.

Awwakum aber wurde in diesem Kampf zu einer großen Gestalt. Er stand die schweren, jahrelangen Leiden durch, er nahm geduldig zur eigenen die Not seiner Kinder und seines Weibes auf sich, weil ihm das gottgewollte Schicksal heilig war. Als er in Moskau im Keller des Androjewklosters hungerte, brachten Engel ihm Nahrung. Wie die Wüstenväter kämpfte er mit dem Satan um die Seelen von Besessenen, die er in seinen Gefängnissen traf. Als er in Sibirien, jenseits von Tobolsk, mit den Seinen über eine endlose Eisfläche zog und am Verdursten war, öffnete sich vor ihm die dicke Eisdecke und zeigte ihm gutes Trinkwasser. Sie nährten sich von dem Mehl der Föhrennüße; sie schliefen nachts im sibirischen Winter irgendwo unter den Bäumen, denn der Hetman des Lagers haßte die Altgläubigen, er ließ sie nicht ins Lager; sie hatten kein Feuer, um sich zu wärmen. Bis nach Daurien am Amur wurde Awwakum verschickt. Er wurde gepeitscht und gefoltert, er wurde zwölf Jahre lang gepeinigt und gequält, mit zerschundenem Rücken zog er seinen Schlitten über das Jablonkagebirge, die Frau neben sich, mit dem Säugling auf den Armen, die kleinen Kinder neben sich, die immer wieder in den tiefen Schnee fielen.

Endlich rief man den Verbannten zurück – um ihn in den Tod zu schicken. Auf der Rückreise von Sibirien, die drei ganze Jahre dauerte, fragte seine Frau: »Wie lange soll dieses Elend noch dauern?« Awwakum antwortete: »Bis in den Tod ist uns auferlegt, zu leiden, Markowna, um unseres Heilands Jesu Christi willen!« Da schwieg die Frau lange. Dann holte sie tief Atem in der eisigen Luft Sibiriens und sagte: »Wenn das so ist,

Petrowitsch, dann laß uns nur weiterwandern!« So wanderten sie weiter bis Moskau. Dort erwartete sie neue Verfolgung. Awwakum wurde mit seinen Glaubens- und Leidensgenossen nach Pustoserk gebracht, an einen Platz, der an der Mündung der Petschowa am Nördlichen Eismeer liegt. Am 14. April 1682 bestieg er dort den Scheiterhaufen. Er hob seine Hand hoch über die Flammen, zeigte dem Volk die zwei nach alter Weise zur Bekreuzigung ausgestreckten Finger und rief: »So ihr in diesem Zeichen beten werdet, werdet ihr in Ewigkeit nicht verderben!«

Martin kleidet die Nackten

MARTIN WURDE im Jahr 316 in Sarbata, dem heutigen Steinamanger in Ungarn, geboren. Sein Vater war Hauptmann im römischen Heer. In Pavia fand Martin den Anschluß an die Christengemeinde. Mit zwölf Jahren wollte er sich ganz dem Dienste Gottes widmen. Die heidnischen Eltern und die Gesetze ließen dies aber nicht zu. Als Sohn eines römischen Offiziers mußte er im Heer dienen und an die Stelle seines Vaters treten. So kam es, daß er mit fünfzehn Jahren Offizier wurde, statt als Einsiedler in die Wüste zu gehen. Aber er hielt sich nur einen Knecht, mit dem er wider jeden Brauch die Mahlzeiten teilte, dem er die Schuhe auszog und putzte. Dazu verschenkte er alles, was er hatte, an die Armen. Als er im tiefen kalten Winter vor die Tore von Amiens kam, hatte er nichts mehr als seine Waffen und seine Ausrüstung. Da stand ein Bettler fast nackt im Tor und zitterte vor Kälte. Martin teilte seinen großen Umhang mit dem Schwert in zwei Teile und ritt zum Gespött seiner Kameraden im halben Mantel weiter. Die Nacht darauf erschien ihm im Traum Christus, umgeben von seinen Engeln. Er trug den halben Mantel des Hauptmanns und sagte: »Martin, der noch nicht getauft ist, hat mir dieses Kleid geschenkt.« Damals war Martin achtzehn Jahre alt. Bald darauf ließ er sich taufen.

Er hielt es mit seinem Christenstande nicht mehr vereinbar, zu töten. Trotzdem blieb er noch zwei Jahre beim Heer, weil sein Tribun ihm versprochen hatte, mit ihm der Welt zu entsagen, sobald seine Dienstzeit abgelaufen sei. Da standen die Germanen gegen die römische Besatzung auf. Am Vorabend der ersten Schlacht verteilte der Sohn des Kaisers, der Feldherr Julian, Auszeichnungen an die Legionäre. Martin benutzte die Gelegenheit, um seinen Abschied zu bitten. Der Kriegsherr aber sagte erbost: »Deine Scheu vor der Schlacht ist wohl mehr eine Folge deiner Feigheit als deiner Frömmigkeit.« Das wollte Martin sich nicht nachsagen lassen. Er schlug vor, ihn an der Spitze des Heeres, ohne alle Waffen, gegen den Feind ziehen zu lassen. Er werde nur mit dem Zeichen des Heiligen Kreuzes den Widerstand brechen. Julian war geneigt, diesen Vorschlag anzunehmen, doch stellte sich der Feind nicht zur Schlacht, sondern bot unerwartet Frieden an. Viele meinten, daß Julian dies nur Martin zu verdanken habe.

Martin schied nun aus dem Heer aus und ging zu dem frommen Bischof Hilarius nach Poitiers, der ihn zum Diakon weihen wollte. Martin lehnte aber in seiner Bescheidenheit die Erhebung in den Stand der Kleriker ab. Er wollte nur niedere Dienste tun. Daraufhin wurde er zum Akoluthen (Altardiener) geweiht. Wieder erschien ihm der Herr im Schlaf und ermahnte ihn, zu seinen Eltern zu ziehen und sie zum rechten Glauben zu bekehren. Der Bischof entließ ihn nur ungern. Der Zug über die Alpen brachte viele Gefahren. Räuber überfielen den armen Mann. Einer wollte ihm schon den Schädel spalten, da fiel ihm ein anderer in den Arm. Aber sie banden ihm die Hände auf den Rücken und ließen ihn scharf bewachen. Martin nutzte die Zeit und predigte seinem Wächter das Evangelium mit solcher Inbrunst, daß der Räuber sich bekehrte und sich taufen ließ. Er wies Martin den rechten Weg über das Gebirge und gab die Räuberei auf.

In Pavia fand Martin nach langen Jahren seine Eltern wieder. Er konnte die Mutter bekehren, der Vater aber beharrte in seinem Irrglauben. Dafür zog Martin manchen anderen auf seine Seite. Damals hatten die Arianer in ganz Italien, ja, im ganzen Erdkreis großen Zulauf. Martin trat männlich gegen die Ketzer auf. Da ergriffen ihn die Gotteslästerer, stäupten ihn und warfen ihn zur Stadt hinaus. In Mailand erging es ihm nicht anders. Er floh mit einem Presbyter auf die Insel Gallinaria (die Hühnerinsel) vor der toskanischen Küste. Dort mußten sie von wilden Kräutern leben. Martin aß eines Tages auch die giftige Nieswurz und wurde todkrank davon. Er überwand aber Schmerzen und Tod allein durch die Kraft seines Gebetes.

Als Martin hörte, daß der inzwischen verbannte Bischof Hilarius zurückkehren durfte, zog auch er wieder nach Gallien und gründete bei Poitiers ein Kloster. Eines Tages fand er bei der Rückkehr von einem Gang über die Felder einen seiner Schüler tot, der noch nicht getauft war. Martin ließ den Leichnam in seine Zelle bringen, warf sich über den leblosen Körper, betete innig und rief so den Toten wieder ins Leben zurück, daß er ihn taufen konnte. Der Jüngling aber erzählte, er sei schon vor Gottes Gericht gestanden, und man habe ihn schon in die Welt der Finsternis schicken wollen, da seien plötzlich zwei Engel erschienen und hätten berichtet, daß Martin für ihn bete. Darauf habe der Herr befohlen, ihn zurückzuschicken und ihn dem Martin lebendig auszuliefern. Diese Geschichte wurde überall erzählt und brachte Martin Ruhm und Zulauf, die er gar nicht wollte. Er kam beim Volk in den Ruf eines heiligen und wundertätigen Mannes.

Um diese Zeit wurde der Bischofsstuhl von Tours frei. Die Bürgerschaft wählte einmütig Martin. Er fühlte sich aber nicht zu diesem Amt berufen, er wollte Mönch bleiben und lehnte ab. Da griffen die Bürger zu einer List. Sie schickten einen der Ihren vor, der Martin zu seiner todkranken Frau holen sollte. Als Martin in die Stadt kam, standen am Weg die Einwohner von Tours und der anderen Städte und Dörfer des Bistums und jubelten ihm zu und zeigten ihm so ihren Willen, ihn zum Bischof zu erheben. Die Laien wollten einen Mann des Volkes im Klerus haben. Die Bischöfe lehnten Martin ab. Sie stießen sich an dem ungepflegten Äußeren des Einsiedlers. Am heftigsten widersprach der Bischof von Angers, der den Namen Defensor führte. Die erregte Menge hatte dem zum Lektor der Synode bestimmten Kleriker den Weg verlegt. Sein Vertreter schlug die

Bibel aufs Geratewohl auf, um eine Stelle aus dem Psalter zu lesen. So kam es, daß er vor der feierlichen Versammlung mit dem achten Psalm in lateinischer Sprache auch die Worte las: »Aus dem Munde der Unmündigen und Säuglinge hast Du Dir ein Lob bereitet, auf daß verstört werden die Feinde und Widersacher (defensoris).« Der Bischof Defensor nahm diesen Wink des Himmels an, und Martin wurde zum Bischof geweiht. Er änderte seine Lebensweise nicht, sondern ließ sich eine Zelle unmittelbar an die Kirche bauen. Mit der Zeit wurde aber der Andrang des Volkes zu groß, und Martin gründete das Kloster Marmoutier am Ufer der Loire. Es wurde über tausend Jahre lang einer der geistigen Mittelpunkte Frankreichs. Martin wohnte dort mit etwa achtzig Mönchen. Sie lebten nach einer strengen Regel. Es gab kein persönliches Eigentum. Keiner der Mönche durfte kaufen oder verkaufen. Nur der gemeinsame Gottesdienst und wenige gemeinsame Mahlzeiten führten die Mönche zusammen. Sie lebten allein in ihren Zellen, schrieben die heiligen Bücher ab und beteten. Ihre Kleidung bestand aus Fellen; Wein bekamen nur die Kranken. Martin zog mit seinen Brüdern über Land, um das Evangelium zu predigen, die heidnischen Gallier zu bekehren und ihre Götter zu stürzen. Dabei stießen sie oft auf heftigen Widerstand. Bauern und Adelige verteidigten die Altäre ihrer Götter. In Autun stürzte sich einer der Gegner mit dem gezückten Schwert auf Martin. Der Bischof blieb ruhig stehen, knüpfte sein Gewand auf und streckte ihm den Hals hin. Da verlor der Heide seine Angriffslust. Ein anderer ließ in einer ähnlichen Lage sein Messer fallen. In einem Marktflecken stand eine uralte Fichte, welche die Heiden für heilig hielten. Vergeblich versuchte Martin ihnen zu erklären, daß Gott nicht in einem Baumwipfel nisten könne. Das sei vielleicht ein geeigneter Platz für einen Teufel. Der Oberpriester und die Leute leisteten ihm ernsthaft Widerstand. Sie wollten den Baum nicht fällen. Schließlich ließen sie sich doch dazu herbei unter der Bedingung, daß Martin auf der Seite stehen blieb, auf die der Baum fallen mußte. Damit war er einverstanden. Er ließ sich sogar an der gefährlichsten Stelle festbinden. Die Heiden fällten ihre heilige Fichte im Zorn und in der Hoffnung, mit ihr den Feind ihrer Götter zu erschlagen. Martins Schüler konnten ihre Sorge um den Meister nicht verbergen. Nur er war zuversichtlich, betete und bekreuzigte sich, als der Baum zu wanken begann. Wider Erwarten fiel er auf die Seite seiner Verfolger, die sich nur mit knapper Not retten konnten. Martin nutzte solche eindrucksvollen Ereignisse und beschwichtigte und gewann die Eingesessenen mit Predigten, die ihm viele Täuflinge zuführten.

Martin vollbrachte auch manche wunderbare Heilung. Das Volk benutzte sogar Stücke seiner Kleidung als heilkräftige Amulette. Martin selbst war dies nicht recht. Er lehnte es auch ab, zu kommen, wenn man ihn zu todkranken Menschen oder gar zu Toten holen wollte in der Hoffnung, daß er sie durch ein Wunder wieder ins Leben zurückholen könne. Aber die einfachen Menschen glaubten an ihn, sie liebten ihn, weil er arm wie sie lebte und den Mut hatte, gegen die großen Herren aufzutreten, wenn es darum ging, dem armen Mann zu helfen.

Als der römische Kaiser Maximus in Trier residierte, empfing er die gallischen Bischöfe, die ihn um Hilfe für die schwer heimgesuchten Provinzen baten. Während die anderen sich wie arme Tröpfe gebärdeten, deren Schicksal ganz von der Gnade des Kaisers abhing, trug Martin sein Gesuch um Begnadigung einiger Männer auf eine Weise vor, die auf den Kaiser nicht wie eine Bitte, sondern wie ein Befehl wirkte. Er lud den Bischof daraufhin an seine Tafel. Martin erklärte aber offen, er setze sich nicht an einen Tisch mit einem Mann, der einen Kaiser verjagt und den zweiten ermordet habe. Maximus versuchte nun, den Aufstand zu rechtfertigen. Die Schuld an dem Tod des Gegenkaisers konnte er abwälzen. Daraufhin nahm Martin die Einladung an. Der Kaiser setzte den Bischof auf seine rechte Seite. Der Priester, der Martin begleitete, saß unter den kaiserlichen Prinzen. Als der Mundschenk dem Kaiser den ersten Becher Wein brachte, ließ er den Trunk zuerst dem Bischof reichen. Er wollte den Wein nur aus heiliger Hand annehmen, nachdem der Gast getrunken hatte. Martin trank, reichte den Becher aber nicht dem Kaiser, der darauf wartete, sondern dem Priester, um damit zu zeigen, daß der geistliche Stand auch mit

dem geringsten seiner Vertreter den Vorrang habe vor den höchsten weltlichen Würdenträgern. Der Kaiser nahm diese Lehre an und achtete den schlichten Mann um so höher.
Auf seine Mitbrüder wirkte Martin vor allem durch sein Beispiel. Als er einmal an einem hohen Festtag in die Kirche gehen wollte, um dort das Amt zu halten, begegnete ihm auf dem Weg ein nackter Armer. Martin befahl seinem Archidiakon, dem Bettler ein Gewand zu geben. Der Diener Gottes, der zugleich Armenpfleger war, zögerte. Da kehrte der Bischof um, ging in sein Gemach, zog den Leibrock aus, gab ihn dem Armen und befahl ihm, sich sofort zu entfernen. Nach einer Weile erinnerte der Archidiakon den Bischof daran, daß es hohe Zeit sei, in die Kirche zu gehen, das Volk warte schon. Martin antwortete: »Ich kann nicht gehen, ehe du nicht den Nackten bekleidest.« Der Archidiakon, der den Bischof nicht sehen konnte, sagte, »ich sehe keinen Nackten mehr.« Martin antwortete: »Beschaff du nur das Kleid! Der Nackte wird sich schon finden!« Da ging der Archidiakon statt in die Kirche zornig auf den Markt, kaufte für fünf Silberlinge einen alten, schäbigen, viel zu kurzen Rock und warf ihn dem Bischof vor die Füße. Martin hob ihn ruhig auf und zog ihn an. Das Kleid bedeckte kaum die Knie, und die Ärmel reichten nur bis zu den Ellenbogen. So ging Martin in die Kirche und feierte die Messe. Um sein Haupt lag ein goldener Schein, und wenn er die Arme zum Gebet erhob, deckten Engel seine Blöße mit prächtigem Schmuck. Das Volk sah das Wunder. Dagegen beobachteten es aus dem geistlichen Stande nur eine Nonne, ein Presbyter und drei Mönche.
Die Not der Kirche zwang den Bischof, noch einmal an den kaiserlichen Hof zu gehen und den Herrscher selbst um Abhilfe zu bitten. Inzwischen regierte Kaiser Valentinianus. Er war nicht bereit, Martin anzuhören, und verbot, den Bischof vorzulassen. Zwei- oder dreimal erschien Martin vergeblich im Palast. Er wurde jedesmal zurückgewiesen. Da betete und fastete er eine ganze Woche lang und versuchte es wiederum. Da ihm niemand den Zugang verwehrte, drang er bis in den Empfangssaal des Kaisers vor. Als Valentinianus ihn sah, wurde er wütend, weil seine Befehle mißachtet worden waren. Um Mar-

tin seinen Unwillen zu zeigen, blieb er sitzen. Plötzlich aber fing der goldene Stuhl, auf dem er saß, an zu glühen, und das Antlitz des Bischofs erschien ihm von so überlegener Majestät, daß Valentinianus aufstehen mußte, ob er wollte oder nicht. Sein Zorn verschwand. Er ging dem Bischof mit ausgebreiteten Armen entgegen, empfing ihn gütig und bewilligte, ohne gefragt zu sein, die Erfüllung all seiner Wünsche. Hätte Martin Geschenke angenommen, der Kaiser hätte ihn damit überschüttet. Martin starb in seinem einundachtzigsten Lebensjahr, nicht in seinem Kloster, sondern in einem benachbarten Sprengel, in den man ihn gerufen hatte, um einen Streit beizulegen. Er lag wie immer nur auf einem Sack. Als seine Schüler ihm eine weiche Decke und Stroh geben wollten, lehnte er beides ab. Er wollte in Sack und Asche sterben. Ambrosius, der berühmte Bischof von Mailand, war damals schon sehr alt. Um die Sterbestunde des heiligen Martin las er die Messe. Während einer seiner Presbyter die Predigt hielt, schlief er ein. Die Predigt war zu Ende, die Epistel sollte gelesen werden, aber niemand wagte den Bischof zu wecken. Auch unterstand sich keiner der Priester, die Epistel ohne seine Weisung für ihn zu lesen. So weckten sie ihn erst nach Stunden und sagten: »Herr, es ist schon spät, und das müde Volk wartet. Erlaubt, daß einer der Presbyter die Epistel liest!« Ambrosius aber seufzte und sprach: »O, hättet ihr mich noch eine kleine Weile ruhen lassen! Mein Bruder Martinus ist zu Gott eingegangen, und ich habe ihn beerdigt. Ich habe die ganze heilige Handlung vollzogen. Nur das letzte Gebet konnte ich nicht zu Ende sprechen, weil ihr mich geweckt habt.«

Johannes Chrysostomus ruft die Engel

JOHANNES STAMMTE aus Antiochia in Syrien, einer weltoffenen Stadt, die um die Wende vom vierten zum fünften Jahrhundert Mittelpunkt eines regen geistigen und geistlichen Lebens war. Er kam 344 als Sohn eines Reiteroffiziers zur Welt. Der Vater starb früh. Die Mutter gab ihm gute Lehrer. Seine Beredsamkeit brachte ihm schon in jungen Jahren den Beinamen Chrysostomus (Goldmund) ein. Sein berühmter Lehrer Libanus hätte ihn gern als seinen Nachfolger gesehen. Er bedauerte, daß die Christen ihm den Schüler abspenstig gemacht hatten. Johannes hatte sich nämlich etwa 368 taufen lassen, war Mitglied des Diodorschen Asketenvereins in Antiochia geworden und widmete sich fast ausschließlich dem Studium der Heiligen Schrift. Drei Jahre später weihte ihn Bischof Meletius zum Lektor. Er konnte einige Jahre in der Stadt als Lektor wirken, obgleich sein Bischof in die Verbannung geschickt wurde.

In diese Zeit fällt eine Episode, von der Johannes viele Jahre später berichtete: Kaiser Valens residierte in den Jahren 373/374 in Antiochia. Er betrachtete alle Zauberer und Weissager als Gefahr für seine Person und seine Regierung. Darum bedrohte er diese Männer mit dem Tode. Wer nur eine magische Schrift besaß, mußte damit rechnen, hingerichtet zu werden. Soldaten zogen durch die Stadt und suchten überall nach diesen geheimen Schriftstücken. Um diese Zeit ging Johannes einmal mit einem Freund durch die Gärten am Ufer des Orontes. Sie wollten zu einer Märtyrerkapelle. Da sahen sie etwas Weißes auf dem Wasser schwimmen. Sie fischten den Gegenstand mit einiger Mühe heraus und stellten zu ihrem Entsetzen fest, daß sie eine mit magischen Zeichen bedeckte Tafel in der Hand hatten. Der Freund verbarg das Buch schnell in seinen Kleidern. Beide aber fühlten sich sofort beobachtet, gehetzt und voller Angst, denn niemand hätte ihnen geglaubt, daß ihnen der Zufall das Schriftstück zugespielt hatte. Sie mußten mit dem Schlimmsten rechnen, wenn man das Buch bei ihnen fand. Auf der anderen Seite aber war es fast unmöglich, dieses belastende Dokument unbeobachtet wieder loszuwerden, ohne sich verdächtig zu machen. Schließlich fanden sie doch eine Gelegenheit, das Buch unauffällig wegzuwerfen. Chrysostomus betrachtete das als eine Rettung aus der Todesgefahr und eine Fügung Gottes und zog in die Wüste, um als Mönch zu leben.

Johannes ertrug die veränderte ungewohnte Lebensweise vier Jahre. Dann zog er sich noch tiefer in die Einsamkeit, in eine

Höhle, zurück, studierte die heiligen Schriften und lernte sie auswendig. Nach zwei Jahren zwang ihn eine schwere Erkrankung wieder in die Stadt. Nur widerstrebend nahm er die Priesterweihe an. Doch »Gottes gnädige Fügung« hat ihn zu dieser Würde erhoben. In der Nacht erschien seinem Bischof ein Engel mit der Weisung, Johannes zum Priester zu weihen. Zur selben Zeit befahl ein Engel dem Johannes, sich nicht länger zu weigern, die priesterliche Würde anzunehmen. Während der Weihe selbst schwebte eine Taube über seinem Haupt. Er wirkte als Seelsorger und Armenpfleger und verfaßte theologische Streitschriften; berühmt wurde er aber durch seine Predigten.

Dabei war er äußerlich keine imposante Persönlichkeit, er hatte auch keine große Stimme und war überdies viel krank, aber »das Predigen macht mich gesund; wenn ich nur den Mund aufmache, ist alle Müdigkeit verflogen«. Als der Patriarch von Konstantinopel gestorben war und der Klerus einen würdelosen Kampf um den Nachfolger führte, erhielt Johannes mitten in der Nacht von dem Comes Orientis, dem höchsten kaiserlichen Beamten in Antiochia, den Befehl, sich zu einer Besprechung in einer Märtyrerkapelle vor der Stadt einzufinden. Dort wollte aber niemand mit ihm sprechen. Er mußte einen Reisewagen besteigen und wurde in größter Eile nach Konstantinopel gebracht. Hier waren der Patriarch von Alexandrien, Theophilos, und seine Bischöfe zur Wahl des neuen Bischofs von Konstantinopel versammelt. Der Kaiser präsentierte der ahnungslosen Synode Johannes Chrysostomus und zwang sie, ihn gegen alle Proteste zum Patriarchen zu erheben und zu weihen. Fünf Jahre wirkte Chrysostomus, sammelte einen großen Kreis von persönlichen Anhängern um sich, gewann das Vertrauen des Kaisers und der Kaiserin, setzte unwürdige Bischöfe ab, strafte lässige Priester, jagte mönchische Herumtreiber wieder in die Klöster, kämpfte mit Ketzern, Juden und Heiden. Sein Kirchenregiment war den Mitbrüdern zu hart, besonders die oberen Klassen waren verstimmt, weil er gegen ihren Luxus predigte und sein asketisches Leben fortführte.

Um jene Zeit trat Ganias auf, ein Kelte und angesehener Heer-

führer des Kaisers. Er war Arianer und galt damit für die Vertreter der wahren Kirche Christi als Ketzer. Er bat den Kaiser, ihm und seinen Anhängern eine Kirche in Konstantinopel zu geben. Der fromme Kaiser bat Johannes, ihm eine Kirche zur Verfügung zu stellen. Johannes aber sprach: »Kaiser, gewähre ihm diese Bitte nicht! Gib das Heilige nicht den Hunden! Du hast keinen Grund, diesen Barbaren zu fürchten! Befiehl, daß wir beide zu dir kommen, und lasse mich in deiner Gegenwart mit ihm reden. Ich werde ihm die Zunge schon zügeln.« Der Kaiser rief beide für den nächsten Tag zu sich. Ganias bat wieder um ein eigenes Bethaus. Johannes aber antwortete: »Niemand hindert dich, zu beten. Alle Gotteshäuser stehen dir offen.« Darauf erwiderte Ganias: »Ich habe einen anderen Glauben und will deshalb einen Tempel für mich und die Meinen. Ich will das Gotteshaus nicht mit Andersgläubigen teilen. Ich habe Außerordentliches für das Römische Reich geleistet und geduldet. Man kann mir meine Bitte nicht einfach abschlagen.« Nun antwortete Johannes: »Du hast dafür auch großen Lohn empfangen! Du bist der oberste Heerführer des Reiches und trägst die Zeichen eines Konsuls. Das ist mehr, als du verdient hast! Warst du nicht einmal nur ein armseliger Kriegsknecht? Und was bist du jetzt? In welchem Aufzug bist du früher herumgelaufen, und wie prächtig kannst du heute auftreten? Wahrlich, geringe Mühe hat dir großen Lohn gebracht, und du hast nicht den geringsten Anlaß, gegen deinen Kaiser undankbar zu sein, der dich so erhöht hat.« Mit diesen Reden schloß Johannes dem Arianer den Mund.
Ganias aber gab nur äußerlich nach. Er wollte die Oberhand gewinnen und versuchte bei Nacht, was ihm bei Tag nicht gelang. Er ließ seine Barbaren den Palast des Kaisers anzünden. Seine Leute wurden aber von Engeln in die Flucht geschlagen, die wie ein Kriegsheer gegen sie antraten. Das Gebet des Johannes hatte sie gerufen. Als die Barbaren das ihrem Feldherrn meldeten, war er überrascht, denn er wußte, daß die kaiserlichen Truppen nicht in der Nähe, sondern auf viele andere Städte verteilt waren. Er ließ seine Leute in der nächsten Nacht noch einmal antreten. Sie wurden wieder abgeschlagen. Darauf-

hin zog er das dritte Mal selber mit, sah das Wunder mit eigenen Augen und floh aus der Stadt, denn er fürchtete, daß die kaiserlichen Truppen sich bei Tag nur versteckten, um die Stadt nachts schützen zu können. Er zog nach Thrazien, sammelte ein großes Heer und verwüstete das Land. Da schickte der Kaiser den Patriarchen als Gesandten dem Ganias entgegen. Johannes trat ohne Furcht und ohne feindselige Gefühle vor den Heerführer. Unter dem außerordentlichen Eindruck, den der Heilige auf ihn machte, nahm Ganias die Hand des Chrysostomus, legte sie sich auf die Augen und befahl seinen Söhnen, dem Heiligen die Knie zu küssen.

Als Chrysostomus erfuhr, daß die Kaiserin gemeinsame Sache mit seinen Gegnern mache, hielt er eine flammende Predigt gegen die Weiber, die jeder, der sie hörte, auf die Kaiserin bezog. Sie beklagte sich deswegen beim Kaiser und brachte ihn dazu, eine Synode gegen Johannes einzuberufen. Theophilus, der alte Gegner des Bischofs, Patriarch von Alexandrien, rief mit Freuden alle seine Parteigänger nach Konstantinopel. Als die Bischöfe versammelt waren, zitierten sie Johannes vor ihr Gericht. Er weigerte sich aber, sich einer Synode zu stellen, in der nur seine Gegner vertreten waren. Er verlangte eine allgemeine Synode und erschien auch nicht, als man ihn viermal gerufen hatte. Darauf verbannten sie ihn. Das Volk murrte gegen diese Entscheidung, einige riefen zum offenen Aufstand, alle forderten, daß die Sache vor ein großes Konzil gebracht werden müsse. Da ließ der Kaiser den Patriarchen heimlich in die Verbannung bringen. Einer seiner Gegner schmähte ihn von der Kanzel, da erschütterte ein Erdbeben die Stadt, und das Volk stand auf und verlangte seinen Bischof zurück. Die Kaiserin und der Kaiser ließen ihn rufen. Aber er kam nicht. Seine Gemeinde schickte ihm Boten über Boten. Aber er weigerte sich, zurückzukommen und verlangte, daß seine Sache zuvor von einer allgemeinen Synode entschieden werde, daß der Bannspruch zurückgenommen und die Wiedereinsetzung von allen gebilligt werden müsse. Da holten ihn die Leute mit Gewalt zurück, setzten ihn wieder auf seinen bischöflichen Stuhl und zwangen ihn, zu predigen. Theophilus aber floh nach Kleinasien.

Lange Zeit konnte Johannes jetzt in Ruhe arbeiten. Da wurde eines Tages auf dem Platz neben der großen Sophienkirche ein Standbild der Kaiserin Eudoxia errichtet und mit lauten und prächtigen öffentlichen Spielen der Ritter und der Edlen eingeweiht. Johannes erklärte, daß dadurch der Friede der Kirche gestört worden sei, und wetterte in einer scharfen Predigt gegen die Veranstalter. Das kränkte die Kaiserin, und sie betrieb die Einberufung einer zweiten Synode gegen Johannes. Der Patriarch aber rief von der Kanzel: »Wieder tobt und wütet eine Herodias, zum andernmal will sie das Haupt des Johannes auf der Schüssel sehen.« Der Zorn der Kaiserin war nach dieser Predigt nicht geringer. Zwei Mordanschläge scheiterten. Das Volk bewachte daraufhin das Haus des Patriarchen Tag und Nacht. Wieder war die Synode aus Gegnern zusammengesetzt. Trotzdem konnte sie ihm nichts anderes vorwerfen, als, daß er nach seiner Absetzung ohne einen Beschluß der Synode zurückgekommen war. Der Kaiser ließ den erneut Verbannten aus der Stadt treiben und in einen kleinen Ort am Schwarzen Meer am äußersten Ende des Römischen Reiches bringen. Kaum hatte der Patriarch seine Kirche verlassen, brach unter dem bischöflichen Stuhl Feuer aus, das schnell um sich griff und den bischöflichen Palast und die Kirche mit allen Nebengebäuden vernichtete. Wunderbarerweise schlugen die von einem heftigen Ostwind getriebenen Flammen einen großen Bogen, übersprangen Häuser, die unmittelbar neben der Kirche lagen und ergriffen den herrlichen Palast des Senats, der in drei Stunden völlig zerstört wurde. Nur die Sakristei mit den kostbarsten heiligen Gefäßen wurde verschont, um den Verleumdern des Heiligen jeden Vorwand für ihre Lügen zu nehmen. Sie hatten nämlich behauptet, Johannes habe sich die heiligen Gefäße angeeignet, um sie zu verkaufen. Papst Innozenz verbot dem Episkopat in Konstantinopel, einen neuen Patriarchen zu wählen. Er wollte ein Konzil einberufen und dieses über Johannes entscheiden lassen. Den Bischof aber rief er zu sich. Johannes starb auf dem Weg, denn er war den Anstrengungen in der mitleidlosen Sonne nicht gewachsen. Als er verschied, ging über Konstantinopel ein schweres Hagelwetter nieder, und alle sagten, das sei

Gottes Zorn. Die Kaiserin Eudoxia starb vierzehn Tage nach dem Hagel. Sie büßte schwer für die Verfolgungen und für die Leiden, denen sie den heiligen Chrysostomus und seine Anhänger ausgesetzt hatte. Als die Zeit ihrer Entbindung gekommen war, konnte sie nicht gebären. Auch die übrigen Feinde des heiligen Patriarchen traf die rächende Hand Gottes. Sie, die den Arzt der Seelen vertrieben hatten, mußten nun in ihrer körperlichen Not den Ärzten übergeben werden. Ihre Schmerzen wurden durch die gewöhnlichen Mittel nur vermehrt. Keine Arznei vermochte sie zu heilen; denn wer kann den heilen, den Gott bestraft hat? Erst unter Theodosius, dem frommen Sohn des Kaisers Arcadius, wurden die Überreste des heiligen Chrysostomus nach Konstantinopel gebracht. Das Volk zog ihnen mit Kerzen und Lampen entgegen und holte sie feierlich ein in die Stadt.

Ambrosius, der singende Bischof

AMBROSIUS WAR der erste lateinische Kirchenvater, der in einer christlichen Familie aufwuchs, der erste Bischof, der am kaiserlichen Hof in Mailand eine entscheidende Rolle spielte, und der Prediger, dem Augustinus seine endgültige Bekehrung verdankt. Sein Vater war kaiserlicher Präfekt in Gallien und residierte in Trier, wo Ambrosius 339 geboren wurde. Nach dem frühen Tod des Mannes zog die Mutter mit ihren drei Kindern nach Rom zurück, wo sie eine Ausbildung erhielten, die der hohen Kultur des traditionsreichen römischen Hochadels entsprach. Um 368/369 war Ambrosius mit seinem Bruder Satyrus als »advocatus« am Hauptgericht in Sirmium, der römischen Metropole des Balkangebietes, tätig. Mit dreißig Jahren rückte er zum Statthalter von Ligurien und Ämilien auf, zwei wichtigen oberitalienischen Provinzen. Sein Amtssitz war Mailand. »Geh mit Gott und verwalte das dir anvertraute Land nicht wie ein strenger Richter, sondern wie ein Bischof!« Das ist der Abschiedswunsch, den ihm sein väterlicher Freund Probus mitgab.

Beide ahnten damals noch nicht, daß sich dieser Wunsch im wörtlichen Sinne erfüllen sollte.

Als sich nämlich nach dem Tod des arianisch gesinnten Bischofs von Mailand Klerus und Volk in der Kirche zur Neuwahl versammelt hatten, kam es zu harten Auseinandersetzungen zwischen den Anhängern des Arius und den Rechtgläubigen. Jede Partei wollte ihren Kandidaten durchsetzen. Die Wogen gingen so hoch, daß der Statthalter als Schieds- und Friedensrichter in die Kirche geholt wurde. Er hielt eine sehr eindringliche Rede, die alle zur Besinnung zwang. In die Stille, die nach seiner Rede eingetreten war, rief eine Knabenstimme: »Ambrosius sei unser Bischof!« Klerus und Volk horchten auf, sofort löste sich die böse Spannung, alle stimmten diesem Vorschlag zu. Rechtgläubige und Arianer vergaßen ihren Zwist und trugen ihren Bischof auf den Schultern in die Kirche.

Ambrosius war tief erschüttert. Er nahm die Wahl nicht an. Er verbarg sich und streute selbst falsche Gerüchte und üble Verleumdungen über sich aus, um zu zeigen, daß er dieses Amtes nicht würdig sei. Aber er wurde innerhalb von acht Tagen getauft, zum Priester geweiht und zum Bischof erhoben. Um sich ganz frei zu machen von allen weltlichen Bindungen, verschenkte er sein großes Vermögen an die Armen. Sein Freund, der heilige Basilius, aber schrieb ihm: »Der Herr selbst hat Dich von den Richtern dieser Erde zu den Sitzen der Apostel geführt.«

Nach der Ermordung des Kaisers Gratian drohte der Emporkömmling Maximus, über die Alpen nach Süden zu kommen, um auch Valentinian II. zu unterwerfen, der mit seiner Mutter Justina in Mailand residierte. Der Kaiser wollte Frieden und schickte den Erzbischof als seinen Botschafter und Unterhändler nach Norden. Ambrosius erreichte, daß Valentinian II. Italien und das übrige Abendland zugesprochen wurde, während Maximus Kaiser in Gallien, Spanien und Großbritannien bleiben sollte. Trotzdem kam es bald darauf zu einer scharfen Auseinandersetzung zwischen der Kaiserinmutter und dem Bischof. Justina verlangte als überzeugte Arianerin von Ambrosius eine vor der Stadt liegende Kirche für ihre Gottesdienste. Der Bischof lehnte dieses Ansinnen ab. Die Kaiserinmutter ließ Ambrosius vor den Staatsrat zitieren. Aber er beharrte »mit der Standhaftigkeit eines Priesters« auf dem Recht der Kirche. Inzwischen hängten Diener des Palastes Teppiche in der Kirche auf und erklärten sie damit zum kaiserlichen Eigentum. Auf diese Weise erfuhr die Bevölkerung von den Auseinandersetzungen. Sie stürmte den Palast und überrannte die Wachen, bereit, »sich für den Glauben an Christus töten zu lassen.« Erschreckt ließ der junge Kaiser die ihm von seiner Mutter aufgedrängte Forderung fallen. Die Mißgunst der Kaiserinmutter gegen den Bischof aber schwelte weiter. Im nächsten Jahr wiederholte sich der Vorgang. Der Angriff wurde diesmal mit einem kaiserlichen Edikt eröffnet, das den Arianern ausdrücklich das öffentliche Versammlungsrecht einräumte.

Als kurz vor Ostern ein Abgesandter des Kaisers erschien und die Auslieferung der neuen Hauptbasilika verlangte, rief der Bischof seine Gemeinde zur Frühmesse in die Kirche. Die Basilika war bis zum letzten Platz besetzt. Ambrosius stand auf der Kanzel und legte einen Text der Heiligen Schrift aus. Die Nachricht, daß Soldaten das Gotteshaus umstellt hatten, wurde von allen mit Ruhe aufgenommen. Die Männer hatten den Befehl, die Kirche so lange zu belagern, bis der Bischof kapitulierte. Die Gläubigen, die zur Morgenmesse gekommen waren, beteten am Abend noch mit ihrem Bischof. Während des Tages waren immer mehr Menschen in die Kirche geströmt. Sie hatten nichts zu essen. Die Kirche war so voll, daß sich niemand hinlegen und ruhen konnte. Als die Gemeinde müde wurde, erhob der Bischof seine Stimme zu einem Lied, dessen Worte ihm in dieser bedrängten Lage eingefallen waren, dem ersten Kirchenlied der Christen: dem ambrosianischen Abendlied.

Die ganze Gemeinde stimmte ein. Der gemeinsame Gesang gab ihr neue Kraft. Der Bischof fand neue Texte und neue Lieder, er übte sie mit den Seinen ein, er ließ die Männer und die Frauen und die Kinder abwechselnd singen, und brachte die Gläubigen auf diese Weise über zwei schwere Tage und zwei ebenso schwere Nächte. Am dritten Tag befahl die Kaiserinmutter, die Kirche zu stürmen. Als die Soldaten die großen

Tore öffneten und vor der singenden Gemeinde standen, wagten sie nicht, die Andacht zu stören. Sie beugten selbst die Knie und sangen mit. Die Kaiserin hatte den Kampf gegen den singenden Bischof verloren. Selbst der Kaiser konnte es nicht wagen, gegen die geschlossene Front der ganzen Stadt aufzutreten. Der arianische Bischof und die kleine Zahl seiner Anhänger blieben ohne eigene Kirche.
Die nächste schwere Auseinandersetzung mit dem Kaiserhaus fand zur Zeit des Theodosius statt. Bei einem Aufstand in Mazedonien waren in Tessaloniki einige Männer des Kaisers umgekommen. In seinem Zorn befahl der Kaiser, alle Einwohner der Stadt, die schuldigen und die unschuldigen, zu töten. Siebentausend Menschen fanden auf diese Weise den Tod. Das Blutbad in Tessaloniki rief überall Entsetzen hervor. Man hatte die ahnungslose Bevölkerung ins große Theater gelockt und dort niedergemacht. Ambrosius war als Bischof von Mailand Seelsorger des Kaisers. Er schrieb dem Kaiser einen ehrerbietigen, aber freimütigen Brief, in dem er strenge Buße verlangte. Er werde von ihm keine Opfergaben annehmen, und er werde in seiner Gegenwart keine Messe lesen können, solange der Kaiser nicht wie alle anderen Schwerverbrecher öffentlich Buße tue. Mörder mußten damals in der Regel ihre Schuld ihr ganzes Leben lang öffentlich büßen. Der Kaiser unterwarf sich und tat öffentlich Buße. Als er den Bischof zum ersten Mal bat, ihn freizusprechen, erfüllte Ambrosius die Bitte nicht. Er rief ihm zu: »Hast du David nachgeahmt in der Sünde, dann ahme ihn auch nach in der Buße!« Einige Jahre später hielt Ambrosius dem Kaiser die Grabrede. Zwei Jahre später starb er selbst.

Basilius hält den Tod auf

BASILIUS WAR zuletzt Erzbischof von Caesara in Kapadozien. In seiner letzten Krankheit ließ er sich von einem jüdischen Arzt behandeln, den er wegen seiner Rechtschaffenheit hoch schätzte und den er schon lange für das Christentum gewinnen wollte.

Am Nachlassen des Pulses konnte der Arzt feststellen, daß die letzte Stunde des Bischofs nicht mehr fern sei. Er bereitete daher die Angehörigen und Kleriker darauf vor, daß der Kranke nur noch wenige Stunden zu leben habe. Basilius hörte seine Rede, lächelte und sagte: »Mein Freund, diesmal hat deine Kunst dich betrogen.« Der Arzt antwortete: »Wollte Gott, daß du recht hast. Leider weiß ich aber nur zu gewiß, daß heute abend zwei Sonnen zugleich untergehen werden.« Darauf fragte ihn Basilius: »Was würdest du sagen, wenn ich noch bis morgen lebe?« Der Arzt erwiderte: »Das ist nicht möglich!« Da rief der Bischof: »Und ich, lieber Freund, sage dir, daß ich bis zur sechsten Stunde des morgigen Tages leben werde.« Da antwortete der Arzt: »Wenn das geschieht, dann will ich auch des Todes sein!« – »Nicht doch! Nicht doch!« sagte der Bischof, »nicht des Todes, sondern des Lebens in Christo!« Darauf sagte der Arzt zögernd: »Ich verstehe dich. Also gut! Wenn du morgen um die sechste Stunde noch am Leben bist, will ich an Christus glauben.«

Der Arzt hatte recht. Bei einem normalen Verlauf der Krankheit hätte die Natur dem Kranken nur noch wenige Stunden gegeben. Gott aber erhielt ihm sein Leben nicht nur bis zur sechsten, er ließ es ihm bis zur neunten Stunde, damit er die Seele des rechtschaffenen Juden retten könne. Als der Jude das sah, wunderte er sich sehr und bekannte, daß Christus größer sei als die Natur. Basilius aber besiegte durch die Kraft des Geistes seine leibliche Schwachheit, stand vom Lager auf, ging mit seinem ganzen Klerus in die Kirche und taufte dort den Arzt mit seinen eigenen Händen. Dann zog er mit allen wieder in sein Haus, legte sich in sein Bett und gab fröhlich seinen Geist auf.

Mirakellegenden

Die Sieben Schläfer

DER RÖMISCHE KAISER Decius verlangte von seinen Untertanen – mit Ausnahme der Juden – den Vollzug eines Opfers vor den vom Staat anerkannten Göttern. Die Durchführung dieses Befehls wurde jedem durch ein »libellus« bescheinigt. So wurden auch in den Straßen und auf den Märkten von Ephesus Altäre errichtet, und wer vorbeikam, wurde genötigt, zu opfern. Wer Christen auffand, die das Opfer verweigerten, wurde belohnt. Wie in allen Zeiten politischer Drangsale kam es dazu, daß der Freund den Freund, der Sohn den Vater verriet.

Trotzdem blieben viele ihrem Glauben treu, unter ihnen auch sieben junge Männer aus angesehenen Familien, die am Kaiserhof in Ephesus Dienst taten. Sie waren bereit, lieber zu sterben als zu opfern, wollten sich freilich auch nicht ohne Not den Folterknechten ausliefern und hielten sich deshalb still für sich, fasteten und beteten. Wie nicht anders zu erwarten war, wurden sie bald verraten. Der Kaiser zog sie vor seinen Richterstuhl, befahl ihnen persönlich, den heidnischen Göttern zu opfern, gab ihnen aber mit Rücksicht auf ihren Rang und ihre Jugend noch eine Gnadenfrist.

Die sieben Männer benutzten diese Zeit dazu, ihr väterliches Erbe an die Armen zu verteilen und in eine Höhle zu fliehen, die hoch oben im Gebirge in den Berg Anchilus führte. Dort wollten sie sich mit Beten und Fasten auf ihr Martyrium vorbereiten. Diomedes, der jüngste von ihnen, ein besonders beherzter und schlauer Bursche, schlich sich von Zeit zu Zeit, als Bettler verkleidet, in die Stadt und brachte die notwendigsten Lebensmittel und neue Nachrichten. So kam er eines Tages und meldete, daß der Kaiser sie suchen lasse. Ihre Flucht habe ihn sehr erzürnt; er habe die Eltern mit dem Tod bedroht, wenn sie den Aufenthaltsort der Söhne nicht angäben. Die Eltern hätten die Söhne angeklagt, weil sie ihren Besitz veräußert hätten und spurlos verschwunden seien. Sie beteuerten, daß sie selbst nicht wüßten, wohin die Kinder geflohen seien. Man wisse nur, daß sie den Weg ins Gebirge genommen hätten. Diese unguten Nachrichten erschütterten die Sieben. Sie aßen ihr Brot mit Tränen, seufzten, beteten zu Gott und redeten bis tief in die Nacht miteinander. Schließlich waren sie alle müde vom Beten, vom Reden und von ihrer Trauer und sanken in einen tiefen Schlaf. Decius war erbost, daß er diese angesehenen jungen Männer nicht in die Hand bekam, um sich an ihnen zu rächen. Er befahl, das ganze Gebirge abzusuchen und den Eingang der Höhle für alle Fälle mit Steinen zu vermauern. Zwei Vertraute des Kaisers, die heimliche Christen waren, schrieben das Schicksal der unglücklichen Jünglinge auf Bleitafeln, die sie in eherne Kästen legten, versiegelten und mit einmauerten.

Zweihundert Jahre später regierte der Kaiser Theodosius. Zu seiner Zeit kam eine Irrlehre auf, welche die Auferstehung der Toten leugnete. Selbst der fromme Kaiser wurde in diesen Streit verwickelt. Da beschloß der barmherzige Gott, der nicht will, daß die Frommen auf Irrwege geraten, ein Wunder zu tun, um allen das Geheimnis der Auferstehung zu offenbaren. Er gab dem Besitzer des Berges Anchilus ein, in die Höhlen Ställe für sein Vieh zu bauen. Seine Leute trugen die Mauer am Eingang ab, um Platz für den Neubau zu schaffen.

Um diese Zeit erwachten die Heiligen in der Höhle zu neuem Leben. Ihre Kleider waren wie zuvor, und sie selber waren frisch und jung. Sie ahnten nicht, daß sie länger als eine Nacht geschlafen hatten, besprachen ihre schwierige Lage und beschlossen, Diomedes noch einmal in die Stadt zu schicken, um Brot und Nachrichten zu holen. Der Tag brach gerade an, als er aus der Höhle trat. Er stutzte, als er die Steine von der abgebrochenen Mauer sah, er war aber so befangen in seinen Sorgen und Ängsten, daß er nicht weiter darüber nachdachte. Er mußte ja ständig fürchten, erkannt und vor den Kaiser geführt zu werden. Als er an das Stadttor kam, sah er zu seinem Erstaunen ein Kreuz darauf. Er ging zum nächsten Tor und sah auch dort ein Kreuz. Er ging um die ganze Stadt und fand auf allen Toren Kreuze. Er konnte sich nicht erklären, wie das zu-

ging, wie das Kreuz, das gestern noch verfolgt wurde, heute als weithin sichtbares Zeichen des Christentums auf den Toren stehen konnte. Auch die Menschen waren anders gekleidet, und er erkannte keinen einzigen von ihnen.
Schließlich faßte er Mut und betrat die Stadt. Er fand die Häuser alle anders. Er hörte, wie die Menschen ihre Vereinbarungen im Namen Christi bekräftigten. Er wußte nicht mehr, ob er wirklich in Ephesus war, und wollte schließlich so schnell wie möglich die Brote kaufen und wieder zu seinen Leidensgenossen zurückkehren. Als er aber im Bäckerladen bezahlen wollte, steckten die Leute die Köpfe zusammen und flüsterten miteinander. Sie gaben ihm das Brot nicht heraus und raunten ihm schließlich zu: »Du hast den Schatz der alten Könige gefunden! Teile ihn mit uns! Dann verraten wir dich nicht, dann liefern wir dich nicht dem Kaiser aus!« Diomedes wußte nicht, was er darauf antworten sollte. Da legten sie einen Strick um seinen Hals und schleppten ihn mitten durch die ganze Stadt zum Statthalter und zum Bischof. Die Menschen auf der Straße sahen ihm ins Gesicht und sagten: »Das ist ein Fremder, den wir nie gesehen haben.« Er suchte unter den zahllosen Leuten vergeblich nach einem Verwandten oder nach einem Freund. Der Bischof und der Statthalter betrachteten die Münze lange und fragten ihn nach dem Schatz. Diomedes antwortete ihnen: »Ich habe nie einen Schatz gefunden. Diese Münze nahm ich aus dem Säckel meiner Eltern. Seht doch selbst! Es ist eine Prägung dieser Stadt!« Der Statthalter fragte weiter: »Woher kommst du?« Diomedes erwiderte: »Aus dieser Stadt, wenn dies Ephesus ist.« – »Wer sind deine Eltern? Kennst du denn niemand, der für dich Zeugnis ablegen kann?« Diomedes nannte seine Eltern und seine Brüder. Aber niemand kannte sie. Da warf ihm der Statthalter vor, daß er lüge. Andere meinten, er sei verrückt, wieder andere, er verstelle sich nur. Da sagte der Statthalter: »Wie sollen wir dir glauben, daß dieses Geld aus dem Beutel deiner Eltern genommen ist? Die Münze ist über zweihundert Jahre alt. Sie stammt noch aus der Zeit vor Kaiser Decius. Du bist noch ein Jüngling. Wie sollen deine Eltern vor so langer Zeit gelebt haben? Wir lassen uns doch nicht von dir foppen! Gestehe, wo

du den Schatz gefunden hast! Sonst muß ich dich ins Gefängnis werfen und foltern lassen.« Da fiel Diomedes auf sein Angesicht und sagte: »Ich werde Euch alles erzählen, was ich auf dem Herzen habe; aber sagt mir zuvor: wo ist Kaiser Decius, der noch gestern hier in dieser Stadt war?« Da antwortete der Bischof: »Mein Sohn, der Kaiser Decius hat vor weit mehr als hundert Jahren regiert. Was hast du mit diesem Kaiser?« Diese Antwort verwirrte Diomedes noch mehr. Er sagte: »Weh mir! Was ist meinem Verstand zugestoßen? Ihr glaubt mir nicht, und es führt zu nichts, wenn ich Euch widerspreche. Kommt mit mir in die Höhle auf dem Berg Anchilus. Dort werdet Ihr meine sechs Leidensgefährten finden. Vielleicht glaubt Ihr ihnen!« Da wurde der Bischof nachdenklich.

Er ging auf den Vorschlag ein, und sie zogen mit dem Statthalter, dem Rat der Stadt und vielem Volk ins Gebirge. Diomedes führte sie in die Höhle. Als der Bischof die Höhle betrat, sah er unter dem Mauerschutt das eherne Kästchen mit den Silbersiegeln glänzen. Er hob es auf, öffnete es und las vor allem Volk laut vor, was auf den Bleitafeln stand. Nun begriffen alle, daß sie ein großes Wunder miterlebten. Sie fielen mit den heiligen Männern auf ihre Knie und lobten Gott. Der Bischof und der Statthalter schickten Eilboten an den Kaiser nach Konstantinopel und forderten ihn auf, nach Ephesus zu kommen, um selbst das Wunder dieser Auferstehung zu sehen. Der Kaiser kam mit großem Gefolge, und die Heiligen gingen ihm mit strahlendem Gesicht entgegen. Sie beteten zusammen, und der Kaiser rief: »Ich danke Gott, daß er mich in der Hoffnung auf die Auferstehung nicht getäuscht hat!« Der älteste der Sieben sagte darauf: »Wie das Kind im Schoß der Mutter lebt, ohne von sich selbst zu wissen, ohne Freude oder Leid zu empfinden, so haben auch wir im Schlaf gelegen.« Nach diesen Worten legten sich die sieben Jünglinge vor allem Volk auf die Erde und entschliefen zum zweiten Mal und schlafen nach Gottes Willen bis zum Jüngsten Tag.

Das Muttergottesgläschen

ES HATTE EINMAL ein Fuhrmann seinen Karren, der mit Wein schwer beladen war, festgefahren, so daß er ihn trotz aller Mühe nicht wieder losbringen konnte. Nun kam gerade die Mutter Gottes des Wegs daher, und als sie die Not des armen Mannes sah, sprach sie zu ihm: »Ich bin müde und durstig, gib mir ein Glas Wein, und ich will dir deinen Wagen frei machen.«

»Gerne«, antwortete der Fuhrmann, »aber ich habe kein Glas, worin ich dir den Wein geben könnte.«

Da brach die Mutter Gottes ein weißes Blümchen mit roten Streifen ab, das Feldwinde heißt und einem Glas sehr ähnlich sieht, und reichte es dem Fuhrmann. Er füllte es mit Wein, und die Mutter Gottes trank ihn, und in dem Augenblick ward der Wagen frei, und der Fuhrmann konnte weiterfahren. Das Blümchen heißt noch immer Muttergottesgläschen.

Die Witwe und der Sohn

EINE FRAU verlor früh ihren Mann. Er hinterließ ihr ein einziges Kind, einen Sohn, den sie zärtlich liebte. Der entwuchs bald der Frauenkemenate und zog mit den anderen Rittern in den Kampf. Dabei geriet er eines Tages in die Hände seiner Feinde, wurde gefesselt und in den Kerker geworfen. Die Mutter war untröstlich, klagte und weinte bei Tag und Nacht, sie jammerte übergenug. Täglich betete sie zur Mutter Maria und bat sie, den Sohn von allen Fesseln und von allen Feinden zu befreien; sie betete innig, sie flehte, sie schrie um Hilfe. Aber es geschah nichts. Niemand schloß ihr das Gefängnis auf. Das verdroß sie sehr.

Eines Tages kam sie in eine Kirche, in der sie ein meisterhaft geschnitztes Bild Mariens fand. Milde und prächtig saß die Gottesmutter da, das göttliche Kind auf dem Arm. Als die Frau sah, daß sie allein in der Kirche war, trat sie vor das Bild, kniete

nieder, hob ihre Hände und sagte in ihrem einfältigen und betrübten Sinn: »Maria, Jungfrau gut, viele Tage, am Abend und am Morgen, habe ich dich innig gebeten, mir in meinen Sorgen zu helfen und meinen geliebten Sohn von seinen Fesseln zu lösen. Alle meine Gebete blieben unerhört, und ich kann mir wohl diese Arbeit sparen. Aber ich werde jetzt Gleiches mit Gleichem vergelten. Die Not zwingt mich dazu. Ich werde dein Kind als Geisel mitnehmen und erst wieder bringen, wenn du meinen Sohn befreit hast. Du mußt es dir also gefallen lassen, daß ich deinen Sohn mit mir nach Hause nehme.«

Nach diesen Worten trat sie näher an das Bildwerk, nahm der Muttergottes das Kind aus dem Schoß, wickelte es in ein Tuch und trug es nach Hause. Dort schlich sie heimlich in ihr Gemach, damit keiner der Dienstleute sie beobachten konnte, holte ihre schönsten Seidentücher aus der Truhe, wickelte das Jesuskind gut ein, legte es sorgsam in eine ihrer schönsten Kisten und sagte dazu: »Da magst du gut ruhen! Gibt mir deine Mutter den Sohn nicht zurück, dann werde ich dich auch nie wieder zurückbringen.«

Maria aber, die vielgute, ging noch in derselben Nacht in den tiefen Kerker, wo der Sohn gefangen lag, löste ihm die Fesseln und die Halsschelle, schloß ihm die Türen auf und sagte: »Mein liebes Kind, nun kannst du frei und ohne allen Zwang zu deiner Mutter gehen. Sage ihr, daß ich dich hier ausgelöst habe, so daß du wieder mit ihr zusammenleben kannst, und sage ihr, sie solle mir nun auch mein Kind wieder bringen, das sie als Pfand für dich mit in euer Haus genommen hat.« Der Knappe eilte nach Hause und erzählte seiner Mutter alles, was er erlebt hatte. Da war ihre Freude groß, und sie schloß ihren Kasten auf, nahm das schöne Bild heraus, brachte unserer lieben Frau das Kind zurück und sprach: »Nun hat mein Herz wieder Ruhe. Lob und Dank sei dir gesagt für deine Hilfe und deinen Trost. Nie werde ich vergessen, dich zu preisen. Du hast meinem Sohn die Fesseln gelöst, und ich gebe dir dein Kind wieder frei.«

Der heilige Nikolaus und der Dieb

IN EINER KLEINEN RUSSISCHEN STADT lebte ein diebischer Mensch, der hatte schon viel Unglück angerichtet. Einmal hatte er einen reichen Mann bestohlen. Die Tat wurde schnell aufgedeckt. Er mußte fliehen. Lange lief er durch einen großen Wald. Durch das Dickicht konnten ihm die Häscher nur langsam folgen, und er gewann einen großen Vorsprung. Aber auch der größte Wald ist einmal zu Ende. Plötzlich stand er vor einem weiten Ödland. Bis zum nächsten Baum waren es mindestens zehn Werst. Da stand er nun und wußte nicht, was er machen sollte. Lief er über die unbebaute Fläche, dann war er weithin zu sehen, und die Verfolger hatten Pferde, sie würden ihn leicht fangen können. In seiner Not fing der Dieb an zu beten: »Herr Gott im Himmel! Sei meiner armen Seele gnädig! Heiliger Nikolaus, Väterchen, verstecke mich! Ich will dir auch eine Groschenkerze weihen!«

Er hatte die Bitte kaum ausgesprochen, da stand ein alter Mann neben ihm und fragte: »Was hast du da gesagt?« Der Dieb antwortete: »Ich habe gebetet. Ich habe zum heiligen Nikolaus gesagt: Heiliger Nikolaus, Väterchen, verstecke mich! Ich will dir auch eine Groschenkerze weihen!« Dann beichtete er dem alten Mann seine Sünden und erzählte ihm, warum er fliehen mußte. Aber von Reue war dabei nicht viel die Rede. Vielleicht war dazu auch nicht genügend Zeit; denn man hörte schon die lärmenden Häscher. Der Alte sagte: »Siehst du das Aas dort liegen? Wenn du willst, krieche hinein!« Dem Dieb blieb nichts anderes übrig, als in das tote Tier zu kriechen, wenn er sein Leben retten wollte. Er kroch in das Aas. Der alte Mann aber war verschwunden, wie von der Erde verschlungen. Er war der heilige Nikolaus.

Dann kamen die Verfolger. Sie ritten weit in das Ödland. Sie suchten vergeblich nach Spuren. Aber sie fanden nichts. Sie machten noch eine Runde und beobachteten den Waldrand. Dann kehrten sie um. Der Dieb lag inzwischen in dem Aas und konnte kaum atmen; das verwesende Fleisch roch widerlich, und tausend Aasfliegen quälten ihn. Deshalb kroch er so schnell wie möglich heraus, nachdem die Verfolger verschwunden waren. Und da stand auch der Alte wieder und sammelte Wachs. Der Dieb ging zu ihm und bedankte sich für die Rettung. Der Alte aber fragte ihn noch einmal: »Was hast du dem heiligen Nikolaus versprochen, als du einen Unterschlupf suchtest?« Der Dieb antwortete: »Ich versprach, ihm eine Groschenkerze zu weihen.« Da wetterte der Alte los: »Da haben wir's, du Gauner! Genauso wie dir der Aasgestank den Atem nahm, würde dem heiligen Nikolaus der üble Dunst deiner gestohlenen Kerze den Atem rauben.« Dann erteilte ihm der Alte eine Lehre: »Lasse dir nicht noch einmal einfallen, unseren Herrgott oder einen seiner Heiligen um Hilfe bei einer bösen Tat zu bitten. Böse Taten segnet der Herr nicht. Denke immer an meine Worte und gib sie an alle Menschen weiter, mit denen du ins Gespräch kommst. Keiner soll bei schlechten Taten Gott um Hilfe bitten! Und keiner soll hoffen, daß der Herr ihm verzeiht, wenn er seine Untaten nicht bereut!« Das sagte der heilige Nikolaus zu dem Dieb. Dann verschwand er.

Die demütige Pförtnerin

BEATRIX WAR sehr jung, als sie ins Kloster ging. Sie kannte die Welt noch nicht, die sie verließ. Aber sie war fröhlich und fromm und tüchtig. Ihre Oberin vertraute ihr bald das Amt der Pförtnerin an. Mit den Jahren wuchsen aber die Schönheit und die Anfechtungen, welche die junge Klosterfrau bestehen mußte, vor allem das Verlangen, die unbekannte Welt jenseits der Klostermauern kennenzulernen. So kam es, daß sie eines Nachts vor den Altar Unserer Lieben Frau trat und sagte: »Liebe Frau Maria! Ich habe dir manches Jahr gedient, so gut ich es vermochte. Nun drängt mich mein unruhiges Herz, diese Klostermauern zu verlassen und in die fremde Welt zu gehen. Nimm du die Schlüssel, die man mir anvertraut hat!«

Mit diesen Worten legte sie die Schlüssel auf den Altar, verließ das Kloster und ging ihrer Sehnsucht nach in die Welt. Sie genoß das neue Leben in vollen Zügen und vergaß darüber das Kloster mit seinen Pflichten. Aber sie betete täglich zur Mutter Maria. Erst nach fünfzehn Jahren plagte sie die Reue. Sie faßte sich ein Herz, ging bis zur Klosterpforte und fragte die Pförtnerin: »Ist hier im Kloster eine Frau Beatrix? Sie war auch einmal Pförtnerin.« Die Schwester antwortete: »Oh, die Schwester Beatrix kenne ich gut! Sie ist eine fromme Frau, uns allen ein Vorbild wegen ihrer großen Demut.« Als Beatrix das hörte, erschrak sie. Sie wandte sich schnell ab, um zu gehen. Da trat statt der Schwester Unsere Liebe Frau auf sie zu, nahm sie am Arm und sagte: »Komm nur wieder herein zu uns und bessere dich! Ich habe die ganzen Jahre an deiner Stelle Pfortendienst gemacht. Du hast mir ja seinerzeit die Schlüssel auf den Altar gelegt.« Da folgte Beatrix der Mutter Maria ins Kloster, tat Buße und erzählte allen Frauen, welch große Gnade sie erfahren hatte.

Der ungehorsame Engel

IN EINEM DORF, das irgendwo in Rußland an der Oka lag oder vielleicht auch am Dnjepr, war eine junge Frau mit Zwillingen niedergekommen. Es war eine schwere Geburt, und Gott schickte einen Engel aus, der ihre Seele zu ihm rufen sollte. Der Engel suchte das kleine Dorf lange im tiefen Schnee. Dann sah er die zwei winzigen Kinderchen auf dem Ofen liegen. Er brachte es nicht übers Herz, die Seele der Frau zu nehmen. Er flog ohne sie zu seinem himmlischen Vater zurück. Gott fragte ihn: »Nun, hast du die Seele der armen Frau mitgebracht? Wo ist sie?« Der Engel aber mußte antworten: »Nein, Herr!« Da grollte der Herr und fragte wieder: »Was soll das heißen? Warum hast du meinen Befehl nicht ausgeführt?« Da erwiderte der Engel: »Herr, dieses Weib hat zwei winzige neugeborene Kinderchen! Wer soll sie ernähren, wenn ihnen die Mutter genommen wird?« Da nahm Gott einen Stab und klopfte mit ihm auf einen Felsen. Der Felsen spaltete sich in zwei große Stücke. Gott befahl dem Engel, in die Öffnung zu kriechen und ihm zu sagen, was er dort beobachten könne. Der Engel antwortete: »Ich sehe zwei winzige Würmchen.« Darauf sagte ihm der Herr: »Nun gut! Wer die zwei unscheinbaren Würmchen speist, wird auch die neugeborenen Zwillinge ernähren«. Mit diesen Worten nahm der Herr dem Engel die Schwingen ab und verbannte ihn zur Strafe für seinen Ungehorsam für drei Jahre auf die Erde.

So kam der Engel nach Rußland und verdingte sich als Knecht bei einem Popen. Er lebte ein ganzes Jahr in einem kleinen Dorf, ein Jahr und noch ein Jahr. Einmal schickte ihn der Pope mit einem wichtigen Auftrag in die Stadt. Bei dieser Gelegenheit kam er an der Kirche vorbei. Die Türen standen weit offen. Plötzlich blieb der Knecht stehen, las Steine vom Boden auf und schleuderte sie in die Kirche, ja, er zielte genau auf das Kreuz, das mitten im Kirchenschiff hing. Als die Leute das sahen, liefen sie zusammen und beschimpften den Knecht. Nur mit Mühe entging er einer schweren Prügelei. Auf seinem weiteren Weg kam er an einer Kneipe vorbei. Dort blieb er stehen und begann zu beten. Jetzt schüttelten die Leute den Kopf und sagten zueinander: »So ein dummer Tölpel! Er wirft Steine in die Kirche und betet vor der Schenke! So einen Narren trifft man nicht alle Tage!« Der Knecht ließ sich aber nicht stören. Er sprach sein Gebet zu Ende und ging weiter. Da begegnete er einem Bettler. Sobald er ihn sah, verfluchte er ihn und nannte ihn einen üblen Müßiggänger und Schwindler. Diese Herzlosigkeit ärgerte die Leute wieder. Sie liefen zum Popen und beklagten sich über den seltsamen Knecht. Sie sagten: »So und so, dein Knecht geht durch die Straßen und treibt seine Possen! Er hat unser Heiligtum verhöhnt und den alten Bettler beschimpft. Vor der Kneipe aber hat er gebetet.« Daraufhin ließ der Pope den Knecht rufen und fragte ihn, was das alles bedeuten solle. Da antwortete ihm der Knecht: »Ich habe doch die Steine nicht geschleudert, um die Kirche zu treffen; noch weniger habe ich auf die Kneipe geblickt, als ich zu unserem Herrn und Gott betete. Wie ich an der Kirche vorbeiging, sah ich den Satan. Ermutigt durch unsere Sünden, schlich er mehrmals um das Gotteshaus, sprang über die Bänke auf das Kreuz und klammerte sich dort fest. Ich habe nach dem Bösen geworfen, um ihn zu vertreiben. In der Kneipe aber saßen viele von euren Leuten, um zu saufen und zu lumpen. Keiner dachte an die Stunde des Abschieds von dieser Welt. Da betete ich zu unserem Herrn und Gott und bat ihn, er möge nicht zulassen, daß rechtgläubige Christenmenschen der Trunksucht und damit der ewigen Verdammnis verfallen.« Der Pope fragte weiter: »Warum hast du dann aber den armen Bettler ohne jede Not beschimpft?« – »Das ist mir ein schöner Bettler!« rief der Knecht, »er ist ein reicher Mann mit einem Haufen Geld. Aber er schleicht immer noch als Bettler durch die Gassen und bittet um Almosen. Er nimmt doch nur denen das Brot weg, die wirklich arm sind!«

Der Pope und seine Gemeinde wunderten sich sehr über diese Antworten. Bald darauf hatte der Engel seine drei Jahre abgedient. Als der Pope ihm seinen Lohn geben wollte, sagte der Knecht: »Ich danke dir. Ich nehme keinen Lohn. Ich bitte dich aber, mich zu begleiten, wenn ich jetzt dein Haus verlasse.« Das tat der Pope. Sie gingen weit, sie gingen endlos lange, das Dorf war schon seit Tagen nicht mehr zu sehen. Da gab der Herr seinem Engel die Schwingen zurück. Der Engel nahm den Popen an der Hand, hob sich mit ihm langsam von der Erde ab und flog in den Himmel zurück. Dort erst erfuhr der Pope, wer ihm drei Jahre lang als Knecht gedient hatte.

Der heilige Georg und der Drache

EINE BÄUERIN aus Nowoswinochowo, einem Dorf südlich des Ilmensees, stellte an jedem hohen Feiertag eine Kerze vor die Ikone des heiligen Georg und zündete sie an. Dem Drachen aber drohte sie mit der geballten Faust. Dazu sagte sie: »Hier, Georg, heiliger Ritter, hier hast du deine Kerze! Dir aber, verdammter Drache, gehört die Faust!«

Das erbitterte den Teufel von Jahr zu Jahr mehr. Schließlich konnte er die Drohung nicht mehr ertragen. Er zeigte sich der

Alten im Traum und sagte: »Warte nur, ich werde dir schon einheizen, wenn du endlich zu mir in die Hölle kommst!«
Das machte die Bäuerin nachdenklich. Von nun an stellte sie immer zwei Kerzen auf und zündete beide Kerzen an. Als die Dorfleute sie fragten, warum sie den schönen alten Brauch geändert habe, antwortete sie: »Ach, ihr Lieben, wer von uns weiß denn, wo er schließlich einmal landet? Vielleicht im Paradies, vielleicht aber auch in der Hölle?«

Der Ritter und der Tod

EINST RITT ein kühner Ritter durch das weite Feld. Da begegnete ihm der Tod. Der Tod sah aus wie ein Löwe, war schrecklich anzuschauen, war grausam ausgestattet mit allen menschlichen Erfindungen; denn er trug Degen und Lanzen bei sich, Messer und Beile, Sicheln und Seile und viele andere Werkzeuge des Verderbens.
Die fromme Seele des Ritters erschrak bis in ihren tiefsten Grund, und der Reitersmann sprach: »Wer bist du, Schrecklicher? Du siehst aus wie ein Tier und trägst dich wie ein Mensch!« Da antwortete der Tod: »Ich bin gekommen, dich zu holen!« Darauf sagte der Mann: »Das ist nicht mein Wille! Dich fürchte ich nicht!«
Da fuhr der Tod auf und sprach: »O Menschlein, was unterfängst du dich, mich nicht zu fürchten! Könige, Fürsten und Heerführer zittern vor mir, sogar die geistlichen Würdenträger, denn ich bin wohlbekannt auf der weiten Erde – und du willst mich nicht fürchten?«
Darauf erwiderte der Mann: »Ich bin tapfer und kühn. Ich habe ganze Heerscharen besiegt. Noch nie hat mir ein einzelner Mann standgehalten. Du aber kommst allein. Du trägst zwar Waffen und Rüstzeug – ich sehe aber jetzt, du bist gar nicht kühn, du bist nur schrecklich anzuschauen, hebe dich hinweg, ehe ich dich mit meinem Degen zusammenschlage!«
Der Tod aber sagte: »Ich bin nicht stark, ich bin nicht gut und

bin nicht schön, und doch habe ich alle Starken und Schönen, die Könige und Fürsten, Machthaber, Weiber und Mädchen von Adams Zeiten an bis jetzt besiegt. War der starke Simson nicht ein Held vor allen? Er sprach: ›Wäre ein Ring in die Erde gemauert, ich könnte die ganze Welt umdrehen!‹ Auch den habe ich genommen. Alexander der Große war stark und kühn, er war der Herrscher aller Reiche unter der Sonne – auch ihn habe ich geholt. O Mensch, war König Salomo nicht weiser als du? Und doch, auch der weise, schlaue König Salomo durfte mir nicht widersprechen. Selbst unser Herr Jesus Christus mußte mich verkosten, mich, den bitteren Tod! Wisse, o Mensch, ich bin der Tod. Ich sammle keinen Reichtum, ich bin weder schön noch gut, ich giere nicht nach irdischem Ruhm. Aber ich bin auch nicht barmherzig, ich verschone niemanden, ich warte niemals auch nur eine Stunde. Wenn ich komme, muß man mir folgen.«

Da sprach der Mensch: »Herr, mein Tod, erweise mir allein deine Liebe und Barmherzigkeit!«

Der Tod aber blieb bei seinen Worten und sagte: »Mitnichten, Mensch! Meine Liebe ist gleich für die ganze Welt! Ich liebe alle auf die gleiche Weise, Könige und Fürsten, Bettler und Prälaten. Wollte ich Reichtümer anhäufen, ich hätte ungezählte Güter, Ländereien und Königreiche – aber ich komme wie ein Räuber und nehme nur das Leben.«

Da bat der Mann: »Herr Tod, warte nur ein wenig, nur ein kleines, bis ich gebeichtet habe!« Der Tod aber antwortete: »O Mensch! Gott sprach zu euch in seinen heiligen Schriften: ›Betet und wachet an jeglichem Tag und zu jeglicher Stunde; denn der Tod schickt euch keinen Boten und keinen Mahner, er kommt wie der Dieb in der Nacht!‹ Und in seinem heiligen Evangelium sagt der Herr: ›Wachet Brüder! Seiet des Todes immer gewärtig!‹ Wenn der Mensch wüßte, an welchem Tag und zu welcher Stunde der Tod kommen wird, der Mensch würde in jener Stunde in sich gehen und wachen und den Tod mit Schrecken erwarten.«

Da rief der Mann: »O weh mir! Ich bin in argen Nöten! Verschone mich, Tod, bis zum Morgen, daß ich meine Geschäfte erledigen kann!« Der Tod aber erwiderte: »Ihr unvernünftigen Menschen! Viele flehen mich gleichermaßen an! Manches Mal gebietet mir der Herr, ihren Bitten zu willfahren. Gesunden sie aber, dann leben sie wieder, als seien sie dem Tod nie begegnet, als seien sie ihm nicht untertan. Sie vergessen alle milden Taten. Auch du willst bis zum Morgen deine Sünden bereuen! Viele Morgenröten habe ich erlebt, aber nie, daß ihr ernsthaft bereut. Ihr häuft Sünden auf Sünden! Ich bin heute zu dir gekommen, und ich will nicht mehr warten, ich will mich mit dir keine Stunde mehr aufhalten! Ihr habt in eurem Leben Zeit zur Buße, jedoch ihr verharrt in Müßiggang und Hartherzigkeit, ihr habt kein Mitleid mit den Armen, ihr glaubt, ewig auf dieser Erde leben zu dürfen, ihr werdet hochmütig und glaubt schließlich, mächtig genug zu sein, um mit mir kämpfen zu können!«

Da flehte der Mensch: »Meine Seele ist in großen Ängsten! Herr Tod, laßt mich in die Stadt gehen! Ich will ein Leichentuch kaufen; ich will Wohltätigkeit üben, ich will meinen Leib den Priestern übergeben, damit sie Messen für meine Seele lesen, ich will meinen ganzen Reichtum der Kirche lassen.« Der Tod aber antwortete: »Ich entlasse dich nicht, Mensch! Als du gesund warst, hast du nicht gebeichtet und hast von deinem Reichtum nichts für milde Taten hergegeben.«

Da klagte der Mensch: »Weh über mich! O wilder Tod! Unwillkommener Bote! Wie kann ich dir noch entkommen?« Und er weinte bitterlich. Der Tod aber ergriff ihn und schlug mit seiner Sichel das Haupt ab und sägte mit einer Säge das Herz entzwei und hackte ihm Füße und Beine, Hände und Arme ab. Merket euch, ihr Menschen! Wenn einer siech ist und seine Augen werden glasig und er hat keine Macht mehr über sich und kann kein Wort mehr sprechen, dann sieht dieser Mensch den Tod! Er sieht zugleich einen Engel des Herrn, und er sieht alle Sünden, die er hienieden begangen hat. Er schaut auf sein Weib und auf seine Kinder, die um ihn weinen. Aber er kann nicht mehr zu ihnen sprechen vor Grauen, denn er erkennt alle seine Sünden.

Der Tod reicht ihm eine Schale mit bitterem Trank, er flößt ihn dem Menschen ein, und die Seele verläßt den Leib in dieser Bitternis, im Angesicht aller, die um ihn weinen. Die gerechte Seele wird von Engeln zum Himmel getragen, die sündige Seele aber wird von Teufeln Qualen entgegengetragen, die sie sich selber bereitet hat.

Darum soll jeder Mensch dreimal im Jahr beichten, milde Taten tun und fleißig zur Kirche gehen! Brüder, denkt an den Tod! Unser Leben hienieden ist kurz, das Jenseits ist ewig! Der Tod wird keinen verschonen! Ehre sei Gott nun und immerdar und in alle Ewigkeit!

Märchenlegenden

Der Schneider im Himmel

AN EINEM SCHÖNEN Tag wollte der liebe Gott durch die himmlischen Gärten gehen. Er nahm alle Apostel und Heiligen mit; nur der heilige Petrus blieb im Himmel zurück. Der Herr hatte ihm befohlen, während seiner Abwesenheit niemanden einzulassen. So stand Petrus an der Pforte und hielt Wache. Nicht lange, da klopfte jemand an. Petrus fragte, wer da sei. »Ich bin ein armer ehrlicher Schneider«, antwortete eine feine Stimme, »und bitte um Einlaß.«

»Ja, ehrlich«, rief Petrus, »wie der Dieb am Galgen, du hast lange Finger gemacht und den Leuten das Tuch abgezwickt. Du kommst nicht in den Himmel, der Herr hat mir im übrigen verboten, irgend jemand einzulassen, solange er draußen ist.«

»Sei doch barmherzig«, flehte der Schneider, »kleine Flicklappen, die von selbst vom Tisch herabfallen, sind nicht gestohlen und nicht der Rede wert. Seht, ich hinke, ich habe von dem weiten Weg hierher Blasen an den Füßen, und ich war lange krank, und bin zu matt, um wieder umzukehren. Laß mich nur hinein. Ich will ja alle schlechte Arbeit tun. Ich will die Kinder tragen, die Windeln waschen, die Bänke, darauf sie gespielt haben, säubern und abwischen und ihre zerrissenen Kleider flikken.« Der heilige Petrus ließ sich von Mitleid bewegen und öffnete dem lahmen Schneider die Himmelspforte gerade so weit, daß er mit seinem dürren Leib hineinschlüpfen konnte. Er mußte sich in einen Winkel hinter der Tür setzen und sollte sich da still und ruhig verhalten, damit ihn der Herr, wenn er zurückkäme, nicht bemerkte und zornig wurde. Der Schneider gehorchte. Als aber der heilige Petrus einmal vor die Tür trat, stand er auf und ging voll Neugierde in alle Winkel des Himmels und sah sich gemächlich um. So kam er auch zu einem Platz, da standen viele schöne und kostbare Stühle und in der Mitte ein goldener Sessel, der mit funkelnden Edelsteinen be-

setzt war. Er war höher als die übrigen Stühle, und vor ihm stand ein goldener Fußschemel. Es war aber der Sessel, auf welchem der Herr saß, und von welchem aus er alles sehen konnte, was auf der Erde geschah. Der Schneider stand still und sah den Sessel eine gute Weile an, denn er gefiel ihm besser als alles andere. Endlich konnte er seine Neugier nicht mehr bezähmen, stieg hinauf und setzte sich. Da sah er alles, was auf Erden geschah. So bemerkte er eine alte häßliche Frau, die an einem Bach stand und wusch und dabei zwei Schleier heimlich beiseite tat. Dieser Anblick erzürnte den Schneider so sehr, daß er den goldenen Fußschemel packte und durch den ganzen Himmel auf die Erde hinab nach der alten Diebin warf. Die Diebin hatte nun ihr Teil; aber der Schemel war auch weg, und weil der wackere Schneider ihn nicht mehr heraufholen konnte, schlich er sachte aus dem Sessel an seinen Platz hinter der Tür und tat, als ob er kein Wässerchen getrübt hätte.
Als der liebe Gott mit seinem Gefolge wieder zurückkam, sah er nichts von dem Schneider hinter der Tür. Als er sich aber in seinen Sessel setzen wollte, fehlte ihm der Schemel. Er fragte den heiligen Petrus, wo er denn hingekommen sei. Aber der wußte nichts. Da fragte der Herr weiter, ob Petrus jemanden eingelassen habe. »Ich weiß niemanden«, antwortete Petrus, »der dagewesen wäre, außer einem lahmen Schneider, der noch still hinter der Tür sitzt.« Da ließ der liebe Gott den Schneider vor sich treten und fragte ihn, ob er etwa den Schemel weggenommen und wohin er ihn geschafft habe. »O Herr!« antwortete der Schneider ganz vergnügt, »ich habe ihn im Zorn hinab auf die Erde nach einem alten Weib geworfen, weil ich sah, wie es bei der Wäsche zwei Schleier stahl.«
Da lachte der himmlische Vater und sagte: »O du Schelm! Wollte ich richten, wie du richtest, wie meinst du, daß es dir schon längst ergangen wäre? Ich hätte keine Schemel und Stühle, keine Sessel und Bänke, ja keine einzige Ofengabel mehr hier, sondern alles nach den Sündern hinabgeworfen. Fortan kannst du nicht mehr im Himmel bleiben! Du mußt wieder hinaus vor das Tor! Sieh zu, wo du bleibst! Denn hier soll niemand strafen denn ich allein, der Herr!«

Petrus mußte den Schneider wieder hinaus vor den Himmel bringen, und weil er zerrissene Schuhe hatte und die Füße voll Blasen, nahm er sich einen Stock in die Hand und zog nach Warteinweil, wo die frommen Soldaten sitzen und sich lustig machen.

Der Arme und der Reiche

VOR ALTEN ZEITEN, als der liebe Gott noch selber auf Erden unter den Menschen wandelte, trug es sich zu, daß er eines Abends müde war und ihn die Nacht überfiel, bevor er zu einer Herberge kommen konnte. Nun standen auf dem Weg vor ihm zwei Häuser einander gegenüber, das eine groß und schön, das andere klein und ärmlich anzusehen. Das große gehörte einem reichen, das kleine einem armen Manne. Da dachte unser Herrgott: Dem Reichen werde ich nicht beschwerlich fallen, bei ihm will ich übernachten. Als der Reiche an seine Tür klopfen hörte, machte er das Fenster auf und fragte den Fremdling, was er suche. Der Herr antwortete: »Ich bitte um ein Nachtlager.« Der Reiche sah sich den Wandersmann vom Kopf bis zu den Füßen gründlich an, und weil der liebe Gott schlichte Kleider trug und nicht aussah wie einer, der viel Geld in der Tasche hat, schüttelte er den Kopf und sagte: »Ich kann Euch nicht aufnehmen, meine Kammern liegen voll Kräuter und Samen, und sollte ich einen jeden beherbergen, der an meine Tür klopft, dann könnte ich selber den Bettelstab in die Hand nehmen. Sucht Euch anderswo eine Herberge!« Damit schlug er sein Fenster zu und ließ den lieben Gott stehen. Der liebe Gott aber kehrte ihm den Rücken und ging hinüber zu dem kleinen Haus. Kaum hatte er angeklopft, da klinkte der Arme schon sein Türchen auf und bat den Wandersmann einzutreten. »Bleibt die Nacht über bei mir«, sagte er, »es ist schon finster und heute könnt Ihr doch nicht weiterkommen.« Das gefiel dem lieben Gott, und er trat ein. Die Frau des Armen reichte ihm die Hand, hieß ihn willkommen und sagte, er solle sich's bequem machen; er müsse eben vorlieb nehmen, sie hätten nicht viel, aber was es wäre, gäben sie von Herzen gern. Dann setzte sie Kartoffeln aufs Feuer, und derweil sie kochten, melkte sie ihre Ziege, damit sie ein wenig Milch dazu hätten. Als der Tisch gedeckt war, setzte sich der liebe Gott nieder und aß mit ihnen. Die einfache Kost schmeckte ihm gut, denn es waren vergnügte Gesichter dabei. Nachdem sie gegessen hatten und die Schlafenszeit kam, baten sie den lieben Gott, er möge sich in ihr Bett legen und dort ordentlich ausruhen. Der liebe Gott wollte den beiden Alten ihr gewohntes Lager nicht nehmen, aber sie gaben nicht nach, bis er sich endlich in ihr Bett legte. Sie selber machten sich eine Streu auf die Erde. Am nächsten Morgen standen sie schon vor Tag auf und kochten dem Gast ein Frühstück, so gut sie es eben hatten. Als die Sonne durch das kleine Fenster schien und der liebe Gott aufgestanden war, aß er wieder mit ihnen. Und ehe er sich auf den Weg machte, drehte er sich nochmals um und sagte zu den beiden Alten: »Weil ihr so mitleidig und fromm seid, wünscht euch dreierlei, das will ich euch erfüllen.«

Da antwortete der Arme: »Was soll ich mir sonst wünschen als die ewige Seligkeit, und daß wir zwei, solange wir leben, gesund bleiben und unser täglich Brot haben; fürs dritte weiß ich mir nichts mehr zu wünschen.«

Da sprach der liebe Gott: »Willst du dir nicht ein neues Haus für das alte hier wünschen?«

»O ja«, sagte der Mann, »wenn ich das auch noch erhalten kann, das wäre mir schon lieb.« Der Herr erfüllte seine Wünsche, verwandelte das alte Haus in ein neues, gab den beiden seinen Segen und zog weiter.

Es war schon voller Tag, als der Reiche aufstand. Er legte sich ins Fenster und sah gegenüber ein neues, schönes Haus, wo sonst eine elende Hütte gestanden hatte. Da machte er große Augen, rief seine Frau und sprach: »Sag mir nur, was ist geschehen? Gestern abend stand noch die alte Hütte, und heute steht an derselben Stelle ein schönes neues Haus! Lauf doch einmal hinüber und höre, wie das gekommen ist.« Die Frau ging und fragte den Armen aus. Er erzählte ihr: »Gestern abend kam ein Wanderer, der suchte Nachtherberge, und heute morgen beim Abschied hat er uns drei Wünsche gewährt: die

ewige Seligkeit, Gesundheit in diesem Leben und das notdürftige tägliche Brot dazu und zuletzt noch statt unserer alten Hütte ein schönes neues Haus.« Die Frau des Reichen lief eilig zurück und erzählte ihrem Mann, wie alles gekommen war. Da rief der Mann: »Ich möchte mich zerreißen und zerschlagen! Hätte ich das nur gewußt! Der Fremde ist zuvor hier gewesen und hat bei uns übernachten wollen, ich habe ihn aber abgewiesen.«

»Eil dich«, sprach die Frau, »und setz dich auf dein Pferd, so kannst du den Mann noch einholen, und dann mußt du dir auch drei Wünsche gewähren lassen!«

Der Reiche befolgte den guten Rat, jagte mit seinem Pferd davon und holte den lieben Gott noch ein. Nun redete er fein und lieblich und bat den Wanderer, er möcht's doch nicht übelnehmen, daß er ihn nicht gleich eingelassen habe. Er habe den Schlüssel gesucht; inzwischen sei er aber weggegangen. Auf dem Rückwege müsse er unbedingt bei ihm einkehren. »Ja«, sprach der liebe Gott, »wenn ich einmal zurückkomme, will ich es tun.« Da fragte der Reiche, ob er nicht auch drei Wünsche tun dürfe wie sein Nachbar? Ja, sagte der liebe Gott, das dürfe er wohl, es sei aber nicht gut für ihn, und er solle sich lieber nichts wünschen. Der Reiche meinte, er wolle sich schon etwas aussuchen, das zu seinem Glück gereiche, wenn er nur wüßte, daß es erfüllt werde. Da sprach der liebe Gott: »Reit heim, und drei Wünsche, die du tust, die sollen in Erfüllung gehen!«

Nun hatte der Reiche, was er verlangte, ritt heimwärts und fing an, nachzusinnen, was er sich wünschen sollte. Wie er sich so bedachte und die Zügel fallen ließ, fing das Pferd an zu springen, so daß er immerfort in seinen Gedanken gestört wurde und sie gar nicht zusammenbringen konnte. Er klopfte ihm auf den Hals und sagte: »Sei ruhig, Liese!« Aber das Pferd machte aufs neue Männchen. Da wurde er zuletzt ärgerlich und rief ganz ungeduldig: »So wollt' ich, daß du den Hals zerbrächst!« Kaum hatte er das Wort ausgesprochen, lag er schon auf der Erde, und das Pferd war tot und regte sich nicht mehr. Damit war der erste Wunsch erfüllt. Weil er aber von Natur geizig war, wollte er das Sattelzeug nicht im Stich lassen, schnitt es ab, nahm es auf den Rücken und mußte nun zu Fuß weitergehen. Du hast ja noch zwei Wünsche übrig, dachte er bei sich und tröstete sich damit. Wie er langsam durch den Sand zog und mittags die Sonne heiß brannte, war's ihm sehr warm und verdrießlich zumute. Der Sattel drückte ihn auf den Rücken, und außerdem war ihm noch immer nicht eingefallen, was er sich weiter wünschen sollte. Wenn ich mir auch alle Reiche und Schätze der Welt wünsche, sprach er zu sich selbst, so fällt mir hernach noch allerlei ein, dieses oder jenes, das weiß ich im voraus. Ich will's aber so einrichten, daß mir gar nichts mehr zu wünschen übrig bleibt. Dann seufzte er und sprach: »Ja, wenn ich der bayerische Bauer wäre, der auch drei Wünsche frei hatte, der wußte sich zu helfen, der wünschte sich zuerst recht viel Bier, und zweitens so viel Bier, wie er trinken könnte, und drittens noch ein Faß Bier dazu!« Manchmal meinte er, jetzt hätte er's gefunden, aber hernach schien's ihm doch zu wenig. Da kam ihm so in die Gedanken, wie es jetzt seine Frau gut hätte, die säße daheim in einer kühlen Stube und ließe sich's gut schmecken. Das ärgerte ihn, und ohne daß er's wußte, sprach er so hin: »Ich wollte, die säße daheim auf dem Sattel und könnte nicht herunter, statt daß ich ihn da auf meinem Rücken schleppe.« Und wie das letzte Wort aus seinem Munde kam, war der Sattel von seinem Rücken verschwunden, und er merkte, daß sein zweiter Wunsch auch in Erfüllung gegangen war. Da wurde ihm erst recht heiß, er fing an zu laufen und wollte sich daheim ganz einsam in seine Kammer setzen und auf etwas Großes für den letzten Wunsch sinnen. Wie er aber ankommt und die Stubentür aufmacht, sitzt da seine Frau mittendrin auf dem Sattel und kann nicht herunter, jammert und schreit. Da sprach er: »Gib dich zufrieden, ich will dir alle Reichtümer der Welt herbeiwünschen, nur bleib da sitzen!« Sie schalt ihn aber einen Schafskopf und sprach: »Was helfen mir alle Reichtümer der Welt, wenn ich auf dem Sattel sitze; du hast mich daraufgewünscht, du mußt mir auch wieder herunterhelfen!« Er mochte wollen oder nicht, er mußte den dritten Wunsch tun, daß sie vom Sattel ledig wäre und heruntersteigen könnte; und der Wunsch ward alsbald erfüllt. Also hatte er nichts davon als Ärger, Mühe, Scheltworte und ein verlorenes Pferd; die Armen aber lebten vergnügt, still und fromm bis an ihr seliges Ende.

Gott weiß alles

VOR ZEITEN lebte ein Einsiedler still für sich in seiner Höhle und diente Gott. Eines Tages trieb ein Hirt seine Schafe auf die Wiesen vor der Höhle und ließ sie dort weiden. Nicht lange danach wurde der Hirt vom Schlaf überwältigt, so daß ein Dieb die ganze Herde wegtreiben konnte. In diesem Augenblick kam der Besitzer der Schafe dazu und fragte den Schäfer nach den Tieren. Der Hirt gab zu, daß er die Schafe verloren habe, er schwor aber, daß er durchaus nicht wisse, auf welche Weise sie verschwunden seien. Da geriet der Herr in Wut und erschlug ihn. Als der Einsiedler das sah, sprach er in seinem Herzen: »O mein Gott, dieser Mann hat einen Unschuldigen verklagt und getötet. Weil Du erlaubst, daß solches Unrecht geschieht, will ich wieder in die Welt gehen und leben wie die anderen.« Und er verließ seine Einsiedelei und ging in die Welt. Gott wollte den frommen Mann aber nicht verderben. Darum schickte er ihm einen seiner Engel als Begleiter. Der Engel hatte Menschengestalt angenommen und traf den Einsiedler schon auf der offenen Straße. Er grüßte ihn und fragte: »Wo gehst du hin?« Der Gottesmann erwiderte: »Ich will in diese Stadt, die vor uns liegt.« Da gab sich der Engel zu erkennen und sagte: »Ich bin ein Engel Gottes, der dich auf deinen Wegen begleiten soll. Laß uns zusammen gehen!« In der Stadt baten sie einen Krieger, sie für Gottes Segen zu beherbergen. Er nahm sie freundlich auf, bewirtete sie reichlich und ehrte sie wie altvertraute Gäste. Der Mann war nicht reich. Er hatte aber einen einzigen Sohn, der noch in der Wiege lag und den er zärtlich liebte. Nach dem Abendessen richtete die Hausfrau saubere Betten für die beiden fremden Männer, und man ging schlafen. Um Mitternacht aber stand der Engel auf und erwürgte den Knaben in seiner Wiege.

Wie der Einsiedler das sah, bekam er große Angst und dachte bei sich: Dieser Fremde ist nie und nimmer ein Engel. Der Soldat hat uns nur Gutes getan. Er hat mit uns geteilt, was er hatte. Sein größter Reichtum ist das unschuldige Söhnlein, und dieser Teufel hat es getötet. Aber er fürchtete sich so sehr vor diesem unheimlichen Wesen, daß er nicht wagte, etwas zu sagen.

Sie brachen sehr früh auf und überließen die noch ahnungslose Familie ihrer freundlichen Gastgeber ihrem Schicksal. In der nächsten Stadt wurden sie im Hause eines wohlhabenden Bürgers ehrenvoll aufgenommen. Der Hausherr besaß einen schönen goldenen Becher, ein Geschenk seiner Freunde, das er besonders schätzte und auf das er sehr stolz war. Um Mitternacht aber stand der Engel auf und stahl den Becher. Diese Untat bestärkte den Einsiedler in der Meinung, daß er es mit einem bösen Geist zu tun habe. Aber er sagte nichts, denn er fürchtete sich sehr. Er wagte auch nicht, sich einfach von seinem Reisegenossen zu trennen.

Sie brachen wieder in aller Frühe auf und kamen bald an einen breiten Fluß, über den eine hohe Brücke führte. Auf dieser Brücke begegnete ihnen ein armer Mann, den der Engel nach dem besten Weg in die nächste Stadt fragte. Als der Arme sich umdrehte, um ihnen die Richtung zu zeigen, packte der Engel ihn an der Schulter und warf ihn über das Brückengeländer in den reißenden Strom, aus dem der Mann sich nicht mehr retten konnte. Nun war der Einsiedler überzeugt, daß er es mit dem Teufel zu tun hatte und nicht mit einem Engel Gottes. Wieder war ein Unschuldiger durch eine Untat seines Begleiters ums Leben gekommen. Er beschloß nun endgültig, sich bei der nächsten Gelegenheit von ihm zu trennen. Seine Angst wuchs mit jedem Schritt. Darum wagte er wieder nicht, den Mund aufzutun.

Sie kamen erst spät in die nächste Stadt und baten einen reichen Mann um ein Nachtlager. Der aber schlug es ihnen rundweg ab. Da bat ihn der Engel: »So lasse uns nur um Gottes willen auf das Dach deines Hauses steigen, damit uns die Wölfe und andere wilde Tiere nicht anfallen können.« Der Reiche aber ant-

wortete: »Das kann ich euch nicht erlauben. Aber ihr könnt euch zu meinen Schweinen in den warmen Stall legen. Wenn euch das gefällt, dann könnt ihr bleiben. Sonst verlaßt sofort mein Haus. Ich werde euch keinen anderen Platz anweisen.« Da blieben sie die Nacht im Schweinestall. Früh am nächsten Morgen aber rief der Engel den Wirt und schenkte ihm zum Dank für das Nachtlager den gestohlenen Becher.

Da fand der Einsiedler endlich den Mut, sich von dem Engel zu trennen. Er sagte zu ihm: »Ich will nun nicht länger auf Euch warten und befehle Euch Gott!« Da erwiderte der Engel: »Höre mich erst einmal an, ehe du allein weitergehst! Von deiner Einsiedelei aus hast du gesehen, wie der Besitzer der Schafe seinen Hirten erschlug. Der Hirt hat damals den Tod nicht verdient; denn die Schafe hat ein anderer gestohlen. Gott hat trotzdem zugelassen, daß er getötet wurde, um ihn auf diese Weise vor dem ewigen Tod zu retten. Der Räuber aber, der mit den Schafen entwischt ist, wird ewige Pein leiden, und der Besitzer der Schafe wird durch reiche Almosen und andere Werke der Barmherzigkeit sein Leben lang diese Untat sühnen, die er unwissentlich begangen hat. Dann habe ich den Sohn des Soldaten erwürgt, der uns gastlich aufgenommen hat. Höre nun, daß dieser Krieger vor der Geburt des Knaben einer der freigebigsten Almosenspender war und viele Werke der Barmherzigkeit getan hat. Sobald der Knabe auf die Welt kam, ist er aber sparsam, ja habsüchtig und geizig geworden. Er sammelte alles, um den Knaben reich zu machen. Das Kind war also die Ursache für sein Verderben. Darum habe ich es umgebracht. Und nun ist der Vater wieder, was er früher war, ein guter Christ. Dann habe ich den goldenen Becher des Bürgers gestohlen, der uns so liebenswürdig aufgenommen hat. Wisse, daß dieser Mann der nüchternste Mensch war, der auf dieser Erde lebte. Die Freude an dem Becher hat ihn aber dazu verführt, den ganzen Tag zu trinken. Oft und oft war er tagelang betrunken. Darum habe ich ihm den Becher genommen, und nun ist er wieder nüchtern wie in früheren Zeiten. Dann habe ich den Armen ins Wasser gestürzt und ihn im Strom umkommen lassen. Wisse, daß jener Arme ein guter Christ war. Wäre er aber nur den halben Weg weitergegangen, den er vor sich hatte, dann hätte er einen anderen erschlagen. So hat er für die ewige Verdammnis den Himmel gewonnen. Schließlich habe ich dem reichen Mann, der uns die Aufnahme verweigerte, den goldenen Becher geschenkt. Bedenke, daß auf dieser Erde nichts ohne Grund geschieht. Er hat uns nur ein Lager im Schweinestall zugestanden, und ich habe ihm trotzdem mit dem Becher eine Freude gemacht. Sobald sein Leben zu Ende ist, wird er ewig in der Hölle sein. Darum bändige in Zukunft deine Gedanken und lege deinem Mund Zügel an, ehe du es wagst, Gott zu tadeln. Er weiß alles.« Nach diesen Worten fiel der Einsiedler vor dem Engel auf die Knie und bat ihn um Verzeihung. Er kehrte wieder in seine Einsiedelei zurück und wurde ein guter Christ.

Die himmlische Hochzeit

ES HÖRTE einmal ein armer Bauernjunge in der Kirche wie der Pfarrer sprach: »Wer da will ins Himmelreich kommen, muß immer geradeaus gehen.« Da machte er sich auf und ging immerzu, immer gerade, ohne abzuweichen, über Berg und Tal. Endlich führte ihn sein Weg in eine große Stadt, und mitten in die Kirche, wo eben Gottesdienst gehalten wurde. Wie er nun all die Herrlichkeit sah, meinte er, nun wäre er im Himmel angelangt, setzte sich hin und war von Herzen froh. Als der Gottesdienst vorbei war und der Küster ihn hinausgehen hieß, antwortete er: »Nein, ich gehe nicht wieder hinaus, ich bin froh, daß ich endlich im Himmel bin.« Da ging der Küster zum Pfarrer und sagte ihm, es sei ein Kind in der Kirche, das wolle nicht wieder hinaus, weil es glaube, es sei im Himmelreich. Der Pfarrer sprach: »Wenn es das glaubt, dann wollen wir es darin lassen.« Darauf ging er hin und fragte den Knaben, ob er auch Lust habe zu arbeiten. »Ja«, antwortete der Kleine, ans Arbeiten sei er gewöhnt, aber aus dem Himmel gehe er nicht wieder hinaus. Nun blieb er in der Kirche, und als er sah, wie die Leute zu dem hölzernen Muttergottesbild mit dem Jesuskind kamen, knieten und beteten, dachte er: Das ist der liebe Gott, und sprach: »Hör einmal, lieber Gott, was bist Du mager! Gewiß lassen Dich die Leute hungern: Ich will Dir aber jeden Tag mein halbes Essen bringen.« Von nun an brachte er dem Bilde jeden Tag die Hälfte von seinem Essen, und das Bild fing auch an, die Speise zu genießen. Wie ein paar Wochen herum waren, merkten die Leute, daß das Bild zunahm, dick und stark ward, und wunderten sich sehr. Der Pfarrer konnte es auch nicht begreifen, blieb in der Kirche und ging dem Kleinen nach. Da sah er, wie der Kleine sein Brot mit der Mutter Gottes teilte und diese es auch annahm.

Nach einiger Zeit wurde der Knabe krank und kam acht Tage lang nicht aus dem Bett; wie er aber wieder aufstehen konnte, war sein erstes, daß er seine Speise der Mutter Gottes brachte. Der Pfarrer ging ihm nach und hörte, wie er sagte: »Lieber Gott, nimm's nicht übel, daß ich Dir so lange nichts gebracht habe, ich war aber krank und konnte nicht aufstehen.« Da antwortete ihm das Bild und sprach: »Ich habe deinen guten Willen gesehen, das ist mir genug; nächsten Sonntag sollst du mit mir auf die Hochzeit kommen.« Der Knabe freute sich darüber und sagte es dem Pfarrer, der bat ihn, hinzugehen und das Bild zu fragen, ob er auch mitkommen dürfe. »Nein«, antwortete das Bild, »du allein«. Nun wollte der Pfarrer ihn vorbereiten und ihm das Abendmahl geben. Des war der Knabe zufrieden. Und nächsten Sonntag, wie das Abendmahl an ihn kam, fiel er um und war tot und war zur ewigen Hochzeit.

Die Lebenszeit

ALS GOTT die Welt erschaffen hatte und allen Kreaturen die Lebenszeit bestimmen wollte, kam der Esel und fragte: »Herr, wie lange soll ich leben?«

»Dreißig Jahre«, antwortete Gott, »ist dir das recht?«

»Ach Herr«, erwiderte der Esel, »das ist eine lange Zeit. Bedenke mein mühseliges Dasein: vom Morgen bis in die Nacht schwere Lasten zu tragen, Kornsäcke in die Mühle zu schleppen, damit andere das Brot essen, mit nichts als mit Schlägen und Fußtritten ermuntert und aufgefrischt zu werden! Erlaß mir einen Teil der langen Zeit!« Da erbarmte sich Gott und schenkte ihm achtzehn Jahre.

Der Esel ging getröstet weg, und der Hund erschien. »Wie lange willst du leben?« fragte Gott, »dem Esel sind dreißig Jahre zuviel, du aber wirst damit zufrieden sein.«

»Herr«, antwortete der Hund, »ist das dein Wille? Bedenke was ich laufen muß, das halten meine Füße nicht so lange aus! Und habe ich erst die Stimme zum Bellen verloren und die Zähne zum Beißen, was bleibt mir übrig als aus einer Ecke in die andere zu laufen und zu knurren?« Gott sah, daß der Hund recht hatte, und erließ ihm zwölf Jahre.

Darauf kam der Affe. »Du willst wohl gerne dreißig Jahre leben?« fragte der Herr, »du brauchst nicht zu arbeiten wie der Esel und der Hund und bist immer guter Dinge.«

»Ach Herr«, antwortete der Affe, »das sieht so aus, ist aber anders. Wenn's Hirsebrei regnet, habe ich keinen Löffel. Ich soll immer lustige Streiche machen, Gesichter schneiden, damit die Leute lachen, und wenn sie mir einen Apfel reichen und ich beiße hinein, dann ist er sauer. Wie oft steckt die Traurigkeit hinter dem Spaß! Dreißig Jahre halte ich das nicht aus!« Gott war gnädig und schenkte ihm zehn Jahre.

Endlich erschien der Mensch, freudig, gesund und frisch und bat Gott, ihm seine Zeit zu bestimmen. »Dreißig Jahre sollst du leben«, sprach der Herr, »ist dir das genug?«

»Welch eine kurze Zeit!« rief der Mensch. »Wenn ich mein Haus gebaut habe und das Feuer auf meinem eigenen Herde brennt; wenn ich Bäume gepflanzt habe, die Blüten und Früchte tragen, wenn ich meines Lebens froh zu werden gedenke, dann soll ich sterben! O Herr, verlängere meine Zeit!«

»Ich will dir die achtzehn Jahre des Esels zulegen«, antwortete Gott.

»Das ist nicht genug!« erwiderte der Mensch.

»Meinetwegen sollst du auch noch die zwölf Jahre des Hundes haben!«

»Immer noch zu wenig!«
»Wohlan«, sagte Gott, »ich will dir noch die zehn Jahre des Affen geben, aber mehr erhältst du nicht!« Der Mensch ging fort, war aber immer noch nicht zufrieden.
Also lebt der Mensch siebzig Jahre. Die ersten dreißig sind seine menschlichen Jahre, die gehen schnell dahin; da ist er gesund, heiter, arbeitet mit Lust und freut sich seines Daseins. Hierauf folgen die achtzehn Jahre des Esels, da wird ihm eine Last nach der andern aufgelegt: er muß das Korn tragen, das andere nährt, und Schläge und Tritte sind der Lohn seiner treuen Dienste. Dann kommen die zwölf Jahre des Hundes, da liegt er in den Ecken, knurrt und hat keine Zähne mehr zum Beißen. Und wenn diese Zeit vorüber ist, dann machen die zehn Jahre des Affen den Beschluß. Da ist der Mensch schwachköpfig und närrisch, treibt alberne Dinge und wird ein Spott der Kinder.

Späte Legenden

Die Waage der Gerechtigkeit

ALTE KALMÜCKISCHE Legenden erzählen von heiligen Leuten, die durch Milde gegenüber allen Geschöpfen den Segen des Himmels auf sich zogen. Wer das Blut der Tiere schonte, wer einer gefährdeten Kreatur aus einer Notlage half, wer die Fische pflegte und das Wild hegte, erwarb sich dieselben Verdienste wie einer, der den Menschen wohltat. In den heiligen Tagen bemühte sich jeder Kalmück besonders, gute Werke zu üben, weil sie ihm dann doppelt angerechnet werden sollten. Wer Fische ihrem Element zurückgab, wer Fliegen, Käfer und Spinnen befreite, ja, wer Taranteln und giftige Schlangen in diesen Tagen schonte, der durfte mit größeren Belohnungen rechnen. Man erzählte sich, daß die andersgläubigen Russen diese Einstellung zu ihrem Vorteil ausnützten. Sie fingen an diesen Tagen besonders viel Wild und verkauften es zu überhöhten Preisen an die eifrigen Lamiten, die alle Kreaturen wieder in den Wäldern aussetzten. Fromme Kalmücken sollen in den Wolgastädten ganze Schiffsladungen mit Fischen aufgekauft und den Wellen zurückgegeben haben. Nur eine Tat wurde von diesem Volk der Analphabeten noch höher geschätzt: das Lesen heiliger Bücher.

Das zeigt die Geschichte von einem Saufbold, der sich infolge seiner Trunksucht frühzeitig in die andere Welt versetzt sah. Der Aerlik, der Höllenknecht, schleppte ihn vor den Thron des mongolischen Herrn der Unterwelt. Der ließ ihn warten, weil er noch mit anderen Sündern beschäftigt war. Dann verurteilte er den Säufer zu ewigen Höllenqualen.

In seiner großen Angst wagte der Verurteilte zu widersprechen. Er warf sich vor dem Höllenfürsten auf die Erde, bedeckte sein Angesicht mit den Händen und sagte: »Wie ich eben vernahm, hast du mehrere von den Verstorbenen nur deshalb selig gemacht, weil sie das heilige Buch gelesen haben. Ich habe das

Buch aber nicht nur gelesen; ich habe es von Anfang bis zu Ende abgeschrieben. Darf ich da nicht mit einer ähnlichen Belohnung rechnen?« Daraufhin blätterte Aerlikchan im Buch des Schicksals. Er fand die Aussage bestätigt und befahl, den zu Unrecht Verurteilten wieder auf die Erde zurückzubringen. Aber auch gegen diesen Spruch machte der Trinker Einwendungen. Er bat dringend darum, ihn doch an einen anderen Ort zu versetzen; denn in der irdischen Welt würden alle Tiere gegen ihn aufstehen, die er in seinem vorigen Leben getötet und geschlachtet habe. Aerlikchan fand diese Einwendungen begründet. Er wollte dem vorgeführten Schatten schon einen neuen Bestimmungsort zuweisen, da fingen die Tiere an zu murren, alle die Schafe, Kühe, Pferde und die zahlreichen anderen Kreaturen, die unter den Händen des andächtigen Trunkenbolds ihr Leben gelassen hatten. Sie fanden, es sei nur billig, wenn der Peiniger nun von den Gepeinigten gestraft werde. Aerlikchan ließ eine Waage bringen und legte die murrenden Tiere in die eine, das heilige Buch in die andere Schale. Da flog die Schale mit den Tieren in die Höhe, und die andere Schale mit dem heiligen Buch sank auf die Erde herab. Da erkannten die rachgierigen Geschöpfe ihr Unrecht. Der Gerechtfertigte aber schwebte auf einem goldenen Sessel durch die Lüfte zu den göttlichen Wohnsitzen.

Das Gesicht

EINMAL BEGAB es sich – es war an dem vierten Tag der Woche und jene erste Stunde des Abends, da die Sonne uns eben entschwunden ist –, daß der Baalschem sein Haus verließ, eine Reise zu tun. Keiner Seele, nicht Schüler und nicht Freund, hatte er von seiner Absicht gesprochen, so daß Ziel und Sinn der Fahrt für alle die Seinen im Dunkel lagen, selbst für jene, die ihn begleiteten. Auch diesmal fuhr er in einer knappen Stundenzahl eine große Strecke des Wegs, wie es ja allen bekannt ist, daß dem Willen des Meisters Ort und Zeit nicht Fessel bedeuteten wie einem unter uns. Um Mitternacht hielt der Baalschem

in einem fremden Dorf vor dem Haus eines Zollpächters und Herbergvaters an, die Stunden der Nacht, die ihm verblieben waren, dort zu ruhen. Es wies sich, daß der Wirt weder den Baalschem noch einen unter den Seinen kannte, wohl aber begierig war, wie es unter Leuten dieses Gewerbes kein Seltenes ist, zu wissen, wes Standes sein Gast sei, und zu welchem Ende er diese Reise unternehme. Indem er dem Meister und den andern einen späten Imbiß bot und ihnen zum Lager aufbereitete, gab sich Rede und Antwort. Der Baalschem tat dem Wirt auf dessen Anfrage zu wissen, er sei ein Prediger und habe vernommen, daß am Vortag des kommenden Sabbats ein reicher und angesehener Mann in Berlin Hochzeit halte, und zu der Zeit wolle er dort sein, um bei dem Fest seines Amtes zu walten. Als der Gastgeber das gehört hatte, hielt er ein Weilchen still und betreten an sich, ehe er sagte: »Herr, Ihr verhöhnt wohl meine Wißbegier! Wie wollt Ihr die Strecke in der Frist abtun, die Euch bleibt! Ja, wenn Ihr Pferd und Mann nicht schonet, Ihr würdet etwa vermögen, zum andern Sabbat dort zu sein, nimmermehr aber zu diesem.« Der Baalschem lächelte ein kleines und gab ihm Antwort: »Um deswillen sei unbekümmert, Freund, meiner Pferde bin ich sicher. Sie haben schon manch gutes Stücklein für mich getan.«
Bald danach legte er sich mit den Seinen zur Ruhe nieder, der Wirt aber blieb die ganze Nacht auf seinem Bette wach, denn der fremde Mann und seine Sachen dünkten ihn allzu verwunderlich. Doch war auch für seinen Blick etwas an dem Mann, was ihn nicht glauben lassen mochte, er sei ein Spaßvogel oder gar ein Narr. Das Verlangen kam über ihn, das Ende dieses Dings zu sehen. Als er so um einen schicklichen Vorwand sann, dem fremden Prediger sein Geleit anzubieten, fiel ihm manches Geschäft ein, das er in Berlin mit einigem Vorteil abtun könnte. Er beschloß, des Morgens mit dem Gast darüber zu reden. Als der Meister mit seinen Leuten sich vom Lager erhoben hatte, trat der Wirt zu ihm und trug ihm seinen Wunsch vor, und der Baalschem war es zufrieden. Hingegen zeigte er nicht sonderliche Eile, wegzukommen, sah sich ruhig im Hause um, sprach mit den Seinen ein Gebet und hieß endlich den Wirt

noch eine kräftige Mahlzeit bereiten. Die nahmen sie zu sich und verblieben dann noch im Gespräch, während der Wirt von Unrast und Neugier getrieben ab und zu lief.

Als der Tag schon niederging, befahl der Meister, den Wagen zu bereiten und die Pferde anzuspannen. Sie zogen von hinnen, und bald kam die Nacht über sie. Der Baalschem mit den Seinen saß schweigend. Dem Wirt war es seltsam und fremd in seinem Sinn, und es dünkte ihn, dieses sei eine Fahrt, dergleichen er niemals noch eine getan. Nichts als das Dunkel war da. Zuweilen war es ihm, als rollten sie tief unter den Straßen der Menschen durch geheimnisreiche Gänge der Erde, und dann wieder schien ihm der Weg, den sie nahmen, so leicht und durchsichtig, als schwebten sie in den Lüften. Sie begegneten keinem Laut, keinem Menschen, keinem Tier, keinem Ort. Der Wirt vermochte seinen Gedanken nicht Halt zu gebieten, alles in ihm und um ihn schien sich in Flüchtigkeit aufgelöst zu haben.

Plötzlich war es ihm, als würde die Luft um ihn dichter, die erste Helle brach an, er fühlte die Erschütterungen des Wagens auf dem Erdboden wieder unter sich, fernhin bellte ein Hund, ein Hahn krähte, eine Hütte lag seitab im Dämmer. Eine Weile fuhren sie so, der Morgen war klar, und als die letzten Dünste in der Sonne aufgingen, sah der Wirt vor sich eine große Stadt. Nicht der vierte Teil einer Stunde ging um, da langten sie in Berlin an.

Der Meister wählte eine bescheidene Herberge, die am Ende der Stadt stand, in jener Gegend, wo noch niedere Häuser fast ländlich in ihren Gärtchen lagen. Da ließ er sich in einer Laube vor dem Haus mit seinen Schülern zum Morgenimbiß nieder. Als sie diesen eingenommen hatten, blieben sie im Gebet und in Gesprächen gelassen beisammen. Der fremde Wirt, der die Fahrt mit ihnen getan hatte, dachte der Worte des Predigers, daß er zur Hochzeit eines großen Mannes nach Berlin reise und daß heute der Tag des Festes sei, und er konnte nicht verstehn, wie der Baalschem so ruhig hier verweile, statt sich den Gästen im Hause des Bräutigams zu gesellen. Noch tief befangen in dem Geschehnis der Nacht und doch schon von der neuen Frage gestachelt, näherte er sich dem Meister. Aber wie er sich anschickte, den Mund aufzutun, hob der Baalschem das helle Angesicht, und der Wirt sah darin den heiteren Spott, mit dem jener über seine unruhige Seele in großer Güte lächelte. Da verging ihm der Mut zur Frage, und er nahm Urlaub, sich ein wenig in der fremden Stadt umzutun.

Er war noch nicht eine Stunde unterwegs, als er merkte, daß allenthalben die Menschen beisammen standen, einander eine Neuigkeit mitzuteilen und sie zu besprechen. So trat er an einen heran und fragte, was da wohl geschehen sei, daß die Leute ihre Geschäfte vergäßen. Er bekam den Bescheid, daß im Hause eines reichen Juden, der eben heute habe Hochzeit halten sollen, am Morgen die Braut plötzlich dahingeschieden sei, nachdem sie noch bis Mitternacht mit aller Freudigkeit ihren Staat gerüstet und die Vorbereitungen zum Fest geleitet, den Rest der Nacht aber in ruhigem Schlaf verbracht habe. Auch sei sie keineswegs krank oder schwächlich gewesen, sondern als ein schönes und starkes junges Geschöpf allen bekannt.

Der Wirt ließ sich das Haus des Bräutigams zeigen. Dort eingetreten, fand er die Festgäste in Trübsal und Verwirrung die Tote umstehen, die blaß, aber unentstellt auf einem Bette lag. Die Ärzte schienen sich noch um sie bemüht zu haben und nahmen eben ihren Abschied von dem Herrn des Hauses, indem sie mit etlicher Verlegenheit äußerten, daß nun doch tot bleiben müsse, wer tot sei. Der Bräutigam stand reglos, sein Antlitz war von Kummer wie von einem großen Schleier umsponnen. Der und jener unter den Gästen trat zu ihm und raunte ihm zu, was ihn trösten sollte, aber der Mann blieb stumm, als ob er nicht hörte. Da wagte es auch der Wirt, ging zu ihm hin und erzählte ihm, auf welch absonderliche Weise er heute nacht so weiten Weg mit dem fremden Prediger gekommen sei. Und er meinte, der Wundermann, der diese Fahrt vermochte, verstünde sich wohl auf mehr, was nicht gewöhnlich sei, und riet dem Herrn des Hauses, zu ihm zu gehen und ihm sein Leid zu vertrauen. Der Bräutigam griff nach seiner Hand, hielt sie fest und begehrte, zur Herberge des Baalschem geführt zu werden. Er trat vor den Meister, sagte ihm alles von der schweren Begeben-

heit und entbot ihn an das Bett der Toten. Der Baalschem ging unverweilt mit ihm zu der entseelten Braut und blickte lange auf ihr verschwiegnes Angesicht.

Alle waren still geworden und warteten auf sein Wort. Er aber wandte sich von der Ruhenden und sprach zu den Frauen: »Bereitet eilig der Toten das Sterbegewand und tut ungesäumt eure Bräuche.« Zum Bräutigam sagte er: »Entbiete Männer, daß sie am Ort des Lebens, wo du die Toten deines Hauses zur Ruhe bringst, auch dieser eine Stätte bereiten.« Da sandte der Bräutigam hin und ließ ein Grab aufwerfen. Der Meister aber sprach weiter: »Ich gehe mit euch dieser Toten zum Geleit. Ihr aber nehmt die Hochzeitsgewänder und den Schmuck, den sie sich selbst zum heutigen Tage erlesen hat, und bringt ihn zum Grab.« Als alles bestellt war, legten sie die Leiche in einen offenen Schrein und trugen sie hinaus. Der Baalschem ging als erster dem Sarge nach, und ihm folgten viele Leute mit verhaltenem Atem.

Vor dem Grab befahl der Baalschem, die Tote im unbedeckten Sarg in die Grube zu legen, so daß ihr Angesicht frei gegen den Himmel schaute und von allen gesehen werden konnte. Auch hieß er keine Erde auf sie werfen. Zwei Männern gab er Weisung, neben ihm zu stehn und seines Winks gewärtig zu sein. Dann trat er zum offenen Grab, lehnte sich auf seinen Stab und ließ seine Augen auf dem Antlitz der Toten ruhen. So stand er unbeweglich, und die ihn ansahen, bemerkten, daß er gleichsam ohne Leben war, als hätte er seinen Geist an einen andern Ort entsandt. Alle umstanden in weitem Kreis das Grab. Nach einer Weile winkte er den beiden Männern. Sie traten heran und sahen, daß das Antlitz der Verschiedenen sich mit dem Hauch des Lebens gerötet hatte und daß der Atem aus ihrem Munde kam und ging. Der Baalschem gebot, sie aus dem Grabe zu heben. Es geschah, sie stand aufrecht und blickte um sich. Da trat der Meister zurück und befahl dem Bräutigam, er möge unverzüglich und schweigend die Braut in ihre Schleier kleiden lassen, sie zum Baldachin führen und des Geschehenen mit keinem Wort gedenken. Der Bräutigam aber bat ihn, er möge es sein, der die Ehe segne. So führten sie die Verschleierte ins

Haus unter den Baldachin. Als der Baalschem aber die Stimme erhob und den Ehesegen über das Paar sprach, riß die Braut sich die Schleier vom Gesicht, sah ihn an und rief: »Dieser ist der Mann, der mich losgesprochen hat.« Da fuhr der Baalschem sie an: »Schweig!« Die Braut verstummte. Ehe die Leute sich besannen, hatte der Meister das Haus verlassen.

Später, als alle Hochzeitsgäste beim Mahl saßen und die Schatten der vergangenen Ereignisse zu weichen begannen, hob die Braut selbst an, ihre Geschichte zu erzählen.

Ihr Bräutigam war bereits einmal vermählt gewesen, und als Witwer hatte er sie zur Frau begehrt. Das erste, verstorbene Weib aber war ihre Tante gewesen und hatte sie als kleine Waise bei sich aufgenommen und gehegt und neben sich im Hause groß werden lassen. Da geschah es, daß die Frau krank wurde und ihr nimmer zu helfen war, und sie selbst verstand wohl, daß ihrer Zeit nun das Ende kam. Da legte es sich ihr schwer in den Sinn, daß, wenn sie ein Weilchen tot wäre, ihr Mann, der noch nicht alt war, es wohl kaum werde lassen können, eine andre an ihre Stelle zu erheben. Und wie sie nachsann, begriff sie, daß es ihre junge Verwandte sein würde, die so gut Bescheid wie in heilen Tagen sie selbst in allen Geschäften des großen Hauses wußte und lieblich anzusehn ihm zu jeder Stunde des Tages vor Augen sein würde. Und weil sie selbst ihren Mann sehr geliebt hatte und bang um die kurze Frist war, die ihr an seiner Seite gegönnt gewesen, neidete sie das junge Geschöpf sehr. Als sie ihre letzte Stunde gekommen fühlte, rief sie die beiden an ihr Bett und nahm ihnen Versprechen und Handschlag ab, sich niemals miteinander zu vermählen. Den beiden, die um die Sterbende litten, erschien das nicht schwer, und gern gaben sie es hin.

Dann aber trug man die Tote hinweg, und ihr Platz war leer, selbst ihr Schatten war aus den Räumen gewichen, und da waren nur noch die Lebenden, und alles war Leben um sie her, sie sahen sich ins Auge zu jeder Stunde und verstanden bald, daß sie einander dennoch nicht lassen konnten. Da brachen sie ihren Eid und gelobten sich einander an.

Aber am Morgen der Hochzeit, als die Luft im Hause voller

Freude war und keiner der dunklen Tage dachte, da eine nun Tote hier leidvoll gehaust hatte, kam der Wille der verstorbenen Frau zurück an seine Stätte, heischte sein gebrochenes Recht und begehrte das glückliche Weib zu töten. Als nun, der fremden Kraft zu Gebot, das Leben der Braut sich von ihrem Körper gelöst hatte und dieser starr dalag, rang ihre Seele gewaltig mit der Seele der Toten um den Bräutigam. Da man sie zu Grabe trug, kamen ihrer beider Seelen vor die Entscheidung. Es war eine Menschenstimme über ihnen, die das Recht sprach, und sie kämpften vor ihr um das Gericht. Die Stimme sprach das Urteil: »Du Tote, die du keinen Teil mehr an der Erde hast, laß ab von ihr. Denn sieh, bei den Lebenden ist das Recht. Es ist keine Schuld auf diesem Weib und dem Mann. Sie mußten tun, was sie nicht wollten, um die Not ihrer Seele zu stillen.« Und da die Tote nicht nachließ, die Braut zu bedrängen, schrie die Stimme sie an: »Laß ab von ihr! Siehst du nicht, daß sie zur Hochzeit gehen muß? Der Baalschem wartet!« Da erwachte die Braut zum Leben, ließ sich aus dem Grab tragen und in ihre Schleier kleiden, und noch leise betäubt folgte sie den Frauen zum Baldachin.

»Aber«, sagte sie zum Bräutigam und zu den Gästen, da sie ihre Erzählung vollendet hatte, »als der Prediger den Segen über uns sprach, erkannte ich die Stimme, die über mich das Recht gesprochen hatte.«

Der wandernde Stab

ES MAG um die Wende vom 18. zum 19. Jahrhundert gewesen sein, da betrat ein ernster und stiller Mann ein einsames Wirtshaus, das irgendwo im Norden in der Heide lag. Sein Gesicht war fahl und grau wie Asche, seine Kleider waren braun wie die Erde eines frisch aufgeworfenen Grabes. In der Hand trug er einen Stab aus festem dunklem Holz. Diesen Stab stellte er in eine Ecke der Gaststube. In diesem Wirtshaus wohnten zu dieser Zeit nur eine alte Frau mit ihrem vierzehnjährigen Sohn, ein

Knecht und eine Magd. Die beiden Gesindeleute waren draußen beschäftigt. In der Gaststube traf der Fremde nur die Wirtin und ihren jungen Sohn.

Der düstere Wanderer bat um einen kleinen Imbiß, und die Wirtin ging, ihn zu holen. Der Gast blieb allein mit dem Knaben. Aber er beachtete den jungen Menschen nicht, sondern trat an das Ostfenster der Stube, seufzte, stand lange und starrte hinaus auf die öde Fläche des Heidelandes.

Der Knabe betrachtete indessen neugierig den Wanderstab des Fremden. Am Handgriff des Stabes fielen ihm sieben Silberstifte auf, die so eingeschlagen waren, daß sie ein Kreuz bildeten. Sie glänzten hell, wie neu. Dieser Stock reizte den Knaben. Je länger er ihn betrachtete, um so mehr verwandelte sich seine Neugier in Habgier. Schließlich blickte Jakob sich vorsichtig nach dem Fremden um, der unbeweglich am Fenster stand, drehte leise den Türgriff am Gehäuse einer großen alten Standuhr auf, öffnete die Tür, nahm den Stock, stellte ihn in die Uhr und schloß den Kasten wieder. Seine Hand zitterte, als er den Stock berührte. Aber er nahm ihn trotzdem. Der Stab war weg.

Als die Mutter wieder in die Stube trat und den Imbiß für den Gast brachte, schlüpfte Jakob leise aus der Tür. Die Wirtin wünschte dem Fremden »Gesegnete Mahlzeit«. Der Mann neigte zum Zeichen des Dankes nur kurz den Kopf. Er nahm das Glas und trank, aber er setzte sich nicht. Der alten Frau war der düstere Mann nicht geheuer. Draußen begann schon die Abenddämmerung. Sie wollte nicht, daß der Fremdling die Nacht über in ihrem Hause bleibe. Trotzdem fragte sie ihn: »Wollt Ihr hier übernachten? Gleich ist es Abend! Und wollt Ihr Euch nicht wenigstens setzen? Seid Ihr denn nicht müde?«

»Ich kann nicht bleiben, ich muß weiter, muß wandern! Wer fragt danach, ob ich müde bin?«

Der Mann sprach sehr leise, mit einer stumpfen Stimme, und der Wirtin wurde immer unheimlicher zumute. Endlich legte der Fremde ein Geldstück auf den Tisch; die Wirtin nahm es. Dann wandte sich der Mann zur Tür, griff in die leere Stubenecke und fragte:

»Wo ist mein Wanderstab?«

»Hattet Ihr einen Stab?« fragte die Wirtin.
»Ich hatte einen Stab. Ich stellte ihn in diese Ecke«, antwortete der Mann mit einer merkwürdig hohlen Stimme.
»Mein Gott! Wo kann der Stock nur sein? Sucht doch noch einmal! Vielleicht habt Ihr ihn doch woanders hingestellt! Vielleicht habt Ihr den Stock woanders stehen lassen?«
»Nein, nein. Der Stock ist weg! Er bringt der Hand, die ihn nahm, kein Glück!«
»Genommen! Ihr sagt ›genommen‹! Wer sollte denn Euren Wanderstab genommen haben? Außer Euch und mir war niemand in der Stube, und ...« da stockte sie.
»Und Euer Sohn!« fuhr der Fremde fort.
Die Frau schrie auf: »Gott im Himmel!« Sie lief aus der Stube, sie lief durch das ganze Haus. Sie rief überall nach ihrem Sohn Jakob. Aber der Bursche antwortete nicht. Er hatte sich versteckt. Er wußte, warum die Mutter ihn rief. Sie rief sehr zornig, sie rief verzweifelt. Jetzt fürchtete er sich.
Atemlos lief die Frau in die Gaststube zurück. Sie hatte Angst, daß der fehlende Stock den Fremden im Haus halten könnte. Sie mußte einen Weg finden, ihn zu verabschieden. Sie rief ihm zu: »Ich kann den Jungen nirgends finden. Er antwortet nicht auf mein Rufen. Ich weiß nicht, ob er den Stab genommen hat oder ob er ihn nicht genommen hat. Aber wartet bitte noch einen Augenblick!«
Sie lief in ihre Schlafkammer und kam bald darauf mit einem alten, aber schönen Wanderstab zurück. Sie übergab den Stock dem Fremden und sagte dazu: »Nehmt bitte einstweilen den Gehstock meines verstorbenen Mannes. Ihr kommt doch sicher noch einmal hier vorbei! Findet sich Euer Stock inzwischen, dann können wir die Stäbe wieder tauschen.«
Der Fremde dankte, nahm den Stock und ging. Es war inzwischen dunkel geworden. Nebel schwebten über der Heide. In diesem Nebel verschwand der bleiche Wanderer.
Der Frau war leichter ums Herz, als der unheimliche Gast das Haus verlassen hatte. Jetzt erst besah sie das Geldstück, das er auf den Tisch gelegt hatte. Sie kannte das Silberstück nicht. Sie konnte nicht wissen, daß sie eine uralte Münze in der Hand

hielt, die das Bild des römischen Kaisers Tiberius trug, der um das Jahr 60 nach Christi Geburt Jerusalem zerstören ließ.
Da ging hinter ihr leise die Tür auf. Jakob schlich sich in die Stube. Die Mutter drehte sich schnell um und rief: »Wo kommst du her, du Unglückssohn? Hast du den Stock des Fremden genommen?«
Jakob blieb stumm – halb aus Trotz, halb aus Furcht vor der Mutter, die heute so hintergründig zornig war, schließlich aus Angst vor einer harten Strafe.
Die Mutter kreischte: »Du antwortest nicht? Also hast du den Wanderstab genommen, du gottvergessener Bube! Wo ist der Stock? Wo hast du ihn versteckt? Nimm ihn sofort und laufe dem Fremden nach. Ich habe ihm den Sonntagsstock deines toten Vaters geliehen, mit dem er immer in die Kirche ging. Ich kann mir doch von dem Manne nicht nachsagen lassen, daß er in meinem Haus bestohlen worden ist, von meinem eigenen Kind bestohlen!«
Aber Jakob war verstockter; dazu kam eine unerklärliche, wachsende Angst. Sie machte ihn stumm. Er rührte sich nicht, er sagte kein Wort, die Mutter mochte schelten und toben, so viel sie wollte. Schließlich riß ihr der Geduldfaden. Sie prügelte den Jungen windelweich und schickte ihn ohne Abendbrot ins Bett.
Als Jakob am nächsten Tag allein in der Gaststube war, holte er den Stab leise und heimlich aus dem Uhrkasten. Er betrachtete ihn mit Wohlgefallen; auf irgendeine Weise war ihm dieser Stab aber zugleich unheimlich. Das Kreuz der sieben Silberstifte funkelte merkwürdig, der Stab war kalt und feucht wie eine erstarrte Schlange, dann fühlte er sich wieder an, als ob er lebendig wäre. Unwillkürlich spürte Jakob einen Zwang, mit diesem Stab zu gehen, und er ging mit ihm – er ging – und ging – er ging immer weiter – er ging über die Heide hin – rastlos regte sich der Stab in Jakobs Hand – er ging gegen seinen Willen – er wußte nicht, wohin der Stab ihn führte – kalter Angstschweiß lief ihm über den Rücken – er war viele Stunden von seinem Vaterhaus entfernt – er war sehr müde – aber er mußte gehen, er konnte nicht ruhen und rasten, er konnte aus keiner Quelle trinken, er ging.

Als es endlich Abend wurde und die Nebel über die menschenleere Heide schwebten, stand im grauen Dämmerlicht ein düsteres Gehöft vor Jakobs Augen. Er ging darauf zu und merkte erst, als er durch die Tür ging, daß er zu Hause war.

Die Mutter empfing ihn keineswegs freundlich. Sie hatte geglaubt, er sei davongelaufen, sie hatte sich geängstigt, sie hatte ihre Leute ausgeschickt, ihn zu suchen, die ganze Tagesarbeit war liegengeblieben. Jakob aber war müde, nur müde. Er wankte zu seinem Bett und schlief, ehe er sich richtig gelegt hatte. Der Stab fiel ihm aus der Hand. Die Mutter hob ihn auf. Ihr graute vor diesem Stock.

Eine Woche verging. Der Stab stand still im Gehäuse der alten Uhr. Jakob hatte ihn dort nicht verborgen. Er wußte nicht, wie der Stock wieder in die Uhr gekommen war. Er hütete sich, ihn anzurühren. Er mußte ihn nur von Zeit zu Zeit ansehen. Es fröstelte ihn bei diesem Anblick. Aus dem Dunkel des braunen Uhrgehäuses funkelten die sieben in Kreuzform genagelten Silbernägel wie Diamanten.

Am darauffolgenden Freitag aber war der Stab plötzlich wieder in Jakobs Hand. Er hatte ihn nicht aus seinem Versteck geholt. Aber er mußte wieder wandern, rastlos, ruhelos, den ganzen Tag, bis die Sterne am Himmel standen. Unvorstellbar müde, matt und zitternd, bleich im Gesicht kam der Junge nach Hause. Er redete nicht. Und wenn er redete, wußte er nur schauerliche Dinge zu erzählen: er sei durch die Dörfer gegangen und habe den Leuten angesehen, ob sie noch in diesem Jahre sterben oder nicht, er habe Häuser gesehen, die noch in diesem Jahr niederbrennen würden, er habe die Felder erkannt, die noch vor der Ernte der Hagel treffen werde.

Jeden Freitag mußte Jakob wandern; der Stab zwang ihn dazu. Und dabei mußte er alle Not und alles Leid sehen, die noch in diesem Jahr über die Menschen kommen sollten. Er berichtete es daheim der Mutter, der Magd und dem Knecht, und die erzählten es allen Gästen.

Es nützte nichts, daß Mutter und Sohn den wandernden Stab verwünschten. Es nützte nichts, daß Jakob den Stock in einem anderen Wirtshaus stehenließ, es nützte nichts, daß er ihn in einen reißenden Fluß warf, der Stab kehrte immer wieder zu ihm zurück. Sie vernagelten den Uhrkasten, aber am Freitag war der Stab wieder in Jakobs Hand. Sie wollten ihn in Stücke schlagen, die Axt brach auseinander, der Stab blieb ganz. Jeden Freitag, den Gott werden ließ, mußte Jakob wandern. Er wurde immer schwächer, seine Seele wurde krank, er war nahe daran, zu verzweifeln. Er lebte ständig in der unausschöpfbaren Angst vor dem Zwang, den ihm der Stab antat, und in der Furcht vor den Bildern des Elends, die er voraussehen mußte, die Gottes Güte dem sterblichen Menschen verbirgt. Er sah, wie der Krieg die Dörfer verheerte, wie die Ströme anschwollen, um das weite Land zu überfluten und die Ernten zu vernichten, er sah, wie die Pest die Menschen fraß und die Häuser still wurden, er sah alles Grauenvolle, das die nächste Zukunft bringen sollte.

An einem Freitag kam er durch ein Dorf, in dem ein Hof brannte. Er warf den Stab in das große Feuer. Der Stock blieb an einem brennenden Dachsparren hängen, glühte rot auf und wurde dann weiß, die Silberstifte des Kreuzes leuchteten bläulich. Jakob ging ohne Stab nach Hause. Aber zu Hause stand der Stock in der Uhr. Jakob wurde ohnmächtig in den Armen seiner Mutter. Sie betete heiß und innig zum Himmel, sie jammerte vor Gott. Es half nichts. Jakob mußte wandern. Der Stab war aber barmherzig. Jakob war so sterbensmatt, daß er zu einem Weg von einer Stunde den ganzen Tag brauchte. Der Stab führte ihn nur noch um sein Vaterhaus. Der Junge hoffte, daß er nun bald sterben könne. Und seine Mutter und alle, die ihn kannten, fürchteten dasselbe.

An zweiundfünfzig Freitagen war Jakob gewandert. Am Tag vor dem dreiundfünfzigsten hatte er einen Traum. Der Stab kam aus der Wanduhr zu ihm vor sein Bett und sagte: »Ich bin ein alter Stab. Der Erzvater Jakob ging mit mir über den Jordan. Als Mose mit dem Herrn sprach, lag ich in der Hand des Propheten und wurde zur Schlange und wieder zum Stab. In der Hand des Mose teilte ich die Fluten des Roten Meeres und schlug zweimal Wasser aus nackten Felsen. Wessen Stab ich jetzt bin, wirst du nie begreifen, mein Kind. Du hast eine

schwere Sünde begangen, als du dem armen Wanderer seinen Stab und seine Stütze genommen hast. Dafür hast du ein Jahr lang wandern müssen, dafür hast du alle Bitterkeit des Lebens kosten müssen. Der Herr wird dich wieder auf den rechten Weg führen. Des Herrn Stecken und Stab wird dich trösten.«
Als Jakob erwachte, fühlte er sich seltsam frisch. Es war Karfreitag. Er wartete vergeblich auf den Stab. Er kam nicht. Der Tag verging still und ruhig. Spät am Abend trat ein Fremder in die Stube und grüßte: »Friede sei mit euch!« Mutter und Sohn erkannten in ihm den grauen Wanderer. Ehe sie ein Wort sagen konnten, ging die Tür der Standuhr auf, der Stab legte sich in die Hand des Fremden, das Kreuz leuchtete hell in dem finsteren Raum. Der ewige Wanderer sagte noch einmal: »Friede sei mit euch!« Dann verschwand er.

Nachwort

Wer systematisch vorgehen und eine Textsammlung vorlegen wollte, die charakteristische Beispiele aus allen Religionen und aus allen Zeiten bringt, der könnte die bunte Fülle der Legenden der Welt nur in mehreren voluminösen Bänden unterbringen. Bei der knappen Auslese mußte der Liebhaber den Vorrang vor dem Systematiker erhalten. Für die meisten Nacherzählungen wurden verschiedene Quellen herangezogen. Sie sind im Anhang genannt. Einige Legenden durften mit der freundlichen Erlaubnis der Verleger aus anderen Werken übernommen werden. Auch diese Beiträge sind im Quellenverzeichnis näher bezeichnet. Herr Professor Dr. Hellmut Rosenfeld hat wertvolle Anregungen und Hinweise gegeben, für die ich ihm hiermit herzlich danken darf.

Die Einteilung in Legenden des außerchristlichen und des christlichen Bereichs ergab sich von selbst. Am Anfang stehen einige Kultlegenden, deren Überlieferungen sich in abgewandelter Form später bei anderen Völkern wiederfinden. Da ist der Vegetationsmythos von Ischtar und Tammuz (11), den die Babylonier schon von den Sumerern, ihren Vorgängern im Zwischenstromland, übernommen haben, die Legende von der Unerbittlichkeit des Todes und der ewigen Wiederkehr des Lebens. Tod und Wiederauferstehung des Osiris (14) symbolisierten für die Ägypter das Steigen und Fallen des wohltätigen Nils, der das Land fruchtbar und reich machte. Set war der Gott der Dürre, der mit den Ernten alles Leben verkümmern ließ, bis Isis, die große Mutter, die liebende Schwester und Gattin, den Herrn des Nils wieder ins Leben zurückholte. Einfacher nimmt die Schamanen-Legende des *Herrn über Geburt und Tod* (19) ein ähnliches Thema auf, dessen Grundmotiv wahrscheinlich von Tibet nach Lappland gekommen und von dort aus bis zu den Indianern Nordamerikas weitergewandert ist. Lumimuut (27) steht als Beispiel für die ursprungsnahen Geschichten eines Südseevolkes.

Die buddhistischen Legenden (31–46 und 49) geben gleichnis-

hafte Anweisungen zu einem vollkommenen Leben im Sinne der Lehren des Buddha.
Vier indische Legenden (58–65) stammen aus der Überlieferung der Shivaiten, einer der zahlreichen Sekten des Hinduismus oder Brahmanismus. Die Mönche und frei herumziehenden Asketen genießen bei der Bevölkerung oft hohes Ansehen. Vielfach werden ihnen magische Kräfte zugeschrieben.
Bei den Südseeinsulanern (66), den Indianern Mittel- und Nordamerikas (67–73) gibt es keine Heiligen. Ihre Schöpfungs- und Kultlegenden sind erst sehr spät aufgezeichnet worden, und es ist nicht eindeutig festzustellen, inwieweit sie ursprünglich »echt« sind. Das gilt auch für die erste afrikanische Legende (74). Maui (66), der Stammvater der Maori auf Neuseeland, ist die Zentralfigur eines alten Mythos, von der zahlreiche Geschichten erzählt werden. Bei den Siouxindianern (70) begegnen wir wieder den Schamanen. Die beiden afrikanischen Legenden (78–79) sind bewußt in der einfachen Sprache wiedergegeben worden, in der sie aufgezeichnet wurden.
Als Beispiele aus der Welt der griechisch-römischen Götter, die ihre Lieblinge unter den Menschen gern mit übermenschlichen, magischen Kräften beschenkten und belohnten, sie aus der Masse hoben und in die Nähe der Unsterblichkeit entrückten, stehen hier die ergreifende, schöne Geschichte von Philemon und Baucis (80), die Ovid in seinen Metamorphosen erzählt, und die späte römische Legende von dem Mädchen Sosipatra (86).
Arabien, das Land der kühnen Seefahrer und Karawanenführer, war schon vor Zeiten das Sammelbecken für ein »Meer« von Legenden, Märchen, Fabeln und Schwänken aus aller Welt. Die arabischen Kaufherren drangen über Indien bis nach China vor, die Einflußsphäre des Islams reichte später, in der Zeit der größten Ausdehnung, von den Pyrenäen bis weit in den Fernen Osten. Im Namen Allahs werden Legenden erzählt, als Gleichnisse, zur Erbauung, zur Belehrung, zum Nutzen aller, die sie hören (92–107). Muhammed verkündet keine neuen Glaubensinhalte. Die im Koran festgelegte Lehre vereinigt verschiedenartige Elemente der alten semitischen, der jüdischen und der

christlichen Verkündigungen. Deshalb kehren in den islamischen Legenden häufig die Gestalten wieder, die uns aus der biblischen Geschichte bekannt sind (107—125). Als Beispiel für die zahlreichen Legenden, die im Alten Testament zu finden sind, steht hier die Geschichte von Tobias und Sarah (125).

Die ergiebigsten Quellen für die frühen Marien-, Jesus- und Apostellegenden (135—196) sind die Apokryphen zum Neuen Testament, die Akten der Apostel und das arabische Kindheitsevangelium. Es wurden nur einige wenige spätere Legenden eingestreut, die dem Thema nach hierher gehören: die Marienlegende aus Südslawien (141), zwei Jesuslegenden (149, 153) und drei Petruslegenden (175, 179, 185). Zwei weitere Marienlegenden (306—309) stehen in dem Abschnitt *Mirakellegenden.* Maria Magdalena und Thekla (202, 208) lebten noch in der Zeit der Apostel. Der Legendenkranz um Maria Magdalena ist viel später entstanden. Vinzenz von Beauvais schrieb sein »Speculum historiale« um die Mitte des 13. Jahrhunderts, Jacobus de Voragine die »Legenda aurea« etwa zwanzig Jahre später. Sie ist eine der Quellen des unbekannten Ordensritters aus Preußen, der gegen Ende des Jahrhunderts das »Passional« aufzeichnete. Wir werden diesen drei bedeutenden Sammlungen bei den Legenden der Märtyrer noch öfter begegnen. Auch die Legende von *Barlaam und Joasaph* (197) ist über Vinzenz von Beauvais und Jacobus de Voragine im Abendland verbreitet worden. Es handelt sich hier um die Verwandlung einer Geschichte aus dem Leben Buddhas in eine christliche Legende, die wahrscheinlich im 6. Jahrhundert nach Christus in Afghanistan zum ersten Male erzählt wurde.

Im ausgehenden 4. Jahrhundert nach Christus wanderte der Bischof Palladius aus Helenopolis (in Bithynien) in Ägypten, von Kloster zu Kloster. Er zeichnete im »Lausiakon« auf (214—232), was er über die Männer und Frauen erfahren konnte, die der Welt den Rücken kehrten, die einzeln oder in großen Klöstern beteten, arbeiteten und sich kasteiten. Einen Teil der ersten christlichen Asketen lernte er noch persönlich kennen. Nüchterne Wirklichkeit und das Wunderbare, wahre Erlebnisse und Märchen mischen sich in diesen Legenden von Frauen und

Männern, die ein geistiges Leben in der Distanz zu den Dingen und Sorgen dieser Welt führen wollten und die Askese als die beste Schule erkannt hatten, diese Distanz zu lernen.

Die »Geistliche Wiese« (Pratum spirituale) ist zweihundert Jahre nach dem Lausiakon entstanden, hat aber ähnlichen Charakter. Ihr Verfasser, Johannes Moschus, lebte um die Mitte des 6. Jahrhunderts als Mönch in Jerusalem, dann in Ägypten, auf dem Berg Sinai und zuletzt in Antiochien. Er erzählt etwa dreihundert Geschichten und Wunder aus dem Leben zeitgenössischer Asketen, die er wie bunte Blumen auf einer Frühlingswiese fand (234—241). Die beiden koptischen Legenden (245, 250) sind von demselben Geist erfüllt. Symeon, der Stylit, galt zu seiner Zeit als »das große Wunder des Erdkreises« (241). Er versuchte die Askese bis in ihre letzten Konsequenzen durchzuführen.

Die Legenden von den Märtyrern berühren uns unmittelbarer. Zu den Blutzeugen gehören auch Petrus (172), Paulus (186) und Thekla (208), deren Legenden an anderer Stelle stehen. Nach den meisten Märtyrerlegenden (252—280) bleiben die Martern wirkungslos, sie prallen gleichsam ab, die Wunden heilen über Nacht, das Unheil kommt über die Richter und die Schergen. Der Mut der glaubensbereiten Herzen wird dadurch angefacht. Viel tiefer faßt der heilige Bernhard die Frage an in seinem Sermo 61: »Wenn die Seele in ihrem eigenen Leibe wäre . . . , würde sie das Eisen fühlen, das ihn durchbohrt. Der Schmerz würde ihr unerträglich sein. Sie müßte ihn zurückweisen oder erliegen. Wundern wir uns nicht, wenn die Seele, die den Leib freiwillig verlassen hat, den Schmerz des Körpers nicht mehr fühlt. Das Gefühl ist nicht vernichtet, aber überwunden. Die Liebe hat es umgewandelt, nicht die Betäubung.« Bei den Erzählungen von Awwakum (280), Chrysostomus (289) und Ambrosius (297) handelt es sich nicht um Legenden im strengen Sinne. Doch geben sie eindrucksvolle Beispiele dafür, wie die Legende die Lebensbeschreibung großer Heiliger ausschmückt.

Die Mirakellegenden (302—318) und Märchenlegenden (319—335) sind liebenswerte Nebenformen der eigentlichen Heiligenlegende. Sie lassen Jesus mit seinen Aposteln, Maria, die Engel und die Heiligen durch unsere Lande ziehen, Wunder wirken, helfen, trösten und belehren. Sie gehören gleichsam zum täglichen Umgang, zu unserem Sonntag und zu unserem Alltag. Auch einige der Apostellegenden gehören hierher (179, 181, 185).

Diesen meist heiteren und fröhlichen Geschichten folgen als Beschluß des Bandes drei Legenden, die nicht aus dem Raum des Christentums kommen, obgleich sie mitten in seinem Lebensbereich entstanden und gewachsen sind: die köstliche kalmückische Legende von der *Waage der Gerechtigkeit (336)*, die von Martin Buber erzählte chassidische Legende *Das Gesicht* (337) und die in zahreichen Erzählungen, Romanen, Gedichten und Schauspielen abgewandelte Geschichte von dem ewigen Wanderer Ahasver (345). Nach alter Überlieferung hat der Türhüter des Pilatus, Joseph Cartaphilus, Jesus zur Eile angetrieben, als er mit dem schweren Kreuz an ihm vorbeikam. Jesus soll zu ihm gesagt haben: »Ich werde gehen, du aber wirst auf mich warten, bis ich wiederkomme!« Seither ist Ahasver zu ewigem Erdenwandel verdammt. Er verjüngt sich alle hundert Jahre. Nach anderen Quellen soll er sich gleich zum Christentum bekehrt und als Büßer in Armenien gelebt haben. Über die »Chronica Maiora« des englischen Mönches Matthäus Parisiensis (13. Jh.) kam die Geschichte nach Europa. Nach dem deutschen Volksbuch (1602) ist der Schleswiger Bischof Johannes von Eitzen 1542 dem Ahasver persönlich begegnet. In Schleswig spielt auch die hier wiedergegebene Fassung.

In den »Legenden des Baalschem« erzählt Martin Buber Geschichten aus dem Leben des Stifters der Chassidim, einer ostjüdischen Glaubensgemeinschaft, die gegen die Mitte des 18. Jahrhunderts in Podolien und Wolhynien entstand. »Die chassidische Legende hat nicht die strenge Macht, in der die Buddhalegende redet, und nicht die innige, welche die Sprache der Franziskuslegende ist ... sie ist der Körper der Lehre, ihr Bote, ihr Zeichen auf dem Wege der Welt« (M. Buber). Diese Legende erzählt kein Schicksal, sondern eine Bestimmung.

»Der Gott der Legende beruft den Menschensohn, den Propheten, den Heiligen. Die Legende ist der Mythos des Ich und Du, der Berufenen und des Berufenden, des Endlichen, der ins Unendliche eingeht, und des Unendlichen, der des Endlichen bedarf« (M. Buber).

Hinweise

Für die Nacherzählung der meisten Legenden wurden mehrere Quellen benützt. Die kursiv gesetzten Zahlen hinter den Buchtiteln bezeichnen jeweils die Seiten der vorliegenden Sammlung.

ATHANASIUS, Leben des Antonius; um 300 *214* BECHSTEIN, Neues deutsches Märchenbuch 1856 *345* BERGMANN, B., Nomadische Streifereien im Lande der Kalmücken, Band 3, 1804 *336* BEZEMER, Volksdichtungen aus Indonesien 1904 *27* BOHNER, H., Legenden aus der Frühzeit des japanischen Buddhismus 1934 *43, 45, 49* BOLIO, ATONIO MEDIZ, Das Land des Fasans und des Hirsches. Manesse Bibliothek der Weltliteratur, Zürich 1960* *71* BUBER, MARTIN, Die Legenden des Baalschem. Manesse Bibliothek der Weltliteratur, Zürich 1955* *337* CALMANN, LIA, Altrussische Legenden. Hyperionverlag 1922* *315* CROTTET, ROB., Nordlicht. Verlag Christian Wegner 1963* *19* DANZEL, TH. u. H., Sagen und Legenden der Südseeinsulaner. Gg. Müller München 1923* *66* DUTOIT, JULIUS, Jakatan. Das Buch der Erzählungen aus den früheren Existenzen Buddhas. 7 Bände Leipzig 1908 *41* EUNAPIOS, Vitae sophistarum *86* GESTA ROMANORUM, Übers. von J. G. T. Gräße 1842 *327* GIRON, N., Legendes coptes. 1907 *245* GRÜNBAUM, M., Neue Beiträge zur semitischen Sagenkunde 1898 *112* HAMMER-PURGSTALLER, JOSEPH, Rosenöl 1813 *92, 107, 112, 119, 124* JACOBUS DE VORAGINE, Legenda Aurea. Hsg. Gräße 1890 *197, 202, 232, 250, 268, 283, 289, 300* JOCKEL, RUDOLF, Götter und Dämonen, Verlag Helmut Kossodo, Genf* *67, 74* KOSEGARTEN, LUDWIG, Legenden 1804 *190, 197, 202, 214, 232, 252, 260, 263, 266, 268, 271, 274, 279, 283, 300, 302, 311* KRAUSS, S. F., Sagen und Märchen der Südslaven 1883 *141* Straßburger Legendenbuch, 1517 *252* Religionsgeschichtliches Lesebuch, 1926 *100, 104* LIPSIUS, R. A., Die apokryphen Apostelgeschichten und Legenden 1884 *190* LITTMANN, ENNO, Islamisch-arabische Heiligenlieder 96 LUZEL, F. M., Legendes chrétiennes de la Bas-Bretagne 1881 ff. *181* MANDELKERN, Chrestomatie der russischen Literatur 1891 *312* MIGNE, J. P., Patrologiae cursus completus *234, 241* u. a. MOSCHUS, JOHANNES, Pratum spirituale (Geistliche Wiese), um 600 *234–241* OLDENBERG, H., Reden des Buddha 1922* *31, 39* ORAIN, A., Contes de l'Ille de Vilaine 1901 *319* ORTUTAY, GYULA, Ungarische Volksmärchen 1962, Steingrübenverlag* *179, 285* OVIDIUS NASO, Metamarphosen *80* PALLADIUS VON HELENOPOLIS, Lausiakon, um 400 *214–232* PASSIONAL. Hsg. K. A. Hahn 1845 *260, 263, 271* PAULINUS, Vita Ambrosii *297* PFEIFFER, FRITZ, Französische Marienlegenden 1846 *306* RADIN, PAUL, The Winnebago Tribe 1915 *70* ROEDER, G., Ägyptische Urkunden 1915 *14* ROSEN, FRIEDRICH, Harut und Marut 1924 *96* ROSEN, GEORG, Bulgarische Volksdichtungen 1879 *175* SCHISCHMANOFF, LYDIA, Legendes religieuses Bulgares 1896 *149* SCHIEWITZ, STEPHAN, Das morgenländische Mönchtum. Band 3. 1938 *241, 289* SCHMIDT, H. und P. KAHLE, Volkserzählungen aus Palästina 1918 *110* SCHMIDT, I. J., Der Weise und der Tor (Tibet) 1843 *36* SCHOMERUS, H. W., Shivaitische Heiligenlegenden. Jena 1925 *58–65* SCHROEDER, L. VON, Indiens Literatur und Kultur 1887 *58* SKLAREK, ELISABETH, Ungarische Volksmärchen 1901 *153* TAKETORI-MONOGATARI, Übers. R. Lange 1879 *46* TUTI-NAMEH, Das Papageienbuch. Hsg. Georg Rosen 1858 *92, 101, 102, 107, 114, 116* WEBER, A., Das Saptacatakan des Hala I 1870 *59* WEIL, G., Biblische Legenden der Muselmänner 1845 *115* WESTERMANN, DIEDRICH, Die Kpelle. Ein Negerstamm in Liberia 1921 *78* WINTERNITZ, Geschichte der indischen Literatur I. *59* ZIMMERN, H., Beiträge zur Kenntnis der babylonischen Religion 1901 *11*.

Die Verlage der mit einem * versehenen Bücher haben freundlicherweise den Nachdruck oder die Nacherzählung einzelner Legenden für diese Ausgabe genehmigt.

Inhalt

Legenden aus Übersee

Legenden aus dem Mittelmeerraum

Legenden aus dem Nahen Osten

Aus dem Reich des Muhammed

Aus der Welt des Alten Testaments

Legenden aus dem christlichen Bereich

Marienlegenden

Jesuslegenden

Apostellegenden

Paul Alverdes
Hausbuch der Fabeln

Neuausgabe. 404 Seiten mit 55 Abbildungen nach Holzstichen von J. J. Grandville. Geb. DM 29,80. ISBN 3-431-03113-7.

Die Sammlung reicht von den altchinesischen und indischen Fabeln bis zu der modernen kurzen Tiererzählung aus unserer Zeit, zu Beiträgen von Kipling, Kafka, T. S. Ellot, James Thurber, Eugen Roth. Sie vereinigt Namen großer deutscher Autoren wie Martin Luther, Hans Sachs, Lessing, Gleim, Gellert und Goethe und gibt auch der anonymen Fabel gebührenden Raum. Man wird manches Stück finden, das man kennt, manches, das man lang verloren glaubte und das wohl keine andere Sammlung verzeichnet. Bebildert ist das Buch mit 55 Holzschnitten v. J. J. Grandville, einem der begabtesten und beliebtesten Buchillustratoren des 19. Jahrhunderts.

Paul Alverdes
Hausbuch der Schelmenstreiche

Neuausgabe. 336 Seiten mit 24 farbigen Zeichnungen von Gerhard Oberländer. Geb. DM 29,80. ISBN 3-431-03114-5

Um Eulenspiegel und die Schildbürger herum hat Paul Alverdes ein ganzes Volk von Tölpeln und Einfaltspinseln, von betrogenen Ehemännern, arglistigen Weibern und gewitzten Fahrensleuten, von gerissenen Händlern, pfiffigen Richtern und dummen Bauernburschen, von Schwarzkünstlern, Roßtäuschern, Zechprellern und Geldschneidern versammelt. Das Buch ist prall voll von der Klugheit, Schläue und Durchtriebenheit des Menschen, von seinen großen und kleinen Tricks, von seinem Witz und scharfen Verstand, aber auch von seiner gottseligen Dummheit und Einfalt. Gerhard Oberländer hat die Sammlung mit vierundzwanzig farbigen Zeichnungen illustriert.

Preisänderungen vorbehalten.

Ehrenwirth Verlag München

Pamela Oldfield

Am Ende siegt die Hoffnung

Roman. Aus dem Englischen von Monika Seeger.
Originaltitel: Turn of the Tide
436 Seiten. Geb. DM 46,–. ISBN 3-431-03069-6.

1911: Für Grace Martins bedeutet dieses Jahr eine Schicksalswende. Sie beginnt ihre Arbeit als Kindermädchen von George und Victoria auf Berwick House - und verliebt sich in deren Vater.

Verhängnisvolle Entwicklungen bahnen sich an. Dennoch ist Grace völlig unvorbereitet, als sie aus heiterem Himmel gezwungen wird, sich von ihrem gewohnten Leben und ihrer heimlichen Liebe zu trennen, um ihre Schützlinge auf die Jungfernfahrt der *Titanic* zu begleiten...

Zwischen Ebbe und Flut

Eine Familien-Saga. Roman.
Aus dem Englischen von Constanze Elsner.
552 Seiten. Geb. DM 44,–. ISBN 3-431-02918-3.

„Das dramatische Leben der Julia Couldsen zieht sich wie ein roter Faden durch den klassischen Familienroman. Mit viel Schwung geschrieben.“ *Schweizer Bibliotheksdienst*

So wie der Nacht ein Tag folgt

Ein Familienroman.
Aus dem Englischen von Monika Seeger.
500 Seiten. Geb. DM 44,–. ISBN 3-431-02998-1.

„Der Autorin ist es gelungen, bewegende Spannung zu erzeugen. Ein glänzend lesbarer Roman.“ *ekz-Informationsdienst*

Preisänderungen vorbehalten.

Ehrenwirth Verlag München